Rudolph Aefner, A. Strähle

Friedrich der Grosse

Rudolph Aefner, A. Strähle

Friedrich der Grosse

ISBN/EAN: 9783743443723

Hergestellt in Europa, USA, Kanada, Australien, Japan

Cover: Foto ©ninafisch / pixelio.de

Manufactured and distributed by brebook publishing software (www.brebook.com)

Rudolph Aefner, A. Strähle

Friedrich der Grosse

Friedrich der Große.

Dargestellt

nach den besten Quellen

von

A. E. Fern.

Zweite Auflage.

Herausgegeben und mit Plänen der vornehmsten Schlachten
und Schlachtordnungen vermehrt

von

A. Strähle,
Major a. D.

Zweiter Theil.
Neue Ausgabe.

Magdeburg, 1861.
Emil Baensch,
Hofbuchhändler Sr. Maj. des Königs.

Inhaltsverzeichniß.

Zweiter Theil.

Vierter Abschnitt.

	Seite
Der siebenjährige Krieg	3
Feldzug 1756	21
Die Schlacht bei Lowositz	26
Feldzug 1857	73
Die Schlacht bei Prag	77
Die Schlacht bei Kollin	97
Schlacht bei Groß-Jägerndorf	118
Die Schlacht bei Roßbach	123
Die Schlacht bei Breslau	134
Die Schlacht bei Leuthen	142
Feldzug 1758	151
Die Schlacht bei Kreseld	155
Schlacht bei Zorndorf	164
Der Ueberfall von Hochkirch	174
Feldzug 1759	186
Schlacht bei Kay oder Züllichau	191
Schlacht bei Kunersdorf	194
Feldzug 1760	217
Treffen bei Landshut	221
Schlacht bei Liegnitz	231
Schlacht bei Torgau	254
Feldzug 1761	270
Feldzug 1762	291

Fünfter Abschnitt.

Friedrichs Lebensabend, vom Hubertsburger Frieden bis zu seinem Tode 305

Friedrich der Grosse.

Zweiter Theil.

Vierter Abschnitt.

Der siebenjährige Krieg.
(Vom 29. August 1756 bis zum 15. Februar 1763.)

> „Meine Krone, sonst ein ruhmvoll Grab!
> „Mein Scepter, oder eine irb'sche Gruft!"
> — — — — — ausstreckt er
> In heil'ger Sache den gerechten Arm; —
> — — — — — auf euer Haupt
> Wälzt er der Waisen Schrei, der Wittwen Thränen,
> Der Todten Blut, verlassner Mädchen Lechzen
> Um Gatten, Väter und um Inverlobte,
> Die dieser Krieg verschlingen wird. — —
> Shakspeare.

Vierter Abschnitt.

Der siebenjährige Krieg.
(Vom 29. August 1756 bis zum 15. Februar 1763.)

Seitdem der Aachener Friede den erschöpften europäischen Staaten alle Segnungen einer dauernden Eintracht verheißen hatte, glimmte still der Zunder zu dem Weltbrande fort, welcher nachher von 1756 an 7 Jahre lang die Wohlfahrt der Länder verzehrte. Jedes Jahr hindurch schreckte das Gerücht eines neu beginnenden Krieges die Friedliebenden auf, und so unsicher waren die Zustände, daß die unklaren Bestimmungen des letzten Friedensschlusses eben so oft zum Vorwande der Kriegsgerüchte dienen mußten, und in der That, bei dem Hasse der Parteien, späterhin den wirklichen Ausbruch der Feindseligkeiten, wenigstens zwischen England und Frankreich, veranlaßten.

Der Haß dieser beiden Nationen ließ die Streitigkeiten nicht zu Ende gehen, und diesmal waren es unbedeutende Irrungen wegen der Grenzen in ihren amerikanischen Colonien, — in dem Aachener Friedenspakt nur ganz allgemein festgestellt, — welche allmälig die beiden Völker zu leidenschaftlichen Handlungen fortrissen.

Die Intriguen Oestreichs wider Friedrich, die Pläne Maria Theresias, das unverschmerzte Schlesien wieder zu gewinnen, waren geheimnißvoller angelegt und so eingeleitet, daß es nur zu gewiß schien, Preußen werde der allgemeinen Coalition Europas unterliegen müssen.

Noch während des östreichischen Erbfolgekrieges, zwanzig Wochen nach dem, durch England vermittelten Dresdner Friedensschlusse, im welchem für Preußen der Besitz Schlesiens garantirt war, schloß Maria Theresia mit Elisabeth von Rußland den 22. Mai 1746 ein neues Schutzbündniß, dessen geheime Clauseln die Demüthigung, Erniedrigung und Vernichtung Friedrichs und Preußens in Aussicht stellten. Der vierte geheime Artikel dieses Bündnisses bestimmte ausdrücklich, daß, auf den Fall Friedrich mit Oestreich, Polen oder Rußland in Krieg verwickelt würde, nicht allein Maria Theresia zur Wiedererlangung Schlesiens berechtigt sein, sondern auch mit 60,000 Mann Russischer Hilfstruppen unterstützt werden sollte. Diesem Bündnisse, welches in dem persönlichen Hasse der beiden Kaiserinnen seinen bedeutendsten Haltpunkt fand, schloß sich auch bald durch Zusage einer künftigen Theilnahme das von dem rachsüchtigen Brühl gegängelte Sachsen an, welches auf Grund des Warschauer Theilungsvertrages nicht unbedeutende Erwerbungen zu machen sich schmeichelte.

Schwieriger war es, für dieses Bündniß die Seemächte England und Holland zu gewinnen, theils weil Oestreich hoffte, auch Frankreich von dem Interesse Preußens zu trennen und für die Coalition zu gewinnen, für welchen Fall aber England sich gewiß von dem Bündnisse losgesagt hätte, theils weil England als Vermittler des kaum begründeten Friedens zwischen Oestreich und Preußen unmöglich dieses Land aufopfern konnte. Man hielt deßhalb auch die geheimen Artikel des Bündnisses diesen Staaten geheim.

Mit allen, den Diplomaten zu Gebote stehenden Mitteln versuchte man jedoch, Friedrich in Absicht seiner politischen Stellung zu isoliren, und als dies zunächst nicht gelang, vielmehr zwischen Frankreich, Schweden und Preußen zu Stockholm im Mai 1747 ein Gewährleistungsvertrag verabredet und im September desselben Jahres ratificirt wurde, erhob Rußland wenigstens ein großes Geschrei, vermehrte seine Rüstungen in Finnland und Liefland, und verdächtigte Friedrich sogar, daß er die Schwedische Reichsverfassung umzustoßen und seinem Schwager die geschmälerte Königsgewalt herzustellen beabsichtige.

Der Aachener Friede, obgleich Preußens Recht auf Schlesiens Besitz mit einschließend, gewährte Friedrich keine größere Sicherheit. Noch zögerte sogar auf heimlichen Betrieb der Kaiserlichen Partei das deutsche Reich, ihm den, in drei Friedensschlüssen zudictirten Besitz Schlesiens ausdrücklich zu garantiren, und erst, als

1751 Oestreich es seinen Plänen angemessen fand, erfolgte, um Preußen für Joseph's Wahl zum römischen Könige günstig zu stimmen, von Seiten des Kaisers eine Empfehlung dieser Angelegenheit an den Reichskörper, und am 14ten Mai 1751 von diesem unter Vorbehalt der Reichsrechte die Gewährleistung Schlesiens. —

Auswärts regte man aber unter allerhand Vorwänden die Feindschaft gegen Friedrich um so heftiger auf. Bald sagte man, er habe Schwedens Verfassung umstürzen, dorthin seine Gewalt ausdehnen und Stralsund in Besitz nehmen wollen, wogegen er 1749 mit Frankreich zugleich öffentlich erklärte, daß er weder gefährliche Absichten gegen die Russische Kaiserinn hege, noch eine Regierungsveränderung in Schweden vorzunehmen suche; bald sollten seine ehrgeizigen Pläne dem Polnischen Reiche gelten und Aufruhrversuche in Rußland durch ihn vermittelt sein, was zunächst die Rüstungen an den Preußischen Grenzen vermehrte und den Zorn der Russischen Kaiserinn um so gewaltiger gegen ihn aufregte; ja es kam ihm schon 1749 ein Schreiben des Oestreichischen Grafen von Bernes in die Hände, aus welchem die Fäden einer wider ihn am Russischen Hofe weitläufig ausgesponnenen Intrigue sichtbar wurden. Zwar desavouirte das Oestreichische Cabinet die Ränke seiner Diplomaten, desto heftiger beschwerte es sich jedoch über mancherlei Uebergriffe der Preußischen Werbeoffiziere, über die Maßregeln Friedrichs wider den gemeinschaftlichen Vasallen, den Fürsten von Lichnowsky, über neue Zollgesetze in Schlesien und dergleichen mehr, welche Beschwerden Friedrich nach Kräften abzustellen suchte, oder zu deren Abhilfe er wenigstens billige Vorschläge, jedoch meist vergeblich machte. — Oestreich wollte Preußen in keinem Stücke förderlich sein und bewies seine Feindschaft wider dasselbe nur noch unverholener. So nahm es die Verwendung Friedrichs für die hart bedrückten Protestanten Ungarns sehr übel auf; so belegte es die aus Schlesien kommenden Waaren mit einem übermäßig hohen Eingangzolle und brach die Verhandlungen, welche wegen Regulirung des Schulden- und Steuerwesens Schlesiens bisher zwischen beiden Mächten im Gange gewesen waren, plötzlich unverrichteter Sache ab; so intriguirte es bei den Kurfürsten und Ständen des Reichs um die Königswahl Josephs mit gänzlicher Umgehung der Brandenburgischen Stimme; — kurz, es fehlte in Oestreich überall der gute Wille, ein friedliches Einverständniß zwischen beiden Nachbarstaaten bestehen zu lassen. —

Unterdessen hatten die Keime des Mißtrauens und der Feindschaft gegen Friedrich in Rußland gleichfalls fortgewuchert. Als im Juli 1750 ein Tartarchan aus der Krimm aus Achtung für die Heldengröße Friedrichs einen Gesandten nach Berlin schickte, argwöhnte Rußland darin eine neue Intrigue wider seine Wohlfahrt, glaubte den gehässigen Vorspiegelungen, daß Friedrich ein Angriffsbündniß wider Rußland mit der Pforte, ein gleiches mit den Tartaren abschließen wolle, und rief sogar seinen Gesandten, von Groß, 1750 vom Berliner Hofe ab, angeblich weil derselbe beleidigt sei. Die Spannung beider Höfe war freilich durch vorhergegangene Repressalien, durch Verhaftung eines Preußischen Offiziers in Petersburg, durch die verweigerte Dienstentlassung zweier Preußischen Offiziere, welche als geborene Kurländer von Rußland zurückgefordert, von Friedrich wegen eines heimlichen Fluchtversuches festgehalten wurden, so sehr gesteigert, daß selbst eine verspätete Einladung zu einem der Hoffeste, welche Groß dem Hoffourier durch seine Abwesenheit unmöglich gemacht hatte, dem Russen als willkommener Vorwand erschien, ohne Abschied den Berliner Hof zu verlassen, worauf Friedrich gleichfalls seinen Bevollmächtigten, den Legationsrath Wahrendorf, von Petersburg abrief.

Indessen wie kriegerisch auch schon damals der Himmel sich für Friedrich umnachtete, so waren doch seine Gegner ihrer Erfolge noch nicht gewiß, und ob auch Rußland seine Armeen an der Preußischen Grenze verstärkte und selbst bald darauf eine Flotte sich dem Preußischen Gestade der Ostsee näherte, so hielt man doch noch das Schwert in der Scheide. An Drohworten fehlte es freilich auch ferner nicht. Zu Moskau stellte der Russische Senat den 14ten und 15ten Mai 1753 in öffentlicher Versammlung es als oberste Staatsmaxime fest, daß man die erste bequeme Gelegenheit ergreifen müsse, das Haus Brandenburg durch eine überwiegende Macht zu erdrücken, und es waltete damals schon kein Geheimniß darüber, daß die alljährlich an den Grenzen erscheinenden Truppen und die in der Ostsee verstärkte Flotte nur gegen Friedrich gerüstet wären. Neue Vorwände sollten den Haß Elisabeths immer höher anflammen. Man beschuldigte ihn ehrgeiziger Absichten auf Kurland, dann wieder, daß er Rußland zwingen wolle, die Holsteinischen Erblande des

Russischen Thronfolgers an Dänemark zu vertauschen; endlich legte man es ihm außerordentlich übel aus, daß einige Russische Kaufleute in Königsberg mit Waaren aufgehalten und auf Schwierigkeiten im Verkehr gestoßen waren, welche Friedrich, sobald er davon Kenntniß erhielt, aus dem Wege räumen ließ. Dennoch wurde den Russischen Kaufleuten die Berührung des Preußischen Gebietes mit ihren Waaren von der Czarinn streng untersagt; überhaupt aller Verkehr der beiden Staaten abgebrochen. Ein neues Schutzbündniß zwischen Rußland und Oestreich wider die Türken sollte Friedrichs chimärische Aufwiegelungen in Constantinopel unwirksam machen.

Um diese Zeit stand Friedrich factisch fast völlig isolirt; denn Frankreich, den Launen ungeschickter Lenker ausgesetzt, an Hilfsmitteln durch die letzten Kriegsjahre und die Verschwendung seiner Gewalthaber erschöpft, war ein lauer Bundesgenosse und näherte sich Oestreich.

Mit England lebte Friedrich sogar in offener Wortfehde. Der Englische Gesandte hatte schon im November 1748 Berlin verlassen, und die Englischen Diplomaten schürten in Petersbnrg nicht minder eifrig, als die Oestreicher und Sachsen wider Friedrich das Feuer der Zwietracht an. Die Veranlassung dieses Zwiespalts gab die anmaßliche Beschlagnahme Preußischer und unter Preußischer Flagge segelnder Handelsschiffe, welche zu durchsuchen die Engländer sich berechtigt gehalten hatten. Das neutrale Schiff, behauptete Friedrich während des Seekrieges vor 1748, mache auch die Fracht neutral, der Preußischen Flagge müsse Achtung bezeigt und die Schifffahrt seiner Unterthanen unbeeinträchtigt gelassen werden. — Allein von 18 Preußischen und 33 Holländischen, Hamburgischen, Dänischen und Schwedischen Schiffen, 1747 gekapert, welche mit Preußischen Gütern befrachtet gewesen waren, ließ man nur wenige wieder los. Vieles confiscirte man nach kostspieliger Untersuchung als Contrebande. Im Jahre 1751 erneuerten sich die Klagen Preußischer Rheder, und Friedrich erklärte das Verfahren der Engländer für eine Beleidigung des Völkerrechts, hielt die Großbrittannische Krone, welche die Entscheidung der Rechtsansprüche der Preußischen Unterthanen an ihr Admiralitätsgericht verwies, nicht für berechtigt, sich eine Gerichtsbarkeit über einen neutralen Staatsoberherrn, seine Unterthanen und Schiffe, zumal an einem Orte auzumaßen, der ihr nicht unterworfen wäre, und als der Verlust der Preußischen Unterthanen, welcher sich 1752 auf 194,725 Thaler berechnen ließ, trotz seiner laut erhobenen Klagen nicht ersetzt wurde, befahl er diejenigen Capitalien mit Beschlag zu belegen, welche die Engländer an Schlesien noch von Oestreichischem Besitz her zu fordern hatten. Wie natürlich, führte diese Repressalie nur zu größerer Verwirrung der Zustände; allein sie zeigt zugleich Friedrichs entschlossene, furchtlose Politik, welche einem mächtigen Staate gegenüber Selbstständigkeit und Recht zu behaupten wußte. Dem Gerüchte, als wolle er Hannover occupiren, welches seine Feinde sogleich ausstreuten, widersprach er aber in einer öffentlichen Erklärung.

Im deutschen Reiche hatte Friedrich nicht weniger heftige Widersacher und Feinde. Zwar betrachtete das protestantische Deutschland, besonders seit der wirksamen Thätigkeit Preußens für die protestantischen Interessen, diesen Staat als den natürlichen Vertreter seiner Angelegenheiten; allein der furchtlose, auf Recht und Gesetz basirte Gang Friedrichs entfremdete ihm viele Fürsten, z. B. weil er die Aufnahme der Fürsten von Schwarzburg und Turn und Taxis in den Reichsfürstenrath durchgesetzt, auch sich mit Beharrlichkeit der Wahl eines minderjährigen Römischen Königs, in der Person des nachmaligen Kaisers Joseph, entgegengesetzt hatte. Um Ostfriesland lag er mit Hannover und Wiedrunkel immer noch in Hader; Mecklenburg schrie laut über Bedrückung der Preußischen Werbeoffiziere, und selbst die freie Reichsstadt Ulm übte Repressalien dieserhalb an seinen Soldaten. Das setzte böses Blut, und als nun gar das falsche Gerücht vom Uebertritt seiner Schwester und ihres Gemahls, des Markgrafen von Baireuth, zur katholischen Confession durch gehässige Verläumder verbreitet worden, fingen selbst die kleineren Herren des protestantischen Reichskörpers an, dem Könige zu mißtrauen, dem man seine Toleranz gegen Katholiken als Neigung für den Katholicismus auszulegen bereit war.

Noch einmal hatte der König Hoffnung gehabt, den Geist der Zwietracht zu beschwören und alle Chikanen, deren Heerd in Wien sich befand, zu tödten. Er hoffte Wien zu versöhnen, wenn der lebhaft daselbst gehegte Wunsch der Wahl Josephs zum Römischen König von ihm unterstützt würde. Im Wesentlichen forderte Friedrich, als Preis seiner Stimme für Joseph, nur die Gewahr, daß im Norden die Ruhe ungestört bleibe, wogegen er noch versprach, die Aufrechterhaltung der Schwedischen Verfassung zu garantiren, damit nur Rußland beruhigt werde. Allein in Oestreich erwartete man mehr von der Entscheidung der Waffen und strebte daher auf jede Weise dahin, dem Preußischen Staate zahlreiche Feinde zu erwecken, damit, wenn der günstige Augenblick gekommen sein werde, diese durch ihre Menge und Stärke den Widerstand eines so winzigen Volkes unmöglich und den Erfolg des Kampfes um so unzweifelhafter machen möchten. Die Angelegenheit der Wahl eines Römischen Königs stockte plötzlich während der Unterhandlungen, und Oestreich erschien hierbei so gleichgültig und ruhig, als handele es sich nicht um die Vortheile seines Hauses, um die Sicherung der Kaiserwürde, sondern um fremde und kleinliche Interessen.

Von jetzt an zog man aber um so emsiger die Cabinette auf die Friedrich gegenüberstehende Seite. Selbst England und Oestreich schienen noch immer ein und dasselbe Ziel zu verfolgen, wenn jenes, Frankreich zu bezwingen, dieses, Friedrich zu demüthigen, mit den mächtigsten Staaten unterhandelte. Ja, die Coalition gegen Friedrich erreichte ihren Höhenpunkt, als England mit Rußland ein Schutzbündniß erneuerte (im September 1754), dessen Vortheile die Engländer freilich mehr gegen Frankreich benutzen wollten, dessen eigentliche Absicht aber bei den Russen wider Friedrich gerichtet war.

In dieser Periode bekundete Friedrich eine so richtige Würdigung der politischen Zustände, eine so weise Voraussicht der Dinge, aber auch eine so deutsche Gesinnung, daß er allein durch sein Benehmen zwei Jahre lang den Ausbruch des Krieges in Deutschland verhinderte, für welchen alle Elemente schon kurz nach Beendigung des letzten Krieges reichlich vorhanden waren. Ja, es ist erwiesen, daß, wäre es allein von ihm abhängig gewesen, gewiß Deutschland von den Schrecknissen und Wehen des Krieges niemals heimgesucht worden wäre, für dessen Anstifter viele Unwissende und Partheiische ihn ausgeben wollen.

Was hätte Friedrich auch für Ursache haben sollen, sich mit irgend einer Macht in einen zweifelhaften Kampf einzulassen, da er die Gefahren kannte, mit denen er rings umdroht war, und da der persönliche Groll seiner erbitterten übermächtigen Feinde ihm in tausend gehässigen Maßregeln kund wurde? Gleichwohl war es schwer, ja unmöglich, in dieser Lage zwischen so erbitterten Feinden, wie England und Frankreich, seine Neutralität zu behaupten, zumal eben sein Sturz die Verabredung zweier eben so mächtigen Staaten war, welche die Gelegenheit suchten, ihn in den Kampf zu verwickeln.

Bei dem Hasse Rußlands, Oestreichs und Sachsens, bei dem Zwiste mit England — wie hätte ein furchtsamer Herrscher natürlicher sich schützen zu können gemeint, als wenn er sich eiligst an den Staat angeklammert hätte, mit dem man gemeinsame Feinde zu bekämpfen, wenn auch nicht gemeinsame Interessen zu verfolgen hatte? Statt dessen trachtete **Friedrich** zunächst, den Ausbruch eines Landkrieges zu verhindern, und er erreichte diese Absicht zum Heile Deutschlands dadurch, daß er, den Operationsplan der Franzosen vereitelnd, sich dieser Macht gegenüberstellte. — Die Franzosen hatten beschlossen, England in Deutschland anzugreifen, und rüsteten ein Heer, das Hannover erobern und in Besitz nehmen sollte. Die Engländer riefen dazu den Schutz Rußlands an, welches mit einem Hilfsheere die Feinde vertreiben, hauptsächlich aber wohl einen Vorwand haben wollte, mit einer starken Armee ungehindert die deutschen Provinzen zu überziehen, und nach den Umständen den muthmaßlichen Bundesgenossen Frankreichs zu überfallen. Durch die politische Maßregel **Friedrichs** erhielten die Dinge aber eine Wendung, welche Niemand vorausgesehen hatte, und **Friedrich** näherte sich dadurch einer Macht, welche schon mehrmals vermittelnd Friede geschlossen hatte, auch jetzt durch ihr Verhältniß zu Rußland am ersten im Stande war, die wider ihn heraufziehenden Wetter zu zerstreuen. **Friedrich erklärte, daß er nicht zugeben werde, daß fremde Truppen, gleichviel ob Französische oder Russische,** den Boden Deutschlands beträten, und daß er sowohl diese, als auch dasjenige Land, welches dieselben herbeirufe, feindlich behandeln werde. —

Bei diesem kühnen Hervortreten bewährte sich **Friedrichs** weise Politik. Entweder zwang er hierdurch Frankreich, das schon anfing sich Oestreich zuzuneigen, und welches noch keine Anstalten gemacht hatte, den ablaufenden Vertrag mit Preußen zu erneuern, zur offenen Entscheidung für ihn, oder er sicherte die Ruhe seiner eigenen Staaten und Deutschlands und den Schutz Hannovers mehr noch, als ein Russisches Hilfsheer, und befreundete sich dadurch England. —

Statt des Ersteren, welches man hätte erwarten sollen, geschah das Letztere. So zuversichtlich Frankreich seine Rüstungen zu Lande 1754 in der Voraussetzung unternommen hatte, daß Niemand geneigt sein werde, die Occupation Hannovers als den Interessen Deutschlands gefährlich zu beurtheilen, zumal nicht zu erwarten stand, daß irgend eine Macht sich der Gefahr, in einen Krieg verwickelt zu werden, aussetzen werde; so zuversichtlich auch Rußland schon seine Truppenmacht vereinigt und sich bereitet hatte, Preußen anzugreifen: so beendigte doch diese Erklärung Friedrichs hier jeden Vorwand der Hilfsleistung, dort jede Möglichkeit, ein Land anzugreifen, das nun von einem wachsamen, wohlgerüsteten und tapferen Nachbar beschützt war. Frankreich hielt es deßhalb für nöthig, zuerst sich mächtigere Bundesgenossen zu gewinnen, bevor es seine Pläne wider England ausführte. Noch schwankte es eine Zeitlang rathlos, was zu thun sei, ob man die, von Jahrhunderten überlieferte Fehde mit Oestreich vergessen und den Einflüsterungen seiner Diplomaten Glauben schenken, oder den bisherigen Bundesgenossen beibehalten sollte. Die Engländer aber beeilten sich unter Versicherung ihres innigsten Einverständnisses mit Rußland, für welches die Verträge und die Bestechlichkeit Bestuscheffs und seiner Creaturen sprach, Friedrich ein Bündniß anzubieten, theils um die Ruhe in Deutschland zu sichern, theils um dem Könige den mächtigsten Feind, den er zu fürchten hatte, Rußland, zu versöhnen. Seitdem am 16ten Januar 1756 dieses Bündniß zu Stande gekommen war, durfte also Friedrich auch hoffen, Rußland den Oestreichischen Interessen entfremdet zu sehen, und schmeichelte sich, die Gewalt des geheimen Bundes wider Preußen gebrochen und denselben seines eigentlichen Stützpunktes beraubt zu haben. —

Nur zu bald wurde er enttäuscht. So gewaltig überwog der persönliche Haß seiner Feinde alle anderen Rücksichten, daß Rußland nun für alle Geldopfer Englands und trotz seiner Verträge unter allerhand Vorwänden sich demselben entfremdete, und daß Oestreich durch Intrigue, Bestechung und Verleumdung in Rußland dem Hasse gegen Friedrich neue Nahrung, in Frankreich auf unerhörte Weise der Billigung seiner Pläne das Uebergewicht verschaffte. Dadurch, daß Maria Theresia mit der Buhlerinn Ludwigs XV., mit der stolzen Pompadour, schmeichelnde Briefe wechselte, sicherte sie sich den Einfluß dieser Maitresse auf Ludwigs Cabinett, welcher schon lange zum Nachtheile der Landesinteressen die weisesten Männer aus dem Rathe entfernt, die Höflinge an die Spitze der Heere gebracht hatte; — und neun Tage nachdem der Herzog von Nivernois aus Berlin zurückgekehrt war, wo er vergeblich Friedrichs Bündniß mit England zu hintertreiben gesucht hatte, schloß Frankreich — unerhört seit dem Tage von Pavia! — am 1sten Mai 1756 zu Versailles einen Vertrag mit Oestreich, in welchem man sich zwar hinsichtlich der Amerikanisch-Englischen Streitigkeiten nur Neutralität ausbedung, aber wider alle übrigen feindlichen Angriffe — also gegen Friedrich — sich gegenseitigen Beistand und eine Bürgschaft der Besitzungen angelobte.

Wie ganz anders war nun im Jahre 1756 Friedrichs Lage! — Die Pläne Oestreichs waren gereist und mit lauterem Geräusch ging es nun selbst daran, zu rüsten und alle heimlichen und öffentlichen Verbündeten wider Friedrich zur schleunigen Rüstung aufzufordern. Was Friedrich und England beide durch Unterhandlungen so sehnlich bezweckt hatten, einen Landkrieg zu vermeiden, schien nun durch die Vereinigung Oestreichs, Frankreichs und Rußlands fast unvermeidlich. — Für das zu Lande so mächtige Frankreich hatte Preußen einen bedächtigen Bundesgenossen, ohne Landmacht und in vielfacher Rücksicht abhängig von dem Englischen Volkswillen, eingetauscht, hatte aber zugleich den giftigen Haß Frankreichs sich zugezogen, das ein verschmähtes Bündniß und den Widerpart gegen seine Pläne zu rächen suchte. Zwar waren alle Bündnisse bis jetzt nur Schutzverträge, welche erst dann ein thätiges Einschreiten festsetzten, wenn irgend eine Macht die Feindseligkeiten eröffnete. Allein bei dem Hasse der Parteien, welche nun nichts mehr hinderte, über Friedrich herzufallen, konnte es nicht schwer fallen, die Zukunft vorherzusagen. —

Man hat sich bemüht, zu beweisen, die Absicht Oestreichs sei es gewesen, Friedrich so zu bedrohen und zu reizen, daß er selbst die Feindseligkeiten beginne, damit Rußland und Frankreich die vertragsmäßige Hülfe zu leisten, verpflichtet wären, und Friedrich unter den deutschen Fürsten sich neue Feinde erwecke. Wenn dies wirklich die Absicht Oestreichs gewesen ist, so waren seine und seiner Verbündeten Maßregeln sehr geeignet, dieses Ziel zu erreichen, obwohl es bei Rußland und Frankreich zu einer willigen Theilnahme an dem Kriege wider Friedrich keiner neuen Motive und Anreizung beburft hätte. Vielmehr erneuerte ein Senatsbeschluß in Moskau, auf Anstiften der französischen Botschafter Douglas und des zweideutigen Ritters d'Eon, die bisherigen jährlichen Kriegsrüstungen in Liefland, Estland und Ingermannland, so wie man den Befehl gab, einen Theil der Kriegs- und die ganze Galeerenflotte, 23 Linienschiffe und 6 bis 8 Fregatten, zum schleunigsten Gebrauch in segelfertigen Stand zu setzen. Zu diesen 100,000 Russen, welche sich den Preußischen Grenzen näherten, sammelte Oestreich in Böhmen und Mähren eine schlagfertige Armee von 80,000 Mann, errichtete Magazine, verstärkte die Regimenter, ließ einen Cordon um Schlesien ziehen und für seine Truppen, hart an der Preußischen Grenze, Lager abstecken. Die Ostentation, mit der man in Oestreich diese kriegerischen Zurüstungen betrieb, lassen allerdings nicht allein auf Zuversicht des Erfolgs der gereisten Pläne, sondern auch darauf schließen, daß man den kühnen Friedrich zum Zuschlagen habe anreizen wollen; denn öffentliche Blätter jener Zeit detaillirten jede Rüstung und erzählten selbst von den Anleihen Oestreichs, mit deren Hilfe der Krieg geführt werden sollte, wenn die Ersparnisse der vorhergegangenen Friedensjahre zur Deckung der Kosten nicht hinreichen sollten. Kaunitz verkehrte häufig mit Neipperg, Browne und Piccolomini, mit erprobten Führern, von denen Browne und Piccolomini schon jetzt an die Spitze der Heerhaufen, jener in Böhmen, dieser in Mähren, gestellt waren, während Nabasdy den Paß von Jablunka zu bewachen hatte.

Es war wohl natürlich, daß Friedrich sich gegen so öffentliche Rüstungen, deren Zweck unverkennbar war, ebenfalls waffnete. Merkwürdig aber erscheint es, daß schon die Verstärkung der Garnison in Pommern, welche doch nur gegen die Russen Sicherheit gewähren sollte, und die ganz unerheblich zu nennen ist, Oestreich zum Vorwand und zur Rechtfertigung seiner eifrigsten und mit ganzer Kraft in Italien, Ungarn, Böhmen, Mähren und in allen Landestheilen betriebenen Schilderhebung dienen mußte. Das ist die Fabel vom Wolf am Bache, dem das Lamm, obgleich unterhalb stehend, das Wasser getrübt hatte! — Freilich bedurfte es zur Rüstung Friedrichs weder so langer Zeit, noch so großer Umstände. Der weise und vorsichtige Haushalter hatte die überflüssigen Staatsmittel im Frieden schon unvermerkt auf die Ergänzung und Ausbildung seines Heeres verwendet, und konnte jeden Augenblick bereit sein, seine geübten, muthigen Truppen ins Feld zu führen. Nur in Wien sprach man von seiner Unruhe und Besorgniß, kannte die Summen, welche er zum Aufkauf von Getreide und zur außerordentlichen Werbung von Truppen verwende, und hoffte wohl, daß seine Ersparnisse in vorläufigen Schutzmaßregeln und Waffnungen zersplittert sein sollten, wenn man in Wien ihn anzugreifen gedenke. —

Noch immer rieth England zur Vorsicht und zur Hinwegräumung jedes Vorwandes, unter welchem Oestreich seine Rüstungen fortsetzen konnte. Allein Friedrich war schon lange im Besitz der Geheimnisse seiner Feinde; — er wußte, was er zu fürchten, und daß er nichts zu hoffen hatte. Noch bevor er in der Mitte des Julimonats aus Petersburg, wie es heißt, von seinem innigsten Verehrer, dem Großfürsten Thronfolger Peter, umständliche Nachricht und dringende Warnung vor den Umtrieben seiner Feinde erhalten hatte, womit zugleich die Erläuterung verbunden war, daß der allgemeine Angriff wegen unvollendeter Vorbereitung Rußlands auf das Frühjahr 1757 verschoben sei, hatte sein Gesandter am Sächsischen Hofe, Malzahn, sich einen heimlichen Weg in das Sächsische Archiv gebahnt, durch Bestechung den Sächsischen Cabinets-Secretair Menzel gewonnen und den Schlüssel zum Schranke, in welchem die Noten und Depeschen der Gesandten aufbewahrt wurden, in Berlin anfertigen lassen. So las Friedrich in Berlin durch die treulose Verrätherei eines Sächsischen Dieners die Gedanken seiner Feinde, noch lange bevor diese Zeit gehabt hatten, sich über jeden einzelnen Punkt des beabsichtigten Angriffs zu vereinigen. Er konnte dem Gange der Verhandlungen folgen und immer noch zur rechten Zeit seine geeigneten Maßregeln treffen; ja daß er seit langer Zeit so ruhig der allgemeinen Waffnung zugesehen hatte, und trotz der zehnjährigen Rüstung Rußlands furchtlos geblieben war, möchte hauptsächlich aus seiner genauen Kenntniß der feindlichen Absichten sich erklären lassen. Ahneten doch seine Feinde längst aus Friedrichs zeitgemäßen politischen Lebenszeichen, daß er um viele ihrer Intriguen wisse, und nicht ohne Ursach war der Privat-Secretair des Oestreichischen Gesandten in Berlin, der jüngere von Weingarten, plötzlich zu Ende des Monats Mai 1756 aus Berlin verschwunden und hatte Frau und Kinder verlassen, weil er die Rache seiner Kaiserinn fürchten mußte.

Friedrich wußte um Alles. Von dem Petersburger Tractat mit seinen geheimen Artikeln, von den vorsichtigen Unterhandlungen Sachsens bis zu den lügnerischen Intriguen ränkesüchtiger Diplomaten, um Elisabeths Tobhaß noch kräftiger anzuschüren, selbst das mißbilligende Gutachten des Sächsischen Geheimeraths über die Theilnahme an diesem Bündniß, und die Ursachen des noch verzögerten Angriffs, Alles, Alles kannte er.

Als daher der neu accreditirte Englische Gesandte, Mitchell, welcher am 13ten Mai 1756 die erste Audienz bei Friedrich hatte, noch immer zuversichtlich auf sein Bündniß mit Rußland vertrauend, den Ausbruch eines Landkrieges bezweifelte, weil Frankreich und Oestreich sich gegen Rußland, England und Preußen, die er sich als befreundet dachte, nicht messen könnten, mochte Friedrich, bei genauerer Kenntniß der politischen Verhältnisse, mit Recht zweimal zweifelnd fragen: „Seid Ihr auch durchaus der Russen sicher?" Dennoch konnte er auch schon beim Aufwerfen der Frage, ob ein Landkrieg so nahe bevorstehend sei, Mitchells Zuversicht auf den Friedenszustand mit den Worten bestätigen: „In diesem Jahre wird nichts geschehen, ich kann dies mit meinem Kopfe verbürgen; aber ich maße mir nicht an, zu sagen, was sich in dem nächstfolgenden ereignen könnte." Mitchell fügt in seinem Berichte an den Englischen Hof hinzu: „Aus den Zweifeln und der Besorgniß, welche der König bei seinen wiederholten Fragen über unsere Verhältnisse am Russischen Hofe zeigte, vermuthe ich, daß er dorther Nachricht empfängt, welche dieselben nicht so vortheilhaft schildern, als ich bei meiner Abreise aus England zu vermuthen Ursache hatte." —

Endlich wirds auch den Engländern klar, daß von Rußland für sie nichts zu hoffen sei, es sei denn, daß sie gegen Friedrich Hilfe gebrauchten, und am 22sten Juni forderte Friedrich schon von Mitchell eine bestimmte Erklärung, „was England für ihn thun wolle." „Ob ich gleich (sagte der König) keinen neuen Vertrag in Bezug auf die neuen Verhältnisse abgeschlossen habe, vertraue ich doch der Redlichkeit des Königs von England und seinem wirksamen Beistande, da meine Uebereinkunft mit ihm mich allein in diese Gefahr gestürzt hat." Am 9ten Juli erklärte sich England zur Abschließung eines Vertrages auf wechselseitige Vertheidigung bereit, ohne doch den rechten Ernst dazu durch die

That zu zeigen, auch bezweifelte es noch immer die bei Friedrich gesteigerten Besorgnisse um den beschleunigten Ausbruch der Feindseligkeiten. Als aber fort und fort die Nachrichten über verdoppelte Kriegsrüstung an Preußens Grenzen sich häuften, und Friedrich schon zu Ende Juli schwankte, ob er nicht den feindlichen Absichten zuvorzukommen besser thäte, weil bei einigermaßen glücklichem Erfolge Oestreich schon nach Jahresfrist an Hilfsmitteln zur Fortsetzung des Krieges erschöpft, seine Verbündeten aber nicht geneigt sein würden, die ganze Last des Krieges allein zu tragen, und also dadurch „diese furchtbare Verschwörung sich in Rauch auflösen werde;" vermogte der vorsichtige Mitchell den widerstrebenden König zunächst dazu, in Wien vorher wenigstens um eine Erklärung und Aufklärung über die Kriegsrüstungen höflich anzufragen.

Allein die Antwort, welche man in Wien ertheilte, war absichtlich dunkel und verfänglich. Durch den Bericht des Sächsischen Gesandten, welcher Friedrich abschriftlich zukam, wußte dieser sogar, daß Kaunitz deshalb die Erklärung so nichtssagend abgefaßt habe, damit Friedrich entweder seine Kraft in Gegenrüstung erschöpfe, oder wenigstens den Krieg selbst beginne, weil Oestreich nur im letzteren Falle auf die unbedingte Theilnahme seiner Verbündeten rechnen könne. Maria Theresia ertheilte dem Preußischen Gesandten von Klinggräf den 26sten Juli zu Schönbrunn die Antwort, welche sie mit einiger Verlegenheit von einem Zettel ablas: „daß bei der jetzigen kritischen Lage der allgemeinen Angelegenheiten ihre Pflicht und die Würde ihrer Krone erheischten, hinreichende Maßregeln sowohl zu ihrer eigenen, als ihrer Freunde und Bundesgenossen Sicherheit zu ergreifen, welche übrigens zu Niemandes Nachtheil gereichten;" worauf sie den Gesandten mit gnädigem Kopfnicken entließ.

Friedrich konnte sich bei solch' ausweichender Antwort nicht begnügen, daher er am 2ten August seinem Gesandten schrieb: „Die Antwort des Wiener Hofes sei um so weniger deutlich und genügend, da er Beweise von den Angriffsplänen Rußlands und Oestreichs erhalten, und daß man dieselben nur verschoben habe, weil die Russen nicht vorbereitet seien." „Ich halte mich berechtigt," fährt er fort, „von der Kaiserinn eine ausdrückliche und bestimmte Erklärung zu fordern, daß sie nicht die Absicht hege, mich in diesem oder im folgenden Jahre anzugreifen. Mag sie diese Erklärung schriftlich abfassen, oder in Gegenwart der Englischen und Französischen Gesandten mündlich abgeben, das gilt mir gleichviel und hängt von der Kaiserinn ab; — aber ich muß wissen, ob ich Krieg oder Frieden haben werde. Nur die Kaiserinn kann dies entscheiden. Sind ihre Absichten rein, so kann sie dieselben leicht offenbaren. Aber wenn man mir eine orakelartige, unbestimmte, ausweichende Antwort giebt, dann wird sich die Kaiserinn alle Folgen vorzuwerfen haben, welche das Schweigen nach sich ziehen muß. Ich werde darin eine Bestätigung der gefährlichen Entwürfe erblicken, welche sie mit Rußland wider mich geschmiedet hat, und ich rufe den Himmel zum Zeugen an, daß ich an den unglücklichen Folgen eines solchen Benehmens unschuldig bin."

Die Antwort aus Wien vom 20sten August erklärte sich ausführlich dahin, daß der Anfang der Rüstungen Preußischer Seits gemacht, daß das Russisch-Oestreichische Bündniß vom 22sten Mai 1746 kein Offensivtractat sei, woraus das Unhaltbare der Preußischen Besorgnisse von selbst hervorgehe; im Uebrigen bezog man sich auf die erste Antwort vom 26sten Juli; — kein Wort fand sich darin, daß man Friedrich nicht angreifen wolle, ja das absichtliche Umgehen des eigentlichen Fragepunktes rechtfertigte wohl des Königs Besorgnisse, wenigstens bestimmte es ihn, unverzüglich den Krieg anzufangen, so lange die Rüstungen seiner Feinde nicht vollendet waren, und da er Hoffnung hatte, durch einen beschleunigten Angriff sich in den Besitz großer Vortheile zu setzen. Wenn der Krieg, wie der König urtheilte, unvermeidlich war, so verlangten es die Umstände, den zahlreichen Feinden zuvorzukommen. In derselben Weise sprach sich auch, nach Einsicht der Actenstücke aus dem Dresdner Archive, der greise Schwerin aus, als er mit den Generalen Retzow und Winterfeld vom Könige hierüber zu Rathe gezogen wurde. „Da denn einmal Krieg geführt werden soll und muß," sagte er, „so laßt uns morgen aufbrechen, Sachsen in Besitz nehmen und in diesem kornreichen Lande Vorrathshäuser anlegen, um unsere künftigen Operationen in Böhmen zu führen."

So war denn durch die Gewalt der Umstände der Beherrscher eines winzigen Staates — mit kaum 4¾ Millionen Einwohnern auf

3116 Quadratmeilen — gedrängt, den Kampf um seine Existenz gegen unglaubliche Uebermacht — gegen mehr als 90 Millionen auf 336,000 Quadratmeilen — zu wagen. Wohin Oestreich seit dem Aachener Frieden gestrebt hatte, Europa gegen den gehaßten Eroberer Schlesiens unter die Waffen zu bringen und die Schmach von Molwitz, Czaslau, Hohenfriedberg und Sorr zu rächen, das war ihm jetzt gelungen. Frankreich war durch seine Eifersucht auf England, mehr noch durch die Intriguen der Pompadour, welcher Huldigungen darzubringen allein der Gesandte Friedrichs unterlassen hatte, zu einem Bündnisse gewonnen; Elisabeth von Rußland haßte den witzelnden, spottsüchtigen Monarchen, wie ein Weib nur hassen kann, unversöhnlich bis zum Tode und mit einer Leidenschaft, welcher alle andern Interessen des Landes geopfert wurden; dazu wiegelte Sachsen überall neue Feinde gegen Friedrich auf und rüstete seine Schaaren, daß sie die leichte Beute in Besitz nähmen; selbst in Schweden drängte die Französische Partei zum offenen Kampfe wider ihn, den man längst der übermüthigen Einmischung in die Reichsangelegenheiten geziehen hatte, und im deutschen Reiche mußten Trugbilder, welche jene Vorkämpfer des Materialismus grell auszumalen verstanden, „von der durch Friedrich gefährdeten Reichsfreiheit, von dem Uebermuth der protestantischen Partei ic." predigend, einen so künstlichen Zorn wider Friedrich zu erregen, daß es höchst verdrüßlich erschien, diesen Emporkömmling, den sie Alle fürchten zu müssen glaubten, weil er sie Alle überragte, in das Nichts zurückzudrängen, aus welchem er zum Schaden Aller emporgewachsen war. Nur Landgraf Wilhelm VIII. von Hessen-Cassel, Herzog Friedrich III. von Sachsen-Gotha und Altenburg, Herzog Carl von Braunschweig-Wolfenbüttel und Graf Friedrich Wilhelm zur Lippe-Bückeburg, deren Interessen mit den Preußischen zum Theil durch verwandtschaftliche, zum Theil durch andere Bande eng verknüpft waren, bewiesen in so beispielloser Noth eine Heldentreue, welche auf der Seite des Schwächeren in solchem Entscheidungskampfe eben so hochherzig erscheint, als die Beharrlichkeit der zahlreichen Feinde Friedrichs diesen von der Nachwelt als Selbstsucht und niedrige Leidenschaft zugerechnet wird.

Wie man aber auch den Heldenkampf eines geistesgroßen Königs und eines hochherzigen Volkes um Freiheit und Selbstständigkeit ansehen will, ob man auf Friedrich wegen des kühnen Angriffs bei so drohender Gefahr die ganze Schuld des Krieges zu wälzen versucht, und selbst den ehrgeizigen Winterfeld der Anreizung angeklagt hat, als ob es noch möglich gewesen wäre, diese Wetterwolken unschädlich vorüberziehen zu lassen: dieser Kampf erregt durch die Art seiner Vorbereitung, durch die Dauer eines leidenschaftlichen Hasses — nicht der Völker, sondern der Herrscher gegen Friedrich — durch das Mißverhältniß der gegen einander streitenden materiellen Kräfte, durch die, der staunenden Welt offenbarte Gewalt, welche ein einziger Geist in sich vereinigte, durch die unerhörten Waffenthaten der Preußen, deren Ruhm unsterblich in der Geschichte lebt, und endlich durch den unerwarteten Ausgang zu Gunsten dessen, dem der Untergang so sicher im Voraus zugeschworen war, das außergewöhnlichste Interesse, hebt das Preußische Volk auf die höchste Staffel des Ruhms und weiset dieser neuen bedeutungsvollen Macht einen Platz im Rathe der Fürsten an, auf welchem sie seitdem oft Schiedsrichter oder Lenker der Völkerschicksale, hier ein Schirm des Rechts, dort ein Bekämpfer eigensüchtiger Gewalt, ganz gewiß aber ein Werkzeug der Vorsehung zur Fortbildung des Menschengeschlechts geworden ist.

Feldzug — 1756.

Kaum war die ausweichende Antwort Maria Theresia's den 25sten August in Berlin angelangt, so gab Friedrich seinen gerüsteten Truppen den Befehl, gegen Sachsen und Böhmen aufzubrechen. Da in diesem Feldzuge von Rußland noch nichts zu befürchten war, so hatte sich Friedrich begnügt, ein Observations-Corps unter dem Feldmarschall von Lewald bei Königsberg zu vereinigen; dagegen wollte er die Oestreicher in Böhmen mit zwei Armeen angreifen.

Der Feldmarschall Schwerin stellte sich an die Spitze des in Schlesien versammelten Heeres, 27,100 Mann stark, während die zweite Armee in drei Colonnen gegen Sachsen aufbrach. Die erste Colonne von 14,680 Mann führte der Herzog Ferdinand von Braunschweig. Sie hatte in der Gegend von Halle cantonirt und marschirte über Leipzig, am 29sten August das Sächsische Gebiet betretend. Bei der zweiten, 33,660 Mann starken Colonne, welche von Potsdam aufbrach, um über Wittenberg und Torgau, am linken Elbufer aufwärts zu ziehen, befand sich Friedrich selbst, so wie Feldmarschall Keith und Prinz Moritz, des alten Dessauers tapferer Sohn. Die dritte Colonne unter dem Herzoge von Bevern, 19,210 Mann stark, durchschnitt die Lausitz und stellte sich am rechten Elbufer auf. Als nun die 67,000 Preußen sich am 10ten September vereinigt hatten, umschlossen sie in den Lagerplätzen von Cotta, Groß-Zedlitz und Doberzeit die Sächsische Armee, welche sich bei Pirna, 17,000 Mann stark, mit 150 Geschützen zwar wohl verschanzt, nicht aber sich hinlänglich mit Proviant versehen hatte.

Ein so schneller Angriff kam den Feinden Friedrichs immer noch unerwartet, besonders sah der König von Sachsen alle seine Befürchtungen gerechtfertigt, durch welche er bewogen gewesen war, den förmlichen Beitritt an die Coalition gegen Friedrich vorläufig abzulehnen. Durch alle Länder erscholl der Ruf zu den Waffen, und Sachsens Hilfsgeschrei, so wie der zahlreichen Feinde Schmähung bezeichneten Friedrichs Einbruch in die unverwahrten Lande seines anscheinend harmlosen Nachbars als die unüberlegte Handlungsweise eines kriegslustigen, eroberungssüchtigen Fürsten, ja des Kaisers Dehortatorium sprach von einer unerhörten höchst frevelhaften und sträflichen Empörung und seine Avocatorien befahlen den Preußischen Unterthanen „ihren gottlosen Herrn zu verlassen und seine entsetzlichen Verbrechen nicht zu theilen, wofern sie sich nicht der Ahndung des Reichsoberhauptes bloßstellen wollten."

Noch hatte Friedrich, nach seinem Einbruche in Sachsen, zum letzten Male in Wien die ausdrückliche Erklärung Maria Theresias gefordert, „daß sie ihn weder in diesem, noch im folgenden Jahre mit Kriegsheeren überziehen wolle," bei welcher er sich zu beruhigen und seine Truppen zurückzuziehen angelobte; allein auf diese Anfrage wurde — nach von Plothos Versicherung in seinem Memorial an den Reichsconvent zu Regensburg — „alle fernere Antwort auf eine ungestüme, schnöde, stolze, ja unter gekrönten Häuptern ganz seltsame und unanständige Art abgeschlagen; denn der Wiener Hof glaubte, es sei der ihm so erwünschte Zeitpunkt erschienen, in welchem er die heiligsten Banden der Tractate ungeahndet zerbrechen könnte." Friedrich aber verschaffte sich zunächst aus dem Dresdner Archiv die Originale derjenigen Papiere, mit denen er die Wahrheit seiner Besorgnisse und die Gewißheit der wider ihn längst angezettelten Umtriebe der Welt documentiren, und dadurch die Fürsten überführen konnte, daß er nicht einen Angriffs-, sondern einen Vertheidigungskrieg unternehme, und aus den mehr als vierzig Bänden gesammelter Staatsschriften des Sächsischen Cabinettes verfaßte Hertzberg in acht Tagen jene berühmte „gegründete Anzeige des unrechtmäßigen Betragens und der gefährlichen Anschläge des Wienerischen und Sächsischen Hofes gegen Seine Königliche Majestät von Preußen, mit schriftlichen Urkunden erwiesen," welche in so klaren Worten Friedrichs Beschwerden, so überzeugend die Schuld seiner Feinde darlegte, daß nur diese noch die Rechtmäßigkeit seiner Handlungsweise zu leugnen wagten und, während sie die Existenz der geheimen Artikel im Petersburger Bündnisse nicht bestreiten konnten, nur gegen die Deutung derselben sich verwahrten.

Die Besitznahme Schlesiens motivirte Friedrich übrigens in einer gedruckten „Declaration der Gründe, welche Seine Majestät in Preußen bewogen haben, mit Dero Armee in Seine Königliche Majestät von Polen und Churfürstliche Durchlaucht zu Sachsen Erblande einzurücken," mit der Nothwendigkeit der Umstände, „daß die Sicherheit seiner eigenen Lande, die unglücklichen Zeitläufte und die Kriegsgesetze ihn dazu gezwungen hätten;" er wieß jede falsche Deutung einer feindlichen Gesinnung gegen den König von Polen oder einer eigennützigen Absicht auf die Sächsischen Erblande „im Angesichte Gottes und der ganzen Welt" feierlich von sich, und indem er Mannszucht, Ordnung und Schonung des Sächsischen Eigenthums angelobte, sprach er seine Hoffnung aus, daß entweder der Beitritt Sachsens, oder die Zerstreuung der schweren Wetterwolken am politischen Himmel, diese zu seinem eigenen Schutze als nothwendig erkannten Maßregeln aufzuheben möglich machen werde. — Allein diese Hoffnung sollte nicht in Erfüllung gehen; vielmehr loderte nun aus dem unvermutheten Einfalle in Sachsen jener zerstörende Weltbrand in lichten Flammen empor, welcher nur mit dem völligen Untergange des Preußenlandes endigen zu wollen schien.

Sachsen suchte zunächst durch langwierige Unterhandlungen Zeit zu gewinnen, damit ihm von Oestreich Hilfe zugesendet werde. — Vergebens bemühte sich der Englische Gesandte, Graf von Stormont, vergebens der gewandte Winterfeld, den König August, welcher unter dem Königstein im Rücken seines Heeres Schutz gesucht hatte, der Sache Oestreichs ungetreu zu machen. Während August Neutralität in dem Kampfe angelobte, verlangte Friedrich redende Beweise dieser Theilnahmlosigkeit, — das Auflösen der Sächsischen Heermacht, — wenigstens die Dislocation derselben in die Friedensstandquartiere, — und so wechselte man einige Zeit lang unnütze Briefe, während welcher Friedrich das Sächsische Lager enger umstellte, und, indem er recht wohl wußte, daß Sächsischer Seits die Vorkehrungen zum Kriege, selbst die Verproviantirung des Lagers versäumt waren, von dieser Blokade den glänzendsten Erfolg, die Capitulation des ganzen Sächsischen Heeres erwartete. Da er schon damals, nach Warnery, die Sächsischen Truppen unter sein Heer zu stecken beabsichtigte, so wies Friedrich jedes andere blutigere Mittel zur schnelleren Bezwingung der Sachsen zurück, obwohl die Disposition zum Sturm des Lagers durch Winterfeld schon entworfen gewesen sein soll. Damit aber die Oestreicher nicht den eng blokirten Sachsen zu Hilfe ziehen sollten, mußte Ferdinand von Braunschweig, am 13ten September in Böhmen einrückend, die Avantgarde Brownes, 4000 Mann unter General Wied, hinter die Eger zurückdrängen, wobei General Manstein, um die Elbe in der Gewalt zu behalten, sich des Schlosses Tetschen bemächtigte, und bald stellte sich Feldmarschall Keith mit 23 Bataillons und 61 Escadrons, die späterhin auf 29 Bataillons und 71 Escadrons, nicht ganz 30,000 Mann, anwuchsen, dem lauernden und langsam anrückenden Browne gegenüber, so daß zur Bewachung der Sachsen nur noch 40,000 Preußen, anfangs unter des Königs, sodann unter dem Heerbefehl des Markgrafen Carl und des Fürsten Moritz von Dessau zurückblieben.

Durch die bisherigen Maßregeln hatte Friedrich nun, seinem Operationsplane gemäß, sowohl sich die Elblinie gesichert; denn er war schon im Besitz von Wittenberg, Torgau und Dresden, als auch den Schauplatz des Krieges aus seinen Staaten fern gehalten, und er durfte hoffen, Sachsens Macht völlig zu brechen oder dieselbe unschädlich zu machen, wenn er die Oestreicher von jeder Unterstützung derselben abhalten konnte. Als diese daher unter Browne mit 35,000 Mann bis Budin am 23sten September vorgerückt waren, während Piccolomini bei Königsgrätz im unangreiflichen Lager zwischen Elbe und Adler mit dem übrigen Theile der Oestreichischen Armee Schwerin in Schach zu halten gezwungen wurde, stellte sich Friedrich selbst an die Spitze seiner Böhmischen Observations-Armee, da er mit Recht vermuthete, daß die Oestreicher Alles versuchen würden, die Sachsen zu befreien, und daraus auf die Wichtigkeit dieses Postens schloß. Am 28sten September übernahm er den Heerbefehl im Lager von Johnsdorf, dessen Terrain er für eine Schlacht als höchst ungünstig erkannte. Er brach daher sogleich mit der Armee auf und ging dem Feldmarschall Browne, dessen Pontons endlich angekommen waren, entgegen, entschlossen, selbst durch eine Schlacht den Durchbruch der Oestreicher zu den Sachsen zu verhindern. Um die Feinde sicherer zu beobachten, marschirte nämlich Friedrich mit seiner Avantgarde schon am 29sten September bis Türmitz, wo ihm durch den Obristlieutenant von Oelsnitz die sichere Kunde zuging, daß Browne seit dem 27sten September Anstalten treffe, bei Budin die Eger zu paßiren und gegen Lowositz vorzurücken. Friedrich dirigirte sofort seine Armee in drei Colonnen unter Feldmarschall Keith, dem Prinzen von Preußen und dem Feldmarschall Geßler theils durch die Pascopole, theils links vom Kletschenberge, theils auf der Poststraße längs der Elbe, hier aber beunruhigt durch das feindliche Geschütz vom rechten Elbufer, auf Welmina. Als die Preußen am 30sten September die Aujester Höhen betraten, konnten sie das Lager der Oestreicher in der Ebene bei Lowositz erblicken, dessen rechte Flanke sich an Welhoten lehnte, dessen linker Flügel sich bis hinter die Tschischkowitzer Teiche hinzog. Vor der Fronte des rechten Flügels lag Lowositz, vor dem linken Flügel Sulowitz. Diese Stellung hatten die Oestreicher desselben Tages um 10 Uhr früh eingenommen, nachdem sie in drei Colonnen auf den bei Budin und Doran geschlagenen Schiffbrücken die Eger überschritten hatten.

Während der Nacht zum 1sten October blieb die Preußische Armee auf dem Höhenzuge zwischen Woparna und Prisen vor Welmina stehen, Friedrich erachtete es aber für nöthig, mit der Avantgarde bis zur der Thalebene vorzurücken, welche zwischen den beiden Bergkuppen, dem Lobosch- und Radostitzer-Berge sich befindet, auch besetzte er diese beiden, die ganze Ebene südlich von Lowositz bis zur Eger überhöhenden Berge, welche die Oestreicher nicht eingenommen hatten. Es dauerte über die Mitternachtsstunde hinaus, bevor die Preußischen Truppen ihre vorbezeichnete Stellung eingenommen hatten, und den Rest der Nacht blieben die Colonnen in ihrer Marschordnung neben einander stehen. Einzelne Truppentheile wurden mehr oder weniger von plänkelnden Croaten beunruhigt.

So stand denn endlich der Sieger von Hohen-Friedberg und Sorr den Oestreichern zu neuem Entscheidungskampfe um Schlesiens Besitz gegenüber. Er hatte das Mittelgebirge zwischen der Biela und Eger überstiegen und den Feind muthig aufgesucht, mit dem er sich wieder zu messen bereit war. Allein „es sind nicht die alten Oestreicher mehr," die er hier vor sich sieht. Kriegserfahrener und mit der Kampfart ihres alten Gegners vertraut, erschweren die wohldisciplinirten, geübten Truppen den Sieg. — Daun, Winkelmann, Radicati und Fürst Lichtenstein haben alle Waffengattungen reorganisirt, dem Heere mehr Schnelligkeit und Beweglichkeit beim Gebrauch der Waffen verschafft und neben der technischen Ausbildung auch den Soldaten eine größere Zuversicht auf dieselbe verliehen! —

Die Schlacht bei Lowositz.

(Den 1. October 1756.)

Am Fuße der letzten Basaltkegel des Mittelgebirges, welches hier ausläuft, parallel mit dem Höhenzuge, fließt in der Niederung von Westen nach Osten der mit sumpfigem Boden umgebene, mit Gebüsch umwachsene Morellenbach, besonders im Frühling und Herbst unzugänglich. Von Tschelechowitz, eine Stunde westlich von Lowositz, bis unterhalb von Sulowitz speißt er fünf Teiche und fließt quer durch den, mit einer steinernen Mauer umgebenen Thiergarten von Sulowitz. Unterhalb Sulowitz sind die Ufer desselben ganz sumpfig und verhindern jede Communication, welche nur durch eine steinerne Brücke, 800 Schritte oberhalb Lowositz, unterhalten wird. Von dieser Brücke aus schweift der Bach in einem weiten Bogen um einen sanfteren Höhenzug, welcher sich bis zum Dorfe Lukowitz, oberhalb des Marktfleckens Lowositz, erstreckt, und fällt endlich, zwischen steilen Ufern und Gebüsch auslaufend, dicht oberhalb Lowositz in die Elbe. Das rechte Ufer dieses Baches begleiten von Tschelechowitz bis Lukowitz sanfte Höhen. Das Terrain am linken Ufer ist zwischen

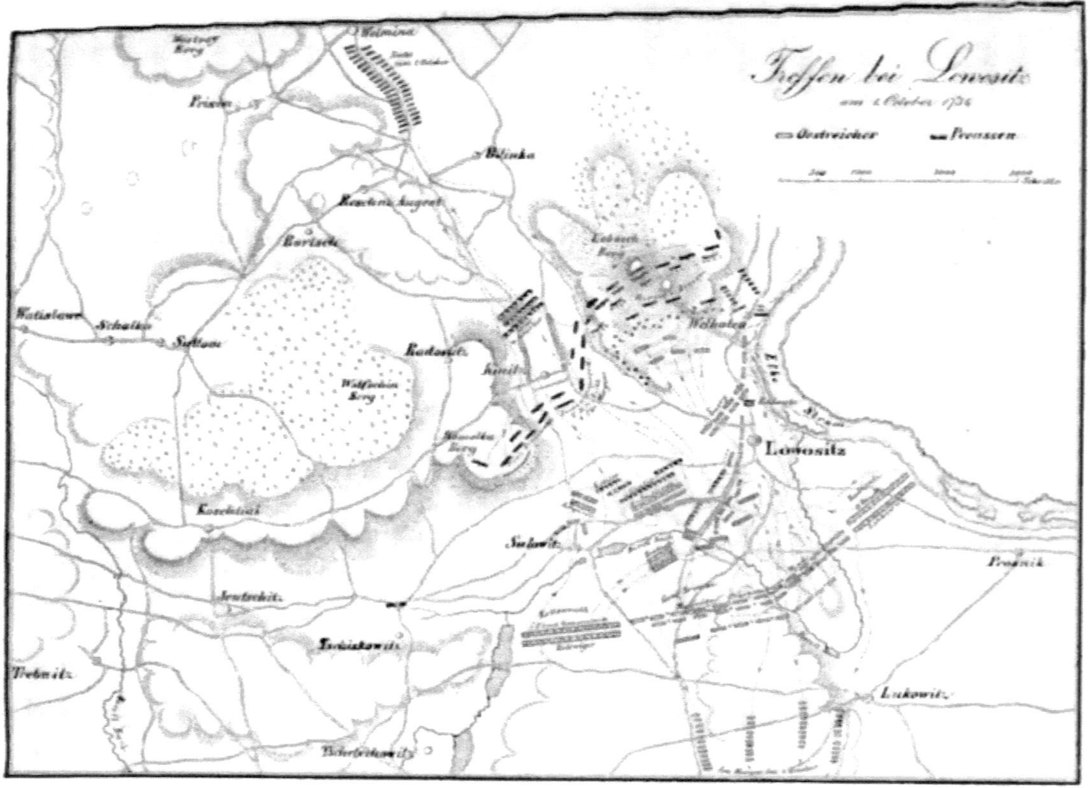
Treffen bei Lowositz
am 1. October 1756
Oestreicher
Preussen
Lowositz
Elbe Strom
Welmina
Bilinka
Radositz
Sulowitz
Lukowitz
Lobosch Berg
Welhoten
Watislaw
Trebnitz
Prosnik

Sulowitz und Lowositz von einem 18 Fuß breiten Hohlwege durchschnitten, die Entfernung dieser beiden Orte beträgt ungefähr 2500 Schritt. Die Thalebene zwischen dem Loboschberge vor Lowositz und dem Radostitzer Berge, westlich von Sulowitz, gestattet kaum die Entwickelung von sechs bis acht Bataillons; diese Bergkuppen selbst sind auf der Nordseite mit Wald bedeckt, auf der Mittagsseite zu Weinbergen benutzt. In den Weinbergen hat jeder Eigenthümer seine Besitzung mit einer etwa drei Fuß hohen Mauer von zusammengetragenen Feldsteinen umgeben. Die beiden Berge fallen jener kurz vor Lowositz, dieser hart vor Sulowitz sanft ab; die Vorhöhe des Radostitzer Berges, eine niedrigere Kuppe, heißt der Homolkaberg und beherrscht eben so, wie der Radostitzer, die vor ihm liegende Ebene.

Browne hatte mit seiner über 33,000 Mann starken Macht sich zwischen Tschelechowitz und Lowositz aufgestellt, so daß der Morellenbach größtentheils seine Front deckte; nur auf seinem rechten Flügel, welcher sich an die Elbe lehnte, hatte er beide Seiten des Baches besetzt, beim Flecken Lowositz eine Redoute und eine Batterie erbaut, und die Weinberge vor Lowositz am Abfalle des Lobosch von Croaten einnehmen lassen. Sein linker Flügel hatte Sulowitz vor sich, und die hier zerstreuten Dörfer Tschischkowitz, Tschelechowitz und Sulowitz waren von Vorposten besetzt. Seine Armee lagerte in zwei Treffen, auf den Flügeln die Cavallerie, in der Mitte das Fußvolk; wenige Grenz-Bataillons bildeten in zweiter Linie die Reserve.

Die Preußische Armee hatte die kalte Herbstnacht hindurch unter dem Gewehr gelegen, und bei der Dunkelheit und wegen des unebenen Terrains waren — wie des Herzogs von Bevern Bericht meldet — die Truppen ziemlich unter einander gerathen. Schon lange vor Tagesanbruch schaarte sich die Generalität um Friedrich und begleitete ihn, als der Tag angebrochen war, zu der Waldöffnung zwischen dem Lobosch und Radostitz, wo man den Feind beobachten wollte. Allein ein dicker Nebel lag auf der Ebene und dem Könige ward durch denselben die Oestreichische Aufstellung verhüllt. Er hielt sogar die Croaten in den Weinbergen, welche mit den vorgeschobenen Preußen Schüsse wechselten, für den Nachtrab der auf Budin abmarschirenden Oestreichischen Armee, und gedachte, diese ganze Nachhut, von der man einzelne sich formirende Massen im Nebel halb erkennen konnte, durch eine Schwenkung seiner

Armee links um den Lobosch, entweder abzuschneiden, oder sie in die Elbe zu jagen.

Allein als Friedrich nun, zur Armee zurückgekehrt, seine Schaaren beorderte, vorwärts zu gehen, den Prinzen von Bevern, daß er den linken Flügel auf dem Lobosch formire und diese Höhe behaupte, den Prinzen Ferdinand von Braunschweig, daß er die Radostitzer Berge besetze, während der Prinz von Preußen mit dem General-Lieutenant von Kleist in der unbewaldeten Ebene die Mitte halten sollte, sah sich Bevern schon beim Deployiren in ein Feuergefecht mit den Croaten verwickelt, welches sich fast bis zur Mitte des Heeres erstreckte, von halb 8 Uhr bis gegen 11 Uhr ohne sonderlichen Verlust für beide Theile dauerte und jenen Angriff aufhielt.

Nun war durch die Ausdehnung der Preußischen Linie vom Lobosch bis zum Homolka zur Ausfüllung der entstehenden Lücken auch die zweite Schlachtlinie unter General-Lieutenant Graf von Schmettau bis auf einige Bataillons in die erste hineingezogen und das schwere Geschütz donnerte aus einer großen Batterie von zwanzig Zwölfpfündern, welche schnell auf dem Homolkaberge errichtet war, und aus einer zweiten Batterie am westlichen Fuße des Lobosch hinüber nach Lowositz, wo sich einige Escadrons feindlicher Cavallerie bei dem weichenden Nebel erkennen ließen. Man beabsichtigte, diese dadurch zu verscheuchen.

Der Prinz von Bevern hatte aber Ordre, den Lobosch nicht zu verlassen, auch dann nicht, wenn er die Oestreicher vortheilhaft verfolgen konnte, — es sollte dies vielmehr die Aufgabe der durch das Defilée heranziehenden Mitte bleiben. Daher die lange Dauer eines Gefechts, welches sich immer wieder erneuerte, weil die Croaten in den Weinbergen, namentlich hinter den Mauerbrüstungen fester Position faßen, oder sicherer zurückkehren konnten.

Noch immer glaubte Friedrich bloß die Arrieregarde Brownes vor sich zu haben; — um aber eine schnellere Entscheidung dieses Gefechts zu erlangen, ließ er seine Cavallerie durch die Infanterie ziehen, in drei Treffen vor Kienitz aufstellen, und befahl den Angriff auf die feindliche Reiterei mit zwanzig Escadrons. Dem gewaltigen Sturm dieser Reiterschaar, welche von Scharnhorst und Lloyd zu funfzehn, von Gaudi und Tempelhoff zu einundsiebzig Escadrons angegeben wird, konnten die Oestreichischen sechzehn Escadrons Linienreiterei und neun Escadrons Husaren nicht widerstehen; Gaudi schätzt die Stärke derselben überhaupt nur auf funfzehn Escadrons. Zwar rückten diese mit großer Entschlossenheit den Preußen entgegen; allein sie wurden schnell über den Haufen geworfen und selbst über einen achtzehn Fuß breiten Hohlweg bis in die Linie zwischen Lowositz und Sulowitz hitzig verfolgt. Da eilten aus Lukowitz die Kürassierregimenter Cordua und Stampach zu Hilfe; aus den Gräben und Gärten von Lowositz und Sulowitz sprühte ein Kugelregen der Oestreichischen Infanterie in die Front und Flanken der Preußenreiter, die verdeckten Batterien aus Lowositz und Sulowitz eröffneten mit sechzig Geschützen ein mörderisches Feuer auf dieselben, und die durch das Reitergetümmel ohnehin in Unordnung gebrachten Truppen sahen sich deshalb genöthigt, bis vor Kienitz zurückzuweichen. Jetzt sah man ein," sagt Friedrich, „daß nicht von einem Nachtrabe die Rede sei, sondern daß Browne sich mit den Oestreichern der Armee gegenüber befände. Der König wollte deshalb seine Reiterei zurückziehen, um sie ins zweite Treffen zu stellen; allein durch ein Ungefähr, wie es an Schlachttagen leider gar zu oft vorkommt, hatten die Cürassiere sich zu den Dragonern gesellt, und ehe noch der Adjutant des Königs ihnen den neuen Befehl überbringen konnte, hatten diese nun vereinigten Truppen, im Vertrauen auf ihre Heftigkeit und aus Begierde sich auszuzeichnen, zum zweiten Male angegriffen." Wieder hatten sie die Oestreichischen Reiter, diesmal bis an den Morellenbach geworfen; aber schon beim Ueberschreiten des Hohlweges in einige Verwirrung gekommen, konnten sie das verstärkte Feuer der Oestreicher nicht aushalten, sondern mußten in ihre alte Position zurückweichen, zumal der General-Major Fürst von Löwenstein mit den Cavallerieregimentern Brettlach und Anspach vom linken Flügel den Preußen in die rechte Flanke fiel. Unter dem Schutze der Homolkabatterie konnten sie sich vor Kienitz neu formiren, erhielten aber darauf den Befehl, sich hinter die Infanterie zu ziehen. Friedrich sagt: „da sie nicht verfolgt wurden, so geschah ihr Rückzug von Lowositz nach Kienitz in bester Ordnung." Der Verlust bei diesem zwiefachen Cavallerieangriffe, welchen Mehrere, z. B. Archenholz auf eine Reiterattaque einer geringern Truppenmacht reduciren, war sehr bedeutend. Der eilfte Theil der Reiterei, nahe an tausend Mann, war todt, verwundet, oder gefangen; überdem hatte man nicht allein den Verlust von 45 Offizieren, sondern auch den Tod zweier Generale zu beklagen. Von dem Augenblicke, da die Cavallerie aus dem Treffen gezogen wurde, konnte dieselbe nicht mehr verwendet werden, indem die Pferde durch die beiden heftigen Angriffe um so entkräfteter wurden, als sie, nach Gaudi, schon dreißig Stunden lang weder getränkt noch gefuttert waren. —

Es war nun fast zwölf Uhr Mittags; der Nebel war gewichen, und Friedrich konnte vom Homolkaberge aus die Schlachtlinie der Oestreicher beobachten. Tempelhof erzählt, daß Friedrich sich, nach Beurtheilung ihrer Stellung, entschieden habe, Lowositz vom Lobosch aus anzugreifen, während alle Berichte es unzweifelhaft machen, daß er von diesem Augenblicke an nur seine Stellung zu behaupten entschlossen gewesen, der Angriff vielmehr von den Oestreichern ausgegangen sei, welche durch den unglücklichen Ausgang der Preußischen Cavallerie-Attaque verleitet waren, mit starken Infanteriemassen vorzudringen, und den linken Preußischen Flügel auf dem Loboschberge anzugreifen.

Gleichzeitig machten die Oestreicher einen Versuch, aus Sulowitz hervorzubrechen, entweder um hier einen wirklichen Angriff zu unternehmen, oder die Preußen auf dem linken Flügel zu schwächen. Die Oestreichischen Berichte widersprechen diesen Angaben aller Preußischen auf das Bestimmteste. Gaudi aber erzählt, daß gegen zwölf Uhr eine Colonne von neun Bataillonen, aus Sulowitz hervorbrechend, durch das gewaltige Feuer der Preußischen Batterien zum Rückzuge gezwungen, dabei auch Sulowitz in Brand gerathen, und also jede Absicht Brownes, mit diesem Flügel etwas zu unternehmen, durch die überlegene Stellung der Preußen verhindert sei. — Andere wissen nur von zwei Cavallerieregimentern, Trautmannsdorf und Lichtenstein, welche der General der Cavallerie, Graf Luchesi, in der Absicht aus Sulowitz herausgeführt habe, um der Preußischen Cavallerie bei ihrem Angriff in die Flanken zu fallen.

Wie dem auch sei, der Angriff der Oestreicher auf den linken Flügel der Preußen war um so ernstlicher. Hier bei Luwositz hatte Browne den Kern seiner Truppen vereinigt. An 16 Bataillons und 34 Grenadier-Compagnien waren auf dem beengten Raume aufgestellt, die hier der Feldmarschalllieutenant Graf Stahremberg befehligte. Zuerst versuchte der Obrist Lascy mit drei Bataillons und sechs Grenadier-Compagnien den Loboschberg zu erstürmen, während ein Detaschement Croaten über Welhota in die linke Flanke der Preußen entsendet wurde.

Die Lage der Preußen war besonders darum kritisch, weil von den Regimentern, welche hier seit früh 7¼ Uhr im Feuer standen, Bevern, Kleist und Jung Billerbeck keine Munition mehr hatten, obgleich sie mit sechzig Schuß versehen worden waren, und weil nur die aus dem zweiten Treffen herbeigezogenen Bataillons v. Itzenplitz und v. Münchow zu feuern im Stande waren. Als aber Lascy mit seinen Schaaren die Hälfte des Loboschberges erstiegen hatte, ordnete der Prinz v. Bevern, trotz der erhaltenen Weisung, den Berg nicht zu verlassen, den Bajonettangriff an, und indem er mit seiner ganzen Macht dem Feinde entgegenging, stürzte er ihn den Berg hinab. „Diese tapfern Bataillons,“ sagt der Prinz v. Bevern in seinem Schlachtbericht, „culbutirten den Feind den Berg hinunter, setzten ihm die Bajonets in die Rippen, schlugen mit der Kolbe hinterher, und jagten, indem sie pêle mêle den Berg hinunter liefen, ihn nach Lowositz hinein. Dieses betraf besonders die Regimenter Esterhazy, Colloredo und Jung Wolffenbüttel.“ Lascy wurde bei diesem zurückgeschlagenen Angriffe verwundet, ein Theil seiner Truppen selbst in die Elbe gedrängt, und wie hartnäckig diese auch den Preußen Widerstand geleistet hatten, so mußten sie doch der Tapferkeit solcher Feinde erliegen.

Um an der Elbe einen Stützpunkt zu haben, und den Flankenangriff der Oestreicher zu hindern, hatten die vom Lobosch niedersteigenden Preußen sich links gehalten, der tapfere Flügeladjutant v. Oelsnitz hatte mit zwei Grenadierbataillons, vom brennenden Welhoten her die Feinde vor sich hertreibend, den Oestreichern die rechte Flanke abgewonnen, gleichzeitig waren die Regimenter v. Hülsen, Manteufel, ein Theil von Itzenplitz und das Bataillon Jung-Billerbeck aus dem Centrum der Preußischen Armee bis vor Lowositz gedrungen, waren, unterstützt von der Artillerie, in das brennende Städtchen gelangt und kämpften hier unter der persönlichen Anführung des Feldmarschalls v. Keith, welcher vom rechten Flügel dorthin gekommen war, im blutigsten Handgemenge um den Besitz der Stadt. — Im Ganzen waren hier gegen zwölf Preußische Bataillons im Gefecht; da aber, „wegen des überaus difficilen Terrains in den Weinbergen die einzelnen Bataillons auseinander gekommen und echauffiret,“ so glich der Kampf einem blutigen Handgemenge regelloser Massen, welche mehr von ihrem Muthe zum Kampfe getrieben, als von dem Feldherrnwillen geleitet werden. „Die Grenadiere," sagt Friedrich, „schossen durch die Thüren und Fenster in die Häuser, steckten diese endlich in Brand, um schneller fertig zu werden, und obgleich diese Truppen all' ihr Pulver verschossen hatten, hielt dies doch die Regimenter Itzenplitz und Manteuffel nicht ab, mit gefälltem Bajonet in Lowositz einzurücken und neun ganz frische Bataillone, welche Herr v. Browne hineineingesandt hatte, zu zwingen, den Ort zu räumen und zu entfliehen." Der Kampfpreis, welchen Friedrich hier jenen Regimentern zuerkennt, wird in der Darstellung jener Schlacht, welche vom Preußischen Generalstabe bearbeitet ist, den Grenadierbataillonen Kleist und Jung=Billerbeck zugesprochen, namentlich führen andere Berichte die Compagnie des Capitains v. Bornstedt Kleistschen Regiments als diejenige an, welche den Erfolg der Preußischen Waffen in Lowositz durch ihre Tapferkeit gesichert habe. Die wichtigsten Dienste leistete aber den Preußen unstreitig ihre Artillerie, welche Lowositz in Brand steckte, und es dadurch den Oestreichern unmöglich machte, sich im Orte zu behaupten.

Es war nach zwei Uhr Nachmittags, als diese Erfolge erkämpft waren. Im siebenstündigen heißen und blutigen Kampfe hatte sich zwar die alte Tapferkeit der Preußen wider große Uebermacht bewährt; allein Friedrich selbst machte auch die Bemerkung, daß er nicht mehr die alten Oestreicher vor sich habe. Zwar brach Browne die Schlacht ab, durch eine meisterliche Bewegung aber, durch welche seine Mitte und der bisherige linke Flügel seines Heeres das Feld seines geschlagenen rechten Flügels einnahmen, deckte er den Rückzug dieser Truppen. Er ging in sein altes Lager zurück, als aber Friedrich des andern Tages Miene machte, ihn in seiner linken Flanke zu bedrohen, indem er den Herzog von Bevern mit fünf Bataillons und 1400 Pferden gegen Tschischkowitz detaschirte, verließ Browne das linke Egerufer, nachdem er Leutmeritz besetzt und die Elbbrücken daselbst zerstört hatte, bezog wieder das Lager von Budin und warf die Egerbrücken hinter sich ab.

Friedrich blieb in der Nacht zum 2ten October auf dem Schlachtfelde stehen, so den Sieg behauptend, welchen die Oestreicher, des geringeren Verlustes halber sich angemaßt haben. Am 2ten October verlegte er sein Hauptquartier nach Lowositz, und da nun auch

durch die Schlacht seine eigentliche Absicht erreicht war, durfte er sich mit um so größerem Rechte den Sieg zuerkennen, obschon er nur mit der Avantgarde der Oestreicher gekämpft hatte.

In Lowositz belohnte er zuerst den tapfern Hauptmann Maximilian v. Bornstedt, indem er ihn mit dem Verdienst-Orden schmückte und ihm eine jährliche Gehaltszulage von 300 Thalern gab; — den tapfern Generallieutenant Franz Ulrich v. Kleist, der schon früh vor acht Uhr durch den Fuß geschossen war, der aber den Kampfplatz nicht hatte verlassen wollen, sondern bis Nachmittags vier Uhr unverbunden zu Pferde geblieben war, ehrte er durch Verleihung des schwarzen Adlerordens; — und an Schwerin schrieb er: „Mit 24 Bataillons und 100 Kanonen haben wir 72 feindliche Bataillons und 300 Kanonen vertrieben. Nichts sage ich Ihnen von den Truppen; denn Sie kennen Sie. Aber so lange ich sie zu befehligen die Ehre habe, sah ich weder bei der Infanterie noch bei der Cavallerie solch' Wunder der Tapferkeit. Jene ist durch umzäunte Weinberge und gemauerte Häuser gebrochen. Sie hat von sieben bis drei Uhr Nachmittags eine Kanonade und das kleine Gewehrfeuer ausgehalten, bis endlich der Feind die Flucht ergriff. Es übertrifft diese Probe ihre Tapferkeit bei Sorr. Die Oestreicher wollen nur in verschanzten Posten fechten. Man muß sich wohl hüten, husarenmäßig sie anzugreifen. Sie sind listiger, als ehemals, und glauben Sie mir, ohne eine Menge grobes Geschütz würde es Mühe kosten, sie zu schlagen. Müller hat mit seiner Artillerie Wunder gethan und mich ungemein unterstützt. — Man fand nicht mehr die Oestreicher von den vierziger Jahren. Es waren wohlgeübte und gut geführte Soldaten, Truppen, die Achtung verdienten und die ohne Kriegslist und eine, der ihrigen gleichkommende Artillerie nicht leicht geschlagen werden konnten." — —

Die Oestreicher verloren in dieser Schlacht an Todten, Verwundeten und Gefangenen 2984 Mann und 475 Pferde; 124 Offiziere, welche getödtet oder verwundet wurden, sind hierbei eingerechnet. — Darunter befanden sich der General der Cavallerie, Graf Radicati, der Verbesserer des Heerwesens, dessen wir oben Erwähnung gethan haben; der verwundete Fürst Lobkowitz wurde von den Preußen bei der Reiterattaque gefangen genommen.

Der Preußen Verlust war stärker; er belief sich auf 3308 Mann und 1274 Pferde. Den Tod fürs Vaterland starben in dieser Schlacht: die Generalmajors David Hans Christian von Lüderitz; Heinrich Ernst von Oerzen; Johann Christoph Rulemann Baron von Quadt starb drei Tage nach der Schlacht an seinen Wunden, und auch der General-Lieutenant Franz Ulrich von Kleist verblutete später an seiner schweren Verwundung; der Obrist Georg Heinrich von Holzendorf; der Hauptmann von Backhoff, und der Rittmeister Conrad Blessing; die Lieutenants von Greifenberg, von Wolfrath, von Knigge, von Kleist, von Bröker, von Carlheim, von Ramel, von Taubadel, von Rössing, von Warkoy und von Wins. — Außerdem bluteten die Stabsoffiziere: die Obristen von Puttkammer und von Münchow; die Obristlieutenants Christian Wilhelm von Ziethen, von Blumenthal und von Oppen; — die Majors: von Lüderitz, von Nierott, von Bonin, von Eberstein, von Frohreich, von Sydow und von Düring. — Der Obristlieutenant Hans Siegmund von Ziethen wurde gefangen. — Als besonders auffällig bemerken wir: Browne gab leutselig die gefangenen Offiziere los, und der König erwiederte diese ritterliche Courtoisie. Großer Trophäen konnte sich kein Theil rühmen. Der König giebt 700 Gefangene an und beklagt dabei, daß seine Cavallerie zu Ende der Schlacht nicht mehr im Stande gewesen sei, den Sieg zu verfolgen. Außerdem blieben drei Kanonen und zwei Standarten in den Händen der Preußen. Am ehrenvollsten ist das Zeugniß der Oestreicher, von welchen Archenholz erzählt: „ihre Wunden betrachtend, sprachen sie: „Wir haben die alten Preußen wiedergefunden!" — — —

Durch den Rückzug Browne's auf Budin hatte Friedrich nun zwar die ursprüngliche Absicht der Oestreicher, über das Mittel- und Erzgebirge den Sachsen zu Hilfe zu ziehen, vereitelt; allein er war zu schwach, etwas gegen den Feind zu unternehmen und begnügte sich daher, sein Lager durch Verschanzungen unangreifbar zu machen, und aus demselben die Oestreicher zu beobachten. Er konnte um so weniger vorwärts über die Eger ziehen, weil er dadurch dem in Leitmeritz stehen gebliebenen Oestreichischen Detaschement seinen Rücken bloß gegeben haben würde.

Unterdessen hatten die 40,000 Preußen in Schandau, Wehlen, Mockethal, Groß-Sedlitz, Groß- und Klein-Cotta, Hermsdorf, Cunersdorf, Höllendorf und Krippen auf beiden Ufern der Elbe das Lager der Sachsen eng blokirt gehalten, alle Zufuhr abgeschnitten und auch den Durchbruch derselben verhindert. Die Versuche, einen Neutralitätsvertrag mit den Preußen abzuschließen, waren an der Hartnäckigkeit des Königs August gescheitert, welcher die Bedingungen Friedrichs nicht eingehen wollte. Von der Hingebung der Unterthanen für ihren Herrscher, von der Treue gegen ihren König gaben die Sachsen in dieser Zeit der Noth die glänzendsten Beweise. Obwohl der König um seine Erblande nicht gerade große Verdienste sich erworben hatte, ja der leere Prunk seines Königlichen Haushalts und der kostspielige Unterhalt schlemmender Höflinge am katholischen Hofe dem protestantischen Lande schwere Bürde auferlegte: so war doch eben dieses Land von einer Liebe für den angestammten König beseelt, welche des höchsten Nachruhms werth ist. Besonders war es die Soldateska, welche in beispielloser Noth treu ausharrte und von jener Anhänglichkeit die glänzendsten Beweise ablegte.

Durch die Unschlüssigkeit und Nachlässigkeit des Sächsischen Cabinettes und der Heerführer war die öfter befohlene Rüstung immer wieder eingestellt, und Friedrich konnte im August das Sächsische Heer, welches zuletzt in größter Eile zusammengerufen war, in einem beklagenswerthen Zustande überraschen. Zwar hatte dasselbe eine sehr feste Position eingenommen, in welcher jeder Angriff blutig und vielleicht erfolglos gewesen sein würde; es erging jedoch der Sächsischen Armee durch die Blokade desto übler. Schon bei dem Zusammenziehen der Truppen, bei welchem man zur Bespannung der Artillerie Fuhrmannspferde requirirt und Handwerksbursche als Trainknechte mitgenommen hatte, hatte große Verwirrung und Unordnung geherrscht. Auf ausdrücklichen Befehl Brühls war die Armee nur auf vier Tage mit Lebensmitteln versehen; manche Vorräthe, die schon unterwegs waren, wurden zurückgelassen. Man hoffte, entweder durch eine Neutralitäts-Convention oder durch einen schleunigen Rückzug nach Böhmen solche kostspielige Aufhäufung von Lebensmitteln ersparen zu können.

Nun brach die Noth und der Hunger mit allen Schrecknissen ins Sächsische Lager ein. Kaum für 14 Tage Lebensmittel fanden sich am 10ten September bei Einschließung des Lagers durch die Preußen vorräthig, und doch zehrte der Hof des Königs, als befände man sich mitten im Ueberfluß, unbedachtsam auf diese geringen Vorräthe los. Der König selbst durfte wöchentlich seinen Küchenwagen nach Dresden schicken, um für sich nicht Noth zu leiden; Friedrich hatte ihm auf sein Ansuchen dies bewilligt; die an Ueberfluß gewöhnten Hofleute konnten sich aber auch nichts abbrechen, und deshalb wurden die Rationen und Portionen der Pferde und Leute um ein Drittheil sogleich vermindert.

Ein Genosse des Elends und Ungemachs, welches die treuen Sachsen hier 35 Tage lang ertragen haben, erzählt in seinem Tagebuche: „Den 19ten September. Wir hatten kaum 10 Tage im Lager gestanden, so bekam die Infanterie schon keine Rationes mehr, sondern jeder mußte zusehen, wie er seine Pferde am Leben erhielt. Daher wurden die Pferde auf die Weide gejagt, und mußte sich jedes seinen eigenen Unterhalt suchen und verschaffen; ja, endlich kam es so weit, daß die Reiterei auch keine Rationes mehr bekam; deswegen mußten die Reiter ihre Pferde auch weiden, welche denn vollends das Moos, so auf den dürren Bergen wächst, abfraßen, so, daß sie auf die letzt genöthiget wurden, weil gar keine Weide mehr vorhanden war, in die Wälder und Gärten zu gehen, und die Blätter, wie auch die grünen Reiser von den Bäumen zu pflücken und ihre Pferde damit zu füttern. Das Brot für die Bursche wurde auch kleiner, denn da sie sonsten alle drei Tage sechs Pfund bekommen hatten, so bekamen sie jetzt nur vier Pfund. Was am meisten noch zu bekommen war, war Fleisch; sonsten aber war vom Zugemüse und dergleichen nichts zu haben. Wir hofften immer von einem Tage zum andern, daß die Preußen uns verlassen und nach Böhmen marschiren sollten; denn da wir des Tages immer so viel Volk in verschiedenen Colonnen nach Böhmen marschiren sahen, so dachten und glaubten wir, daß diejenigen, so uns eingeschlossen hielten, auch nicht lange mehr hier verbleiben, sondern den andern bald nachfolgen würden."

Den 3ten October. „Es wurde auch von Tage zu Tage schlechter bei uns; denn die Pferde, so auf der Weide herumgingen und nichts mehr zu fressen fanden, fielen um und krepirten für Hunger, welches erbärmlich anzusehen war. Unter einer Menge von einigen tausend waren immer einige hundert, so umfielen, wovon einige gleich todt blieben, einige aber sich immer wälzten und weder leben, noch sterben konnten, einige mal standen sie wieder auf, fraßen vor Hunger die Erde, fielen wieder um und schlugen und wälzten sich so lange, bis sie krepirten. Mit vier Pfund Brot mußte der Soldat auch nun sechs Tage auskommen, Fleisch aber konnten sie zur Nothdurft noch bekommen, weil die Bauern ihr Vieh meistens verkauften."

Den 13ten October. „Wir waren bei starkem Nebel über die Elbe gegangen, um von da einen Durchbruch zu den Oestreichern zu versuchen. Der Nebel hatte sich aber in einen sehr starken Regen verwandelt, welcher zwei Tage und Nächte hindurch anhielt. Die Lebensmittel waren sehr knapp; denn aus unserm alten Lager hatten wir das wenige, so wir noch gehabt, vollends aufgezehrt und nichts mitgenommen, weil man uns eingebildet, daß, sobald wir über die Elbe kämen, wir zu den Kaiserlichen stoßen und Alles vollauf bekommen würden. Daher weil alles dieses nicht geschah, so suchten wir uns die noch auf dem Felde stehenden Krautstengel zusammen und kochten selbige ohne Salz und Schmalz. Da diese aber kaum den ersten Tag hinlänglich genug waren, den Hunger zu stillen, so mußten wir die andern Tage über Hungersnoth ausstehen. Brot war gar nicht zu bekommen, und wenn man auch zehn Thaler vor einen Mundbissen hätte geben wollen. Ein einziger Krautstrunk ist die letzten Tage mit einem Gulden und Thaler bezahlt worden. Fleisch war auch nicht mehr vor Geld zu haben ɔc." —

Nicht genug an solchem Elende, sollte die Treue der Sachsen bald noch härter geprüft werden. —

Feldmarschall Browne hatte am 22sten September schon durch einen Offizier den Sächsischen Heerführer Rutowsky benachrichtigt, daß er beabsichtige, am rechten Elbufer hinabzusteigen, um den Durchbruch der Sachsen auf dieser Seite durch seine Operationen zu unterstützen. Der 12te October war hierzu gemeinschaftlich verabredet, an welchem Tage während des Sächsischen Frontangriffs auf Waltersdorf und Prossen Browne den Preußen bei Rattmannsdorf und Schandau in den Rücken fallen sollte. Obgleich seitdem die Schlacht bei Lowositz verloren gegangen war, und Browne einige Tage Aufschub verlangt hatte, so hatte er sich doch für Beibehaltung dieses Termins entschieden, als er von der entsetzlichen

Noth hörte, welche im Sächsischen Lager herrschte. Allein die Ausführung des Planes scheiterte wieder, weil die beispiellos nachlässige Rüstung der Sachsen sie verzögerte. Die Pontonier-Compagnie bestand factisch nur aus Offizieren, Unteroffizieren und vier Gemeinen. Diese sollten die bei Pirna befindlichen Pontons zwei Meilen aufwärts zu Wasser nach Thürmsdorf transportiren, wo man die Brücke zu schlagen beabsichtigte, und als man Bauern und Schiffer zur Hilfsleistung requirirt hatte, konnte man dieselben in dem, von den Preußen eröffneten Kanonenfeuer nicht beisammen erhalten. Widrige Winde und ein wiederholter Aufstand der Schiffer verzögerte denn auch die Vollendung der Brücke bis zum 13ten, deren Pontons man endlich doch zu Lande hatte fortschaffen müssen. Endlich brach das Sächsische Heer, mit Zurücklassung vieler vernagelten Kanonen, auf den schlechtesten Wegen bei schrecklichem Regenwetter auf, um das rechte Elbufer zu gewinnen. Die Mattigkeit der Pferde, noch mehr die Lässigkeit der Trainknechte, welche aus dem erzwungenen Dienste heimlich zu entwischen suchten, verzögerten die Fortbewegung eines Corps, welches in einer einzigen Colonne am Elbufer durch einen Hohlweg auf die Brücke marschiren und von derselben in einem gleichen das steile Ufer erklimmen mußte. Hier konnten die matten Pferde das mitgenommene Geschütz die jähe Höhe nicht mehr hinauf ziehen, und als endlich mit großer Mühe zwei Kanonen hinauf geschleppt waren, zerbrach die dritte im Hohlwege und versperrte selbst den Fußgängern die Passage. Alles Gepäck und das übrige mitgenommene Geschütz mußte nun unten bleiben, die Reiter mußten absteigen und ihre Pferde einzeln den Berg hinaufführen, wobei viele wegen großer Mattigkeit hinabstürzten und verunglückten. Alle diese selbst verschuldeten Hindernisse verzögerten die Aufstellung des Sächsischen Heeres und den Angriff zur gelegenen Stunde, und als endlich Rutowsky bereit war, hatten die Preußen ihre Verhaue erhöht, ihre Truppenmacht verstärkt und von zwei Bataillons, die sie den 12ten am Lilienstein gefunden haben würden, war am 14ten, Morgens, das Preußische Blokadecorps hier bis zu 11 Bataillons, 22 Kanonen und 3 Escadrons angewachsen. Der talentvolle General-Lieutenant von Winterstein führte nun hier den Heerbefehl, während von Lestwitz bei Schandau mit 10 Bataillons und 8 Escadrons Wache hielt.

Zum großen Unglück hatten die Sachsen, als die Preußen ihr

verlassenes Lager bei Pirna schon am 13ten früh einnahmen und einen Angriff auf die Arrieregarde der Sachsen machten, hinter sich die Brücke abgehauen, welche nun fortschwimmend den Preußen bei Rahden in die Hände gefallen war, — und Browne, welcher zur rechten Zeit sich auf dem Rendezvous eingefunden hatte und bis zum 14ten bei Mittelndorf stehen geblieben war, war in Besorgniß um seine Rückzugslinie umgekehrt, als er auf das verabredete Zeichen keine Antwort von den Sachsen empfangen hatte. —

Browne glaubte nämlich seine Wagniß nicht weiter ausdehnen zu dürfen. Indem er dem Grafen Luchesi den Heerbefehl in Budin übergeben und dem Corps zu Leitmeritz unter Macquire zur Beobachtung des Preußischen Lagers bei Lowositz große Aufmerksamkeit empfohlen hatte, war er unter dem Schutze starker Postirungen längs der Elbe heimlich bei Raudnitz zwischen Leitmeritz und Wegstädtl auf Prahmen und Kähnen mit 6 Bataillons, 12 Grenadier-Compagnien zu Fuß, 4 Grenadier-Compagnien zu Pferde, 1200 Croaten, 300 Dragonern, 400 Husaren und 20 Geschützen, zusammen an 8000 Mann, am 7ten October über die Elbe gegangen, hatte in fünf starken Märschen sich quer durch den Leitmeritzer Kreis am rechten Elbufer über Pleiswedel, Politz, Kamnitz, Tzeidler bewegt und stand schon am 11ten October auf den Höhen zwischen Mittelndorf und Lichtenhain bereit, auf das verabredete Zeichen wider die Preußen loszubrechen, welche hier unter General von Meyerink nur 4000 Mann stark waren. Aber in Lichtenhain fand er, als er Nachmittags 3 Uhr dorthin kam, die Bitte der Sachsen, seinen Angriff noch um 24 Stunden zu verzögern, und nachdem nun von Meyerink Zeit gewonnen, sich auf Schandau zurückzuziehen, hatte der General von Lestwitz sich mit demselben vereinigt, und die Preußen waren also in der günstigsten Stellung seitdem wohl gerüstet, ihn zu empfangen. Zum Ueberfluß hatte Browne die Lösung zweier Kanonen des Königsteins und das Gewehrfeuer des Sächsischen Husarenvortrupps, womit Rutowsky markiren wollte, daß er zum Kampfe bereit sei, wegen widrigen Windes überhört; die sich häufenden Beschwerden, — anhaltendes Regenwetter und mangelnder Lebensunterhalt, — entmuthigten seine Truppen; er selbst mußte fürchten, von den Preußen auch im Rücken angegriffen zu werden, seitdem das Blokadecorps derselben vom linken Elbufer sich gegen Struppen bewegte, um hier die Elbe zu überschreiten.

Deshalb schrieb er am 13ten, Abends 10 Uhr, an Rutowsky, „daß er unmöglich länger, als bis den 14ten um 9 Uhr Morgens, den Angriff der Sächsischen Armee abwarten könne;" — und er verließ wirklich zur festgesetzten Stunde seine Position, um nach Böhmen zurückzugehen. Noch mit Verlust eines großen Theils seines Nachtrupps, unter den Generalwachtmeister Haddick, welche von dem Obristlieutenant von Warnery und dem Prinzen Friedrich von Würtemberg angegriffen wurden, entkam er — am 20sten October in Budin eintreffend — größerer Gefährde, wenn nämlich Friedrich, welcher am 14ten mit 15 Escadrons Dragonern ins Lager bei Pirna einrückte, von Lowositz aus eine Diversion aufs rechte Elbufer unternommen und den Versuch gemacht hätte, ihn abzuschneiden. Wenigstens macht Lloyd dem Könige aus diesem Beweise seiner geringen Wachsamkeit einen Vorwurf, während die historische Darstellung des Preußischen Generalstabs aussagt, daß Friedrich von Brownes Zuge erst spät unterrichtet worden sei.

Wie dem auch sei, Friedrich selbst hielt den Durchbruch der Sachsen auf dem rechten Elbufer für schwieriger, als auf dem linken, weil das Terrain schon einen dreifachen Schutz für die blokirenden Preußen darbiete; und in der That war die Lage dieser ausgehungerten Truppen nun so verzweifelt, daß ihnen nirgends eine Aussicht zur Rettung blieb. Seitdem der Kriegsrath, welchen die Sächsische Generalität am 13ten hielt, beschlossen hatte, den Angriff auf die Verhaue der Preußen um 16 Stunden aufzuschieben, war die Zahl ihrer Feinde gewachsen, die Summe ihrer Angriffsmittel jedoch verringert. Sie standen, des Rückzuges durch den Verlust der Schiffbrücke beraubt, durch Hunger, Anstrengung und furchtbares Witterungsungemach entmuthigt, auf dem schmalen Raume innerhalb des Bogens, welchen die Elbe zwischen dem Königstein und Lilienstein beschreibt. Am 14ten, als Browne seinen Rückzug schon wieder angetreten hatte, erhielt Rutowsky erst dessen Schreiben, versammelte sogleich den Kriegsrath aufs Neue, um die zu treffenden Maßregeln zu beobachten, mußte aber den übrigen Generalen beistimmen, daß keine Hoffnung für ein glückliches Entkommen übrig sei. Man stellte es dem Könige August, welcher auf dem Königstein in Sicherheit sich befand, anheim, durch beschleunigte Unterhandlung die schreckliche Noth seiner Truppen zu beendigen; als aber General Gersdorf, der zeitherige Unterhändler mit den Preußen, nach dem Königstein solche Unglücksbotschaft brachte, ertheilte August voll Mißvergnügen, daß man den Angriff gar nicht versucht habe, die Antwort, „die Preußen sollten, wenn man keine guten Bedingungen erlangen könnte, attakirt werden und Ihro Königliche Majestät wollten selbst lieber sterben, als solche Bedingungen eingehen." Eine neue dringendere Vorstellung seiner Generale, in welcher sie den König beschworen, das Blut seiner Unterthanen nicht ohne allen Erfolg zu opfern, bestimmte diesen endlich, „das Schicksal seiner Armee dem Ermessen Rutowsky's anheim zu stellen;" in der Art, daß der Kriegsrath einen Schluß fasse, „ob man sich als Kriegsgefangene ergeben, oder durchs Schwert oder Hunger umkommen müsse." Nun endlich, bezwungen vom Hunger und seinen erschrecklichen Folgen, ohne Obdach der naßkalten Octoberwitterung Preis gegeben, ohne Munition, um das geängstigte Leben zu vertheidigen, — eine harte Buße für die Sünden der politischen Rathgeber Sachsens und eine schwere Strafe, um der selbst verschuldeten Nachlässigkeit und Unerfahrenheit willen! — sah sich Rutowsky an der Spitze von 14,000 Streitern genöthigt, mit den Preußen zu capituliren. So gewaltsam drängte der gierigste Hunger die armen Sachsen, daß sie um jeden Preis sich den verhaßten Preußen überliefern mußten, und am 17ten October, nach zweitägiger Unterhandlung, geschah die Uebergabe der Armee. Rutowsky hatte folgende Capitulationspunkte niedergeschrieben, welche wir mit den Randglossen Friedrichs hier wiedergeben:

1) Die ganze Sächsische Armee, wie sie gegenwärtig in dem Posten Ebenheid unter dem Lilienstein steht, übergiebt sich Ihrer Majestät von Preußen kriegsgefangen.

„Wenn der König von Polen sie mir überlassen will, so haben sie nicht nöthig, Kriegsgefangene zu sein."

2) Die Generalität, alle zum Generalstab, Commissariat und Proviantamt gehörige Personen, alle Stabs= und Oberoffiziers behalten ihre Bagage und Effecten, so wie sie solche dermalen bei sich oder an verschiedenen Orten zurückgelassen haben. Unteroffiziers und Gemeine behalten ihre Tornister, Mäntel und Gewehrstücke nebst ihrer Beimontur.

„Gut! Alles was man von ihrer Bagage conserviren und davon wieder antreffen kann, soll ihnen zugestellet werden."

3) Ihre Majestät geruhen die Truppen schleunig mit Lebensmitteln und Fütterung versorgen zu lassen.

„Ja, und heute lieber, als morgen."

4) Alle Generale und Offiziere stellen schriftliche Versicherung aus, nicht wider Preußen zu dienen und können sich überall in und außer Sachsen aufhalten.

„Diejenigen, welche in meine Dienste treten wollen, müssen hierzu jetzt gleich vollkommene Freiheit haben."

5) Die garde du corps und Leibgrenadiergarde mit ihren Chefs und Oberoffizieren (Rutowsky und Chevalier de Saxe) sind von dieser Uebergabe frei, ihr künftiges Standquartier soll aber von Sr. Majestät dem Könige von Preußen abhängig sein.

„Es ist um so weniger eine Ausnahme zu gestatten, da man weiß, daß der König von Polen seinen in Polen befindlichen Sachsen Befehl ertheilt hat, zu den Russen zu stoßen, um die Schlesischen Grenzen anzufallen; es wäre ungereimt, Truppen loszugeben, die man in seiner Gewalt hat, damit sie sich zum zweiten Male widersetzen können, wodurch man genöthigt würde, sie zum zweiten Male gefangen zu nehmen." —

6) Generals und Oberoffiziers behalten ihre Degen; dagegen das Ober- und Untergewehr und Lederwerk von den Unteroffizieren und Gemeinen, sammt den Pauken, Standarten und Fahnen nach dem Königstein gebracht werden sollen.

„Pauken, Standarten und Fahnen mögen nach dem Königstein gebracht werden, aber kein Gewehr, kein Regimentsstück, keine Munition und keine Zelte. Die Offiziere behalten allerdings ihre Degen, doch hoffe ich, daß die Wohlgesinnten sich desselben zu meinem Dienste bedienen werden." —

7) Die Feldstücke und Munitionswagen sollen ebenfalls nach dem Königstein abgeliefert werden.

„Abgeschlagen."

8) Kein Gemeiner soll wider seinen Willen zu Preußischen Kriegsdiensten gezwungen, diese sollen vielmehr nach hergestellter Ruhe an den König von Polen baldigst zurückgegeben und den Generalen und Offizieren der verlangte Abschied zum Eintreten in fremde Dienste nicht verweigert werden. —

„Darum hat sich Niemand zu bekümmern. Man wird keinen General wider seinen Willen zu dienen zwingen. Das ist genug."

9. und 10) Die Verpflegung und den Unterhalt der Armee übernimmt der König von Preußen. —

„Es ist sehr billig, die zu bezahlen, welche Dienste leisten. Das wird aus den zuverlässigsten Contributionsgeldern geschehen. Was die Generals betrifft, so wird man sie als Leute behandeln, die mit Ehre gedient haben, und es wird leicht sein, ihren Unterhalt zu besorgen. Die Armee wird künftig, auf den Fuß meiner eigenen, ordentlicher besoldet werden, als ehemals."

Im 11. 12 und 13. Punkte wurde noch auf die Kranken, Verwundeten und Gefangenen und auf die Zeit der Uebergabe Rücksicht genommen, welche Friedrich mit den Worten bewilligte: „Alles kann in einer Viertelstunde abgethan sein. Man muß die bequemsten Wege und die nächsten Gegenden aussuchen, wo man ihnen die Unterhaltungsmittel reichen lassen kann."

Als nun Rutowsky diese Antworten Friedrichs auf seine Capitulationspunkte gelesen hatte, glaubte er sich noch durch einen ausdrücklichen Zusatz verwahren zu müssen; er schrieb daher am 16ten October:

14) Ich bin zwar autorisirt, die Armee das Gewehr strecken zu lassen; — ich kann aber weder von dem Eide, den sie geschworen, dieselbe lossprechen, noch sie zu einem andern bereden. Alles Andere ist Seiner Königlichen Majestät in Preußen allerhöchsten Willensmeinung gemäß überlassen. Der General-Lieutenant von Winterfeld hat mir Hoffnung gemacht, es würden sich Seine Königliche Majestät in Preußen vielleicht annoch gefallen lassen, ein Escadron garde du corps übrig zu lassen. Seiner Königlichen Majestät geruhen den Artikel wegen des Königsteins und der daselbst befindlichen adeligen Compagnie Cadets und der Königlichen Wacht von der Grenadier-Garde mit Ihro Königlichen Majestät in Polen, da solche dermalen auf der Festung Königstein befindlich, zu determiniren.

Rutowsky.

Friedrich antwortete nur auf den letzten Punkt: „Der Königstein soll während des gegenwärtigen Krieges neutral bleiben;" aber schon war eine Abschließung der Capitulation nicht länger zu verzögern, und den 16ten des Abends kam diese zu Stande. Sogleich ließ Friedrich für die Befriedigung der dringendsten Bedürfnisse im Sächsischen Heere Sorge tragen; noch desselben Tages, nach Abschluß der Capitulation, wurden Lebensmittel ins Sächsische Lager geschafft, jeder Compagnie wurden zwanzig sechspfündige Brote, für die Pferde hinlängliche Rationen geliefert; die gefangenen Generale aber „hatten die Ehre, im Hauptquartier zu Struppen an die Tafel des Königs von Preußen gezogen zu werden."

Der Act der Uebergabe, so schmerzlich für die standhaften Sachsen, erfolgte am 17ten des Morgens. Zuerst sendete man Fahnen, Standarten, Trompeten und Pauken hinüber auf den Königstein; — nun wurde „Vergatterung geschlagen" und die Armee setzte sich Regimenterweise durch die unter dem Gewehr befindlichen Preußen nach der Schiffbrücke bei Niederrahden in Marsch. Hier wurde jedes Regiment von den bereitstehenden Preußen umzingelt und der Fürst Moritz von Dessau mußte den Sächsischen Soldaten bekannt machen, „daß ihr Herrscher mit dem Könige von Preußen die Uebereinkunft getroffen habe, seine Truppen auf einige Jahre diesem zu überlassen. Indem ihnen dies mitgetheilt werde, würden sie ihres bisherigen Eides entbunden und sollten aufs Neue dem Könige von Preußen schwören." — „Hierauf" — so erzählt ein ehemaliger Sächsischer Freicorporal, welcher bei dieser Gelegenheit Preußischer Offizier wurde, — „commandirte der Fürst Moritz: „Herren Offiziers! Espontons hoch!" und marschirte mit ihnen aus dem Kreise heraus, ohngefähr 50 Schritte von dem Regimente ab, und stellte ihnen vor, daß sie Dienste nehmen möchten. Diejenigen, welche Dienste nehmen wollten, traten vor und gingen wieder zu ihren Regimentern, die aber keine nahmen, mußten ihre Espontons und Gewehre auf einen Haufen werfen, und sich mit Namen und wo sie zu Hause gehörten, aufschreiben lassen. Mittlerweile, da dieses nun vorging, so war mitten im Kreise vom Regimente ein Auditeur, so demselben die Kriegsartikel deutlich vorlas, ihnen darauf erklärte, was ein Eid auf sich hätte, und sodann das Regiment den Eid der Treue ablegen ließ. Daß nun dieses Alles auch geschehen möchte, so mußten die Preußischen Soldaten, so um uns einen Kreis geschlossen hielten, Acht haben, daß ein jeder Soldat von uns die Finger in die Höhe hielte und den Eid, so der Auditeur vorlas, reblich nachsprechen möchte, diejenigen aber, so solches nicht thaten, wurden mit Gewalt dazu angehalten." —

Auf dem Abmarsch in ihre Standquartiere machte sich der Haß, die Wuth und der Zorn der armen Sachsen in ingrimmigen Worten und Handlungen vergeblich Luft. Die standhaft den Schwur verweigert hatten, — ein Theil der Grenadier-Garde, das Regiment der Königinn, die Regimenter Rochow und Prinz Xaver, das Grenadier-Bataillon Kurprinzessinn und alle Cavallerie-Regimenter mit Ausnahme der garde du corps und Rutowsky Dragoner — wurden unter die Preußischen Truppen vertheilt; aus den übrigen formirte man zehn neue Regimenter, decorirte sie nach Preußischer Art und gab einige Offiziere an sie ab, in der Meinung, so aus den Sächsischen Gefangenen Preußische Vaterlandsvertheidiger gewonnen zu haben. Aber ob man auch alle Feldwebel und viele Unteroffiziere zu Lieutenants, die Sächsischen Freicorporals zu Preußischen Fähndrichs machte, ob man gleich die Regimenter den Winter hindurch in verschiedene Standquartiere der Neumark dislocirte, ihnen pünktlich reichlicheres Traktament besorgte und nichts unterließ, um sie an die neuen Verhältnisse zu gewöhnen, ob man selbst den Versuch machte, den Kampf der Preußen als Parteikampf des Protestantismus wider den Katholicismus ihnen darzustellen: so waren es doch gerade jene zu Offizieren erhobenen alten Feldwebel und Unteroffiziere, welche den Geist der Widerspenstigkeit wider das verhaßte Preußen heimlich nährten, zur Desertion, ja zum offenen Widerstand unaufhörlich anreizten und endlich bei der nächsten besten Gelegenheit mit Rotten, Compagnien und Bataillonen zu den Russen, Franzosen oder Oestreichern, wo sie nur irgend Gelegenheit dazu fanden, überliefen. Von demselben Geiste waren auch die 9000 Rekruten beseelt, welche das schwerbüßende Sachsenland gleich in den ersten Monaten nach der Capitulation zur Vervollständigung der geschwächten Sächsischen Regimenter ausheben und liefern mußte. Die beiden Bataillons des ehemaligen Prinz Xaverschen, nun Bevernschen Regiments, waren auf dem Marsche bis Krossen durch Desertion auf 200 Mann geschmolzen, wurden jedoch aufs Neue durch Sächsische Rekruten bis zum Februar 1757 completirt. Das zweite Bataillon konnte aber, als im Monat April die Nachricht bei ihm bekannt wurde, daß das erste Bataillon auf dem Marsche nach Schlesien Meuterei gestiftet habe und nach Polen durchgebrochen sei, nur mit Waffengewalt im Zaume gehalten und mußte mit militairischer Escorte nach Schlesien gebracht werden, wo es mit Schlesischen

Landeskindern vermischt, doch nur noch kurze Zeit beisammen gehalten werden konnte. Bei der Uebergabe Breslau's marschirte dasselbe, vier Mann stark, aus dem Oberthore; es waren vier Offiziere, welche die Fahnen trugen. Die ehemals Sächsischen Truppen waren zum Feinde übergegangen, die Schlesier hatten sich aus Furcht vor Kriegsgefangenschaft heimlich aus dem Staube gemacht.

So rächte sich eine unpolitische Staatsmaßregel Friedrichs, und es wurde kund, daß nicht äußere Gewalt und Macht, nicht der eiserne Despotismus einer geknechteten Kaste, nicht offene Gunst und feiler Lohn jene theuren Bande zerreißen und die heiligsten Verpflichtungen lösen könne, welche die Söhne eines Landes an einander ketten. — Dieses beharrliche Widerstreben der zum Preußischen Waffendienst gezwungenen Sachsen machte eine Maßregel zu Schanden, durch welche Friedrich des Uebertritts König Augusts auf seine Seite entbehren zu können sich schmeichelte, und lähmte noch lange nachher in entscheidender Stunde den Arm, der sich mit solcher Waffe, wer weiß wie stark, bewehrt zu haben glaubte.

König August verließ, indem man mit huldigender Aufmerksamkeit der geheiligten Person Seiner Majestät jedes Aergerniß, selbst den Anblick Preußischen Militairs aus dem Wege geräumt hatte, den 18ten October den Königstein und seine Erblande, um von Warschau aus ungehindert ganz Europa mit seinem Klagegeschrei erfüllen zu können; Friedrich aber ging noch einmal nach Böhmen, um den Rückzug seiner Armee nach Sachsen zu decken. Hier sollte sein Heer den Winter hindurch rasten, da in Böhmen der Unterhalt desselben nicht gesichert war; überdem war nun der Endzweck des Feldzuges, — Unterwerfung der Sächsischen Lande und Armee — vollständig erreicht und es konnte von Sachsen aus der künftige Feldzug geeignet vorbereitet werden. Schon am 28sten October verlegte der König seine Armee in die Kantonirungsquartiere zwischen Pirna, Dresden, Dippoldiswalde und Gießhübel. Die Verbindung mit Schwerins Heer mußten Winterfeld und Lestwiz in der Linie von Zittau auf Hirschberg und Landshut mit zwanzig Escabrons und zwölf Bataillons unterhalten.

Während dieses ganzen Feldzuges war die Armee Schwerins, welche von Osten her die Invasion in Böhmen versucht hatte, dem Oestreichischen Feldzeugmeister Fürst Piccolomini bei Königinngrätz gegenüber stehen geblieben, hatte die Gegend zwischen der Adler und Metau bis Opotschna ausgezehrt und selbst bis zur Iser gebrandschatzt, und nur zwischen den Obristlieutenants Werner und Gersdorf war an der oberen Adler der kleine Krieg ohne weitere Folgen lebhafter geführt worden. Am 21sten October verließ Schwerin sein Lager und ging in die Grafschaft Glatz zurück und am 2ten November legte er seine Truppen in die Winterquartiere, sie in Ober- und Nieder-Schlesien vertheilend. — Die Armee Piccolominis kantonirte in Mähren und Böhmen, Brownes Heer in Böhmen allein.

Mit der rauheren Jahreszeit kehrte die Waffenruhe zurück, und nur die allgemeine Rüstung und Waffnung, welche, in immer größere Kreise sich ausdehnend, die fernsten Gegenden Europas berührte, erinnerte an den Krieg. Das Blutfeld von Lowositz, von Eis und Schnee bedeckt, schien vergessen; in Friedrichs Nähe wenigstens sah man — wie mitten im Frieden — den Künsten huldigen, und sein Königl. Herz erfreute sich der gewohnten Genüsse, welche die Musen ihm spendeten. Er verlebte den Winter in dem mit Kunstschätzen überfüllten Dresden, von wo er mit Gelehrten und Freunden Briefe wechselte, wo er im Theater, in der Oper, in Concerten und auf Assembleen Erholung fand, und sich der reichen Kunstwerke erfreute, ohne die Stadt ihrer Zierde zu berauben. Nur ein einziges Bild der Gallerie, Battonis Magdalena, ließ er, doch nur mit Erlaubniß des Dresdner Hofes — copiren.

Unterdessen hatte sich nicht allein das Geschrei wider ihn in allen Landen vermehrt, sondern auch die Rüstungen waren aller Orten verstärkt worden. In Frankreich hatten die Thränen der Dauphine, der Sächsischen Fürstentochter, hatten die Ränke der Pompadour, hatte der Leichtsinn kampflustiger Höflinge und der obsiegende Einfluß des Cardinals Bernis die Oestreichische Partei so überwiegend gemacht, daß man nun mit mehr als 100,000 Mann dieser beizuspringen gelobte, und das erschöpfte Land sah sich nicht allein zum Unterhalt großer Kriegsheere, sondern auch zur Subsidienzahlung gezwungen, mit denen Oestreich Rußland zum Kampf anzufeuern suchte. Man nahm aus der Behandlung des am Sächsischen Hofe accreditirten Herzogs von Broglio Veranlassung, den Preußischen Gesandten in Paris mit Pässen zu versehen, und gebrauchte den Westphälischen Frieden zum Vorwand, sich in die deutschen Angele-

genheiten mit größerem Nachdrucke, als auf Grund der Subsidien-
verträge, zu mischen. Weil man vor mehr als hundert Jahren den
Frieden vermittelt und den damaligen Zustand des Reiches verbürgt
hatte, hielt man sich berechtigt, in demselben Reiche mit gewaffneter
Hand jetzt die Parteien zu bekämpfen, von welchem man sich nicht
entblödet hatte, kurz vorher ansehnliche Theile ohne Rücksicht auf
jene Friedensbestimmungen zu trennen. In demselben Geiste mußte
Schweden, in welchem man einen künstlichen Haß wider Preußen
durch Parteienaufwiegelung erzeugt hatte, mit Frankreich als Garant
des Westphälischen Friedens seine Heermacht zusammenziehen, und
die Lockung, daß ein Theil der Brandenburgischen Lande ihm zu-
fallen sollte, fachte den leidenschaftlichen Eifer dieses ohnmächtigen
Staates zu größeren Anstrengungen und Kriegsrüstungen wider
Friedrich an. Rußland, das am längsten schon feindlich gerüstet
hatte, war in dieser Zeit gerade am langsamsten, ja, es war jetzt
selbst eine Zeit lang noch zweifelhaft, ob dieser Staat in dem Kampfe
Partei nehmen und mit seinen Schaaren in Preußen eindringen
werde. Dazu verhalf der käufliche Sinn der dortigen Gewalthaber,
welche jetzt mit Preußischem, Englischem, Französischem und Oestreichischem Golde sich ihre Intriguen wider einander zu Gunsten der einen
und andern Partei theuer genug bezahlen ließen. Am lautesten schrie
man in Deutschland selbst. Zu Regensburg verhandelten die sonst
so bedächtigen Reichstagsmitglieder die Frage, ob man Friedrich
als Friedensstörer bekämpfen müsse, auf Grund der Kaiserlichen
Umlaufschreiben und der Sächsischen Beschwerden ziemlich leiden-
schaftlich. Zwar hatte Friedrich in einem inhaltschweren Circulare
an die Fürstlichen Höfe Deutschlands unter dem 2ten October die
Umstände seines Einbruchs in Sachsen erläutert, die verfassungs-
widrige Handlungsweise des Kaisers ins rechte Licht gesetzt und auch
sein eifriger Gesandter, von Plotho, hatte in einer Erinnerungs-
schrift vom 4ten October mit derben Worten das Verfahren des
Kaiserlichen Reichshofraths als despotisch, verfassungswidrig und
allgemein gefährlich charakterisirt. Auch unter dem 5ten October
warnte Friedrich noch: „Indem der Wiener Hof gegen die gekrönten Häupter und gegen uns als einen Kurfürsten des Reichs
alle Achtung aus den Augen setzt, so hat er sich, nach seinem un-
versöhnlichen Hasse und nach seiner grenzenlosen Erbitterung, die er
gegen uns hegt, nicht gescheut, uns als einen Empörer und Störer

der Reichsruhe zu erklären, unsere gesammten Kriegsvölker abzuberufen, sie ihres Eides zu entlassen, und alle unsre Reichsmitstände aufzureizen, auf uns als den größten Verbrecher loszugehen und uns helfen zu Grunde zu richten. Wir sind versichert, daß sie das despotische Betragen des Kaisers, das auf nichts Geringeres, als auf den Umsturz der Reichsgrundverfassung abzweckt, sich zur Warnung dienen lassen, auf der Hut zu sein, damit wenn etwa uns ein widriges Schicksal treffen sollte, nicht auch die Reihe an sie komme, und ihnen das Joch über den Hals geworfen werde." Aber der Kaiserliche Reichshofrath setzte immer wieder alle Hebel an, um sobald als möglich die Reichsversammlung zu einem Beschlusse gegen Friedrich zu vermögen; während Friedrich den Versuch machte, durch einen Geschäftsträger an den einzelnen Höfen, durch den Baron von Eickstedt, für sich und sein Interesse zu wirken. — So steigerte sich die Leidenschaftlichkeit der Verhandlungen, die Heftigkeit der Rede und Gegenrede, der Haß der beiden Parteien zu jäher Höhe. „Man vergaß," sagt Fischer, „daß Friedrich ein gekröntes Oberhaupt eines unabhängigen Staates war, daß er als Kurfürst an der Majestät des Reichs Antheil nahm, daß er sich blos in dem Zustande der Nothwehr hielt, daß nach den Reichsgesetzen vorher die Achtserklärung von Seiten des ganzen Reichstags ergangen sein müsse, ehe man zu Prozessualförmlichkeiten wider ihn schreiten dürfe, und daß der Kaiser in seinen eigenen Familienangelegenheiten einen despotischen Richter spiele. Man beschuldigte den König bald eines strafbaren Unternehmens, bald eines beharrlichen Ungehorsams, bald einer unerhörten Gewaltthätigkeit, bald einer gefährlichen Empörung, bald einer Beleidigung der Kaiserlichen Majestät, bald einer Störung der Reichssicherheit und Unterdrückung der ständischen Freiheiten, straffälliger und gemeinschädlicher Handlungen." — Wohin der Kaiserliche Arm reichte, büßte Preußen schon jetzt das schwere Verbrechen, sich gegen seine Feinde zu wehren. Dort ergingen die strengsten Verbote solcher Schriften, welche die Sache Preußens verfochten, hier erscholl die ernste Warnung, man solle ihm keinen Beistand gewähren. — Das wirkte ersichtlich zu seinem Nachtheile; denn von allen Fürstenhöfen, welchen von Eickstedt eindringliche Vorstellungen gemacht hatte, gelobten nur Braunschweig, Hessenkassel und die Sächsischen Fürstenthümer es an, sich dem Einrücken fremder Völker nach Deutschland widersetzen zu wollen und versprachen, die Vermittelung des Reiches zur Herstellung des Friedens zu unterstützen; die übrigen, ob auch durch Bande des Bluts mit ihm verknüpft, ob wegen großer Wohlthaten ihm verpflichtet, ob durch seinen Beistand mächtiger und reicher, vergaßen jener heiligsten Verpflichtungen, verzögerten entweder in absichtlicher Unthätigkeit ihre Hilfe, oder stimmten wohl gar wider ihn und reizten seine Feinde zum heftigeren Angriff. Das war die Zeit, von welcher er in der Lobrede auf den jungen Prinzen Heinrich, seinen Neffen, sagt: „Wir konnten damals wohl die Menge unserer Feinde zählen; es war aber schwer, unsere Freunde an sicheren Merkmalen zu unterscheiden." — Zum Ueberfluß verweigerte der Reichsrath den 2ten November die Annahme einer Kurbrandenburgischen Denkschrift, in welcher Plotho die Hofdekrete zu entkräften versucht hatte, wodurch dieser genöthigt wurde, das Memorial den einzelnen Gesandtschaften ins Haus zu senden, und als dasselbe Verfahren unter allerhand Vorwänden von der Kurmärkischen Directorial-Gesandtschaft wider Plothos anderweitige Schriften versucht wurde, erhitzte solch' parteiischer Eigenwille diesen heftigen Diplomaten in dem Grade, daß seine sich häufenden Klagen und Beschwerden beim Reiche von nun an das Gepräge der höchsten Leidenschaftlichkeit an sich tragen. Viel wurde noch hin und her geschrieben. Freunde und Feinde nutzten ihre Federn ab, um Unbillen zurückzuweisen, oder niedere Schmähung zu erwiedern. Mit Citaten und Berufungen glaubte man ein Titelchen der Streitfragen zu erledigen; einzelne populär geschriebene, fürs größere Publikum bestimmte Briefe sollten die öffentliche Meinung bestechen, und leiteten hin und wieder wirklich irre. Am witzigsten erscheint und am tiefsten verletzte auch den König die Flugschrift: „Kurzer, doch gründlicher Beweis, daß das Königreich Böhmen Seiner Königlichen Majestät in Preußen zustehe;" in welcher auf 11 Quartseiten ein Erbanspruch Brandenburgs auf Böhmen nach der genealogischen Tabelle aus der Ehe — — Johann Ciceros († 1499) nachgewiesen wurde. Friedrich ließ diese, seine Absichten verdächtigende Schrift in Berlin den 16ten Januar 1757 von Henkers Hand verbrennen. — Die Stimmung wider Friedrich zu Regensburg wurde immer feindseliger. Schon faßte der Kurrheinische Kreis der Kaiserlichen Willensmeinung gemäß den Beschluß, seine Kriegsmannschaft dreifach zu stellen, und die Verordnungen wider Brandenburg, sowie die Kaiserlichen Avocatorien öffentlich anzuschlagen. Endlich am 10ten Januar 1757 kam im Kur-Collegium die Hilfsleistung zum Vortheile Sachsens und Böhmens zum Vortrag und die Stimmenmehrheit entschied gegen Friedrich. Dasselbe Resultat gab die Abstimmung im Fürstenrathe. Die 51 katholischen Reichsstände, sodann die Pfälzischen Stimmen, Mecklenburg-Schwerin und Güstrow, Darmstadt, Anhalt, Gottorp und Anspach forderten militairische Execution wider den Friedensstörer. Sämmtliche Braunschweigische und Herzoglich Sächsische Stimmen, Baireuth, Durlach, Würtemberg, Glückstadt, Kassel, Henneberg, Strelitz, Nassau und die Wetterauischen, Fränkischen und Westphälischen Grafen protestirten entweder nur gegen die Einrückung fremder Truppen ins Reich, oder trugen auf friedliche Vermittelung an, oder behielten sich wenigstens ihre Stimmen vor. Vorpommern hatte keine Instruction, Coburg und Lübeck stimmten gar nicht mit. Das Collegium der reichsfreien Städte fiel dem Mehrheitsbeschlusse bei, welcher, ohne Rücksicht auf die Kurbrandenburgische Protestation, dahin lautete:

„daß sich die Stände und Kreise dreifach bewaffnen und ihre Völker in marschfertigen Stand setzen sollten, um die Länder des Königs von Polen, nebst Ersetzung der Kosten und des Schadens von der Besitznahme zu befreien und der Königinn von Böhmen Genugthuung zu verschaffen." —

In solch' betrübende Spaltung war nun durch die Intriguen der Diplomaten das arme deutsche Reich zerfallen, daß das Kur-Collegium der Welt auch nicht das Schauspiel der leidenschaftlichsten Heftigkeit, unnützer Zänkerei und gegenseitig beschimpfender Vorwürfe entzog, indem am 11ten Februar 1757 wirklich der Lärm des ingrimmigsten Gezänks in dem Collegium, ohne Rücksicht auf das Schickliche in bedrohlicher Weise zu Ende ging; — zu solch' traurigem Zustande hatten sich die Dinge gefügt, daß Brandenburg öffentlich erklären konnte, die Stimmen der Reichsfürsten seien durch Kundschafter erschlichen, durch Drohungen erpreßt, durch Intriguen verzettelt. Darmstadt, Anspach und Anhalt wurden zum Beleg namhaft gemacht. Von Stuttgart erzählte man sich eben so laut die scandaleusen Hoffabaln wider die Preußische Partei, und der Hader der Fürsten, in welchem sie ihre Schwächen sich vorwarfen, fraß giftig an ihrem Rufe. Dahin kam's durch den Haß einer Partei, welcher der Untergang der Brandenburgischen Macht um jeden, auch den theuersten Preis willkommen war, und fürwahr! wenn die entschlossene Nothwehr eines muthigen Mannes diesem als Schuld angerechnet werden soll, so war es Friedrich wirklich, der einzige kräftige deutsche Fürst seiner Zeit, welcher die Kriegsnoth und den blutigen Jammer unsres Vaterlandes mit der Stärke seines Geistes, mit der Weisheit seiner Politik, wohl auch bei Neidern mit der Segnung seiner Völker verschuldet hatte.

Die Menge der Feinde, welche dem Könige zuwuchs, würde einen minder kräftigen Geist sicher erdrückt haben. Nicht so unsern Friedrich. Zwar waren ihm innerhalb des deutschen Vaterlandes neue Feinde erstanden, und schon am 1sten Februar 1757 befahl der Kaiser den Ständen des Obersächsischen Kreises, seine Gebote zu vollziehen, bedrohte Gotha wegen Säumniß, verlangte die Hilfsstellung dreifacher Heermacht und forderte die Bewilligung von vierzig Römermonaten, zu deutsch drei Millionen Gulden, zur Bestreitung der Kriegsunkosten; — auch sagt man, daß selbst die Prinzen seines Hauses in Besorgniß um den Ausgang eines so ungleichen Kampfes ein schnelles, unblutiges Ende desselben, sollte man es auch mit Opfern erkaufen, gewünscht hätten: — aber Friedrich selbst war so standhaft, so muthig, so kampfgerüstet und entschlossen, daß er, wie die Eiche im Sturm, sich dem härtesten Ungemach ungebeugt entgegenstellte. „In diesen Tagen des Unheils und der Verwirrung" — sagt er in der schönen Ode an die Standhaftigkeit — „bleibe die Standhaftigkeit mein Schild und meine Waffe gegen alles Ungemach. Mag mich das Schicksal dem Verderben geweiht haben, — mich soll keine Gefahr erschüttern. Wenn der Furchtsame aller Hoffnung beraubt ist, dann lebt sie in der Brust des Tapfern ungeschwächt." — —

Der so standhaft sich den zahlreichen Feinden entgegenstellte, entging in diesem Winter kaum dem schrecklichen Tode durch Gift. So wenigstens wandelt die Sage des Volks die Verrätherei oder Untreue eines Dieners in das Verbrechen eines versuchten Giftmordes um.

Friedrichs Kammerhusar, Christian Friedrich Glasow, ein 22jähriger leichtsinniger Mensch, Sohn eines alten Artillerie-Zeug-Lieutenants zu Brieg, Jakob Glasow, soll, nach Büschings Bericht, welcher sich auf eine mündliche Versicherung des Geheimenraths Schöning stützt, ein Petschaft des Königs gemißbraucht und mit demselben einen schriftlichen Befehl, als käme er aus dem Cabinette, untersiegelt haben. Glasow war wegen seines angenehmen Wesens von Friedrich aus der Schweidnitzer Artillerie-Compagnie, in welcher er als Bombardier gestanden hatte, zum Kammerhusaren ausgewählt, und da er des Königs Vertrauen in so hohem Grade genoß, daß ihm dieser selbst noch Unterricht ertheilen ließ, so wurde er 1756 bei Fredersdorfs Kränklichkeit der Verweser der Königlichen Chatulle. Sein Leichtsinn brachte ihn bald auf böse Wege. Der Umgang desselben mit leichtfertigen Frauen blieb dem Könige nicht unbekannt, und Friedrich bedrohte deshalb nicht allein ihn selbst, sondern auch den muthmaßlichen Verführer dieses Jünglings, den Kammerlakaien Völker. Trotz dem setzte Glasow den Umgang mit den Frauen selbst noch aus dem Hauptquartiere zu Lockwitz, wohin der König im März 1757 gegangen war, heimlich fort, indem er zur Nachtzeit nach Dresden eilte, obschon ihm nicht unbekannt war, daß Friedrich diese Aventuren selbst aus politischen Rücksichten haßte. Um nicht von einem rachsüchtigen Diener an den König verrathen zu werden, fielen nun die beiden leichtsinnigen Menschen auf das Auskunftsmittel, einen Verhaftsbefehl wider denselben anzufertigen, ihn zu untersiegeln, nach Andern auch zu unterzeichnen, und den unglücklichen Bedienten nach Magdeburg transportiren zu lassen. Der Commandant daselbst soll jedoch aus Mißtrauen gegen die Giltigkeit des vorgezeigten Befehls und auf Grund der Aussage des Gefangenen den Verhaftsbefehl originaliter in des Königs Hauptquartier gesendet und um Auskunft gebeten haben. Da sei nun, erzählt Nicolai, ein schweres Strafgericht, besonders über Völker, ausgebrochen. Glasow kam auf ein Jahr nach Spandau, Völker mußte 24mal (?) Spießruthen laufen und wurde sodann als gemeiner Soldat eingestellt. — Auf des unglücklichen Vaters Fürbitte, in welcher er von einem todeswürdigen Verbrechen seines Sohnes redet, erwiederte Friedrich: „seines Sohnes Verbrechen sei sehr groß, etwas habe mitigiret;" und in der That spricht die gelinde Festungsstrafe von einem Jahre wenigstens für Friedrichs — Nachsicht gegen den leichtsinnigen Glasow. Dieser starb aber schon vor Ablauf seiner Strafzeit, und nun erschöpfte sich der Erfindungsgeist in Motiven zu seiner Bestrafung, deren wahre Veranlassung viele Menschen lange Zeit gekannt haben, ohne jener erlogenen zu widersprechen.

In einer bekannten Anekdoten-Sammlung wird sie so erzählt: —

„Friedrich hatte bei seinem Aufenthalte im Graf Brühlschen Palais zu Dresden (?) im Jahre 1745 (?) einen kleinen Knaben so lieb gewonnen, daß er ihm erlaubte, ungerufen in sein Zimmer zu kommen und dort in seinem Beisein zu spielen. (?)

Einst des Morgens kam dieser Knabe eilig zu dem Könige, der sich mit seinem Adjutanten, dem nachmaligen General-Lieutenant v. S. (von Schulenburg) unterhielt, und sagte mit kindlicher Freimüthigkeit zu ihm:

„Höre, wenn sie Dir Chocolade bringen, trinke nicht!"

Und warum nicht? fragte der König.

„Sie haben Dir Etwas hineingeworfen."

Woher weißt Du das?

„Ich war in der Küche und hab' es selbst gesehen."

Was wars denn? —

„Das weiß ich nicht; sie schütteten es aus einem Papiere in die Kanne und rührten's stark um."

Es ist schon gut, mein Kind! geh' nur jetzt, sagte Friedrich und fuhr kaltblütig fort, mit dem Adjutanten über Mancherlei zu sprechen.

Bald darauf kam der Kammerlakai Glasow mit dem Frühstück ins Zimmer.

Friedrich faßte ihn scharf ins Auge, und begleitete ihn mit seinen durchdringenden Blicken bis an den Tisch, worauf er die Chocolade setzte. Dem Kammerlakaien war dies ungewöhnliche Benehmen nicht entgangen, er äußerte einige Unruhe und reichte dem Könige die Tasse nicht gleich wie gewöhnlich.

„Schenk ein!" rief ihm Friedrich zu, und da dieser Befehl nicht sogleich vollzogen wurde, so wiederholte er ihn barsch.

Mit zitternder Hand gehorchte Glasow. Dies und die ungewöhnliche Schüchternheit des Kammerlakaien machten den König immer aufmerksamer.

„Mensch, Du zitterst ja!" rief er aus, „was fehlt Dir? Bist Du etwa krank?"

O nein! Ew. Majestät, mir ist recht wohl, antwortete Glasow mit bebender Stimme.

„Nun, so trink!" sagte der König und zeigte auf die eingeschenkte Tasse. Der Kammerlakai zitterte wie Espenlaub und ließ die Tasse stehen.

„Trink!" wiederholte der König mit fester Stimme, und in dem Augenblicke stürzte Glasow zu seinen Füßen und bat um Gnade.

„Ach!" rief er, „Ew. Majestät sollten ja nicht davon sterben, Sie sollten nur dumm werden."

Der König befahl ihm aufzustehen, lockte einen seiner Hunde herbei und setzte ihm die Tasse vor. (?) Der Hund fing bald nach dem Genusse der Chocolade an zu winseln und starb unter Verzuckungen. Friedrich befahl dem Adjutanten abzutreten und stellte nun ein Verhör mit dem Kammerlakaien an. Nach beendigtem Verhör rief er den Adjutanten wieder ins Zimmer, übergab ihm den Kammerlakaien mit dem Befehl, ihn sogleich nach Spandau abzuführen und dafür zu sorgen, daß während seiner Gefangenschaft Niemand mit ihm spreche. (?) Er verbot auch demnächst, daß wenn Glasow einst auf seinem Sterbebette läge und einen Geistlichen begehre, ein solcher nicht zu ihm gelassen würde, damit der wahre Zusammenhang dieser Frevelthat für Jedermann ein Geheimniß bleibe. (?) Friedrich selbst hat in der „Geschichte meiner Zeit" dieses Vorfalls mit keiner Zeile erwähnt." — —

Auch Archenholz glaubt an diese Erzählung. „Vor dem neunzehnten Jahrhundert," sagt er, „dürfte es wohl keinem deutschen Geschichtsschreiber erlaubt sein, sie der Welt mitzutheilen," und indem er sie nun erzählt, auch geheimnißvoll von den Theilnehmern des Complotts redet, fügt er hinzu: „Es schien dem Könige sehr daran gelegen, das Geheimniß wegen der im Verbrechen verwickelten Personen zu bewahren, daß er nicht einmal einem Arzte erlauben wollte, diesem Unglücklichen in seinen letzten Stunden beizustehn." —

Hier stehe denn auch der Versuch, Friedrich aus jener Periode zu portraitiren, damit wir von ihm ein möglichst getreues Bild gewinnen. Wir besitzen in der ununterbrochenen Reihe seiner Briefe an den treuen, mitfühlenden Marquis d'Argens den Ausdruck seiner Empfindungen während des Krieges, und vermögen aus diesen Mittheilungen das Seelenleben des Helden mitzuleben, dessen Werth vom Schicksal nun auf das Härteste geprüft wurde. — Der immergrüne Lorbeer, welcher sein Haupt schmückt, verdeckt jetzt die von Sorgen gefurchte Stirn und das früh gebleichte Haar; — vergessen sind die Bedrängnisse, in denen der Held zu erliegen oft nahe daran war.

Die zehnfache Noth, in welcher er gewesen, dient in der Erinnerung nur noch dazu, seinen Heldenmuth, seine Geistesgröße, seinen Feldherrnruf zu verherrlichen, und über den Glanz, der ihn heute umkleidet, ist die Nacht vergessen, die ihn lange Zeit umdunkelt hat. Aber wir, die wir den größten Geist seiner Zeit genauer würdigen lernen wollen, wir begleiten ihn in das Geräusch des Feldlebens, zu den Mühseligkeiten und Drangsalen, welchen er im Kriege unaufhörlich ausgesetzt war, wir hören seine Klagen, die er, — er ist ja auch ein Mensch! — in den Busen seines treuen Freundes ergießt, wir lauschen den Ausbrüchen seines Frohsinns und seiner ungeschwächten Laune, wenn ein neuer Hoffnungsstrahl die trübste Nacht der Leiden augenblicklich erhellt; wir erheben uns an dem Stoicismus des geprüften Philosophen; — uns erfreut die Standhaftigkeit und der Heroismus seines muthigen Sinnes, ja, der kühne Trotz des Schiffbrüchigen, welcher bereit ist, das schwanke Brett von sich zu stoßen, um in den Wellen zu versinken, lässet uns vor ehrfurchtsvollem Erstaunen verstummen. Und mitten in diesen Wirren und Drangsalen der verzweifeltesten Noth die Anhänglichkeit an geistigen Verkehr und Kunstgenuß, welche es bekundet, daß es nichts Erborgtes ist, die stille Beschäftigung mit den Musen, welche sonst nur die friedliche Wohnung des Gelehrten aufsuchen, die zarte Sorgsamkeit für die Freunde in der Ferne, für das Liebgewordene in der Heimath, um das er klagt; und dann auch die eines Helden würdige Genügsamkeit, die Verachtung der niederen Dinge, welche ihm als Tand erscheinen, das bis zum Tode lebendige Gefühl für Ehre, der in aller Bedrängniß unbefleckt und makellos erhaltene Wappenschild des Königl. Helden, und doch wieder die bescheidene Selbstanklage, wenn er irrt, und die Betrübniß, wenn seine menschlichen Gefühle mit seinen Königspflichten in Streit gerathen: — von alle Diesem finden wir in diesen Briefen die treueste Kunde, und so sind sie, was alle inhaltswahren Briefe sind, der Spiegel seiner Seele, der Abdruck seines innern wahren Seins.

Wer vermöchte aber auch einen solchen Charakter in allen seinen ungewöhnlichen Lebensbeziehungen richtig zu zeichnen, ohne diese leitenden Winke, die er selbst von sich giebt? —

In der vollsten Manneskraft, mit der ganzen Geistesfrische eines thatkräftigen Herrschers tritt der Vierundvierzigjährige, rasch und entschlossen, wie er sich immer gezeigt hat, aber nach wohlbedächtiger

Erwägung in die Schranken. Als er, — erzählt v. Raumer — mit Mitchell die Lage der Dinge vor Ausbruch des Krieges bespricht, wallt sein Zorn noch gewaltig auf: „Wie mein Herr? — Was erblicken sie in meinem Antlitz? — Glauben Sie, daß ich eine Nase habe, um Nasenstüber zu empfangen? — Bei Gott ich ertrage sie nicht!" — — und Mitchell erwiedert ihm: „Niemand wird so kühn sein, Ew. Majestät zu beschimpfen, und wenn man es thäte, so ist Ihr Charakter in Europa zu gut bekannt, um einen Zweifel zu lassen, in welcher Weise es würde vergolten werden. Auch habe ich unter Euer Majestät großen Eigenschaften noch nicht Geduld und nachgiebiges Ertragen aufführen hören." Das ist die gerechte Anerkennung und Würdigung seiner Geistesüberlegenheit, vermöge deren er an der Spitze eines kleinen Staates sich zur vollsten Geltung gebracht, aber auch den Haß und Neid Vieler sich zugezogen hat. — Von ihr, von dieser Geistesüberlegenheit, reden seine Heldenthaten, die gewonnenen Schlachten, die behauptete Selbstständigkeit, der siegreiche Erfolg wider die zahlreichen Feinde in sieben Feldzügen; von ihr wird jedes Blatt dieses Buches ein sprechendes Zeugniß ablegen.

Die Briefe an d'Argens erschließen uns noch Anderes. Der da schreibt: (18ten September 1760) „Es ist nicht nöthig, daß ich lebe, wohl aber, daß ich meine Schuldigkeit thue und für mein Vaterland kämpfe, um es wo möglich noch zu retten; — wahrlich er kennt sich selbst, und von dieser Selbstkenntniß zeugt auch die Stelle seines Briefes (vom 20ten März 1760):„ ich habe Fehler begangen und was das Schlimmste ist, ich werde noch mehr begehen. Man wird nicht sogleich weise, wenn man es wünscht."

Siehe, wohin gelangt durch alle Widerwärtigkeiten und Schicksalsschläge der begeisterte Freund der Musen? Wird er diesen untreu? — Nein, von Striegau schreibt er (den 26sten December 1757): „Sie werden eine Fluth von Versen bei mir finden, die ich während des ganzen Feldzugs zusammengeschrieben;" aus Landshut den 12ten Mai 1759: „Ich lese den Lucrez und Ihre Briefe;" — im October 1759: „ich bin noch immer bei meiner Schrift über Karl XII.;" aus Freiberg den 23sten December 1759: „Sehen Sie zu, daß Sie mir das Dictionaire encyclopédique verschaffen; ich möchte es gern für den Winter haben;" im März 1760: „Ich habe eine kleine Broschüre geschrieben, die in Berlin herauskommt, eine „Reisenachricht eines chinesischen Gesandten an seinen Kaiser;" Meißen den 21sten März 1761: „Wollen Sie wissen, was ich hier mache, so werde ich es Ihnen in zwei Worten sagen: ich studire meinen Feldzug und meine Bücher;" im April 1761: „Ich habe Voltaires Tancred noch einmal gelesen;" im Mai 1764: „ich vermisse den Bayle unter meinen Büchern, er muß in Berlin vergessen sein. Haben Sie also die Güte 2c. 2c. Ebenso lebendig bleibt der Sinn für die Kunst. Aus Meissen vom 14ten Mai 1760 schreibt er: „Das Verzeichniß der Gemälde habe ich gesehen und mir einen Augenblick die Zeit damit vertrieben. Um die Sammlung vollständig zu machen, gehörten noch ein schöner Correggio, ein schöner Guido Romano und ein Jordano hinein." Er giebt auch d'Argens den Auftrag, seine Sammlungen zu inspiciren und läßt durch Gotzkowsky einige kostbare Gemälde ankaufen. —

Nicht minder treu bleibt er den Freunden, und seine Sorgfalt für diese mitten unter den Entbehrungen und Sorgen des Feldzuges ist rührend. Er schreibt: Striegau den 26sten December 1757: Ihre Reise zu mir können Sie mit der größten Bequemlichkeit einrichten; ich habe Jäger ausgesucht, die ich nach Berlin geschickt, um Sie herzugeleiten. Machen Sie kleine Tagereisen und bleiben Sie die erste Nacht in Frankfurt, die zweite in Crossen, die dritte in Grüneberg, die vierte in Glogau, die fünfte in Parchwitz, die sechste in Breslau. Ich habe befohlen die Pferde zu bestellen, die Stuben unterwegs zu heizen, schöne junge Hühner, an allen Orten für Sie bereit zu halten. Ihre Stube in dem Hause, wo Sie wohnen werden, ist tapezirt und hermetisch verdichtet; es wird Ihnen kein Zugwind und kein Geräusch beschwerlich fallen." Aus Zittau vom 7ten Mai 1758: „Um Gotteswillen machen Sie doch keine Apotheke aus Ihrem armen Leibe, bringen Sie Sich doch nicht aus Sorgfalt für Ihre Gesundheit um und verschonen Sie mir ja mit den Arzeneien die schönste Seele unter den schönen Geistern und jenes reine und lautere Herz, das Bayard nicht besser haben konnte und das ich so sehr an Ihnen schätze;" aus Reich-Hennersdorf im Juni 1758: Gehen Sie nach Sanssouci, Lieber. Sie wissen, daß mein Haus und Alles, was mir das Glück gelassen hat, ganz zu Ihren Diensten steht. Anstatt der Hausmiethe verlange ich, daß Sie mir schreiben, wie Sie die Gallerie gefunden und ob der alte und der chinesische Garten sich in den vier Jahren, in welchen ich nicht darin gewesen bin, merklich verbessert haben. Leben Sie wohl, lieber Marquis, trinken Sie den Brunnen und gehen Sie fleißig spazieren." Breslau, den 19ten April 1762: „Katt hat mir gesagt, daß der arme Graf Gotter so gut als in den letzten Zügen liegt. Ach, so werde ich denn in Berlin nichts wiederfinden, als Mauern und Sie, lieber Marquis! keinen Bekannten, Niemand mehr; und ich werde die ganze unglückliche Generation überlebt haben;" — im Januar 1760 schreibt er nach Berlin: „In meinem letzten Briefe habe ich vergessen, Sie zu bitten, meinem Bruder Ferdinand und dem General Seydlitz, der verwundet ist und sich in Berlin heilen läßt, jedem ein Exemplar von meinem Karl XII. zu geben. Dies kleine Zeichen meines Andenkens wird ihnen vielleicht angenehm sein.

Ja, ebenso rührend erscheint seine Sehnsucht nach der Heimath, wenn er z. B. im März 1761 schreibt: „für Ihre Beschreibung von Sanssouci danke ich Ihnen. Gott weiß es, ob ich es je wieder mit einem Fuße betrete. Indeß hat mir ihr Bericht viel Vergnügen gemacht. Ich denke an Sanssouci wie die Juden an Jerusalem, oder wie Moses ans gelobte Land, in welches er die Israeliten führen wollte, wozu ihm aber selbst der Eingang versagt war.

Wenn sich aber die Heldengröße seines Geistes im Allgemeinen am deutlichsten durch seine Thaten ausprägt, so geben uns doch viele Stellen seiner Briefe auch Aufschluß über seinen Gemüthszustand.

Ohne Opfer erkauft er den Ruhm nicht. Die schweren Sorgen, die unaufhörlichen Strapazen reiben seinen Körper auf. Schon ist er nicht mehr der kräftige Mann voll Gesundheit, es stellen sich Gebrechen ein, welche sonst nur das Greisenalter begleiten. Aus Leutmeritz schreibt er den 19ten Juli 1757: „Sehen Sie mich als eine Mauer an, auf welche seit zwei Jahren durch das Mißgeschick Bresche geschossen wird. Ich werde von allen Seiten erschüttert. Häusliche Unglücksfälle, geheime Leiden, öffentliche Noth, neu bevorstehende Plagen, — das ist mein täglich Brot. Glauben Sie nicht, daß ich nachgebe. Lösten sich alle Element auf, so würde ich mich unter ihren Trümmern mit dem kalten Blute begraben, mit dem ich Ihnen jetzt schreibe. In so heillosen Zeiten, muß man sich mit Eingeweiden von Eisen und einem ehernen Herzen versehen, um alle Empfindsamkeit los zu

werden. Jetzt ist die Zeit zum Stoicismus." — aus Reichmanns-
dorf, den 28sten Mai 1759: „Gesundheit und Zufriedenheit des
Herzens? — Daran denke ich nicht, und beide sind mir sehr
gleichgültig. Ich sehe wohl, lieber Marquis, daß sie ebenso
verblendet sind, wie das Publikum. In der Ferne mag meine Lage
einen gewissen Glanz von sich werfen; kämen Sie ihr aber näher,
so würden sie nichts als dicken, undurchdringlichen Rauch finden.
Fast weiß ich nicht mehr, ob es ein Sanssouci in der Welt giebt.
Der Ort sei, wie er wolle, — der Name gehört nicht mehr für
mich. Kurz, lieber Marquis, ich bin alt, traurig und melancholisch. Von Zeit zu Zeit blitzen noch einige Funken von meiner
ehemaligen guten Laune auf; aber sie erlöschen geschwind, weil sie
von keiner Glut unterhalten werden. Es sind Blitze, die aus dun-
keln Wetterwolken hervorbrechen. Ich rede aufrichtig mit Ihnen.
Sähen Sie mich, Sie würden keine Spur mehr von
dem erkennen, was ich ehemals war, sondern einen
alten Mann, der schon grau wird, die Hälfte der
Zähne verloren hat, und dem es an Frohsinn, an Feuer
und Phantasie fehlt; kurz, noch weniger, als die Ueberbleibsel
von Tusculum, von denen die Architecten aus Mangel an Ruinen,
die ihnen Ciceros eigentliche Wohnung bestimmen könnten, so viele
falsche Pläne entworfen haben. Das, Lieber, sind die Wir-
kungen, nicht sowohl der Jahre, als der Sorgen, und
die traurigen Erstlinge der Hinfälligkeit, welche uns der Herbst
unsers Lebens unfehlbar mitbringt. Diese Betrachtungen machen
mich sehr gleichgültig gegen das Leben und geben mir gerade die
Stimmung, in der ein Mensch sein muß, der das Geschick hat, sich
auf Leben und Tod schlagen zu müssen. Mit einer solchen Gleichgültigkeit gegen das Leben kämpft man muthiger und verläßt diesen
Aufenthalt ohne Bedauern;" im October 1759 schreibt er: „Wenn
Sie mich je wieder sehen, so werden sie mich sehr alt finden; meine
Haare werden grau, die Zähne fallen mir aus und ohne Zweifel
bin ich in Kurzem kindisch. Unvermerkt verliere ich das
Feuer, das man nöthig hat, um mein Handwerk gut
zu treiben;" aus Sophienthal, vom 25sten October 1759: „Ich
bin an allen meinen Gliedern gelähmt, habe nur die rechte Hand
frei und bediene mich ihrer, Sie zu bitten, nach Glogau zu kommen.
Das Podagra hat mich ganz unter, der Kummer verzehrt mich und

ich bin hier ohne alle Gesellschaft." — Tags darauf eben daher: Sie wollen meine Krankheit wissen, Lieber? — Ich bin am linken Arm, an beiden Füßen und am rechten Knie gelähmt. Die verschiedenen Unfälle, Wiederwärtigkeiten und Krankheiten, den häufigen Verlust von Freunden und meine Unfähigkeit thätig zu sein, dürfen Sie nur zusammennehmen, so werden Sie begreifen, daß man dabei eben nicht fröhlich sein kann."

Trotz solcher Leiden und großer Unglücksfälle, von denen wir werden berichten müssen, wird sein Muth nicht gebrochen und der Preis nicht aufgegeben, um den er ringt. „Ich bin entschlossen, — schreibt er aus Leutmeritz den 19ten Juli 1757 — mein Vaterland zu retten, oder mit ihm unterzugehen und habe mir eine Denkungsart angeeignet, wie sie sich für solche Zeiten und Umstände schickt;" aus Reichs-Hennersdorf den 28sten Mai 1759: „Was das Schicksal auch thun mag, meine Philosophie wird es nicht stören;" — aus Stadlitz vom 16ten August 1759 in der größten Noth nach der Schlacht von Kunersdorf: „Ich will mich den Feinden in den Weg stellen, und mich erwürgen lassen, oder die Hauptstadt retten. Das sollte ich meinen, wird man doch für keinen Mangel an Standhaftigkeit halten! — Hätte ich mehr als ein Leben, ich würde es für mein Vaterland lassen." — Aber die Größe der Unfälle, die Dauer der Leiden und Widerwärtigkeiten stimmen sein Gemüth trübe und in der Nacht, die ihn umgiebt, denkt er nicht etwa zum Triumph seiner Feinde nachgiebig um Frieden zu bitten sondern — zu sterben. „Für mich" — schreibt er aus Landshut den 12ten Mai 1759 — taugt nichts, als das Grab, das die abgenutzten Reste eines Menschen aufnehmen mag, der Sie geliebt hat und bis zu seinem letzten Athemzuge lieben wird;" den 16ten August 1759: „Mißlingt mir dieser Streich, so glaube ich das Vaterland hat nichts mehr an mich zu fordern, und es wird erlaubt sein, an mich zu denken. Alles hat sein Maaß. Ich trage mein Unglück, ohne den Muth zu verlieren. Allein ich bin fest entschlossen, gleich nach diesem Streiche, wenn er fehl schlägt, mir einen Ausweg zu suchen, um nicht länger das Spiel eines Zufalles zu sein;" den 22sten August 1759: „Nein, die Marter des Tantalus, die Pein des Prometheus, die Strafe des Sisyphus sind nichts im Vergleich zu dem, was ich seit zehn

Tagen leide. Der Tod ist süß gegen ein solches Leben! Haben Sie Mitleid mit meinem Zustande!" — Aus Wilsdruf den 22sten November 1759: „Ich bin von den Unglücksfällen und Widerwärtigkeiten, die mir begegnen, so abgemattet, daß ich mir tausendmal den Tod wünsche und es von Tage zu Tage müder werde, einen abgenutzten zum Leiden verdammten Körper zu bewohnen. Bestürzung, Gram, Unwille, Verdruß nagen insgesammt an meiner Seele;" den 28sten November 1759 ebendaher: „In diesem Jahre erschöpfte ich meine ganze Philosophie. Es vergeht kein Tag, an welchem ich nicht meine Zuflucht zu Zenos Unempfindlichkeit nehmen müßte. In der Länge wird dies hart, das gestehe ich Ihnen. Epicur ist der Philosoph der Menschheit, Zeno der Philosoph der Götter, und ich bin — ein Mensch! Seit vier Jahren bin ich im Fegefeuer. Wenn es ein künftiges Leben giebt, so wird mir der ewige Vater das, was ich in dieser Welt gelitten, anrechnen müssen;" aus Pretschendorf den 31sten December 1759: „Ich habe alles Vertrauen zu meinem Glücke verloren. Meine Zukunft enthält die trübsten Aussichten. Nie bin ich des Lebens so satt und überdrüssig gewesen, wie jetzt. Nennen Sie das Hypochondrie oder wie Sie wollen, ich lasse mir Alles gefallen; — ich sehe Alles schwarz; doch mein Kummer gehört nur mir allein; ich muß ihn tragen!" — den 15ten Januar 1760: „Meine Seele ist zu unruhig, zu sehr bestürmt und gebeugt, als daß mein Geist etwas Erträgliches hervorbringen könnte. Ein Anstrich von Traurigkeit färbt Alles, was ich schreibe und alle meine Handlungen. — Und wenn ich auch standhaft gegen die Widerwärtigkeiten kämpfe, — doch werde ich weder das Glück zurückbringen, noch die Menge meiner Feinde vermindern. In der That, das Leben wird ganz unerträglich, wenn man es in Kummer und tödtlichen Sorgen hinbringen muß; es hört auf eine Wohlthat des Himmels zu sein, wird ein Gegenstand des Abscheus und gleicht der grausamsten Rache, welche Tyrannen an Unglücklichen ausüben; — — aus Meißen im Juni 1760: „Ich wünsche Ihnen Alles, lieber Marquis, was mir fehlt, um glücklich zu sein: innere und äußere Ruhe, Zufriedenheit und Gesundheit. Ich habe nichts mehr. Mein Körper nutzt sich ab. Glück, Gesundheit, Frohsinn und Jugend verlassen mich; ich tauge nur noch zu einem Einwohner in Proserpinens Reich." — Aus Groß-Dobritz den 26sten

Juni 1760: „Der letzte Theil meiner Laufbahn ist rauh, traurig und unglücklich; doch — — ach, wie weise, mäßig, ertragend und sanftmüthig macht die Schule der Widerwärtigkeit. Sie ist eine fürchterliche Prüfung; hat man sie aber überstanden, so ist sie für die ganze übrige Lebenszeit nützlich." —

Doch genug der Auszüge aus den Briefen, welche uns das Innere Friedrichs in dieser wichtigsten Periode seines Lebens erschließen. Niemand wird diese gelesen haben, der nicht nun schon ein anderes Bild von ihm empfangen hätte. — Wohl ist längs der Rausch der Jugend bei ihm verflogen; mit denen er den schönen Traum geträumt, man könne, wenn man nur seinen Pflichten genüge, im ungetrübten Genusse die Tage verleben, sie sind todt oder untreu; — er ist fast ganz vereinsamt, und nur seine Bücher, seine Flöte und wenige Freunde sind ihm treu geblieben. Mit denen steht er denn jetzt in desto innigerem Verkehr, und welche Stunde ihm auch von den Berufspflichten übrig gelassen sei, sie wird diesen geschenkt. —

Ach, wie hat ihn das rauhe Leben wach gerüttelt! Für die aufopfernde Treue, mit der er sein Volk zu beglücken, für die blutigen Kämpfe, durch welche er seines Stammhauses Rechte zu erstreiten, für den muthigen Schutz, welchen er den Schwachen angedeihen zu lassen gestrebt hat, für die Opfer, auf dem Altare des Vaterlandes dargebracht, statt der Dankbarkeit, welche ihm Völker und Fürsten schuldeten, — was war sein Lohn? —

Viele seiner eigenen Unterthanen, selbst die ihm am nächsten standen, verkannten seine Bestrebungen, mißtrauten dem Erwerbe Schlesiens, schüttelten den Kopf über die Neuerungen seiner Regierung, und prophezeiten ihm nun ein schlimmes Ende, da Europa wider ihn aufstand. — Die Fürsten und Könige fürchteten und — haßten ihn. Aus den Steppen Asiens, von den entlegensten Küsten der Meere trieben sie ihre Kriegsschaaren herbei, um den Spott eines Democrit, welcher die Könige über ihre Regentenpflichten belehren wollte, um die Verachtung eines Philosophen, welcher die Immoralität seiner Zeit zu geißeln wagte, um die Anmaßung eines Emporkömmlings, der sich vor Niemand beugte, mit seinem Sturze zu bestrafen. Die Intrigue, welche Jahrelang wider ihn sich an allen Höfen fortspann, siegte, und sieben Jahre lang mußte er allein in seinem Geiste die Hilfsmittel wider solche Uebermacht aufsuchen.

Da aber ist die Heldengröße Friedrichs offenbar worden. Sein Haar wird grau unter der Last solcher Bürde; die Sorge frißt in seiner fühlenden Brust, und sein Herz scheint erstarren zu wollen über den Undank und den Todhaß so Vieler. Sein alternder Körper zeigt in kurzer Frist die Spuren der gewaltsamen Aufreibung; — aber keinen Augenblick lang weicht die Entschlossenheit, der Heldenmuth, der Königssinn von ihm. Er kann wohl unterliegen; — wäre es wohl zu verwundern gewesen, wenn so Viele den Einen erdrückten? — er kann wohl sterben für die gerechte Sache und sein Leben dem Vaterlande zum Opfer bringen; — aber nimmer kann er den Preis seines Lebens verscherzen, nimmer den Lorbeer sich selbst von dem Haupte reißen und bei denen um Gnade flehen, die ihn gern zu ihren Füßen sehen würden. — Solch' edle Standhaftigkeit, so treuer Heldensinn ist des reichsten Lohnes werth, und für alle Zeiten wird ihm dieser werden. — Die Weltgeschichte ist das Weltgericht! — Darum lebt er als der beharrliche, geistesgroße, todesmuthige Besieger der entsetzlichsten Uebermacht, während seine Feinde längst auch zum Spott geworden sind, und sein Name glänzt durch die Jahrhunderte, wenn seine Gegner längst vergessen sein werden. —

Solche Geistesgröße, solchen Ruhmesglanz, solchen Heldensinn begriff selbst jene geistesarme Zeit. An diesen Heldenthaten entzündete sich die Begeisterung der Dichter: — „Als ich ein Knabe noch war und Friedrichs Thatenruf über den Erdkreis erscholl, da weinte ich vor Freuden — singt Schubart — über die Größe des Mannes, und die schimmernde Thräne galt für Gesang; — als ich ein Jüngling ward und Friedrichs Thatenruf über den Erdkreis immer mächtiger scholl, da nahm ich ungestüm die goldene Harfe, dreinzustürmen Friedrichs Lob." — Willamov preist sich glücklich: „Ich sah ihn im Gedräng der muthigen Heldenschaar, die stolz nach Siegen geizte. Er kam von dem Schlachtfeld, das der Gallier Blut gedüngt. Die Stirn im Schweiß, schwingend sein Schwert, saß er im Wagen, ihm zur Seite der Sieg. Wie Götter sich allgenugsam, so fühlt er sich selbst" — Rammlers Triumphlied schließt: „Schweige du nie von ihm, mein Lied, stolzer als der Cëische und der Thebanische Päan, seinem Golde feil, auch selbst dem seinigen nicht. Und ob er auch diesen Triumph verlenkt, und deiner Töne nicht gewohnt, sein Ohr zu Galliens Schwänen neigt:

so singe du doch den Brennusjöhnen ihren Erretter unnachgesungen."
Auch Kleist, der liebenswürdige Sänger des Frühlings, verherrlichte den großen König: „Schon fliegt himmelan die Ehr' im blitzenden Gewand und nennt ein Sternenbild nach seinem Namen! — Friedrich lächelt und — der Tag bricht an!" — Unter allen Dichtern am volksthümlichsten, darum zu desto allgemeinerem Anklange besang seine Thaten aber Gleim, der Preußische Grenadier, dessen Lieder im Heere und Volke allgemein verbreitet und gesungen wurden. Er hieß der Tyrtaeus der Preußen. Seine Verse klangen durch alle Reihen, noch bevor man ihren Verfasser zu nennen wußte; denn er sendete sie zu Kleist, der beim Heere stand, und welcher ihre Verbreitung übernommen hatte. Schon sein Siegeslied nach der Lowositzer Schlacht bekundet ihr allgemein volksthümliches Element. Wie in dem Volke mit der Liebe und der Begeisterung für Friedrich die religiöse Vorstellung eines von Gott sichtbar beschützten Helden wurzelte, so gerade in diesen Liedern:

„Gott donnerte, da floh der Feind!
Singt, Brüder, singet Gott!
Denn Friederich, der Menschenfreund
Hat obgesiegt mit Gott.

Auf einer Trommel saß der Held
Und dachte seine Schlacht,
Den Himmel über sich zum Zelt
Und um sich her die Nacht.

Frei, wie ein Gott, von Furcht und Graus,
Voll menschlichen Gefühls,
Steht er und theilt die Rollen aus
Des großen Trauerspiels."

und am Ende des lebendigen Schlachtgemäldes:

„Wer aber hat durch seine Macht
Dich, Braun! und dich Pandur!
In Angst gesetzt, in Furcht gebracht? —
Gott, der auf Wolken fuhr!

Sein Donner zürnte deinem Krieg
Bis spät in schwarze Nacht.
Wir aber singen unsern Sieg
Und preisen seine Macht! —

Eben so nahm aber auch ganz Deutschland Partei, und die nicht ein eigennütziges Interesse an die Sache seiner Gegner kettete, deren Herzen klopften in theilnehmender Sorge für Friedrich. „Ist es doch" — sagt Magdeburgs Vater Röttger in seinen „Rückblicken ins Leben" — „als ob mir Knaben- und Jünglingsblut in die Adern zurückkehre, wenn ich der Knaben- und Jünglingsentzückungen gedenke, die mein Herz höher hoben, so oft wieder und immer Schlag auf Schlag blasende Postillione Nachrichten von erfochtenen Siegen und eroberten Festungen brachten, und Invaliden-Compagnien ganze Armeen bald an den Pyrenäen, bald am Uralgebirge geborener Gefangenen der Festung zuführten; wenn ich es mir wiederhole, wie nach und nach das Zagen der Aengstlichkeit, welches im Beginnen des Kampfs aus der Rede der Eltern und Lehrer in die junge Brust übergegangen war, ein Knabentrotz und ein Jünglingspatriotismus ward, der mich über mich selbst erhob und mir Gefühle verlieh, deren ich vielleicht sonst nie fähig gewesen wäre." — Auch Göthe schildert uns den allgemein im deutschen Lande verbreiteten Preußenenthusiasmus aus seinem Familienleben:

„Die Welt spaltete sich in jener Zeit sogleich in zwei Parteien und unsere Familie war ein Bild des großen Ganzen. Mein Großvater, der als Schöff von Frankfurt über Franz dem Ersten den Krönungshimmel getragen und von der Kaiserinn eine gewichtige goldene Kette mit ihrem Bildnisse erhalten hatte, war mit einigen Schwiegersöhnen und Töchtern auf Oestreichischer Seite. Mein Vater, von Carl dem Siebenten zum Kaiserl. Rath ernannt, und an dem Schicksale dieses unglücklichen Monarchen gemüthlich theilnehmend, neigte sich mit der kleineren Familienhälfte gegen Preußen. — Die unter Verschwägerten gewöhnlichen Mißhelligkeiten fanden nun erst eine Form, in der sie sich aussprechen konnten. Man stritt, man überwarf sich, man schwieg, man brach los. Der Großvater, sonst ein heiterer, ruhiger und bequemer Mann, ward ungeduldig. Die Frauen suchten vergebens das Feuer zu löschen, und nach einigen unangenehmen Scenen blieb mein Vater zuerst aus der Gesellschaft. Nun freuten wir uns ungestört zu Hause der Preußischen Siege, welche gewöhnlich durch eine leidenschaftliche Tante mit großem Jubel verkündigt wurden. Alles andere Interesse mußte diesem weichen, und wir brachten den Ueberrest des Jahres in beständiger Agitation zu. Die Besitznahme von Dresden, die anfängliche Mäßigung des Königs, die zwar langsamen, aber sichern Fortschritte, der Sieg bei Lowositz, die Gefangennehmung der Sachsen waren für unsere Partei eben so viele Triumphe. Alles, was zum Vortheile der Gegner angeführt werden konnte, wurde geleugnet oder verkleinert; und da die entgegengesetzten Familienglieder dasselbe thaten, so konnten sie einander nicht auf der Straße begegnen, ohne daß es Händel setzte, wie in Romeo und Julie.

Und so war ich denn auch Preußisch, oder um richtiger zu reden, Fritzisch gesinnt: denn was ging uns Preußen an. — Es war die Persönlichkeit des großen Königs, die auf alle Gemüther wirkte. Ich freute mich mit dem Vater unserer Siege, schrieb sehr gern die Siegeslieder ab, und fast noch lieber die Spottlieder auf die Gegenpartei, so platt die Reime auch sein mochten." — —

Besonders war es die Reichsarmee mit ihren bunten Flicken, und bald auch der geckenhafte Franzmann, welche den Spott der Preußischen Patrioten um ihrer Feigheit willen erdulden mußten. Der Volkswitz übte sich an ihnen in ungezwungener lustiger Weise. Ein „lustiges Gespräch zwischen zwei Franzosen von der großen Französischen Armee, Jaques und Jean, 1758" beginnt:

    „Ha mon cher Camerad! où allez-vous?
    O Jean, wat is bas! Du ahst keen Schuh,
    Marchirs as wi bi Teuf, ohr bock een Word
    D'où venez-vous donc, warum loß sich fort ꝛc."

und ein Heldengedicht: „Die Kreis-Armee" mit dem Motto: „Vos ego ... Virgil Aen. I." Magdeburg, 1757, lautet:

    Minerv, die Du ein Dintenfaß
    Bei der Patrontasch führest,
    Und durch die Klugheit des Pegas
    Die Dichterwelt regierest; —
    Auch ihr, ihr Musen lobesan,
    Legt eure Sonntagsröcke an
    Und eilt mir beizuspringen.
    Ich will von Deutschlands Helden zart

Und ihrem Herz und ihrem Bart,
Vom Reichskrieg will ich singen.

Du warst es, großer Preußen Fritz,
Den meine Helden suchten,
Dem sie mit Nürnberger Witz
Schon hinterm Ofen fluchten; —
Der Frank' und Schwabe drohten Dir
Und schwuren beim Taback und Bier:
„Dich wollen wir schon zähmen.
„Nur warte bis mein Schnurrbart krimt,
„Bis ich die Suppe abgeschäumt
„Und Käs' und Brot kann nehmen."

Der Bart wuchs und das Herze fiel.
„Hans, ich lieb' Fried' und Ruhe;
„Geh' Du in Krieg; Du schießt in's Ziel,
„Ich fehl' auf eine Kuhe."
„„Der wär' ein Narr! Nein, Basche, geh!
„„Mir thut mein Hühneraug' zu weh,
„„So weit kann ich nicht ziehen.""
„Ach, Hans!" „„Ach, Basche! — Basche!" „Hans!
„Schau', Hans! ich schenk' Dir eine Gans,
„Du darfst Dich nicht bemühen."

Der Winter kommt schon stark heran,
Frisch in das Feld, ihr Kreise! —
„Herr Korporal," schreit Bastian,
„Mir geht's nach Weiber Weise!" —
Und dennoch muß der Basche fort;
Er weint und stöhnt bis an den Ort,
Da gleiche Helden liegen.
Der Reichstag trinkt den Segen nach:
„Glück auf den Marsch nach Eisenach,
„Die Reichsarmee soll siegen!"

Der Preuße zieht vor Erfurt ab,
Und Basche ruft: „Sie laufen; —
„Allein mit meinem Zeltenstab'
„Schlag' ich die Hund' zu Haufen."
Die Preußen bleiben plötzlich stehn:
„Herr Korporal, ich denk' wir gehn,
„Der Friede ziert die Frommen.
„Und Gott verzeih' mir meine Sünd',
„Ich denk', ich möchte flugs ein Kind
„Vor lauter Angst bekommen."

>   Doch nein! der Preuße geht zurück,
>   Bis Leipzig floh er heute.
>   „Herr Korporal, jetzt blüht das Glück,
>   „Jetzt geht es an die Beute!"
>   Das Heer zieht voller Trotz und Muth,
>   und Bafche red't von nichts als Blut,
>   Als Blut, als Mord und Feuer.
>   „Ja, Bruder, siehe, glaub' es mir,
>   „Mein Seel'! Ich gebe kein Quartier,
>   „Schlag' todt die Ungeheuer."
>
>   Ein Preuße, der vielleicht nicht schlief,
>   Fing an Taback zu schmauchen:
>   „Herr Korporal, das Ding geht schief,
>   „Ich sehe Lunten rauchen."
>   Nun steckt der Preuß' sein Pfeifchen an.
>   „Ihr Leute, lauft, wer laufen kann,
>   „Der Teufel ist geladen!"
>   Das ganze Heer durchschallt der Ton; —
>   Es hört, erschrickt und läuft davon
>   Und endet seine Thaten! — — —

Mit dem Spott auf die Feinde Friedrichs wuchs in seinem Volke, in ganz Deutschland, ja in den entlegensten Ländern, der Enthusiasmus für ihn selbst. Die Preußischen Patrioten schmückten sich bei erhaltenen Siegesnachrichten mit bunten „Vivatsbändern," auf welche man die Siegshymnen gedruckt hatte; alle Städte seines Landes feierten die Triumphe ihres Helden und das Vertrauen wuchs, als er aus den verzweifeltsten Lagen sich und sein Heer, so wie das Vaterland immer wieder zu retten wußte. — Besonders innigen Antheil nahm das Englische Volk. Nicht blos der große Wilhelm Pitt, Lord Chatham, nannte ihn „ein unerschütterliches Bollwerk Europas gegen das mächtigste und niederträchtigste Bündniß, welches jemals die Unabhängigkeit des Menschengeschlechts bedroht hat;" in allen Familien bewahrte man sein Bildniß, feierte man seine Siege, pries man seine Standhaftigkeit, und die Repräsentanten dieses hochherzigen, freisinnigen Volkes bewilligten gern jene Subsidien, mit denen ihm die Mittel zur Fortsetzung des Kampfes zuwuchsen. Auch andere Länder theilten mit jenem den Enthusiasmus. In Portugall fand Nettelbeck, jener hochherzige Patriot aus Colberg, Liebesdienst und ehrendes Vertrauen, weil er ein Unterthan des großen Friedrich war; in Italien glaubte man an die Rechtgläubigkeit desselben, weil er sonst nicht so viele Siege erfechten könne, und die Mönche bestätigten es ihres Vortheils willen, daß er ein heimlicher Katholik sei! —

Friedrich lebte übrigens während des Krieges möglichst in gewohnter Weise. Zunächst beschäftigte ihn die Inspection des Lagers und der Truppen, Terrain-Recognition und Instruction seiner Offiziere. Sodann gab er seinen Cabinetsräthen Eichel und Cöper, welche ihn überall hin begleiteten, die gewöhnlichen laufenden Geschäfte zu erledigen, deren wesentlichen Inhalt er selbst dictirte. Bis zur Mittagstafel wurde von ihm nun das Feldtagebuch vervollständigt, auf dessen Genauigkeit er in einem Briefe an Algarotti sich ausdrücklich beruft, und welches seiner berühmten Geschichte des siebenjährigen Krieges zum Grunde liegt. Mitchell schreibt schon den 7ten April 1757 in einem Berichte nach England: „Die Mühe, welche sich der König in diesem Winter während seiner Mußestunden gegeben hat, die Feldzüge von Turenne, Eugen und Marlborough zu studiren, welche er für Meister in der Kriegskunst hält, giebt mir die Sicherheit, sein Plan — der für den Feldzug 1757 — sei nach reiflicher Ueberlegung entworfen. Niemand kennt seine Geheimnisse; — er führt aus, bevor man erfährt, daß er beschlossen hat. Noch Eins muß ich erwähnen, das mir großes Vertrauen zum Könige giebt. Ich habe nämlich mit großer Bewunderung die Standhaftigkeit und Festigkeit des Geistes gesehen, mit welcher er unangenehme Nachrichten empfängt und die größten Unfälle erträgt. Er ist nie außer Fassung oder entmuthigt, sondern denkt sogleich an Gegenmittel. Sein Heer hält sich für unüberwindlich, so lange er es anführt." —

Die Hingebung, welche Friedrich überall offenbarte, bekundete sich auch besonders in der Behandlung seiner Soldaten. Er lebte beständig unter ihnen und theilte ihre Gefahren, ihre Mühen, ihre Lebensweise. Wo irgend Etwas, z. B. bei den Vorposten sich zutrug, war er sogleich zur Stelle. Die Ueberläufer sprach er gern selbst; im Lager war kein Zelt sicher, daß er nicht hinein sah, und viele Schnurren, Witzworte und Anekdoten laufen noch heute um, welche uns sein Verhältniß zu den tapfern Soldaten als besonders traulicher und herablassender Art darstellen. An seine Feldtafel zog er die Generale, und die Tagesbegebenheiten boten Stoff zur geistreichen, witzigen Unterhaltung. Nach der Tafel neue Arbeit mit den Cabinetsräthen; so oft es die Zeit erlaubte, ließ er sich gegen Abend etwas vorlesen oder unterhielt sich mit dem Lecteur über literarische Angelegenheiten. Eine Zeitlang — erzählt Nicolai in seinen Anekdoten — pflegte der König des Abends nichts als gesottene Prezeln mit Französischem Käse (Fromage de la Poste de Meaux) zu essen und Tyroler Wein dazu zu trinken; und der Anekdotenschreiber fügt dieser Notiz folgendes Geschichtchen bei, welches zugleich Friedrichs Verhältniß zu seiner Bedienung bekunden mag: „Als der König im Jahre 1760 aus dem Winterquartiere von Leipzig in die Kantonirungsquartiere nach Meißen zog, so wurde bei dieser Gelegenheit der gedachte Französische Käse mitzunehmen vergessen. Da der König nun seiner Gewohnheit nach davon zu essen verlangte, und man demselben berichtete, daß er zwar vergessen, indessen bereits eine Estafette zurückgeschickt sei, welche ihn holen solle, so war der König sehr ungehalten über die Vergessenheit seiner Leute. Als die Kammerbedienten des folgenden Morgens in seinem Zimmer beim Anzuge gegenwärtig waren, fragte er einen: „Wie viele Esel habe ich bei mir?" Der Kammerbediente, welcher wohl merkte, wen der König mit dieser Frage gemeint wissen wollte, antwortete: „Mit mir haben Ew. Majestät fünf Esel bei sich." Der König, welcher dies vermuthlich nur hören wollte, sagte: „Es hätte also wohl einer davon so klug sein und meinen Käse mitnehmen können." Nun war Alles wieder gut. — In der späteren Zeit entzog er sich selbst dieses frugale Mahl und schlief nur fünf Stunden des Nachts. Bei dem kleinsten Ereignisse an den Vorposten wurde der König stets geweckt, und nach Beschaffenheit der Umstände stieg er selbst zu Pferde, deren zwei jede Nacht hindurch gesattelt bereit standen. Uebrigens waren seine Quartiere keinesweges erlesen. Die schlechteste Bauerhütte, wenn nur am bequemsten und seinen Zwecken und Arbeiten am entsprechendsten gelegen, bot ihm willkommenen Aufenthalt; — nicht selten rissen die nach Holz abgeschickten Soldaten selbst die Befriedigung seines Quartiers hinweg, wenn etwa die Kälte und allgemeine Noth sie dazu zwang. Sein Quartier stand stets mit einem der Flügel der Armee in Verbindung.

Doch zurück zu den öffentlichen Angelegenheiten, wo ihn seine Feinde gefährlicher als mit Gift und Dolch, mit Lästerung und

Schmähung in den Cabinetten, mit furchtbar gerüsteten Schaaren im Felde bedrohen.

Die Zeit der Waffenruhe eilt schon vorüber, Friedrich hat sie weise angewendet. Er hat die feindlichen Länder, welche in seiner Gewalt sind, zur Complettirung seines Heeres, zur Verpflegung seiner Mannschaften und endlich zur Anhäufung der Lebensmittel für den neuen Feldzug benutzt. Sachsen, dessen Civilverwaltung er einer besondern Preußischen Behörde zu Torgau übergeben hat, liefert außer der Mannschaft und der Naturalverpflegung des ganzen Heeres sämmtliche Cassenüberschüsse an ihn ab, und gewährt ihm mit seinen reichen Hilfsquellen einen Theil der Mittel zur Fortsetzung des Krieges. Sein Heer hat er neu organisirt, oder er hat die Lücken desselben ergänzt. Im Sachsenlande werben von Mayr, von Kalben, von le Noble, von Chossignon und von Angenelli sogenannte Freibataillons, leichte Truppen, gut gegen die Oestreichischen Croaten zu verwenden; desgleichen von Wunsch und von Rapin zu Halberstadt und Magdeburg. Jede Infanterie-Compagnie ist mit 30 Mann verstärkt, die Cavallerie verhältnißmäßig in gleicher Anzahl; — die ganze Armee hat eine Verstärkung von 50,000 Mann erhalten. Er hat zum Schutz der Festungen sogenannte Landregimenter und Provinzial-Husarencorps errichtet und sogar eine Pflanzschule künftiger Seematrosen zum muthmaßlichen Kampfe mit den Schweden begründet. Mit England ist ein engerer Vertrag als Gegengewicht des Versailler Bündnisses den 11ten Januar 1757 abgeschlossen, und man hat darin festgesetzt, daß 50,000 im Englischen Solde stehende Soldaten, mit 20,000 Preußen vereinigt, gegen die Franzosen verwendet werden, England eine Million Pfund Sterling Subsidien an Preußen zahlen und eine Flotte in die Ostsee schicken solle. Mit 113,900 Mann Infanterie, 36,100 Mann Cavallerie und 2000 Mann Artillerie, in Summa 152,000 Mann Feldtruppen, wozu noch 58,000 Mann Garnisontruppen und Landmiliz zu rechnen sind, also zusammen mit 210,800 Mann — oder zählt man auch die 45,360 Mann starke Hannöversche Hilfsarmee hinzu — mit 256,160 Mann will er 143,000 Oestreichern, 134,000 Franzosen, 100,000 Russen, 32,000 Reichssoldaten und 22,000 Schweden, zusammen 431,000 feindlichen Soldaten kühn widerstehen. Das ist weit über das Doppelte seiner eigenen Macht, und doch ist er guten Muthes.

Noch im December reist der König über Freiberg nach Leipzig, betritt den klassischen Boden von Lützen, den er durch Ingenieure vermessen läßt, und geht über Weißenfels und Rötha zurück nach Dresden.

Acht Tage, vom 4ten bis 12ten Januar 1757 bringt er in Berlin und Potsdam zu, um die nöthigsten Vorkehrungen zu treffen, zu Ende des Januar eilt er nach Hainau in Schlesien, um mit Schwerin den neuen Feldzugsplan zu verabreden, und nun ist er zur Ausführung des seinen Feinden unerwarteten Planes völlig bereit. — Während des ganzen Winters hatte in beiden Armeen ziemlich ungestörte Ruhe obgewaltet; in Peterswalde hatte man die Kriegsgefangenen ausgewechselt, nur hin und wieder übten sich neckende Plänkler in unblutigen Scharmützeln. Von eben so geringer Bedeutung war ein am 31sten December durch Lascy versuchter Ueberfall der Preußischen Postirungen zu Ostritz, Laube, Marienthal und Radmeritz in der Lausitz, welcher jedoch dem Preußischen Major von Blumenthal vom Prinz Heinrichschen Regiment das Leben kostete. Nachtheiliger zeigte sich schon jetzt die Untreue der Sachsen, welche von allen Feinden Friedrichs begünstigt und zu welcher mehrseitig angereizt wurde. Entblödete man sich doch nicht einmal, den auf ihr Ehrenwort entlassenen Offizieren vorzuschwindeln, daß dieses Wort sie nicht binde, und nahm man doch in den feindlichen Reihen die wortbrüchigen Offiziere, welche Vaterlandsliebe und Kriegslust unter die Oestreicher trieb, mit offenen Armen auf! —

Feldzug — 1757.

Es war im Monat März, als die Preußen die Kantonirungsquartiere bezogen. In vier Heerhaufen vertheilt, schienen ihre Operationen und Vorbereitungen nur den einen Zweck vor Augen zu haben, Sachsen gegen den Angriff zu decken. Alles deutete bei ihnen auf einen Vertheidigungskrieg. Das Aufsuchen fester Lagerplätze um Dresden, die Befestigung dieser Stadt, selbst einzelne Scheinangriffe der Preußischen Corps auf die in Böhmen weithin vertheilten Oestreicher bestärkten diese in dem süßen Wahne, als werde der König nicht wagen, gegen ihre Uebermacht loszubrechen. Was schien auch wohl natürlicher, als daß der von allen Seiten bedrohte Friedrich vertheidigungsweise zu Werke gehen werde; daher beachtete Browne nicht einmal die ihm aus Dresden zugegangenen ganz bestimmten Mittheilungen über den Feldzugsplan der Preußen, sondern ließ sein Heer in der 60 Meilen langen Linie zwischen Eger und Olmütz ausgedehnt kantoniren. Theils wartete man auf die Ankunft des Prinzen Carl von Lothringen, welcher trotz der früheren ungünstigen Erfolge noch einmal durch die persönliche Huld der Kaiserinn an die Spitze des Heeres gestellt war, theils wollte man die übrigen Bundesgenossen mit ihren zahlreichen Heeren erst in die Reihe der zahlreichen Streiter heranrücken lassen, und dann aus allen Himmelsgegenden mit gemeinschaftlicher und darum unwiderstehlicher Gewalt über Friedrich herfallen. Noch kannten aber die Oestreicher immer nicht weder den Kriegsmuth ihres Feindes, noch dessen weise Umsicht.

Dieser hatte längst erwogen, daß die Französischen Truppen, gegen welche übrigens eine Hannöversche alliirte Armee an der Weser aufgestellt war, obgleich sie schon im Februar mobil gemacht waren, doch erst Mitte Mai am Rhein und Mitte Juni in den Elbgegenden würden erscheinen, daß die Russen frühestens im October an der Oder ihm würden gefährlich werden können, und daß doch auch ihnen unter Lehwald eine Armee gegenüber stände, welche jedenfalls ihren Operationen Hindernisse in den Weg zu stellen stark genug wäre. So galt es, schnell die Oestreicher zu überfallen, sie einzeln zum Kampf zu nöthigen, ihre Pläne zu verwirren und sie durch eine entscheidende Schlacht früher zum Frieden zu zwingen, als ihnen fremde Hilfe werden konnte; auch wohl die übrigen Gegner durch diese raschen Erfolge einzuschüchtern, ihre Operationen zu lähmen und sie dem Bündnisse mit Oestreich abwendig zu machen.

Zu diesem Ende sollten die vier Preußischen Corps gleichzeitig in Böhmen eindringen und sich vor Prag vereinigen. Die zerstreut stehenden Oestreichischen Corps sollten entweder abgeschnitten oder auf Prag zurückgedrängt werden. Man wollte am 4ten Mai bestimmt die Vereinigung vor Prag zu Stande gebracht haben, und am 6ten Mai den Feind, wenn er sich zum Kampfe bereit zeige, angreifen und schlagen. Schwerin sollte sodann nach Mähren einbringen und die Oestreicher in die Erblande verfolgen, während der König mit 40,000 Mann der Armee der Alliirten zu Hülfe ziehen wollte.

Am 18ten April brach zuerst Schwerin aus Schlesien in Böhmen ein, drängte den Grafen Serbelloni bis Königinngrätz zurück und vereinigte sich mit dem Herzoge von Bevern bei Bunzlau den 26sten April. Dieser war auf seinem Einmarsche in Böhmen, die Neiße abwärts, den 21sten April früh 5 Uhr bei Reichenberg auf das Corps des Grafen von Königsegg gestoßen und hatte im siegreichen Kampfe die wohlverschanzten Oestreicher bis 11 Uhr aus der vortheilhaftesten Stellung vertrieben. Mit der gewohnten Tapferkeit hatten die Preußenreiter sich auf die Oestreicher gestürzt, hatte die Infanterie unter heftigem Kanonenfeuer Batterien und Verhaue erstürmt, und weder Uebermacht noch Hinterhalt waren im Stande gewesen, ihren glänzenden Waffenerfolg zu vereiteln. Da sah man die Grenadierbataillons von Kahlden und Alt-Billerbeck wie auf dem Exercierplatze gegen die Verhaue marschiren und mit dem Bajonette angreifen, die Dragonerregimenter von Würtemberg, Normann und Katt sich auf die feindliche Cavallerie werfen, sie vor sich hertreiben und bis Franzenthal verfolgen, und der Obrist von Puttkammer mit seinen Husaren konnte der Oestreichischen schweren Reiterei, welche sich zu setzen versuchte, in die Flanke fallen und an dieser Stelle das Gefecht entscheiden. So ruhmvolle Waffenthat erhöhte den Preußischen Kriegsmuth. Gegen 1000 todte oder verwundete Preußen rechnete man 2000 Oestreicher. Unter den höheren Offizieren bluteten der Generalmajor von Normann, der Obrist von Lettow und die Majors Graf von Mellin, von Beyer und von Platen an leichten Wunden, während die Oestreicher den Verlust ihres Reiteranführers des Generals Graf von Porporati und der Obristen, Graf von Hohenfeld und Graf von Ariosti zu beklagen hatten.

Vergebens hatte nachher Königsegg versucht, Jung-Bunzlau vor Schwerin zu erreichen. Durch einen angestrengten Marsch hatte dieser mit seiner Cavallerie den Ort am 26sten April schon besetzt und hier die Oestreichischen Vorräthe im Werthe von mehren Millionen — genug für 40,000 Mann auf drei Wochen — erbeutet. Nun ging er langsam am linken Ufer der Iser gegen Prag vorwärts, während Königsegg auf dem rechten Ufer bis

Brandeis vorrückte, um die Elbe zu decken. Schwerin folgte zwar am ersten Mai aufs rechte Iserufer nach, blieb aber unthätig den Oestreichern gegenüber zwischen Benatek und Sluwno bis zum 3ten Mai stehen. — Serbelloni war bei Königingräz mißmuthig zurückgeblieben. —

Unterdessen waren Friedrich über Aussig, Prinz Moritz über Kommotau gleichfalls in Böhmen eingefallen und hatten sich am 24sten April bei Linai vereinigt. Der Generalmajor v. Zastrow, von diesen detachirt, war auf dem gefährlichen Marsche am felsigen Elbrande getödtet. Von Manstein, sein Nachfolger, hatte Tetschen am 28sten April besetzt und durch Sicherung des Elbstroms die Nachsendung des Trains erleichtert, welche man bei dem Einmarsche in Böhmen hatte zurücklassen müssen. Browne ging hinter die Eger und dann immer weiter zurück; seine Magazine in Buddin und andern Orten, die er noch zu verderben suchte, mußte er den Preußen überlassen. Endlich am 30sten April kam Karl von Lothringen zur Armee und der Oestreichische Kriegsrath beschloß nun den Rückzug der Armee auf Prag, um eine Vereinigung mit dem Königseggschen Corps, auch wohl die Heranziehung Serbellonis noch zu bewerkstelligen. Nach dieser Vereinigung sämmtlicher Streitkräfte durfte man hoffen, den allzukühnen Feind mit überlegener Macht schimpflich aus dem Lande zu jagen und so die Scharten auszuwetzen, welche der unerwartete Angriff geschlagen hatte. Kaum aber war die Oestreichische Armee in zwei Colonnen theils unterhalb Prag beim Invalidenhause, theils durch Prag selbst über die Moldau zurückgewiesen, als auch der König mit der Avantgarde und Tags darauf das Preußische Heer unter Keith zur Stelle waren und ihr Lager zwischen dem weißen Berge und der Moldau aufschlugen. —

Königsegg hatte sich am 2ten Mai von Brandeis nach Prag gezogen und Schwerins Vorhut hatte vergeblich sich der Elbbrücke bemächtigen wollen. Im blutigen Gefecht mit den Oestreichern war der General Wartensleben hier geblieben, die Brücke war von den Oestreichern zerstört worden und Schwerin mußte erst die Pontons herbeischaffen, bevor er mit seiner Armee den 4ten Mai die Elbe überschreiten konnte. Am 5ten blieb er ohne Verhaltungsbefehle noch unthätig bei Brandeis stehen, da der von ihm an den König abgesendete Offizier in Gefangenschaft gerathen war, und erst

Schi Prag den 6. Mai 1757.

Gen.-Feld-Zeugm. Graf *Luchese.*
Gen.-Feld-M.-L. Prinz *v. Durlach.* Graf *Spada.*
Gen.-Feld-W. *von Wolfersdorf.* Herz. *von Ursell, Bretlach, de Ville.*

7 Traunsendorf. | 7 Luchese. | 7 Erzherzog Leopold. | 7 Erzherzog Joseph.

G.-F.-Z. Freiherr *von Bretlach.*
G.-F.-M.-L. Graf *Althan.*
G.-F.-W. Hed… *Preysac.* Pr. *Modena.* Graf *Lanthieri.*

7 Anhalt Zerbst. | 7 Sinsbach. | 7 Baden.

G.-F.-M.-L. Prager Besatzung.
G.-F.-W. *von B…* G.-F.-M.-L. *von Wetzel,* Graf *Thürheim.*

7 Splenÿ. | 1 Jung-Wolfenbüttel. | 1 Pallavicini. | 1 Macé. | 1 Nicolas Esterhazÿ. | 1 Alt-Wolfenbüttel. | 3 Andlau.

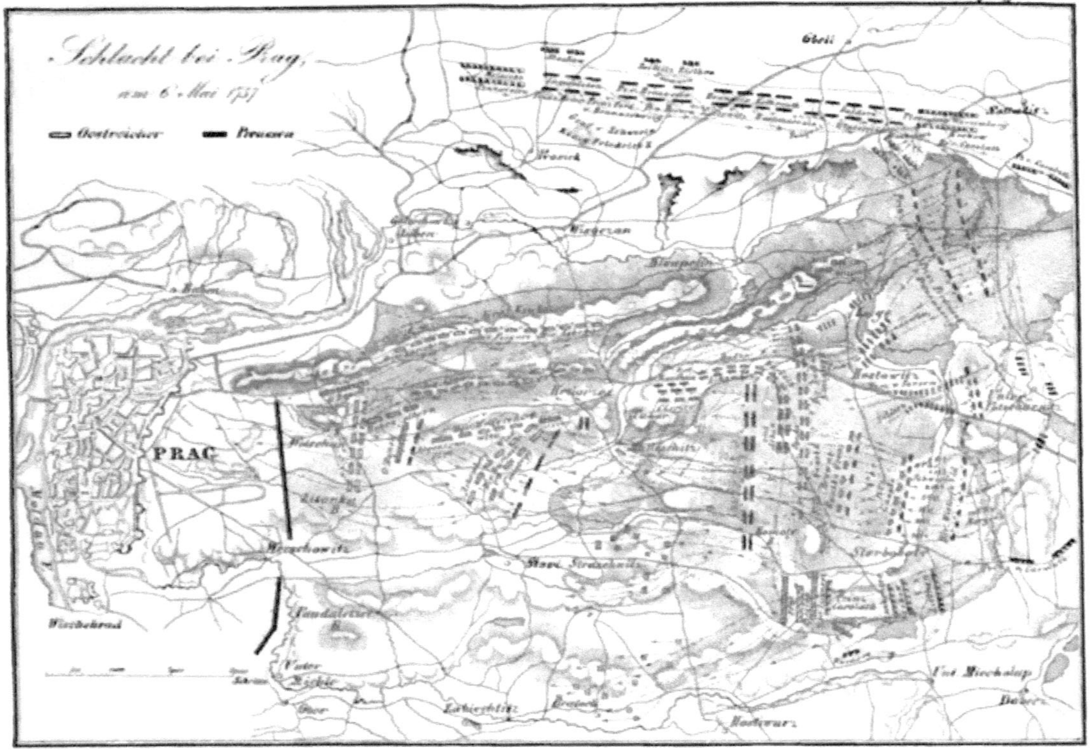
Schlacht bei Prag,
am 6. Mai 1757
Oestreicher
Preussen
PRAG
Wischehrad
Gbell
Moldau

als der König in ungnädigen Ausdrücken ihm Beschleunigung des Anmarsches anempfahl, brach er in der Nacht zum 6ten Mai auf, um sich mit dem Könige bei Prosik zu vereinigen.

Am 5ten früh war schon der König bei Selz über die Moldau gegangen, der Feldmarschall Keith aber mit 26 Bataillons und 38 Escadrons auf dem linken Moldauufer zurückgeblieben. Als sich Friedrich mit Schwerin vereinigt hatte, war sein schlagfertiges Heer auf dem rechten Moldauufer 64,000 Mann stark.

Die Oestreicher hatten 61,100 Mann im Lager vor Prag, 13,000 Mann Prager Garnison, 9000 Mann, welche der General Puebla vom Serbellonischen Corps aufs Schlachtfeld stellen konnte und nach Mochow und Podiebrad hin ungefähr 5000 Mann disponibel. Obgleich Friedrich so offenkundig eine Schlacht aufsuchte, waren die Oestreicher den 6ten Morgens doch nicht vorbereitet und ohne Dispositionen für den Fall eines Angriffs. Sie lagerten hinter dem Ziskaberge zwischen Wolschau, Maleschitz und Keyge in zwei Treffen, ihre Reserve bei Nusle, hart am südlichen Ende Prags.

Die Schlacht bei Prag.
(den 6ten Mai 1757.)

Browne hatte mit besserer Kenntniß seines Gegners den nunmehrigen Befehlshaber des Oestreichischen Heeres Prinz Carl von Lothringen vergeblich vor Friedrich gewarnt. Im Vertrauen auf eine zur Linken und in der Mitte unangreifbare Stellung, ohne Kenntniß der Heervereinigung Schwerins und Friedrichs, waren seine Reiter am 6ten früh wie gewöhnlich auf Fouragirung ausgesendet; die Infanterie lagerte in zuversichtlicher Sorglosigkeit und bereitete sich ihre Nahrung.

Das Terrain war ihnen bis dahin an keinem Orte günstiger gewesen. Ein im tiefen Grunde zwischen steilen Höhen fließender Bach, dessen Ufer oberwärts mit Holz bestanden und sumpfig sind, deckte ihre Front; ihre Linke war von den Prager Festungswerken und vom Ziskaberge beschützt; überdem ist auf dieser Seite das, bei seiner Ausmündung breitere Thalbett durch Hohlwege durchkreuzt, in welchem größere Truppenmassen unmöglich sich entwickeln können.

Nur auf dem rechten Oestreichischen Flügel fällt von Maleschitz nach Sterboholi und Keyge hin das Terrain sanft ab, ist aber von einem andern Bache mit sumpfigen Ufern begränzt. Dieser zweite und ein dritter, dem zweiten parallel laufender Bach erhält gewöhnlich sein Wasser aus einer Anzahl Strichteiche, welche aber zur Zeit entwässert waren und in deren schlammigen und weichen Boden man Hafer gesäet hatte.

Eine Stunde lang verweilte Friedrich mit Schwerin und Winterfeld und mit dem Obristlieutenant von Oelsnitz, dem Hauptmann von Platen und dem Generaladjutanten Schwerins, Graf Schwerin, dessen Bericht vor uns liegt, auf der Anhöhe von Prosik, um die Oestreicher zu beobachten und die Art des Angriffs zu berathen. „Obgleich," — sagt Graf Schwerin — 200 Schritt vor des Feindes Spitze die Höhen abhängig und jäh herunter liefen, daß solche gerade auf von keiner Reiterei und keinem schweren Geschütz zu besteigen waren und zu uns herauf die Höhen gleicher Gestalt gingen, so waren Se. Königliche Majestät ohnerachtet dieser Anhöhen dennoch Willens, den Feind von vorne anzugreifen. Der Feldmarschall stellte aber dagegen die sehr beschwerliche Gegend, den bereits gethanen Marsch und die gar feste Stellung des Feindes, welcher seine Anhöhen die Länge hinauf mit Geschütz bespickt hatte, zu bedenken vor. Der König wurde dergestalt überzeugt, daß er dem Feldmarschall auf dessen Ansuchen die Freiheit gab, irgendwo einen anderen und bequemeren Platz zum Angriff auszusuchen. Der Feldmarschall jagte daher mit verhängtem Zügel bis gegen den feindlichen rechten Flügel, woselbst sich das Erdreich von beiden Seiten abflachte, und entdeckte auf der Seite des feindlichen rechten Flügels bei dem Dorfe Müsitz (?) eine Ebene, anscheinend Wiesengrund, auf welcher die Infanterie vorrücken konnte, während die Artillerie und Cavallerie auf den Dämmen sich hindurchzog."

Augenblicklich — es war gegen neun Uhr früh — ließ Friedrich sein Heer in drei Colonnen links abmarschiren; der Train fuhr bei Gbell in eine Wagenburg zusammen, die Artillerie wurde vertheilt und des Königs linker Flügel besonders mit 20 Zwölfpfündern und einigen Haubitzen verstärkt.

Noch bemerkten die Oestreicher die Bewegung der Preußen nicht und ihre Colonnen waren bereits bis Unter-Potschernitz vorgedrungen, zwei Regimenter Preußischer Cürassier hatten schon die Dämme hinter sich und formirten sich in Schwadronen, als zuerst Browne auf dem rechten Flügel aufmerksam wurde. Schnell ließ er die Reiterei unter Luchesi gegen Hostiwarz aufbrechen, die Infanterie seines Flügels rechts abmarschieren und machte nun gegen Hostawitz Front, von wo die Preußen einbrechen wollten. Carl von Lothringen entsendete gleichfalls im Trabe die Cavalleriedivision des linken Flügels unter dem Prinzen Hohenzollern, daß sie das dritte Treffen der Reiterei des rechten Flügels bilde; die sämmtlichen Grenadiercompagnieen der Regimenter, früher zur Reserve bestimmt, mußten die Lücke zwischen Fußvolk und Reiterei ausfüllen und auf der Höhe des Homoly wurde eine starke Batterie zusammengefahren. So erwartete man den Feind.

Gegen zehn Uhr waren die Preußischen Colonnen, die erste durch Unter-Potschernitz, die zweite links neben dem Dorfe durch die morastigen Wiesen gegangen. Ihr Geschütz blieb theils zurück, theils dirigirte man dasselbe durch die Dorfstraße. Ein Theil der Cavallerie ging noch weiter links durch Blechowitz. Der rechte Flügel der Preußen marschirte gegen Keyge und stellte sich auf der Höhe auf, welche bei Hloupetin die Gegend beherrscht. Nun ordnete Schwerin, als dessen erstes Treffen kaum durch das Defilee gerückt war, mit den Worten: „frische Eier, gute Eier!" die er Friedrich zurief, den Angriff gegen die Oestreicher an; Prinz Schönaich mußte mit den Cürassieren, um nicht in die Flanke genommen zu werden und um eine fernere Entwickelung der östreichischen Truppen zu verhindern, wider dieselben losbrechen. Zweimal mißlang den Preußen der Angriff; — als aber nun aus dem zweiten Treffen die Regimenter Stechow-Dragoner unter ihrem löwenkühnen Obrist Winterfeld und Ziethens und Puttkammers Husaren zum dritten Male den Angriff erneuerten, schlugen sie nicht allein die feindliche Reiterei dieses Flügels gänzlich in die Flucht, sondern die weichenden Truppen brachten auch einen Theil ihrer Grenadiere in Unordnung und rissen sie in Verwirrung vom Schlachtfelde mit sich fort.

Ein entsetzlicher Staub hatte bei diesem dreimaligen Angriff die Kämpfenden eingehüllt und eine solche Verwirrung herbeigeführt, daß selbst zwei Preußische Regimenter einander attaquirten. Vergebens suchte Prinz Carl von Lothringen seine geschlagenen

Truppen wieder zu sammeln; der Knäuel der Fliehenden riß ihn mit fort und die Gemüthsaufregung, sowie körperliche Anstrengung brachen seine Körperkräfte bis zu einem Grade, daß er bewußtlos vom Pferde sank. — Vom Brustkrampf befallen, dem Tode nahe, trugen ihn die Seinigen nach Ruēle hinein, wo man ihm eine Ader öffnete. Auch von hieraus wurden sie durch die siegreich eindringenden Preußenreiter verscheucht und erst als Alles verloren war, erlaubte dem Prinzen sein körperlicher Zustand, das Schlachtfeld wieder aufzusuchen.

Unterdessen waren die ersten 8 Bataillons des linken preußischen Flügels — die Grenadierbataillons Kahlden, Möllendorf, Oesterreich, Waldow und die Regimenter Schwerin, Fouquet und Kreizen — über eine Wiese dem Feinde entgegengerückt. Sie hatten mit den größten Schwierigkeiten zu kämpfen gehabt, bevor sie an den Feind gelangen konnten, indem sie bald in Schlamm und Morast bis an die Knie versinkend, bald auf schmalen Dämmen und auf kaum drei Fuß breiten Stegen vorwärts zogen; keine Compagnie marschierte in geschlossenen Gliedern, bis sie vor Sterboholl festeren Fuß faßten nnd sich auf der Ebene formiren konnten. Es galt noch, daß sie einen engen Weg passirten und noch eine kleine Distanz durchschritten, um sich der avancirenden Armee anzuschließen. Sie hatten von Schwerin und dem sie führenden Winterfeld den Befehl, rasch vorwärts zu bringen und nicht zu feuern, und muthig folgten sie ihrem Führer. Siehe, da empfängt sie, sowie sich die ersten Grenadiere aus dem Eingange des Hohlweges auf dem glacisartigen Terrain blicken ließen, ein furchtbares Kartätschenfeuer, das Reihe auf Reihe der anstrebenden Preußen niedermähet. — Anfangs drangen die muthigen Grenadiere immer wieder hervor; als aber Winterfeld vor dem Schwerin'schen Regiment verwundet vom Pferde sank und das Feuer immer heftiger ward, wendeten sie sich in Verwirrung und gingen zurück. „Als ich — erzählt Herr von Winterfeld in seinem eigenhändigen Berichte — mich nach einigen Minuten wieder ermunterte und den Kopf in die Höhe hob, fand ich niemanden von unsern Leuthen mehr um und neben mir, sondern bereits alles hinter mir mit Hoch Anschlagen auf der Retraite. Die feindlichen Grenadiers waren ohngefähr achtzig Schritt von mir blieben aber halten und traueten sich nicht uns zu folgen. Ich raffte mich denn so geschwinde, als es meine

Mattigkeit nur zulaſſen wollte auf, holte auch unſern confuſen Klumpen wieder ein. Konte aber weder durch Bitten noch Drohen einen einzigen Mann bewegen, der einmahl ſein Geſicht nach dem Feinde gedrehet, noch weniger aber halt gemacht hätte. In dieſem embarras fand mich der ſeelige Feld-Marſchall und daß mir das Blut Strohmweiſe den Hals herunter floß. Weil ich nun zu Fuß und niemand von meinen Leuten bei mir war, ſo ließ er mir ſein Hand-Pferd, welches er noch übrig hatte, geben."

Die Oeſtreichiſchen Grenabiere verſuchten ſogar, die geſchlagenen Preußen zu verfolgen und der Feldmarſchall Browne war ſelbſt vorgeritten, um ſeine Truppen zum Siege zu führen. Da zerſchmettert ihm eine Kanonenkugel das rechte Bein, er ſinkt vom Pferde und wird vom Schlachtfelde, wie Carl von Lothringen, bewußtlos hinweggetragen. Dadurch war die Oeſtreichiſche Armee den größten Theil der Schlacht hindurch ohne Oberkommando, es fehlte an Ordnung und Uebereinſtimmung des Handelns, und die Diviſionsgenerale kämpften ohne Zuſammenhang fort.

Der 74jährige Schwerin, beſeelt vom jugendlichen Heldenfeuer, ſieht zu ſeiner Kränkung das eigene Regiment weichen, ruft es an und bringt es zum Stehen. „Heran, meine Kinder!" mit dieſen Worten nimmt er dem Statscapitain von Rohr die Fahne aus der Hand, welche dieſer einem Fahnenjunker abgenommen hatte, um die Truppen zu ſammeln; — und die tapfern Preußen, der gewohnten Stimme ihres geliebten Führers gehorſam, ſind bereit ihm zu folgen. Doch kaum iſt das Bataillon auf dem Kampfplatz geordnet und zum neuen Sturm bereit, kaum hat Schwerin, die Fahne in der Hand, zwölf Schritte vorwärts gethan, da ſtürzt er lautlos von fünf Kugeln, drei im Unterleib, eine im Herzen und eine im Nacken, durchbohrt vom Pferde und die ſinkende Fahne verhüllt die gebrochenen Augen des Helden. General von Manteuffel bückt ſich, um die Fahne wieder aufzuheben, und reicht dieſe dem nächſtſtehenden Fahnenjunker. Kaum trägt aber dieſer das Panier des Sieges, als auch ihn eine Kanonenkugel zerſchmettert. Schon bluten die meiſten Führer, viele ſind getödtet; — die wankenden Heerſäulen der Preußiſchen Macht ſcheinen nicht kräftig genug und drohen zu ſtürzen. Von Neuem weichen die Truppen vor den Oeſtreichern, welche mit dem Säbel in der Hand ihren Sieg verfolgen wollen; — zwölf Feldgeſchütze und mehre Fahnen fallen ihnen zu kurzem Beſitz in die Hände.

Da setzt sich Friedrich selbst an die Spitze des linken Flügels. Sein zweites Treffen — 14 Bataillons stark — hat sich neu formirt; von der Höhe von Unter-Potschernitz donnern 16 schwere Geschütze und Haubitzen den Oestreichern entgegen; die Preußische Mitte ist ungehindert vorgedrungen und bedroht die linke Flanke des östreichischen rechten Flügels und da nun dieser seine eigene Cavallerie entfliehen sieht, kehrt er schleunig um, kann sich vor den tapfer nachdrängenden Preußen selbst auf dem alten Standpunkt nicht behaupten und flüchtet der geschlagenen Cavallerie nach. Die Heftigkeit des Preußischen Angriffs, wie er hier sich kund gab, war unvergleichlich. Durch den Fall Schwerins waren seine Schaaren von Wuth entflammt; die Brigadeführer stiegen ab und führten ihre Helden zu Fuße dem Feinde entgegen; Niemand konnte ihnen widerstehen.

Der Herzog von Bevern hatte aber gleichzeitig das Défilée von Hostawitz passirt und rückte, nachdem er die Oestreicher im blutigsten Handgemenge zurückgetrieben hatte, gegen Malleschitz an, eroberte hinter diesem Dorfe eine Batterie, die aber, während er die Truppen Lestwitz und Hautcharmois', auf seiner Linken zu erneutem Kampfe antrieb, seine Krieger unterdessen vor den, unter Königsegg streitenden Oestreichern verlassen mußten.

Noch Kühneres führte der Preußische rechte Flügel aus. Hier standen Prinz Ferdinand von Braunschweig, Prinz Heinrich, Wied, Manstein, Prinz Franz von Braunschweig, Kanacker und Ingersleben. Die tapfersten Regimenter des Heeres, schon oft genannt, Wedel, Fink, Canitz Grenadiere, Itzenplitz und Manteuffel — von Lowositz her berühmt — Winterfeld und Anhalt brannten vor Begierde, sich auszuzeichnen. —

Durch den Angriff des Oestreichischen rechten Flügels auf den Preuß. linken war in ihrer Schlachtordnung eine Lücke entstanden, in welche der König sogleich mit seinem rechten Flügel eindrang. Während Prinz Ferdinand die Hauptschanze auf der Höhe bei Hloupetin erstürmte und den Bergrücken entlang bis nach Hrtlorzes den fliehenden Feind verfolgte, sodann mit neu anrückenden Brigaden einen hitzigen Strauß siegreich bestand, ging Prinz Heinrich durch Keyge wider drei verschanzte Oestreichische Divisionen, die hier im Vortheile des Terrains und unterstützt von einer großen

Geschützübermacht sich behaupten wollten. Allein Generallieutenant von Manstein mit den Grenadieren Wedel, Fink und Canitz und den Regimentern Itzenblitz und Manteuffel ließ sich durch kein Hinderniß abschrecken. Im heftigsten Kugelregen schritten diese Helden mit gefälltem Gewehr gegen die verschanzten Feinde die Höhen hinan, und erst als sie das Weiße im Auge derselben erkennen konnten, bedienten sie sich ihrer Feuerwaffen und dann mit solcher Wirksamkeit, daß jene augenblicklich wichen. Sieben Schanzen wurden hier und jede in blutigem Kampfe erstürmt, und als das Regiment Itzenblitz beim Verfolgen des Feindes an einem sumpfigen breiten Graben stutzte und den Uebergang auf Stangen und Stegen versuchen wollte, sprang Prinz Heinrich, sein Pferd Preis gebend, zuerst mit den Worten: „Bursche, folgt mir!" in den Graben und augenblicklich durchwatete mit ihm das tapfere Regiment den Sumpfbach und verfolgte die Siegesbahn in durchnäßten Kleidern. Jene Schanze auf der Höhe bei Hloupetin kostete dem stürmenden Regimente Winterfeld 1000 Mann, welche die Kugelsaat mähete; dennoch wollte die zusammengeschmolzene Schaar von dem Sturme nicht lassen. „Kameraden!" — riefen da die Grenadiere Prinz Moritz und Manteuffel, welchen die Blutarbeit mit übertragen war, — haltet ein! lasset uns auch heran! Ihr habt schon Ehre genug!" und auch sie bedeckten bald den vom Blute gerötheten Wahlplatz, bis endlich die Brigade des Prinzen Heinrich die Schanze eroberte.

Nun trieb das Flankenfeuer der eroberten Batterie die Oestreichischen Schaaren auch aus dieser Position, Herzog Bevern konnte die Schanze bei Malleschitz zum zweiten Male nehmen und der Widerstand der zurückweichenden Oestreicher wurde schwächer. Viermal versuchte Königsegg sich zu setzen; jede neue Anhöhe bot ihm Gelegenheit, eine neue Schlachtlinie zu bilden. Aber die Preußen ermüdeten nicht im Angriff, bis jenen weder ein Stützpunkt, noch die Möglichkeit blieb, anderswo, als in Prag Schutz zu suchen.

Noch aber standen 17 Bataillons, 17 Grenadiercompagnien, und 20 Escadrons Oestreicher, der linke Flügel ihres Heeres, auf der alten Stelle am Ziskaberge ohne einen Schuß gethan oder einen Säbel gezogen zu haben. Diese versuchten jetzt, gegen die anrückenden Preußen Front zu machen; ein Cavallerieangriff, wenn auch nicht ohne blutige Opfer, gab der Infanterie Zeit, sich vor Wolschau

in mehren Linien aufzustellen. Da bricht das Preußische Cürassier-
regiment von Schönaich von Malleschitz vor und ist eben im
Begriff auf die Feinde einzustürzen, als durch einen unerklärlichen Zufall
von der Preußischen Infanterie auf dasselbe Feuer gegeben wird. Noch
bevor die dadurch entstandene Verwirrung gehoben ist, ist der günstige Augenblick eines vortheilhaften Angriffs vorüber, und die
Oestreicher können mit schwächerem Verluste, als sie sonst gehabt
haben würden, sich nach Prag hinein werfen. Ihr überflügelter
linker Heerhaufe fluthet nun, wie der übrige Troß, in greulicher Verwirrung in die Thore, welche nicht groß genug sind, um die sich
drängenden Haufen einzulassen, während der geschlagene rechte Flügel zum Theil nach Beneschau zu entkommt. Weinberge und
Gärten verhindern die Verfolgung; die Reiterei des Preußischen
rechten Flügels konnte wegen Terrainhinderniß nicht zeitig genug zur
Stelle, die des linken Flügels, berauscht im eroberten Lager der
Oestreicher und vor den Stückfässern der Marketender, ist kampfunfähig. Ziethen versichert seinem Könige, daß er nicht über hundert nüchterne Husaren disponiren könne; — diese hatten ihren
siegreichen Angriff, durch welchen der erste Erfolg erkämpft war, nach
Soldatenmanier gefeiert.

Um drei Uhr Nachmittags war die blutige Schlacht zu Ende,
und Friedrichs Heer dehnte sich vom Ziskaberge gegen Michle
bis nach Branik an der Moldau oberhalb Prag, diese Stadt eng-
umschließend, siegreich aus. Und noch bedeutender wäre der Erfolg
gewesen, wenn Fürst Moritz vom Keithschen Heere am linken
Moldauufer im Stande gewesen wäre, wie's von Friedrich angeordnet war, bei Klein-Kuchel eine Brücke zu schlagen, oder auch nur
mit der Reiterei den Fluß zu passiren, um dem geschlagenen
Feinde in den Rücken zu fallen. So aber mußte sich Keith begnügen, durch angemessene Aufstellung seiner Truppen das Ent-
weichen der Oestreicher aus Prag aufs linke Moldauufer zu verhindern. — Hier wars auch, wo Seydlitz, damals noch Obrist und
Commandeur des von Rochowschen Cürassierregiments, beinahe
sein Leben in der Moldau eingebüßt hätte, als er, um sich von der
Unmöglichkeit, den Fluß zu passiren, zu überzeugen, mit dem Pferde
bis an den Pistolenhalfter in den Triebsand gerieth. Nur mit
Lebensgefahr wurde er von seinen Leuten, die den jungen 36jähri-
gen Führer anbeteten, gerettet, und dadurch dem Vaterlande eine

der festesten Stützen, dem Heere eine der edelsten Zierden erhalten. —

Große Erfolge schienen sich an diese Schlacht knüpfen zu müssen; — die Preußen durften sich nach solchem Siege noch Größeres versprechen, zumal wenn der übrige Theil des Feldzugsplanes in gleicher Weise zur Ausführung kommen konnte. Die Oestreicher hatten nach Friedrichs Angaben mit den Gefangenen an 24000 Mann, nach dem Berichte des Preußischen Generalstabes 12912 Mann und 412 Offiziere verloren. In der Schlacht war General Peroni geblieben; Feldmarschall Browne starb in Prags Mauern den 25sten Juni an seinen Wunden; auch der Feldmarschalllieutenant Clerici wurde am Taborberge, wo Peroni blieb, beim Ausgange der Schlacht verwundet. Viele Pontons, die Bagage und Zelte des Heeres, 71 Standarten und 33 Geschütze — nach Friedrichs Angabe 60 Stück — fielen den Siegern in die Hände. — Der kurze Feldzug hatte jede Rüstung der Oestreicher, ihr Heer, ihre Waffnung, ihre Magazine gekostet und ein geschlagenes muthloses Heer von 40,000 Mann in eine volkreiche, mit Lebensunterhalt nicht überreich versehene Stadt gesperrt, hatte halb Böhmen den Preußen in die Hände geliefert, den erfahrensten ihrer Feldherrn auf das Todbette gestreckt und überdem Eifersucht und Zwiespalt unter die Führer gesäet, von denen Einer den Andern mit der Schuld solch Unglücks belasten wollte.

Doch auch der Preußische Verlust war höchst ansehnlich und steht dem Oestreichischen an Zahl nur um ein Geringes nach, während er an Bedeutung ihn weit übertrifft. Friedrich klagt: „Der Verlust der Preußen belief sich auf 18000 Mann, (nach dem Berichte des Preußischen Generalstabs 12169 Mann und 340 Offiziere) ohne den Feldmarschall Schwerin, welcher allein 10,000 werth war. Sein Tod machte die Lorbeern welk, die mit zu kostbarem Blute erkauft waren — An diesem Tage fielen die Säulen der Preußischen Infanterie." — Wer könnte aber die Namen der Helden zählen, welche hier den Tod fürs Vaterland gestorben sind oder todesmuthig ihr Blut vergossen haben? Von der großen Zahl mögen denn hier nur die Namen der wichtigsten stehen, deren Verlust das Vaterland am empfindlichsten traf: 1. Curt Christoph, Graf von Schwerin, der Lehrer Friedrichs aus Eugens und Marlboroughs Schule, seit 1720 in Preußischen und früher in Holländischen und Meklenburgischen Diensten, ein großer Feldherr, liebreich gegen die Soldaten, „seine Kinder," und darum weit über seinen Tod hinaus in Volksliedern und Volksbüchern gefeiert. Noch heute singen die Preußischen Soldaten alte, ererbte Kriegslieder, worin Schwerins Name klingt: „Schwerin, Schwerin, er ist gestorben, todt!" — und Gleims Siegeslied singt von ihm: —

    „Weh! unser Vater ist nicht mehr; —
Jedoch er starb als Held
Und sieht nun unser Siegesheer
Vom hohen Sternenzelt.

    Er ging voran, der edle Greis,
Mit Gott fürs Vaterland; —
Sein altes Haupt war kaum so weiß,
Als tapfer seine Hand.

    Mit jugendlicher Heldenkraft
Ergriff sie eine Fahn',
Hielt sie empor an ihrem Schaft,
Daß wir sie Alle sahn,

    Und sagte: „Kinder, Berg hinan
Auf Schanzen und Geschütz!"
Wir folgten alle Mann für Mann
Geschwinder, als der Blitz!

    Ach, aber unser Vater fiel,
Die Fahne sank auf ihn.
Ha, welch' glorreiches Lebensziel,
Glückseliger Schwerin! —

    Dein Friedrich hat Dich beweint,
Indem er uns gebot.
Wir aber stürzten auf den Feind,
Zu rächen Deinen Tod! — 2c.

Auch Kaiser Joseph ehrte sein Andenken. Auf dem Platze, wo er den Heldentod gestorben, gaben fünf Grenadier-Bataillons unter General Nugent am 7ten September 1776 ihm mit Feldstücken und aus kleinem Gewehr eine dreimalige Ehrensalve und dreimal entblößte der hochherzige Kaiser vor dem, der als Bekämpfer seines Hauses gestorben, das Haupt. Sein marmornes Standbild, von Friedrich errichtet, ziert Berlin. 2) Der Generalmajor Georg

Friedrich von Amstel, seit 1707 im Preußischen Kriegsdienst, am Rhein, in den Niederlanden, Pommern, Schlesien und Böhmen ein tapferer Streiter gegen die Feinde seines Vaterlandes; — 3) Heinrich Carl Ludw. von Herault, Ritter und Herr von Hautcharmoy, Generallieutenant und Ritter des schwarzen Adlerordens, ein vorzüglicher Ingenieur, sprachenkundig und gelehrt, aber ebenso tapfer und ehrenhaft als Krieger, welchem der Schenkel zerschmettert wurde, starb nach fünfzigjährigen Kriegsdiensten im Margarethenkloster vor Prag an den empfangenen Wunden. 4) Der Generalmajor Emanuel von Schöning, seit 1705 in den Schlachten von Cassano, Calcinato, Turin, Malplaquet, Chotusitz, Hohenfriedberg, Sorr, Kesselsdorf und Reichenberg siegreich, bei Kesselsdorf verwundet, — sein Rock wurde hier 14mal durchlöchert — vor Prag mit zerbrochenem Fuße kämpfend, verblutete, als ihm der zerschossene Fuß abgenommen war. 5) Christian Friedrich von Blankensee, Generalmajor, der zweite Sohn des bei Sorr getödteten Generals v. Blankensee, von Friedrich wegen seiner Einsicht und Tapferkeit aus Hauptmannsrang zum Obristlieutenant und Regimentscommandeur erhoben, wurde durch den Fuß geschossen und starb am 27sten Mai in Margarethenkloster; 6) der Obrist Friedrich Wilhelm Herzog von Holstein-Beck starb den Heldentod im 32sten Lebensjahre auf dem Schlachtfelde; 7) der Obrist George Friedrich von Manstein stürzte von drei Kartätschenkugeln in den Leib getroffen, beim Sturm der Schanzen und verblutete; 8) der riesige Obrist Andreas Wilhelm von Rohe, ein Ueberbleibsel des Potsdamschen Leibregiments Friedrich Wilhelms, blieb, als er das Regiment von Lestwitz auf dem linken Flügel mit Schwerin in den Kampf führte; 9) der Obrist Balthasar Friedrich, Freiherr von Goltz, ein Liebling Friedrichs und oft in seiner Nähe, obgleich dreimal verwundet, wollte den Kampfplatz nicht verlassen, da trafen ihn in Schwerins Nähe drei Kartätschen und tödteten ihn auf der Stelle; 10) der Obrist Seyfart Ernst von Maltitz, Commandeur des Kleistschen Regiments zu Fuß; 11) der Obrist Christian Friedrich von Sydow vom Regiment Anhalt-Dessau; 12) der tapfere Commandeur des Stechowschen Dragoner-Regiments, Obrist Georg Friedrich von Winterfeld, welcher den Sieg über die feindliche Cavallerie besonders zur Entscheidung gebracht hatte; 13) Der Obrist des Alt-Schwerinschen Regiments, Jobst Friedrich

von Löben — sie alle starben kurz nach der Schlacht an den tödt=
lichen Wunden. — Ein Schlachtbericht zählt 46 Stabs= und andere
Offiziere, welche in der Schlacht selbst geblieben sind.

Außerdem wurden die General=Lieutenants von Fouquet und
von Winterfeld, und der General=Major von Plettenberg,
so wie viele Stabsoffiziere schwer verwundet. — Wahrlich, das war
kostbares Blut, und Friedrich klagt, daß dieser blutige und grau=
same Krieg es zu ersetzen nicht Zeit gewährt habe. —

Die bedrängten Oestreicher hockten nun 40,000 Mann stark in
der Hauptstadt Böhmens, während Friedrich sich vor den Thoren
anschickte, — nach Napoleons Ausdruck — einen der kühnsten
und ungeheuersten Gedanken der neueren Zeit in Ausführung zu
bringen. Erst durch die Aufforderung, Prag zu übergeben, welche
er am Schlachtabende durch den General Krockow hineinsendete,
erfuhr er die Truppenstärke der Oestreicher in Prag, und nun än=
derte er den ursprünglichen Feldzugsplan und gedachte, die Scenen
des Pirnaer Lagers zu wiederholen, durch Hunger das Heer des
Lothringers zur Uebergabe zu zwingen und dann, die letzten Trup=
pen der Kaiserinn im Vordringen vernichtend, auf den Wällen
Wiens den Frieden zu dictiren, noch bevor die übrigen Feinde ihre
Rüstungen beendigt haben würden. Schnell umzingelten daher seine
Truppen in einer drei Meilen langen Linie auf beiden Moldauufern
die stark befestigte Stadt, auf dem linken Ufer vertheilte Keith, auf
dem rechten er selbst die Truppen an die geeigneten Punkte, um
jeden Durchbruch unmöglich zu machen oder wenigstens zu er=
schweren; sowohl oberhalb bei Barnick, als unterhalb bei Pobbaba
mußten zwei Pontonbrücken die Communikation erhalten und an 48
Schanzen wuchsen aus der Erde empor und umkränzten die geäng=
stigte Stadt, welche bald alle Schrecknisse des Krieges, wie in den
vergangenen Feldzügen, erdulden sollte. Am 9ten Mai erstürmten
1000 tapfere Preußen unter Anführung des Obrist von Strans
den Ziskaberg, der, kaum 1000 Schritt von den Werken der Stadt
entfernt, eine ziemlich leichte Beute der Preußen ward, obgleich
Strans selbst den Ruhm dieser Waffenthat mit seinem Leben be=
zahlte. Aber so groß war die Unentschlossenheit der Führer und die

Muthlosigkeit der Oestreichischen Truppen, daß diese 44,000 Mann Infanterie, 4000 Mann Cavallerie und 1400 Artilleristen, mit Kriegsmunition und Waffen hinreichend versehen, von 53,000 Preußen sich Wochen lang eng blokiren und einsperren ließen, daß sie keinen von den günstigen Umständen benutzten, um dem Loose der Kriegsgefangenschaft zu entgehen, und niemals sich durchzuschlagen, sondern nur sich durchzuschleichen einigemal den Gedanken hegten. Es gehörte das Selbstvertrauen eines Friedrich, aber auch die genaue Würdigung solcher Gegner dazu, um so Kühnes zu wollen, und hätten nicht die gewonnenen Schlachten sein Selbstvertrauen zu sehr gesteigert, so daß er glaubte, gegen jede Uebermacht auf dem ungünstigsten Terrain siegreich fechten zu können, hätte er sich nicht durch solche Ueberschätzung seiner Kräfte zu maßloser Unvorsichtigkeit und allzukühnem Angriffe verleiten lassen; so würde ihm der günstige Erfolg schnell den Frieden gesichert, würde die Bezwingung Oestreichs die Schreier im deutschen Reiche eingeschüchtert, würde endlich ein solcher Ausgang alle anderen Kraftanstrengungen seiner Gegner gelähmt haben. — Allein eine verlorene Schlacht sollte ihm bald den Preis des Feldzugs entreißen, seiner frohlockenden Widersacher Muth sollte dadurch neu belebt werden, und zum ersten Male sollte die Welt erfahren, daß auch die Preußenhelden unterliegen, daß auch Friedrich besiegt werden könne, — Sporn genug, um die Anstrengungen und Rüstungen wider ihn zu verdoppeln und zu verdreifachen! — —

Die Blokade von Prag dauerte vom 7ten Mai bis zum 20sten Juni, wo Friedrich nach dem Verluste der Schlacht von Kollin unverrichteter Sache abzuziehen gezwungen ward. Anfangs war der König ohne Belagerungsgeschütz; die Communication zwischen den Preußischen Truppentheilen war unvollständig und gehemmt; — es wäre ein Leichtes gewesen, irgendwo durchzubrechen und sich mit dem nach Böhmisch-Brod vorgerückten Daun, welcher Serbellonis Corps nun befehligte, zu vereinigen. Einige Mal machte man wirklich hierzu Anstalt; am 14ten und 19ten Mai Nachts beunruhigte man die Preußischen Posten. Da man sie aber wachsam und auf der Hut fand, so gab man sogleich jeden ernstlichen Angriff auf, und die geringste Bewegung im Preußischen Lager scheuchte die verzagten Oestreicher in die Stadt zurück, weil man den Angriffsplan verrathen glaubte. Endlich am 17ten Mai langte das Preußische Belagerungsgeschütz, doch nur unzureichend ausgerüstet, vor Prag an, und die Vorbereitungen wurden getroffen, um die Stadt durch ein heftiges Bombardement zur Uebergabe zu zwingen, oder wenigstens durch Feuer und Brand, welche die Vorräthe verzehren möchten, die Hungersnoth der Belagerten zu beschleunigen. Jetzt regte sich Carl ernstlicher, um in der Nacht vom 23sten zum 24sten Mai auszubrechen. Doch ein Ueberläufer hatte diesmal den Preußen ihre Absicht wirklich verrathen, und sie waren wohl gerüstet, als um zehn Uhr Abends 12,000 Oestreicher aus der kleinen Seite von Prag gegen den linken Flügel des Kleistschen Corps heranrückten. Die Dunkelheit der Nacht, in der ihre Angriffe wider die Preußischen Redouten ohne Uebereinstimmung geschahen, noch mehr die verkehrten Maßregeln, daß z. B. die Soldaten, welche in den Gärten Mauern zu erklettern hatten, nicht mit Sturmleitern versehen waren, die Verwirrung, in welcher die Oestreichischen Grenadiere auf ihre eigenen Truppen Feuer gaben und Granaten, statt bis unter die Preußen, unter die stürmenden Croaten warfen, endlich die Tapferkeit und Geistesgegenwart der Preußen vereitelte auch diesen Versuch und nach vierstündigem Nachtkampf mußten die Belagerten mit einem Verlust von 1000 Todten und 1000 Verwundeten in die Stadt zurück ziehen. Ein Bataillon des Regiments Prinz Ferdinand von Preußen schlug dreimal den Sturm der Uebermacht gegen die von ihm besetzte Redoute heldenmüthig ab; schon blutete von Priegnitz, der Führer des Bataillons, aus dem zerschossenen Arme, Prinz Ferdinand selbst war am Kinnbacken verwundet, ohne den Platz zu verlassen, und sein Pferd ihm unter dem Leibe erschossen; — aber die tapfern Preußen, hier am härtesten bedrängt, hielten Stand und bewährten ihren Ruhm. Der Hauptmann von Rhobig erwarb sich hier durch Geistesgegenwart und Tapferkeit den Verdienstorden, als er mit einer schwachen Schaar muthig und siegreich dem Feinde in die Flanke fiel und durch Geräusch, Scheincommandos und Pelotonfeuer ihm die Meinung beibrachte, es greife ihn ein starkes Corps an. Dies war noch nicht der letzte Versuch der Oestreicher, sich aus der Stadt zu retten, und bei größerer Umsicht wäre ihnen der letzte wohl gelungen. Am 29sten Mai hatte man endlich Preußischer Seits alle Vorbereitungen zum Bombardement beendigt, gerade als ein schreckliches Wetter furchtbare Drangsale über Belagerer und Belagerte brachte. Unaufhörlicher Regen und

oberhalb Prag ein Wolkenbruch, welche das Gewitter begleiteten, ließen die Moldau zu solcher Höhe anwachsen, daß sie hundert Schritt weit aus ihren Ufern trat, das Lager der Preußen überströmte und ihre Bagage fortriß. Oestreichische Berichte lassen es zweifelhaft, ob nicht zu dieser Ueberschwemmung der angeblich auf Befehl des Prinzen Carl geschehene Durchstich der Dämme an den großen Rosenberger Teichen bei Budweis viel beigetragen habe; jedoch verdächtigt die Unthätigkeit Carls diese Aussage der Oestreichischen militairischen Zeitschrift, wie denn die Wasserfluth den Pragern nicht geringeren Schaden zufügte, als den Preußen; — jenen durch das Einströmen des Wassers in ihre Magazine und Keller, in welchen der Proviant verdarb, diesen durch das Zerreißen der beiden Pontonbrücken. Jetzt, als die von Barnick herabschwimmenden Pontons, Balken und Bretter den Oestreichern verriethen, daß die Communication der auf beiden Ufern der Moldau vertheilten Preußischen Armee gänzlich gestört sei, deren Wiederherstellung erst in vier Tagen möglich wurde, und da das Ungemach der Ueberschwemmung, welches die Belagerer erduldeten, den Belagerten leichtes Spiel geben mußte, wäre der Augenblick gewesen, wo wohl ein Durchbruch Carls gelingen konnte. Zunächst beschäftigte aber die Belagerten die Rettung des vom Wasser gefährdeten Proviants, und bald auch häufte Friedrich durch das eröffnete Bombardement die Arbeit derselben in dem Grade, daß ihr Versuch sich verzögerte und unwirksam blieb. Schon um Mitternacht, kaum nachdem der Donner der Wetterwolken aufgehört hatte, gab eine aufsteigende Rakete den Preußen das Zeichen, das Feuer zu beginnen. Eine erschreckliche Nacht brach über Prag herein. Noch jammerten die vom Wasser geängstigten Einwohner um den Verlust ihrer Vorräthe, als der Donner des Geschützes und die fliegenden Feuerkugeln sie mit neuen Drangsalen bedrohten. Vom Ziskaberge, von der Seite des neuen Thores, dem Wyssehrad gegenüber und von dem Strohhofe regneten in drei Stunden 300 Bomben und 800 Feuerkugeln in die Stadt, welche bald an verschiedenen Orten Feuersbrünste entzündeten. Hinter der Hauptkirche und am Hradschin schlugen die Flammen auf; man hörte das Jammergeschrei der aufgeschreckten Einwohner draußen im Lager der Preußen; wehrlose Menschen, Greise, Weiber und Kinder flüchteten aus den brennenden Häusern und wurden auf den Straßen durch die niederfallenden Bomben zerschmettert, oder irrten obbachlos, den Schrecknissen der Kriegsgreuel Preis gegeben, umher. Als es Tag wurde, sah man die Straßen mit Wagen und Troß bedeckt. Viele wollten die Stadt verlassen, in welcher der Tod vielgestaltig durch Seuchen, Hunger, Feuersbrunst, Wassersnoth und Kugelsaat das Leben der Einwohner bedrohte. Die Kirchen lagen voll Sterbender, auf den Straßen wehklagte das hungrige Volk, aller Orten schlug die Brandlohe gen Himmel, nirgends fanden die Flüchtenden Sicherheit vor den Kugeln, welche bald hier, bald da niederschlugen. — In der folgenden und in der dritten Nacht erneuerten sich die Angst- und Greuelscenen in ungleich höherem Grade. Durch die Gewalt des Feuers, welches in einzelnen Stadttheilen nun gar nicht mehr gelöscht werden konnte, waren ganze Straßen zu Schutthaufen verwüstet, die Neustadt, so wie die Judenstadt lagen völlig in Asche; 900 Häuser waren schon ein Raub der Flammen geworden. Vergebens flehte die hartgeprüfte Bürgerschaft den Feldherrn an, durch eine beschleunigte Capitulation ihre Leiden zu endigen; die Bedingung des freien Abzugs wollte Friedrich nicht, die, daß sie sechs Jahre gegen Preußen kampfunthätig blieben, mochten die Oestreicher nicht eingehen; — umsonst trieb man 12,000 hungrige, obbachlose Unglückliche aus der Stadt: — die Gewalt des unmenschlichen Krieges zwang Friedrich, den Menschenfreund, diese, der Verzweiflung Preisgegebenen zurück zu weisen, damit die gesteigerte Noth schleuniger seinen Feinden eine Capitulation abpresse. Nun erst am 2ten Juni in der Frühe wagten die Belagerten von zwei Seiten einen Ausfall. Der vom Wyssehrad aus mißlang gänzlich, besonders weil die Preußischen Batterien die Oestreicher in ihrer Flanke beschießen und schon die Aufstellung der Truppen dadurch unmöglich machen konnte; doch erkämpfte man auf der kleinen Seite einige Vortheile und erstürmte selbst einen Theil einer Redoute, in welcher man drei Kanonen erbeutete. Dem sterbenden Feldmarschall zur Freude war es sein Sohn, der Obrist von Browne, welcher hier durch Tapferkeit und umsichtige Maßregeln die einzigen Trophäen erkämpfte, wenn er auch gezwungen war, nach Prag zurück zu weichen.

Von nun an wagte Carl nichts mehr gegen die Preußen zu unternehmen, und obgleich die steigende Noth zu einem Ausfalle hätte anspornen sollen, blieb er doch, der Anweisung von Wien gemäß, um der Armee Dauns Zeit zu lassen, sich zu verstärken, die

übrige Zeit völlig unthätig. Wie natürlich steigerte sich das Elend
in der volkreichen Stadt außerordentlich. Zwar hatte man das
Hauptmagazin der Oestreicher nicht zerstören können; aber es fehlte
doch bald an den nothwendigsten Lebensbedürfnissen, und selbst das
Pferdefleisch fing an zu mangeln, als der Hunger diese Thiere zu
Hunderten tödtete. Nur die in Prag anwesende Generalität —
erzählt Archenholz und nach ihm Andere — empfand nichts von
den Wehen des Krieges. Sie wohnte gesichert hinter den dicken
Mauern, deren Fenster noch durch Bretter und Bollwerk verwahrt
waren, im Clementinum, dem Collegium der Jesuiten, und die wohl-
besetzten Tafeln, die geselligen Zerstreuungen und Spiele, selbst die kurz-
weiligen Ministrantendienste beim Messelesen, mit welchen sie die tödt-
liche Langeweile zu verscheuchen gesucht haben soll, mußte einen grellen
Contrast gegen den Hunger auf den Straßen, gegen die Erschöpfung
der abgematteten Wallbesatzung und gegen die Gebete der unglücklichen Einwohner bilden. Wir wären gern geneigt, dergleichen
Nachrichten als Erfindungen des Parteihasses anzusehen; doch
scheint Archenholz zu gut unterrichtet zu sein, indem er z. B.
des Erbprinzen von Modena namentlich Erwähnung thut, welcher
durch Mildthätigkeit und Herzensgüte gegen die Nothleidenden und
Verwundeten von den übrigen Generalen eine rühmliche Ausnahme
gemacht und sich die Segnung und Liebe aller Hilfsbedürftigen durch
werkthätige Religiosität mit Recht verdient habe, — eine Frömmig-
keit, welche sich von der Carls von Lothringen wesentlich unterschied; denn von diesem sagt man nur, daß er täglich die Messe
gehört und keine der äußern Religionssatzungen zu erfüllen verabsäumt habe.

Uebrigens wollen Anekdotenschreiber sogar wissen, daß man gleich
im Anfange der Blokade die Errettung der Stadt, welche bei der
Unaufmerksamkeit der in Bußübungen beschäftigten Besatzung einem
Sturm der Preußen ausgesetzt gewesen sei, nur der Wachsamkeit
eines gelehrten Mönches zu verdanken gehabt habe. Setzling,
ein gelehrter Mönch, soll von der Sternwarte aus die Bewegung
einer Preußischen Colonne gegen den nördlichen Stadttheil, namentlich gegen Belvedere und Buben, beobachtet und durch seine Anzeige die Vorkehrungen der Oestreicher gegen einen Ueberfall von
dieser Seite veranlaßt haben. Wenn von nichts Anderem, so zeugt
diese, von Archenholz ebenfalls aufgenommene Anekdote wenig-

stens von der beispiellosen Lässigkeit des entmuthigten Oestreichischen Heeres und giebt einen Maßstab für den Heldensinn der Preußen, welche es für möglich hielten, am hellen Tage eine mit 50,000 Feinden bewehrte Stadt durch einen Handstreich zu überrumpeln.

Der Verlust der Preußen während dieser erfolglosen Blokade war höchst unbedeutend. Nur zwei talentvolle Offiziere, der schon mehrmals, namentlich bei der Schlachtdarstellung von Lowositz erwähnte Obrist, General-Quartiermeister-Lieutenant und Flügeladjutant **Wilhelm Ludwig von der Oelsnitz**, welcher als Gefangener in Prag starb, und der Obrist und Flügeladjutant **Gottlieb Daniel von Bülow** waren allgemein vom Könige und der Armee beklagte Opfer derselben, weil sie wegen ihrer militairischen Talente zu den größten Hoffnungen berechtigten.

Unterdessen hatte der Obrist **von Mayr** mit seinem und dem von Kalbe'schen Freibataillon und zwei Schwadronen Szekelischen Husaren den süddeutschen Fürsten keine geringe Furcht eingejagt. Auf die Nachricht von der durch **Friedrichs** Heer gewonnenen Prager Schlacht, welche den Reichsheerbann fast aufgelöst, und die eingeschüchterten Regensburger Schreier beinahe auf **Friedrichs** Seite geführt hätte, folgte bald der Anblick Preußischer Völker, welche sich für den Vortrab eines 20,000 Mann starken Corps ausgaben. Hui, wie flüchteten vor ihm die geängstigten Diplomaten! — Der Kaiserliche Gesandte fühlte sich erst im Würzburgischen in Sicherheit, die übrigen stoben nach allen Himmelsgegenden auseinander; der Kurfürst **Max Joseph** von Baiern aber, welcher nicht allein auf die Maßregeln des Reichs wider **Friedrich** gedrungen, sondern auch seine Absicht ausgesprochen hatte, ein besonderes Hilfscorps zu den Oestreichern zu entsenden, protestirte gegen den Einmarsch Preußischer Völker in seine Lande. Der kühne von Mayr kehrte sich jedoch zunächst gar nicht daran, vielmehr fügte er, selbst als Anspach und Bamberg schon gegen die kühnen Parteigänger rüsteten, durch Brandschatzung, Recrutenaushebung, Brückenzerstörung und dergleichen dem feindlich gesinnten Lande den möglichsten Schaden zu, und hätte nicht bald der Verlust der Kolliner Schlacht den Angelegenheiten **Friedrichs** eine so üble Wendung gegeben, so würde der Anblick dieser geringen Mannschaft hingereicht haben, alle jene Beschlüsse der Oestreichischen Partei im deutschen Fürstenrathe zu vernichten und diejenigen an seinen

Triumphwagen zu spannen, welche bis dahin seinen Untergang am lautesten gewünscht und verkündigt hatten.

Bereits am 9ten Mai hatte Friedrich den General von Ziethen mit 43 Escadrons nach Böhmisch=Brod detaschirt, um Dauns Corps zu beobachten, und als es sich zur Fortsetzung der Blokade von Prag als nothwendig herausstellte, dem Oestreichischen Heere ein stärkeres Beobachtungscorps entgegenzustellen, war dem Herzog von Bevern der Befehl über ein solches übertragen, welches mit Inbegriff der Ziethenschen und Mansteinschen Truppenmacht 9 Bataillons und 85 Escadrons, — nach Gaudi 14,000, nach der Darstellung des Preußischen Generalstabs 5000 Mann Infanterie und 12,000 Reiter, — also 17,000 Mann stark war. Vor dieser schwachen Macht zog sich der zaudernde Daun mit einer Armee von 41,000 Mann bis hinter Kollin, ja bis Kuttenberg zurück und ließ nur 7000 Mann unter Nabasdy bei Kollin stehen. Dieser konnte natürlich das Magazin zu Kollin nicht decken, sondern mußte nach einem nachtheiligen Gefecht dasselbe den Preußen überlassen. Daun ging sogar in Folge seiner Instructionen noch weiter zurück, und Bevern, auf 24,000 Mann verstärkt, vertrieb die Oestreichische Avantgarde aus allen Positionen bis nach Kuttenberg.

Friedrich aber, mit allzufestem Vertrauen auf den verrathenen Operationsplan der Oestreicher und in unbegreiflicher Geringschätzung der Daunschen Heermacht, welche er für geringer an Zahl hielt, als das Bevernsche Corps war, während es nun schon 53,800 Mann zählte, empfahl dem Herzoge von Bevern die Offensive noch zu einer Zeit, in welcher es der dreifachen Uebermacht leicht wurde, ihm alle bisherigen Vortheile zu entreißen, und ging nun, als Letzteres wahr wurde, selbst mit einer geringfügigen Macht von vier Bataillons und sechs Escadrons, zu welcher der General von Treskow vier Bataillons und zehn Escadrons von der Sazawa brachte, diesem Corps entgegen, um den Heerbefehl wider Daun selbst zu übernehmen und diejenigen Pläne auszuführen, zu denen sich Bevern nicht stark genug gefühlt hatte.

Vorgefaßte Meinung, falsche Voraussetzung, unsichere Berichte, ungünstige Zufälle, allzugroßes Selbstvertrauen, kurz Alles vereinigte sich hier, um Friedrich um die bisherigen Erfolge zu betrügen und ihn in eine schreckliche Lage zu stürzen, die um so unerträglicher war, je mehr er, bis dahin in allen Unternehmungen glücklich, an

das Gelingen seiner Pläne gewöhnt war, und welche um so folgen-
reicher seine Existenz bedrohte, je muthloser seine Truppen, je zuversichtlicher seine Feinde durch diesen Sieg Dauns wurden. —

Leopold Joseph Maria Reichsgraf von Daun, geboren 1704,
gestorben 1766 als Kaiserlicher General-Feldmarschall, wirklicher Geheimer Rath und Staatsminister, Hofkriegsraths-Präsident, Ritter
des goldenen Vließes und Großkreuz des Marien Theresien Ordens,
ein Schüler Kevenhüllers und einer der Männer, welche das
Oestreichische Heer reorganisirt hatten, war der erste, welcher sich
günstigen Erfolges gegen Friedrich rühmen konnte, und der von
jetzt ab an der Spitze der Oestreichischen Heere stand. — Was man
ihm anfangs zum Vorwurfe machte, seine Unentschlossenheit und
sein ängstliches Zaudern, wodurch er besonders nach der Schlacht
bei Prag den giftigsten Hohn der Oestreichischen Patrioten zu erdulden hatte, das gereichte ihm nach der Schlacht bei Kollin zur
höchsten Ehre, und in der That war Daun durch seine umsichtigen,
vorsichtigen und wohlberechneten Operationen dem kühnen, genialen
Friedrich gegenüber der tüchtigste Mann, welcher sich zwar manche
Gelegenheit entgehen ließ, den Preußen bedeutenden Schaden zu-
zufügen, dagegen aber auch durch seine Vorsicht viele Pläne Friedrichs vereitelte, und dessen Charakter überhaupt dann erst seine
Rechtfertigung findet, wenn man annimmt, daß durch eine mögliche
Verlängerung des Krieges Friedrichs Hilfsmittel erschöpft werden
und durch ein Ausweichen entscheidender Schlachten der siegreiche
Erfolg für Oestreich nicht zweifelhaft bleiben konnte.   Der Prinz
von Ligne beschuldigt ihn: „sein bei Kollin, woselbst er die Monarchie gerettet hatte, erworbener Ruhm hielt ihn öfters ab, solchen
von Neuem aufs Spiel zu setzen;" — wogegen Cogniazo ihn
vertheidigt und seine Handlungsweise theils als Temperamentsfehler
entschuldigt, theils mit der väterlichen Sorgfalt für sein Heer recht-
fertigt, theils als wohlberechnete, politische Maßregel darzustellen
versucht.   Friedrich selbst läßt dem Fabius der Oestreicher in
seinen historischen Schriften alle Gerechtigkeit wiederfahren, wenn er
gleich nicht unterlassen kann, sich mit Witz und Humor in seinen
andern schriftstellerischen Versuchen für die verlorene Schlacht an ihm
zu rächen. — Wie gering nun auch die Figur eines Daun neben
dem großen Friedrich erscheint; ja ob die Oestreicher selbst dem
Haupte ihres Feldherrn den wohlverdienten Lorbeer zu entreißen sich

nicht entblödet haben: immer erscheint er in der Glorie, **Friedrichs** Waffen zuerst besiegt und das hart bedrängte Vaterland von der tiefsten Schmach errettet zu haben, von der, „daß **Friedrich auf den Wällen Wiens den Frieden dictirt hätte.**" Und wie nahe **Friedrich** diesem Erfolge gewesen, ließe sich schon aus der bisherigen Darstellung schließen, wenn auch **Friedrich** — wie er's gegen den General von **Rüchel** in seinen spätern Lebensjahren gethan — es nicht ausdrücklich versichert hätte. —

Die Schlacht bei Kollin.
(den 18ten Juni 1757.)

Als **Friedrich** am 17ten Juni, noch verstärkt durch 6 Bataillons und 10 Escadrons, welche ihm der Fürst **Moritz von Dessau** zugeführt hatte, seine Absicht ausführen wollte, die Höhen von Suchdol zum Angriff **Dauns** zu gewinnen, stieß er unerwartet auf die Armee desselben, welche zwischen Kollin und Planian die Höhen von Krüchenau besetzt und mit der Front hinter einem tiefen Grunde, durch sumpfige Wiesen, Teiche und Bäche unzugänglich, sich wohl verwahrt hatte. **Friedrich** war dennoch zu einer Schlacht mit der starken, übermächtigen Armee **Dauns** entschlossen, obwohl auch die linke Flanke der Oestreicher nicht angegriffen werden konnte, ohne daß er die Verbindung mit Prag, mit der Lausitz und Schlesien Preis gab. Indem er daher noch an demselben Tage eine Bewegung seiner Armee nach der rechten Flanke über Kaurzim, Wrptschan und Zoribnick machte, verrieth er **Daun** dadurch seine Absicht und bestimmte diesen, in der Nacht zum 18ten Juni seine Stellung zu verändern. Ebenso wie der König sich links zog, schob **Daun** seine Truppen rechts hin, so daß dieser am 18ten die Höhen zwischen Krzezor und Brzesan besetzt hielt; — und so war nicht blos das numerische Uebergewicht — 53000 Oestreicher gegen 34000 Preußen — auf Seiten **Dauns**, sondern auch seine Stellung so vortheilhaft, daß ein Angriff der Preußen fast unmöglich schien.

Dennoch rückte **Friedrich** über Planian am 18ten früh auf der großen Kaiserstraße nach Kollin hin vorwärts, vertrieb den schwärmenden Vortrab der Oestreicher von den Höhen bei Novomiesto und

Slatislunz und recognoscirte nun von dem hochliegenden Wirthshause, Krzeczor und Brzistl gegenüber, die Armee Dauns.

Diese stand in 3 Linien hintereinander auf den Höhen, General Nabasdy bildete mit 60 Escadrons Sächsischer und Oestreichischer Reiterei die Vorhut in der rechten Flanke der Armee, hatte den vor Kollin befindlichen Wald, die Engpässe, Gräben, Abhänge und Schluchten besetzt; die Oestreichischen Schlachtlinien waren in der Front mit zahlreichen, wohlgewählten Batterien bewehrt, welche den Fuß der Höhen bestreichen konnten, auf denen sie standen; ihr linker Flügel wegen der schroffen Abhänge und der sumpfigen Niederung, welche daran stieß, ganz unangreifbar, und nur der rechte konnte durch kühnen Angriff, durch Ueberflügelung und Flankenangriff verdrängt und dadurch ein siegreicher Erfolg für die Preußen herbei geführt werden, besonders wenn man ein vor Radowesnitz liegendes Eichenwäldchen nehmen, Radowesnitz selbst erobern und Daun dadurch von der Straße nach den Suchdoler Höhen abdrängen konnte.

Es war ein kühnes Unternehmen, in welches sich Friedrich hier einzulassen den Muth hatte, für welches er den Tadel vieler Berufenen und Unberufenen hat erdulden müssen. In seiner Darstellung des 7jährigen Krieges hat er die Nothwendigkeit des Kampfes nachgewiesen, ohne welchen er dem Verluste seiner Magazine, das Blokadecorps vor Prag einem Rückenanfalle ausgesetzt, er selbst dem Mangel und den größeren Gefahren eines Angriffs auf dem Rückzuge Preis gegeben war. Zudem verlockte ihn die Ueberschätzung der preußischen Tapferkeit, das Vertrauen auf die acht vor Prag gewonnenen Schlachten, die Ueberlegenheit seines Feldherrntalents, welches auf die Fehler der Feinde rechnen mochte, zu dem Glauben, daß ihm auch hier der Sieg treu bleiben müsse, und Alles stimmt darin überein, daß wenn von Seiten seiner Generale nicht so bedeutende Fehler gemacht wären, wenn diese und er selbst seine ursprüngliche Schlachtdisposition festgehalten hätten: so würde der Sieg der Preußen, den er fast schon errungen hatte, unzweifelhaft gewesen sein. Denkt man aber auch noch daran, daß von diesem Siege der Friede mit Oestreich, wenigstens die Entscheidung der deutschen Fürsten für oder gegen Friedrich abhing, so muß man das Wagniß einer Schlacht unter so ungünstigen Verhältnissen völlig gerechtfertigt finden. Hatte man doch bei Sorr gegen noch größere Uebermacht und auf ebenso ungünstigem Terrain die Feinde besiegt und die Schlacht bei Prag trotz der Schluchten und Abgründe gewonnen!

Dennoch soll Friedrich, als er in den obern Zimmern des Wirthshauses zur goldenen Sonne die Oestreichische Schlachtordnung recognoscirte, die Stellung Dauns lange für unangreifbar gehalten haben und schwankend gewesen sein, ob er nicht besser thue, eine vortheilhafte Defensiv-Stellung irgendwo auf dem Wege Dauns nach Prag zu nehmen, wozu die Aussage eines kurz vor dem Beginn der Schlacht gefangenen Oestreichischen Offiziers ihn wohl hätte bestimmen können. Von diesem erfuhr er, daß Daun entschlossen sei, Prag um jeden Preis zu befreien und ihn, wo er ihn finde, anzugreifen. Indessen die Schwäche der Oestreichischen linken Flanke, von welcher er sich völlig überzeugt glaubte, bestimmte ihn, den Handschuh hier aufzunehmen und der bei ihm versammelten Generalität mündlich die Schlachtdisposition zu ertheilen. —

Diese bestimmte, man solle mit dem linken Preußischen Flügel angreifen, den rechten jedoch ganz zurückhalten; es sollten zur Verstärkung des linken Flügels Seydlitz mit 15 Escadrons Reservecavallerie und 15 Escadrons vom rechten Flügel sich dorthin ziehn, so daß hier 100 Escadrons übermächtig im ersten Anlauf Boden gewönnen. Ziethen mit 50 Escadrons derselben sollte Nabasdy werfen und die Kutlitzer Höhen behaupten; 50 Escadrons waren angewiesen, den Angriff des Fußvolks unter Hülsen, welches Ziethens Erfolge behaupten und verfolgen müsse, zu unterstützen, und durch die Erstürmung von Krzezorz, durch die Behauptung des Eichenwäldchens vor Radowesnitz, durch einen erneuten Angriff auf Nabasdy mit der ganzen Reitermacht und eine Schwenkung des Preußischen linken Flügels zwischen Krzeczhorz und Kutlitz wollte man des Feindes rechte Flanke gewinnen und ihn aufrollend besiegen. Dem Herzoge v. Bevern auf dem rechten Preußischen Flügel ward nochmals die gemessenste Vorschrift, sich nicht in den Kampf einzulassen, sondern auf dem sogenannten Kaiserwege weit ab von den, durch Oestreichische Croaten besetzten Dörfern Brzesan und Chozemitz unthätig stehen zu bleiben.

Von dieser Disposition durfte man sich um so günstigeren Erfolg versprechen, da die schiefe Preußische Angriffslinie den linken Oestreichischen Flügel zwar in Schach erhielt, aber nach Befinden der Umstände erlaubte, daß der rechte Preußische Flügel dem linken zur Reserve diene, während die Enge des Raumes den Oestreichern weder freie Bewegung, noch Sicherheit des Rückzuges gestattete. Daun that in seiner Lage Alles, was ein vorsichtiger Feldherr, welcher die Pläne seines Feindes durchschaut, zu thun im Stande ist. Er verstärkte seinen rechten, hartbedrohten Flügel, und durch eine Flankenstellung von Krzeczhorz bis zum Eichenwäldchen von Radowesnitz, das er besetzen ließ, wurde dieser Posten besonders verwahrt. Diese Vorsicht war die hauptsächlichste Ursache, daß ein anderer Erfolg, als der erwartete, eintrat, und mit Recht rühmt man die Gegenveranstaltungen des Oestreichischen Feldherrn als Beweise seiner taktischen Geschicklichkeit und seiner Feldherrnweisheit. Der Oestreichische Veteran in seinen Geständnissen raubt Daun das Verdienst, solche Anordnungen selbst erfunden zu haben, und schreibt sie dem Major Vettes, — v. Tempelhof dem unter Nadasby stehenden Sächsischen Obristlieutenant v. Benckendorff zu, welcher den Führer der Oestreichschen Vorhut auf die Wichtigkeit des Terrains zwischen Krzeczhorz und dem Eichwald aufmerksam gemacht und diesen veranlaßt habe, Verstärkungen von Daun zu erbitten. Dem sei, wie ihm wolle, Daun zog seine Reserve von der Mitte nach dem rechten Flügel und ließ diese 6 Bataillons und 12 Escadrons mit zahlreicher Artillerie eine starke Flanke bilden. Friedrichs Blick war diese Aufstellung ganz entgangen. „Der Feldmarschall Daun, der während des Verweilens der Preußischen Armee zwischen Novomiest und Slatislunz sich auf dem rechten Flügel des ersten Treffens befand" — sagt v. Cogniazo — „hielt eine Art von Kriegsrath mit der bei ihm versammelten Generalität. Verschiedene unserer Generäle waren noch immer der Meinung, daß der König gar nicht angreifen werde. Der Feldmarschall besprach sich insbesondere über dies Sujet mit dem Freiherrn v. Vettes, Major des Erzherzog Carlschen Regiments, den er wegen seines sicheren militairischen Augenmaßes und Scharfsinns in Beurtheilung der Gegenstände ganz vorzüglich schätzte. Er verlangte seine Meinung. Vettes weigerte sich mit aller Bescheidenheit sie zu sagen, und schützte bei einer Angelegenheit von solcher Wichtigkeit die Unzulänglichkeit seiner Erfahrung und Einsichten vor; da aber der Feldmarschall in ihn drang und ohne Widerrede seine Gedanken wissen wollte, so sagte er ihm frei heraus, daß seiner Einsicht nach die Schlacht diesen Tag unvermeidlich sei, daß aber der König sehr wahrscheinlich nicht die Armee, sondern unmittelbar das Corps des Grafen Nadasdy angreifen dürfte, um es mit seiner ganzen Macht über den Haufen zu werfen und alsdann die Armee in Flanke und Rücken zu fassen; dies Corps müßte also seines Erachtens auf alle Fälle und ohne Zeitverlust mit Artillerie und Fußvolk auf das Möglichste verstärkt werden."

Es war des Mittags um 1 Uhr, als Ziethen mit seiner Reiterei gegen Kutlirz, Hülsen mit 7 Bataillons gegen Krczezor vorgingen; die Armee, der König an der Spitze der Infanterie, folgte der Hülsenschen Vorhut in einer Entfernung von 1000 Schritten. Nach halbstündigem Marsche griff Hülsen siegreich das vor ihm liegende Dorf an, Ziethen warf mit 80 Escadrons Nabasdy über den Haufen und verfolgte diesen bis über den Eichbusch hinaus. — Der König aber ließ während des Hülsenschen Angriffs das Corps de bataille Halt machen, obgleich der Prinz Moritz ihn bringend daran erinnerte, daß man den befohlenen Stützpunkt des linken Flügels noch nicht erreicht habe und von diesem Punkte aus beim Angriffe nicht auf die rechte Flanke der Oestreicher, sondern auf deren starke Front stoßen werde. —

In der That fand Hülsen auch, als er zwei Batterien der Oestreicher genommen, und seine Truppen auf dem Plateau vor dem Rabowesnitzer Eichbusch geordnet hatte, die Oestreichsche Reserve vor sich, welche diesen Busch stark besetzt hielt, und auch Ziethens ganze Macht sah sich durch den Flankenangriff dieser Truppen genöthigt, bis Kuttlirz zurückzugehen. Noch einmal wagte jetzt Fürst Moritz, als Friedrich nach dem ersten siegreichen Erfolge Hülsens und Ziethens die Armee beorderte, den Kaiserweg zu verlassen und vorzugehen, gegen diesen Befehl die bringendsten Einwendungen zu machen, und gehorchte erst, als Friedrich mit gezogenem Degen ihn zornig fragte, „ob er es thun wolle, oder nicht? — aber sei es, daß das bisherige Glück seiner Truppen ihn täuschte, sei es, daß ihm die Flankenstellung der Oestreicher ganz verborgen geblieben war, — Friedrich befahl den Angriff an diesem Punkte und beharrte bei dieser Maßregel, obgleich er seine Truppen dadurch dem Feuer der Oestreichischen Batterien aussetzte, und obgleich er nun weder Hülsen hinreichend unterstützen, noch die Oestreicher überflügeln, nicht einmal in einer gleich starken

Linie den Angriff ausführen konnte. — Dennoch wäre ihm der Sieg wohl getreu geblieben; denn die Tapferkeit der Preußen ließ sich durch keine Hindernisse abschrecken und ihr Muth befeuerte sie, Unglaubliches zu wagen; wenn sich nicht bei dem völligen Abweichen von der ursprünglichen Schlachtdisposition, dessen sich die einzelnen Corpsführer schuldig machten, auch der Preußische rechte Flügel in einen blutigen Kampf eingelassen und dadurch eine nachdrückliche Unterstützung des linken unmöglich gemacht hätte.

Zunächst hatte Ziethen mit der übermächtigen Reiterei nach seinem ersten Angriffe auf dem linken Flügel nichts mehr unternommen, angeblich, weil er durch das Terrain daran verhindert war, obgleich die Oestreichsche Reiterei doch auf demselben Boden ihn bald anzugreifen wußte; einige Berichte melden, daß Ziethen schon nach dem ersten Angriffe verwundet, sein Corps ohne Anführer gewesen und somit die Unentschlossenheit dieser Truppen und ihre Unthätigkeit bei dem Kampfe der Infanterie zu erklären sei.

Hülsen hatte zwar mit Löwenmuth die Oestreicher aus ihrer starken Position vertrieben, hatte zwei Batterien erobert und schickte sich an, diese Vortheile zu verfolgen. Statt aber im Stande zu sein, unterstützt von der Reiterei Ziethens, den Eichbusch zu besetzen und zu behaupten, sah er sich genöthigt, mit seiner Hauptmacht auf eine stärkere Batterie der Oestreicher, welche seine rechte Flanke hart bedrängte, loszugehen, und konnte nur zwei Bataillone zur Besetzung jenes Busches verwenden, welchen es aber gelang, ihn auf kurze Zeit in Besitz zu nehmen. Unterdessen verwendete Hülsen seine besten Kräfte, die Batterie zu erstürmen. Fürchterlich mähte hier der Tod die Reihen der Preußen nieder, welche immer von Neuem im Sturmschritt gegen die Kanonen anrückten. Endlich erschien auch Fürst Moritz mit 9 frischen Bataillonen zur Stelle, und indem nun die Preußen mit verdoppelter Anstrengung vorwärts drangen, gelang es ihnen, über die Leichenhügel hinweg die Batterie zu erklimmen und die Oestreicher auch aus diesem Bollwerke zu verjagen.

Das war der günstigste Augenblick des Tages für Friedrich; denn schon ließen die Oestreicher ihr Geschütz abfahren, und während die Truppen von der rechten Flanke der Oestreicher in voller Flucht den Kampfplatz verließen, machten einige Regimenter ihres rechten Flügels mit dem dritten und vierten Gliede Kehrt, um etwaigen Rückenangriffen zu begegnen. Durch die Reihen der Oestreicher lief die Losung: „Die Retraite ist auf Euchbol!" und nur die Vorsicht des Generaladjutanten v. Hennebrieth, welcher den Befehl Dauns oder eines der vornehmsten Generale zum Rückzuge zurückhielt, rettete ihnen den Sieg. Alle Oestreichische und Preußische Berichte stimmen darin überein, daß, wenn in diesem entscheidenden Augenblicke die Preußische Reiterei die Anstrengung des Fußvolks unterstützt hätte, namentlich wenn Ziethen in die flüchtenden Oestreicher eingebrochen und auch Pennavaire zur Stelle gewesen wäre, welcher mit 20 Escadrons theilnahmlos zwischen Brzisti und Chozemitz hielt, der Sieg der Preußen unzweifelhaft gewesen sein würde. Statt dessen wartete Ziethens Corps einen neuen Angriff Nadasdys ab und begnügte sich, denselben zurückzuweisen; Pennavaire, als er den Befehl zum Vorrücken erhielt, umging erst vorsichtig das Dorf Brzisti und wurde auch hier durch Terrainschwierigkeiten aufgehalten, dann aber sah er sich, als er die weichende Cavallerie verfolgen wollte, aus jenem Eichenwalde, welchen unterdessen die Oestreicher mit starker Uebermacht genommen hatten, so nachdrücklich beschossen, daß seine Cürassiere nicht Stand hielten, sondern bis hinter Krzeczor zurückwichen.

Den tapferen Seidlitz, hier zum ersten Male an der Spitze einer Brigade, trifft dasselbe Loos. Eben ist er von dem äußersten linken Flügel zur Unterstützung dieses Punktes mit den Regimentern Rochow Cürassiere und Normann Dragoner herbeigeeilt, sieht dort die Oestreichischen Reiter, hier Pennavaires Cürassiere fliehen, als er im günstigsten Moment auf jene einbricht. Ein Oestreichisches Infanterie-Regiment, das sich ihm entgegenstellt, wird im ersten Anlauf geworfen, zwei Reiterregimenter werden wie Spreu auseinander gejagt, und in der zweiten Schlachtlinie der Oestreicher erobert er noch die Fahnen eines Infanterie-Regiments, in welches er gleichfalls einbricht. Da sind die Kräfte seiner Streiter erschöpft; die Angriffe von dem Eichbusche aus, aus welchem in seine Flanke Cavallerie anrückt, zwingen ihn, gleichfalls bis hinter Krzeczor zurückzuweichen.

Noch einmal versucht Pennavaire, diesmal Friedrich selbst an der Spitze dieser Truppen, Hülsens linke Flanke durch kühnen Angriff zu schützen. Allein bei den ersten Kanonenschüssen, welche aus dem verhängnißvollen Eichbusche den Reitern über die Köpfe fliegen, wenden sie sich in wilder Flucht und halten erst jenseit des Kaiserweges an. —

So stehen denn Hülsens und Moritz' Bataillone verlassen auf der blutigen Höhe zwischen dem Eichenwäldchen und Chotzemitz. Seit zwei Stunden halten die tapfern Preußen das schreckliche Feuer der Oestreicher standhaft aus; schon geht ihre Munition zu Ende und nirgends sind frische Truppen zur Hand, welche sie ablösen oder die Linie mit dem Hauptheere unterhalten können. Da die Cavallerie Pennavaires und Seydlitz' in die Flucht getrieben ist, stehen sie völlig isolirt, dem Flankenangriffe von allen Seiten ausgesetzt.

Daß aber Hülsen von dem übrigen Theile des Preußischen Heeres nicht unterstützt wurde, daran war die veränderte Schlachtdisposition Friedrichs und der unzeitige Eifer des Generals Manstein Schuld. Denn statt die Armee noch weiter links auf dem Kaiserwege fortziehen zu lassen, hatte Friedrich nach Hülsens ersten Erfolgen die ganze Macht der Oestreichischen Front entgegengeführt, und indem hier seine Braven die steilen Höhen vergeblich zu erklimmen versuchten, war er nicht im Stande, Hülsen zur rechten Zeit zu unterstützen. „Diese Attaquen, — sagt der Oestreichische Veteran v. Cogniazo — liefen für den Feind alle fruchtlos ab, ob sie gleich oft und mit aller ersinnlichen Tapferkeit und Ungestüm wiederholt wurden. Ich will damit nicht sagen, daß sie vornemlich durch die weit größere Bravour unserer Truppen vereitelt worden sind; denn es kam uns eben nicht sauer an, dergleichen Angriffe abzuschlagen, die bei so außerordentlichen und fast unüberwindlichen Schwierigkeiten des Terrains nur in gebrochenen Abtheilungen und nie mit einer gewissen Ordnung und Zusammenhange unternommen werden konnten. Die Preußen können sich nicht rühmen, daß sie den Oestreichern, und diese ebenso wenig, daß sie den Preußen das Weiße im Auge gesehen hätten. Wir sahen eigentlich nichts als die Blechmützen durch das dicke Getreide hervorschimmern, und so oft diese unglücklichen braven Leute, die hier nach dem Buchstaben das Unmögliche versuchten, etwa ein Drittheil oder die Hälfte des steilen Berges mit unsäglicher Beschwerlichkeit erklettert hatten, wurden sie mit einem sehr regelmäßigen Feuer von der Infanterie und mit einem fürchterlichen Kartätschenhagel von den nach allen Seiten kreuzenden Batterien empfangen und zurückgeworfen."

Noch hätten aber wohl vom rechten Preußischen Flügel Truppen zur Unterstützung Hülsens herbeigezogen werden können, hätten nicht auch diese sich in einen höchst nachtheiligen Kampf eingelassen.

General v. Manstein nämlich war um die Zeit, wo Hülsen und Fürst Moritz ihren Angriff auf die große Oestreichische Batterie unternahmen, angeblich auf Befehl Friedrichs mit 3 Bataillons aus der Mitte vorgegangen, um das Dorf Chozemitz anzugreifen. Der Flügeladjutant Friedrichs, Hauptmann v. Varenne, hatte im Vorbeireiten gegen v. Manstein geäußert, „man müsse die Croaten aus Chozemitz heraustreiben." Diese ganz beiläufige Aeußerung eines Adjutanten hatte der ehrgeizige und brave Manstein für einen Befehl Friedrichs angesehen, und natürlich waren dadurch nicht allein noch mehre Bataillone in den Kampf verwickelt, sondern das Vorrücken des ganzen rechten Flügels war ebenso nöthig geworden, so daß diese Truppen auf dem ungünstigsten Terrain, ohne Hoffnung irgend eines Erfolges, sich schlugen und in den entscheidenden Augenblicken auf der Stelle, wo sie nöthig gewesen wären, fehlten. Mit großem Verluste hatte man erst Chozemitz erstürmt, dann war Manstein gegen die unersteiglichen Höhen vorwärts gegangen, wo er von 3000 Combattanten in der Frist einer Stunde 1800 Mann einbüßte.

Unterdessen erblickte Fürst Moritz, welcher vergeblich die Verbindungslinie in der Preußischen Schlachtlinie herzustellen suchte, in der Nähe seines geschwächten und ermatteten Heerhaufens noch 5 Escadrons Kürassiere. — Diese sollen, da Seydlitz und Pennavaire gewichen sind, dem bedrängten Fußvolk Luft schaffen und den Andrang der Oestreicher aufhalten, bis jene Cavallerie von Neuem gesammlet und Fußvolk zum Succurs herbeigekommen ist. Aber kaum sind sie von Fürst Moritz durch die Intervallen der Infanterie hervorgezogen und schicken sich an, auf die Oestreichischen Grenadiere einzubrechen, da begrüßt sie das heftigste Kartätschfeuer und in schrecklicher Unordnung fliehen sie zurück, verwirren das Bevernsche und Prinz Heinrichsche Infanterie-Regiment, in welches sie sich stürzen, und reißen nun auch diese in wilder Flucht mit fort. Das benutzt der Sächsische Obristlieutenant, Commandeur des Regiments Prinz Carl, v. Benkendorf. Anfangs mit wenigen Escadrons, dann unterstützt von den Sächsischen Regimentern Brühl und Prinz Albert, so wie von tausend Deutschen Reitern und den Dragonern de Ligne greifen sie in Front und Rücken die vierzehn Bataillons des linken Preußischen Flügels mit Uebermacht an, und mit einer Wuth, welche die Schmach von Pirna gesteigert hat, metzeln sie die entmuthigten, ermüdeten, in Verwirrung flüchtenden Preußen nieder. „Das ist für Striegau!" rufen sie, und ihre Säbel spalten ohne Erbarmen; — „für Pirna!" schallt es, wenn sie in die dichten Schaaren einhauen, und diese flüchten nun in wilder Verwirrung, daß Niemand sie einhalten und ordnen kann, hinweg vom Schlachtfelde.

Noch stehen Andere; doch bald wanken auch diese und vor den rächenden Streichen der wüthenden Sachsen, in der Kugelsaat, welche jetzt mit doppelter Gewalt unter sie gestreut wird, mögen sie nicht mehr stehen. — Den Fliehenden ruft Friedrich „Halt!" zu. Er ermuntert sie zur Tapferkeit. Seine zornsprühenden Augen winken nach den Feinden hinüber, und als spotte er ihrer Feigheit, welche den Tod fürchtet, ruft er, gegen die Batterien zeigend: „Canaillen, wollt ihr denn ewig leben?" Da weihen sich die Braven dem gewissen Tode. Zur Verzweiflung begeistert, stürzen die Helden wider den Feind und sterben für Friedrich. Seine Leibwache und das Regiment Prinz Heinrich kämpfen noch, da die Andern längst geflohen sind. So oft sie auch durchbrochen werden, immer schließen sich wieder die Vierecke, und die feindlichen Reiter, welche hineingedrungen sind, büßen ihre Kühnheit mit dem Tode. Aber endlich mäht der Kugelregen sie in Reihen nieder, und von Tausenden bleiben nur wenige hundert am Leben. Da fand jener Kern seines Heeres den Tod, mit welchem er bis dahin wunderähnliche Heldenthaten verrichtet hatte.

Auf dem Kaiserwege sammelt Friedrich eine kleine Schaar der flüchtigen Truppen um sich. Mit vierzig Mann will er wieder vorwärts gehen, und sein Beispiel soll die Uebrigen zur Nachahmung reizen. Vergebens! Auch diese Wenigen verlassen ihren König; nur mit einigen Adjutanten reitet er vor. Da ruft ihm Major Grant, nach Anderen der Englische Gesandte Mitchell zu: „Wollen Ew. Majestät die Batterie allein erobern?" — und betrübt schaut er um sich und sieht sich verlassen. Mit dem Fernrohr die feindliche Stellung recognoscirend, hält er hier an; dann wendet er das Pferd, um dem Herzoge v. Bevern auf dem rechten Flügel den Befehl zum Rückzuge zu überschicken. Die Schlacht war unwiederbringlich verloren.

Aber auch hier bei Bevern entspinnt sich erst noch ein hartnäckiger Kampf. Daun hat seinen linken Flügel nach Brzesan vorrücken lassen, und die Preußen, ihrem Muthe gehorchend, fallen die Oestreicher trotz des furchtbarsten Kanonenfeuers an. Da büßte ein Regiment Garde allein 24 Offiziere und 475 Mann ein, und die Regimenter Moritz und Kalkstein verloren zusammen 2100 Mann. Das heldenmüthige Regiment Meinicke Dragoner (Nr. 3.) griff achtmal an, und ob es gleich fast zu Grunde ging, so rettete es doch das Fußvolk, welches nun den Kampfplatz verlassen konnte, indem durch dasselbe die andringenden Oestreichischen Reiter zurückgehalten wurden. Um 7 Uhr verließ auch dieser Flügel unverfolgt, aber in großer Verwirrung den Kampfplatz; Seydlitz und Penavaire hatten sich ohne größere Verluste die Oestreichsche Front entlang auf Planian zurückgezogen; um das, allein noch geordnete Grenadierbataillon Gemmingen hatte sich der linke Flügel gesammelt, der gleichfalls nach Planian hinfluthete. Nur Ziethen stand, als er zum dritten Mal Nabasbys Angriff zurückgewiesen hatte, bis zur Nacht auf dem behaupteten Wahlplatze; dann zog er sich unverfolgt zurück. Welchen Heldenmuth auch alle einzelnen Truppentheile bewiesen, wie Großes auch einzelne Führer geleistet hatten, das blieb für den Erfolg der Schlacht ohne Einfluß. Dadurch, daß die Angriffe ohne Einheit geschahen, und daß der Kampf nicht nach der ersten meisterlichen Disposition Friedrichs ausgeführt wurde, sondern daß die Führer mit blindem Eifer ohne Rücksicht auf Terrainhindernisse, jeder für sich Ruhm zu ernten und den Feind anzugreifen suchten, wo sie sich ihm gegenüber sahen, — dadurch wurde es unmöglich, die Vortheile zu behaupten, die man anfangs erkämpft hatte. Weil der feurige Muth und die Tapferkeit sie blind machte, daß sie weder die Anzahl der Feinde, noch die unangreifliche Stellung derselben erwogen, darum verloren sie die Schlacht, die sie, wenn allein die Tapferkeit den Preis verdiente, gewinnen mußten.

Der größte Verlust des Tages war das gebrochene Selbstvertrauen und der verlorene Ruhm der Unüberwindlichkeit; aber auch der numerische Verlust war höchst bedeutend. Von 18,000 Mann Infanterie büßte man über 12,000 Mann ein; die Listen haben 326 Offiziere und 11,997 Mann verzeichnet; 5380 Mann fielen theils verwundet in Gefangenschaft. Von der 16,000 Mann starken Cavallerie verlor man nur 1450 Mann, so daß der Gesammtverlust sich auf 13,773 Mann beläuft. 45 Geschütze und 22 Fahnen wurden eine Beute der Sieger, und nur fünf eroberte Standarten und

Fahnen blieben den Besiegten zur schmerzlichen Erinnerung an das, was sie geleistet und gelitten hatten. Einige Regimenter waren völlig vernichtet. Außer den oben genannten Moritz und Kalfstein müssen wir auch der Regimenter Bevern und Anhalt erwähnen, welche zusammen 2200 Mann einbüßten, und von dem Grenadier-bataillon Rinschefoly bedeckten allein 652 Mann den Wahlplatz. Am heftigsten hatte das Oestreichische Kanonenfeuer in Mansteins und Beverns Schaaren gewüthet, und ihr Verlust war viel ansehnlicher, als der bei Hülsens und Moritz' Corps. Die Oestreicher hatten an diesem Tage 5800 Kanonenschüsse gethan. —

Unter den vielen Opfern der blutigen Schlacht nennen wir die Namen der Helden: 1) den Generalmajor Christian Siegfried v. Krosigk, welcher, an der Spitze von Normann Dragoner im Reitergetümmel durch Säbelhiebe schwer verwundet, nicht aus dem Kampfe wich, bis ihn eine Kartätschenkugel niederstreckte; 2) den Obristen Gustav Philipp Ernst v. Lepel, der an der Spitze des Kalfsteinschen Regiments den Heldentod fand; 3) den Obristen Johann Friedrich Herwart von Bittenfeld, einen erfahrenen Krieger, der gegen die Türken in Würtembergischen Diensten gefochten und stets die größte Tapferkeit bewiesen hatte; 4) den Obristen Richard Daniel von Münchow, Commandeur des Regiments Hülsen, und 5) den Obristen und Commandeur des Leib-Carabinier-Regiments Otto Carl von Schwerin. — Die verwundeten Generale von Treskow und von Pannewitz fielen in Gefangenschaft; auch Ziethen, Hülsen, Manstein, Manteuffel und Ingersleben bluteten an diesem, dem Vaterlande so verhängnißvollen Tage. —

Dagegen war der Verlust der Oestreicher gering zu nennen, denn sie verloren von 60,000 Mann nur 8110 Mann. Daun selbst war leicht verwundet.

Der Rückzug der Preußen ging auf Nimburg, wo Friedrich die Trümmer seines Heeres sammelte. Dort sah man ihn, der zum ersten Male besiegt worden, in Nachdenken versunken auf einer Brunnenröhre sitzen, wie er mit dem Stocke Figuren in den Sand zeichnete. So wie Marius einst auf den Trümmern Carthagos, so überdachte Friedrich hier das Schicksal seines Vaterlandes. Verschwunden waren durch einen Schlag jene Hoffnungen eines baldigen Friedens, denen er sich durch seine bisherigen Erfolge über-

laſſen hatte; denn immer war es der Friede, den er durch ſeine
Siege ſich erkämpfen wollte. Bald aber gewahrte man auf ſeinem
Antlitze wieder die Zeichen einer Gemüthsruhe, welche ihren wohlthätigen Einfluß auf ſeine nächſte Umgebung nicht verfehlte, und als
er mit heiterer Miene ſich aufrichtete, und ſeine Befehle austheilte,
hätte man glauben ſollen, in ihm den Sieger, nicht den Beſiegten
zu erblicken.

Nicht ſo der größere Theil ſeines Heeres, deſſen Selbſtvertrauen
völlig gebrochen war. — In dumpfem Brüten marſchierten die
Truppen, deren Reihen ſtark gelichtet waren, über die Elbe nach
Liſſa. Ihr Gepäck war durch die Läſſigkeit des zaudernden **Daun**
vom Obriſt **Paul Anton von Manteuffel** glücklich gerettet;
auch verfolgte ſie kein Feind, da dieſer es vorzog, durch Danklieder
und Pſalmen den glorreichen Sieg zu feiern. Dennoch verließen
Viele die Preußiſchen Fahnen und entwichen aus einem Heere, das
ſie von jetzt an dem Unglück verfallen glaubten. In der Nacht nach
der Schlacht fanden ſich an den Oeſtreichiſchen Vorpoſten neunhun-
dert Ueberläufer ein, und von der Prager Armee gingen gleichfalls
in einer Nacht über tauſend Mann fort. Offiziere und Soldaten
waren kleinmüthig und verzagt, und jene erinnerten ſich an **Carls**
Pultawa, fürchtend, daß ein ähnliches Ende **Friedrichs** warte,
als einſt der ſiegggekrönte Schwedenkönig gefunden hatte, zumal der
Feinde gegen **Friedrich** nicht weniger, ſondern mehr wurden.*)

Die größte Beſtürzung herrſchte vor Prag, als die Nachricht der
verlorenen Schlacht dort bekannt wurde. Der Prinz von Preußen,
ſonſt ſo ſanftmüthig, brach in lautes Wehklagen über das Be-

---

*) Daß übrigens dieſer Geiſt dennoch nicht allgemein war, geht aus folgen-
der Anekdote hervor:

Friedrich raſtete, bevor er nach Nimburg kam, einen Augenblick lang in
einem Dorfe, und forderte, während er ſein ermüdetes Pferd ruhen ließ, zu trinken. Ein Reiter brachte Waſſer in ſeinem Hute und ſprach, als er daſſelbe dem
Könige reichte: „Trinken Eure Majeſtät doch! Laß Bataille verloren ſein; 's iſt
nur gut, daß Sie noch leben! unſer Herr Gott lebt auch noch; der kann uns
ſchon wieder Sieg geben." — **Friedrich** ſah den Reiter freundlich an, trank
aus dem Hute und ſetzte in heiterer Stimmung ſeinen Weg nach Nimburg fort.
— Bei einer andern Gelegenheit tröſtete ihn ein Grenadier: „Was ſchadet es,
daß die Kaiſerin auch einmal einen Sieg erfochten hat; davon wird uns der Teufel nicht holen!" —

nehmen seines Königlichen Bruders aus, und hielt die Angelegenheiten des Vaterlandes dem gänzlichen Verderben nahe. Schon vom Beginne des Krieges an war er gegen denselben gewesen. Er haßte in Winterfeld eine Haupttriebfeder desselben, und hätte gern gesehen, wenn Friedrich die Alliance mit Frankreich nicht aufgegeben hätte. Im October 1756 schon schrieb er dem Marquis de Valori, „daß wohl seine Kinder die Opfer dieser Mißgriffe sein würden;" und jetzt sprach er seine Befürchtungen laut und unverholen aus, Worte, welche, durch Zwischenträger dem Könige hinterbracht, ihm dessen Vertrauen bald ganz entzogen, und das Unheil vergrößern halfen, als dessen Opfer er bald darauf erlag.

In Wien frohlockte man laut. Lärmende Feste, Denkmünzen, Illuminationen, Ehrengeschenke, Solderhöhung drückten die große Freude des Hofes und Volkes aus, daß man endlich einmal den Feind bezwungen habe, und man hoffte, daß dieser Schlag ihn tödtlich verletzt haben würde. Zu Ehren des Sieges stiftete die Kaiserinn den Marien Theresien-Orden, datirt vom 18ten Juni, einen Preis der Tapferkeit und des Heldensinnes für ihre Armee. Feldmarschall Daun durfte die Beförderungen in der Armee nach seinem Ermessen vornehmen. —*)

Für Friedrich eröffnete der Tag von Collin eine Reihe von Unglücksfällen, welche Schlag auf Schlag über ihn hereinbrachen. Aber je größer die Unfälle waren, desto standhafter und heldenmüthiger blieb er; ja, es war, als ob durch das Unglück seine Kraft gestählt und sein Muth erhöht werde. Die Begeisterung für ihn steigerte sich und die patriotische Gesinnung wurde allgemeiner, als er eine so staunenswerthe Kraft des Geistes offenbarte, welche gegen die zwanzigfache Uebermacht vertrauensvoll den Kampf wagte.

Schon drei Tage nach der Schlacht schrieb Friedrich folgenden Brief an Lord Marishal in Neufchatel, welcher wenigstens keine trübe Gemüthsstimmung verräth: „Die Kaiserlichen Grenadiers sind vortreffliche Leute. Hundert Compagnien vertheidigten eine Anhöhe, die meine beste Infanterie nicht einnehmen konnte. Ferdinand,

---

*) Major Wettesz, welcher die erbeuteten Fahnen nach Wien überbrachte, wurde von der Kaiserinn zum Obristen ernannt und sonst ausgezeichnet. Leider wurde er kurz vor der Breslauer Schlacht beim Recognosciren von einem Preußischen Jäger erschossen.

der sie anführte, griff siebenmal an, aber vergebens. Das erste Mal bemächtigte er sich einer Batterie, die er nicht behaupten konnte. Die Feinde hatten den Vortheil einer zahlreichen und wohlbedienten Artillerie, die Lichtenstein Ehre macht; — die Preußische allein kann ihr den Rang abstreiten. Ich hatte zu wenig Infanterie. Meine ganze Reiterei war zugegen und stand müßig, einen einzigen Angriff ausgenommen, den ich mit den Waffenreitern und einigen Kanonen machte. Ferdinand rückte an, ohne zu feuern; desto weniger sparten die Feinde ihr Feuer. Sie hatten zwei Anhöhen, zwei Verschanzungen, und eine erstaunliche Artillerie bei sich. Einige Regimenter von mir wurden zusammen geschossen. Heinrich that Wunder. Ich zitterte für meine würdigen Brüder. Sie sind zu kühn. In Wahrheit, ich muß mehr Infanterie haben. Das Glück, mein lieber Lord, flößt uns oft ein schädliches Vertrauen ein. Dreiundzwanzig Bataillons waren nicht hinreichend, 60,000 Mann aus einem vortheilhaften Posten heraus zu treiben. **Ein andermal besser. Das Glück wand mir diesen Tag den Rücken zu. Ich hätte es vermuthen können. Es ist ein Frauenzimmer und ich bin nicht galant.** Für die Damen erklärte es sich, die mit mir Krieg führen. — Was sagen Sie zu dem Bündnisse wider den Marquis von Brandenburg? Wie würde der große Friedrich Wilhelm nicht erstaunen, wenn er seinen Enkel mit den Russen, Oestreichern, fast mit allen Deutschen und mit hunderttausend Franzosen im Gemenge sehen sollte! Ich weiß nicht, ob es mir zur Schande gereichen wird, überwunden zu sein, aber das weiß ich, daß es keine Ehre sein wird, mich überwunden zu haben. —

Die Folgen der Colliner Schlacht waren wichtiger, als die irgend einer anderen dieses Krieges. Nicht allein der Verlust so unersetzlicher Kerntruppen, die schnelle Aufhebung der Blokade von Prag und die Räumung Böhmens war zu beklagen; — es schwand auch auf lange Zeit aus dem Heere der unverzagte Muth, durch welchen bis dahin so Außerordentliches geleistet worden war, und die Feinde Friedrichs rüsteten nun mit doppelter Kraft, da sie gesehn hatten, daß er unterliegen könne. Die buntscheckige Reichsarmee ward in Bewegung gesetzt und vereinigte sich mit einem französischen Heerhaufen unter Soubise, um Friedrich aus Sachsen zu verdrängen. Ein stärkeres Heer der Franzosen stand schon seit Beginn des Feldzuges unter Louvois' Enkel, dem Marschall d'Etrées, den Hannoveranern und Hessen gegenüber, hatte Kleve und Wesel und ganz Hessen in Besitz genommen und demüthigte den 27sten Juli Georg des Zweiten Sohn, den Herzog von Cumberland, der von dem Schlachtfelde bei Hastenbeck, wo seine Unterfeldherrn, der Erbprinz von Braunschweig und der Obrist von Breitenbach gesiegt hatten, floh, als sei er der Besiegte, und mit seinem Heere bis Stade zurückwich. Da kamen die Braunschweigischen und Hannöverschen Lande schmachvoll in die Gewalt der Franzosen, und der Herzog von Richelieu, welcher unterdessen d'Etrées Stelle eingenommen hatte, beutete diese Länder mit consequenter Raubsucht aus. — Ja, um Friedrich auch die letzte Hoffnung auf die Hilfe seiner Bundesgenossen zu nehmen, wurde unter Dänischer Vermittelung, welche der frömmelnde Dänische Geschäftsführer, Graf zu Lynar, der Kraft des heiligen Geistes zuschrieb, eine schimpfliche Convention zwischen Richelieu und Cumberland zu Kloster-Zeven den 8ten September abgeschlossen, durch welche die Hessen, Braunschweiger, Gothaer und Bückeburger Truppen in ihre Heimath entlassen, die Hannoveraner in schmachvoller Unthätigkeit im letzten Winkel des Landes gehalten und das Land der Gnade seiner Eroberer Preis gegeben wurde.

Dazu stiegen von zwei Seiten neue Wetterwolken gegen Friedrich drohender empor. In der Mitte des Juni erschien, jedoch durch die Intriguen des bestochenen Bestuscheff gelähmt, der Russische Feldherr, Graf Stephan Fedorowitsch Aprarin an den Grenzen Preußens, und Lehwald mußte sich vor ihm zurückziehen. Auch in dem Schwedischen Reichsrathe gewann das französische Interesse die Obergewalt und die Aussicht auf Beute, sowie das Versprechen der Französischen Subsidien beschleunigte die Rüstungen zu einem Einfalle in Pommern, wogegen v. Podewills schnell durch freiwillig gesteuerte, patriotische Subsidien fünftausend Mann Provinzialtruppen ausrüstete.

Das Schlimmste geschah unterdessen beim Preußischen Heere selbst.

Am 20sten Juni war durch Friedrich die Blokade von Prag aufgehoben. Nachdem man die unglückliche Stadt größten Theils eingeäschert hatte und die Kriegsgräuel und das Elend darin bis zum höchsten Grade gestiegen waren, sahen die Einwohner ihre Feinde mit klingendem Spiel und ohne sonderlichen Verlust, als der Ausreißer und Verwundeten, die Schanzen verlassen. Prinz Carl vereinigte sich erst am 26sten mit Daun, und beide sendeten nur einige schwache Corps voraus, während Friedrichs Macht in zwei Hälften getheilt blieb, von denen das bei Collin geschlagene, nachher ergänzte Heer, den Befehlen des Prinzen von Preußen anvertraut, Schlesien und die Lausitz decken oder vertheidigen, dasjenige aber, welches Friedrich anführte, Sachsen beschützen sollte.

Unsichere Nachrichten von den Bewegungen der Feinde, mangelhafte Instructionen, Mißtrauen und innere Zerwürfniß mit einzelnen seiner Generale, Mangel an Lebensunterhalt und vor Allem die allgemeine Entmuthigung machten es dem Prinzen von Preußen unmöglich, mit dem anvertrauten Heere dem Feinde gegenüber Stand zu halten. Er sah sich vielmehr erst von Schlesien abgedrängt, mußte sodann des Proviants wegen, und um eine feindliche Diversion auf Tetschen zu vereiteln, seine Armee durch Absendung einzelner Heerhaufen bedeutend schwächen, und endlich wurde er genöthigt, seinen Rückzug nach Zittau auf so beschwerlichen Umwegen anzutreten, daß schon hier der Verlust des Gepäcks nicht mehr zu vermeiden war. Dazu kam, daß von den Anstrengungen, Entbehrungen und Beschwerlichkeiten viele Leute auf dem Marsche krank wurden, andere im Angesichte des Feindes ihre Fahnen verließen, daß namentlich einige ehemals Sächsische Bataillons mitten im Kampfe zu den Feinden übergingen. Vom 17ten bis zum 22sten Juli konnte man mit der Armee nur die Strecke von 5 Meilen zurücklegen; denn im Lausitzer Gebirge waren die Wege so schmal, daß die Wagencolonne jeden Augenblick Halt machen mußte. Ueberdies lieferte man stündlich Gefechte mit den leichten feindlichen Truppen. Die Trainknechte spannten auch wohl die Pferde ab, zerschlugen die Pontons und Bagagewagen und versperrten der nachfolgenden Artillerie dadurch den Weg, welcher mühsam wieder gelichtet werden mußte. Ueber 2000 Mann waren auf diesem kurzen Wege entlaufen, das ganze Proviantfuhrwerk, alle Pontons, selbst viele Munitionswagen waren verloren gegangen, und der letzte Rest des Selbstvertrauens natürlich ganz vernichtet.

Noch war das Preußische Magazin in Zittau nicht in der Gewalt der Feinde, welche schon seitwärts dieser Stadt die Preußen erwarteten. Es gelang auch dem General Schmettau, sich mit 4000 Mann in die Stadt zu werfen und unter Winterfelds Beistand den ausgehungerten Preußen einen Proviantransport zuzuführen. Als aber die langsamen Oestreicher endlich mit ihrer Hauptmacht am 23sten Juli herangekommen waren, beschossen sie diese Sächsische Stadt so heftig, daß in Kurzem vier Fünftel der Stadt und mit ihm das Preußische Magazin eingeäschert wurde. Fischer giebt den Verlust für die Sächsischen Unterthanen durch dieses Bombardement, zu welchem der Sächsische Prinz Xaver im Oestreichischen Heere noch aufgemuntert haben soll, auf zehn Millionen Thaler an. Der Verlust für die Preußen, welche darin Mundvorrath für 40,000 Mann auf 3 Wochen ausreichend aufgehäuft hatten, war augenblicklich ebenso empfindlich; doch hätten wohl andere Maaßregeln den Zweck der Oestreicher ebensowohl erreicht. Die Besatzung Zittaus bestand nämlich, da Schmettau die Stadt wieder verlassen hatte, nur aus vier Bataillons unter dem Befehle des tapfern Obristen Diereke. Dieser vertheidigte die Stadt so lange, bis am Abend nach eingeäschertem Magazine der Posten für die Preußen den Werth verloren hatte, und wollte sich nun bei der unerträglichen Hitze, welche der Brand verursachte, aus der Stadt ziehen. Da wurde er mit 250 Pionieren durch die Verrätherei eines Sächsischen Bataillons, das den Feinden die Thore öffnete, gefangen, und nur seine übrige Mannschaft gelangte glücklich zum Prinzen.

Dieser ging nun ungehindert in langsamen Märschen nach Bauzen, wo das Ungemach seines Heeres sich endigte. Zwei Tage nach seiner Ankunft in Bauzen, am 29sten Juli stieß Friedrich mit großer Verstärkung zu ihm, indem nur Fürst Moritz mit funfzehn Bataillons und vierzig Escadrons bei Pirna zum Schutze Dresdens gegen Laudon zurückgelassen wurde.

Der Zorn Friedrichs gegen den Prinzen von Preußen und gegen die Generalität dieses Corps äußerte sich unverholen, ja er behandelte seinen liebenswürdigen Bruder mit so kränkender Zurücksetzung, daß dieser auf der Stelle das Heer verließ, auch bald darauf, man sagt, aus Gram über die bitteren Erfahrungen starb. Der Prinz selbst erzählt über dieses Zusammentreffen des Königs mit ihm Folgendes:

„Um zehn Uhr kam der König auf dem rechten Flügel unseres Heeres an. Er war von der Leibwache, von den Waffenreitern und von einigen Fouriers begleitet, durch die er das Lager für die mitgebrachten Regimenter ausstecken ließ. Ich stieg zu Pferde, um in Begleitung der Herzöge August Wilhelm von Bevern und Friedrich von Würtemberg und der vornehmsten Generals ihm entgegen zu gehen. Der König hatte uns nicht sobald erblickt, als er mit dem Pferde umwand und ungefähr eine Viertelstunde in der Stellung blieb. Aber endlich mußte er umlenken, um den Fouriers Platz zu machen. Ich näherte mich, um meine Ehrerbietung zu bezeigen. Er sagte kein Wort, würdigte mich keines Anblicks und zog kaum den Hut ab. Der Herzog von Bevern mit den andern Generals wurden nicht besser empfangen. Er rief den General von der Golz und sagte ihm: „Sagen Sie meinem Bruder und allen seinen Generals, daß, wenn ich recht verfahren wollte, ich ihnen allen zusammen die Köpfe abschlagen lassen müßte." Das Compliment war sehr unangenehm. Einige Generals wurden darüber bestürzt, andere empfindlich und die letzten machten daraus einen Spaß. Ich erfuhr, daß der König den Regimentern, die er mitgebracht hatte, allen Umgang mit denen unter meinem Befehle verboten hatte, unter dem Vorwande, meine Offiziers und Soldaten hätten allen Muth und alle Ehrliebe verloren. Er jagte den General Schulze von sich, den ich um die Parole für meine Armee zu ihm geschickt hatte. Und da ich ihm selbst die Liste und Berichte des Heeres überbrachte, nahm er sie geschwind mir aus der Hand, und kehrte mir den Rücken zu. Der General Schmettau erhielt Befehl, sich vor den Augen des Königs zu entfernen, und mit erster Gelegenheit nach Dresden zu gehen. Nach dieser schimpflichen Behandlung faßte ich den Entschluß, das Lager zu verlassen und nach Bauzen zu gehen. Ich schrieb den andern Morgen dem Könige diesen Brief:

„Mein lieber Bruder, die Briefe, die Sie mir geschrieben hatten, und die Aufnahme, die ich gestern erfuhr, lassen mich genug einsehen, daß ich nach Ihrer Meinung Ehre und Ruhm verloren habe. Das betrübt mich, ohne mich zu erniedrigen, da ich mir keinen Vorwurf zu machen habe. Ich bin überzeugt, daß ich nicht aus Eigensinn gehandelt hatte. Ich folgte auch nicht dem Rathe solcher Leute, die unfähig waren, einen guten zu geben, und ich hatte gethan, was ich der Armee für zuträglich hielt. Alle Ihre Generals lassen mir diese Gerechtigkeit widerfahren. Ich halte es für unnütz, Sie zu bitten, mein Verhalten untersuchen zu lassen; — das wäre eine Gnade, die Sie mir erzeigten. Also darf ich nicht darauf rechnen. Meine Gesundheit ist durch die Kriegsbeschwerden geschwächt und noch mehr durch den Kummer. Ich habe eine Wohnung in der Stadt genommen, um mich wieder herzustellen. Den Herzog von Bevern ersuchte ich, Ihnen die Berichte von der Armee vorzulegen. Er kann Ihnen von Allem Rechenschaft abgeben. Seien Sie versichert, mein lieber Bruder, daß ich ungeachtet des Unglücks, das mich niederbeugt, und das ich nicht verdient habe, nie aufhören werde, dem Staate zugethan zu bleiben, und als ein getreues Glied desselben wird meine Freude vollkommen sein, wenn ich einen glücklichen Ausgang Ihrer Unternehmung erfahre. Ich habe die Ehre zu sein ꝛc." Der König gab mir von seiner Hand folgende Antwort: „Mein lieber Bruder, Ihr schlechtes Betragen hat meine Sachen sehr in Verfall gebracht. Es sind nicht die Feinde, es sind Ihre schlechte Maßregeln, die mir allen Verdruß verursachen. Meine Generals sind nicht zu entschuldigen, entweder weil sie so übel Sie berathen, oder weil sie zugelassen haben, daß Sie so schlechte Entschließungen ergreifen konnten. Ihre Ohren sind nur gewöhnt, die Reden der Schmeichler anzuhören. Daun hat Ihnen nicht geschmeichelt und Sie sehen davon die Folgen. In dieser traurigen Lage bleibt mir nichts übrig, als mich zum Letzten und Aeußersten zu bestimmen. Ich will schlagen, und wenn wir nicht überwinden können, so wollen wir uns alle zusammen begraben lassen. Nicht beklage ich mich über Ihr Herz, aber wohl über Ihre Unfähigkeit und über Ihren Mangel an Beurtheilung, die besten Mittel auszuwählen. Wer nur noch wenige Tage zu leben hat, braucht nichts zu verhehlen. Ich wünsche Ihnen mehr Glück, als ich gehabt habe, und daß alle Uebel und unangenehmen Ereignisse, die Sie erfuhren, Sie lehren mögen, wichtige Angelegenheiten mit mehr Sorgfalt, Vernunft und Entschlossenheit zu behandeln. Der größte Theil der Unfälle, die ich voraussehe, kömmt blos von Ihnen. Sie und Ihre Kinder werden davon mehr als ich betroffen werden. Seien Sie indessen überzeugt, daß ich Sie beständig geliebt habe, und daß ich mit diesen Gesinnungen sterben werde."

Man schreibt einen großen Theil dieser Irrungen zwischen den Brüdern der Cabale Winterfelds zu. Dieser General war wenigstens der einzige, welchem er sein Vertrauen nicht entzog; auch hat sich derselbe solchen Vorzuges gerühmt, und während die übrigen Generale dem scheidenden Prinzen ihr Beileid ausdrückten, verweilte Winterfeld einige Stunden lang zu geheimer Berathung bei Friedrich.

Man muß diese rücksichtslose Härte Friedrichs bei den obwaltenden Verhältnissen seiner Persönlichkeit zu Gute halten. Er forderte unstreitig zu viel, und indem er seinem Bruder eine Last aufbürdete, die nur seinen eigenen Kräften entsprach, machte er einen großen Mißgriff. Vielleicht hatten ihn auch die übrigen Schicksalsschläge schon zu sehr gereizt. Zehn Tage nach der Colliner Schlacht nämlich, den 28sten Juni, war seine, von ihm heiß geliebte Mutter Sophie Dorothee gestorben. Mitchell erwähnt in seinen Berichten nach England ausdrücklich der trüben Gemüthsstimmung Friedrichs in dieser Periode. „Den König," schreibt er vom 2ten Juli, „hat Niemand seit der Trauerpost gesehen, und ich höre, er sei tief betrübt. Gewiß ist sein Schmerz aufrichtig;" und am 4ten Juli: „Gestern ließ mich der König rufen. Es war das erste Mal, daß er seit jener Todesnachricht Jemand sprach. Ich hatte die Ehre, einige Stunden mit ihm in seinem Kabinet zu bleiben und muß Eure Herrlichkeit gestehen: ich war aufs tiefste bewegt zu sehen, wie er sich im Schmerze gehen ließ und den zärtlichsten, kindlichsten Gefühlen Raum gab 2c." Dazu kamen die Unfälle seiner Armeen. Noch vor 5 Wochen hatte die Kaiserinn in Wien gezittert, und jetzt riefen ihre Proclamationen die Schlesier wieder unter ihre Botmäßigkeit zurück. Diese Provinz war ohne Schutz, von allen Seiten waffneten sich neue Feinde und von seinen Armeen hatte Friedrich 50,000 Mann in vier Monaten eingebüßt. Fast kein Mittel blieb ihm übrig, um seiner Sache einen günstigen Ausgang zu verschaffen. Seine Truppen waren entmuthigt, die tapfersten waren vor Prag und bei Collin geblieben; die verbündete Armee war durch Cumberlands Schuld gerade um dieselbe Zeit bis nach Stade zurückgedrängt und seine Erblande waren ebenso schwer bedroht, als Sachsen in Gefahr, von zwei Seiten ihm entrissen zu werden. Warlich, in solch' schrecklicher Lage ist die gereizte Stimmung, die sich in seinem Benehmen gegen August Wilhelm offenbarte, sehr zu verzeihen. Gleichzeitige Documente, seine Briefe an die Markgräfinn von Baireuth, an d'Argens und Voltaire, offenbaren uns seinen Seelenzustand auf das Bündigste. In jener Zeit der Drangsale bis zur Schlacht bei Roßbach äußerte er sogar den Gedanken, seinen Untergang nicht zu überleben, und damals war es, wo er die denkwürdigen Worte schrieb:

„Ich aber, vom Orcan bedroht,
„Muß, trotz dem nahenden Verderben,
„Als König denken, leben, sterben! —

Nach diesen Unfällen sann Friedrich vor Allem darauf, wie er seine nächsten Feinde augenblicklich überwältigen und dann Freiheit gewinnen könne, den Franzosen bis zur Saale entgegen zu gehen. Friedrich mußte natürlich ein ganz anderes Kriegssystem erdenken, und das durch ihn in Anwendung gebrachte, welchem er in den wesentlichen Stücken auch von jetzt an treu blieb, enthält die Grundzüge des echten Vertheidigungskrieges. Er suchte nämlich die Mehrzahl seiner Feinde durch schwächere Corps hinzuhalten und zu beschäftigen, während er mit einer Hauptarmee den gefährlichsten derselben in Entscheidungsschlachten überwältigte. Für den Augenblick mußte er jedoch sein Heer reorganisiren, namentlich für dessen Verpflegung Sorge tragen, wodurch er bis zum 15ten August in seinen Operationen gehemmt war. Dann aber brach er mit circa 50,000 Mann gegen die Oestreicher auf, welche sich seit dem 24sten Juli bei Burkersdorf verschanzt hatten. Allein die Stellung Dauns war so glücklich gewählt, daß Friedrich ihn nicht angreifen, ebenso wenig ihn umgehen und seine Verbindungslinie mit Böhmen unterbrechen konnte. Als er auf keine Weise den vorsichtigen Daun verlocken konnte, ließ er die Hauptarmee unter dem Befehle Beverns in der Lausitz, Winterfeld jenseit der Neiße Nadasby gegenüber, stehen, und er selbst wendete sich gegen die Franzosen und Reichstruppen, um sich Sachsen zu retten.

Schlacht bei Groß Jägersdorf.
(Den 30sten August 1757.)

In diese Zeit fällt diejenige wichtigste Unternehmung, welche in Preußen von dem achtundsiebzigjährigen Feldmarschall Lehwald gegen die Russen ausgeführt wurde, — die Schlacht bei Groß-Jägersdorf. Diese war für die Preußen zwar nicht siegreich, doch desto ruhmvoller, wenn man bedenkt, daß sie gegen vierfache Uebermacht kämpften. Auch war der Erfolg dieser Schlacht ein lohnender, da Aprarin bald nachher das ganze Land räumte.

Aprarin war mit 124,000 Mann und 300 Geschützen sengend und brennend in vier Colonnen in Preußen eingefallen und Lehwald hatte bei Insterburg ein festes Lager bezogen. Am 5ten Juli capitulirte Memel, von der Land- und Seeseite gleich heftig bedrängt, und Lehwald gerieth nun mit seinen Generalen Graf Dohna und Schorlemmer über die ferneren Maßregeln in Zwiespalt, dessen Entscheidung sie Friedrich anheimgaben. Dieser befahl dem Feldmarschall „dem ersten Besten, der ihm zu nahe käme, auf den Hals zu gehen und ihn zu schlagen." Als nun die Russen in ausgedehnter Linie immer weiter ins Land rückten, und sich am 18ten August in der Nähe von Insterburg vereinigten, auch auf drei Brücken in der Nacht vom 27sten zum 28sten August über den Pregel gingen, und bei Norkitten ein Lager bezogen; — überschritt auch Lehwald den Pregel und nahm 1¼ Meile von Wehlau entfernt seine Stellung so, daß ihn nur ein dickes Gehölz, von drei Wegen durchschnitten, vom Feinde trennte. Graf Dohna's Bewegungen verriethen den Russen die Absichten Lehwalds zu früh und sie konnten sich auf eine Schlacht vorbereiten.

Am 30sten August um 1 Uhr Morgens marschirten die Preußen in drei Kolonnen dem Feinde durch die Waldschluchten entgegen. Sie waren circa 24,000, die Russen circa 90,000 Mann stark. Die Disposition Lehwalds beruhte auf falschen Voraussetzungen; — er hatte das Lager der Russen nicht sorgfältig genug recognosciret. Als daher der Preußische rechte Flügel nach mehrstündigen Vorbereitungen, welche den Feinden Zeit zur Rüstung gegeben hatten, um fünf Uhr Morgens muthig angriff, so erkämpfte er zwar augenblicklich bedeutende Vortheile, warf die Russische Reiterei, drang in die feindliche Infanterie und eroberte eine Batterie von acht Geschützen; — allein Lehwald überzeugte sich, daß er mit seinem Flügel nicht auf den feindlichen linken Flügel, sondern auf dessen starke Mitte gestoßen sei, daß vielmehr der linke Flügel der Feinde waldeinwärts in einen Winkel ausspringe und er dadurch bedroht werde, überflügelt und in die Flanke genommen zu werden. Er suchte diesen

Fehler dadurch zu verbessern, daß er seine Armee rechtshin sich ausdehnen ließ, wodurch die Schlachtlinie, in welche das zweite Treffen sogleich hineingezogen wurde, an Stärke verlor. Ueberdem verhinderte Nebel, Pulverdampf und Feuerqualm einiger brennenden Dörfer die freie Umsicht, die Truppen gelangten in Intervallen an den Feind, und hatten hin und wieder die Richtung verloren. Dennoch griffen sie herzhaft an, und die Tapferkeit einzelner Truppentheile erkämpfte große Vortheile. Das Regiment Kanitz (Nr. 1.) zeichnete sich rühmlich aus und erstürmte eine zweite Batterie; der Feldwebel desselben nahm den General Lapuchin gefangen. Der rechte Flügel Lehwalds war bis jetzt entschieden im Vortheil. Nun griff auch Schorlemmer mit dreißig Escadrons vom linken Flügel der Preußen muthig an und warf die Russen bis an den Wald hinter Norkitten. Da aber vertrieb ihn das heftigste Artillerie- und Gewehrfeuer und als gleichzeitig um neun Uhr vom linken Russischen Flügel zwanzig frische Bataillons unter General Romanzow quer durch den Wald gingen und sich auf das geschwächte Centrum Lehwalds warfen, sah dieser die Unmöglichkeit ein, gegen solche Uebermacht fernere Vortheile zu erkämpfen. Er brach daher die Schlacht ab, und indem Schorlemmer seinen Rückzug vor dem Walde deckte, zog er mit der Infanterie ungestört durch die Schluchten wieder ab, durch welche er Morgens gekommen war. Lehwald hatte 37 Offiziere und 2200 Mann verloren und 86 Offiziere und 2300 Mann waren ihm verwundet. Unter den ersteren befand sich des Königs Flügeladjutant, Major von Goltze, unter den letzteren der Graf zu Dohna. Dem Feinde mußte man 27 Geschütze überlassen. — Der Verlust der Russen belief sich auf 9000 Mann, worunter neun Generale und viele Offiziere sich befanden.

Nachdem Apraxin bis zum 2ten September das Schlachtfeld behauptet hatte, machte er noch eine Bewegung gegen die Aller; allein in Folge geheimer Instructionen, vielleicht aus wirklicher Besorgniß für den Unterhalt seiner Truppen, welche Alles verheert hatten, kehrte er bis Ende Septembers über die Memel zurück, und nur in Memel blieb eine schwache Besatzung stehen.

Dieser Feldzug kostete den Russen in drei Monaten 30,000 Mann, wovon der größte Theil durch schlechte Verpflegung und Krankheiten ꝛc. hingerafft wurde. —

Als Friedrich sich am 25sten August von Bernstädtel mit einer schwachen Heermacht nach Dresden gewendet und hier des Fürsten Moritz Corps aufgenommen hatte, ging er Anfangs September den vereinigten Reichstruppen und Franzosen entgegen. Obgleich diese 57,000 Mann stark waren, und er nur über 31 Bataillons und 36 Escadrons gebieten konnte, so wollte er sie dennoch aufsuchen und angreifen. Es kam ihm zu Statten, daß der Herzog von Richelieu, im Halberstädtischen und Magdeburgischen brandschatzend, aus persönlicher Vorliebe für Friedrich, noch mehr aus Widerwillen gegen das neue politische System Frankreichs, den Vorschlägen Friedrichs zur Friedensvermittelung wenigstens in soweit Gehör gab, daß er mit Friedrich in Briefwechsel trat und dieserhalb sich Instructionen aus Paris einholte. Wenn nichts Anderes, so erreichte Friedrich dadurch, daß Richelieu, dem der Weg nach Berlin offen stand, unthätig verweilte, und indem Friedrich nun am 14ten September den Herzog Ferdinand mit fünf Bataillons und zehn Escadrons ins Halberstädtische zur Beobachtung Richelieus detaschirte, auch den Fürst Moritz auf dem rechten Ufer der Saale stehen ließ, um nach den Umständen gegen Richelieu, die Oestreicher oder Soubise zu Hülfe eilen zu können, besetzte er mit den ihm übrig bleibenden funfzehn Bataillons und fünfundzwanzig Escadrons Erfurt und dessen nächste Umgegend. Am 15ten September ging er bis Gotha vor, um den bei Eisenach stehenden Feind zu recognosciren, ließ auch den General von Seidlitz mit zwanzig Escadrons bei Gotha stehen. Als nun am 19ten 11,000 Feinde nach Gotha vorgedrungen waren, täuschte sie von Seydlitz durch die Aufstellung seiner Reiterei so, daß sie glauben mußten, Friedrichs ganzes Heer stehe ihnen entgegen, und da sie schleunig umkehrten, fiel ihnen von Seidlitz mit Blitzesschnelle in den Rücken, verjagte den Prinzen Soubise von der herzoglichen Tafel, erbeutete den buntscheckigen Troß des schwelgerischen Corps und lud sich mit seinem Offiziercorps sodann selbst beim Herzoge zu Gaste, um die Speisen zu verzehren, die für die Franzosen aufgetragen waren. Die gemachte Beute war ganz absonderlicher Art. Unter der Equipage der luxuriösen, verwöhnten Offiziere sah man tausend verschiedene Toiletten-Bedürfnisse: Pomaden, wohlriechende Wasser, Pudermäntel, Haarbeutel, Sonnenschirme, Schlafröcke und Papageien. Ein Schwarm lamentirender Lakaien, Köche, Friseurs,

Comödianten und Dirnen wurde mit Protest den fliehenden Franzmännern nachgejagt.

Erst am 22sten September ging Seidlitz wieder nach Erfurt zurück, und auch der König machte in Folge übler Nachrichten aus der Mark am 28sten eine retrograde Bewegung bis Buttstädt.

In Eilmärschen war Fürst Moritz nach Torgau vorausgeeilt, weil der Oestreichische General Marschall die Hauptstadt Berlin bedrohte; der König zog ihn aber wieder auf Leipzig zurück, als es ihm nöthiger schien, sich gegen die nun kühner vorrückenden Franzosen und Reichstruppen stärker zu waffnen.

Da scholl noch einmal der Hilferuf von Berlin herüber und dießmal schien es mehr Ernst zu sein. Schnell eilte daher Moritz über Torgau der bedrängten Hauptstadt zu; als er aber am 17ten October in Groß Beeren anlangte, hörte er, daß Tags vorher der Oestreichische General Haddik mit einigen tausend Mann eine Streifpartie bis an die Thore Berlins ausgeführt habe, jedoch bereits wieder abgezogen sei. Die Königinn und Prinzessinnen des Hauses waren vor dem Feinde nach Spandau geflüchtet. Die Archive waren nach Magdeburg in Sicherheit gebracht, — so durften die Einwohner Berlins für nichts Anderes, als ihr eigenes Leben und ihr Vermögen zittern. Man machte einen Versuch, die Stadt zu vertheidigen; zwei Bataillons Landmiliz kämpften an den Thoren, bis sie der Uebermacht erlagen, und nun forderte Haddik eine Contribution von 300,000 Thalern. Da diese nicht zur rechten Zeit überliefert werden konnten, erhöhte Haddik seine Forderung auf 500,000 Thaler, begnügte sich jedoch zuletzt mit 185,000 Thalern und vierundzwanzig Paar Damenhandschuhen, welche, mit dem Berliner Stadtwappen gestempelt, für die Kaiserinn bestimmt waren. Die Sage erzählt, die Handschuhe seien nur für die linke Hand passend ausgewählt worden.

Am 18ten, während Haddik über Storkow und Beeskow seine Beute in Sicherheit zu bringen suchte, rückte Moritz in Berlin ein, und Friedrich befand sich mit seinem Heere um diese Zeit in Torgau, ging auch selbst bis Herzberg, um dann vereinigt mit Moritz dem Prinz von Bevern zu Hülfe zu ziehen, welcher in Schlesien hart bedrängt wurde.

Da gelangte neue Botschaft von der Saale an ihn, die Reichsvölker und Franzosen seien in voller Thätigkeit, hätten die Saale

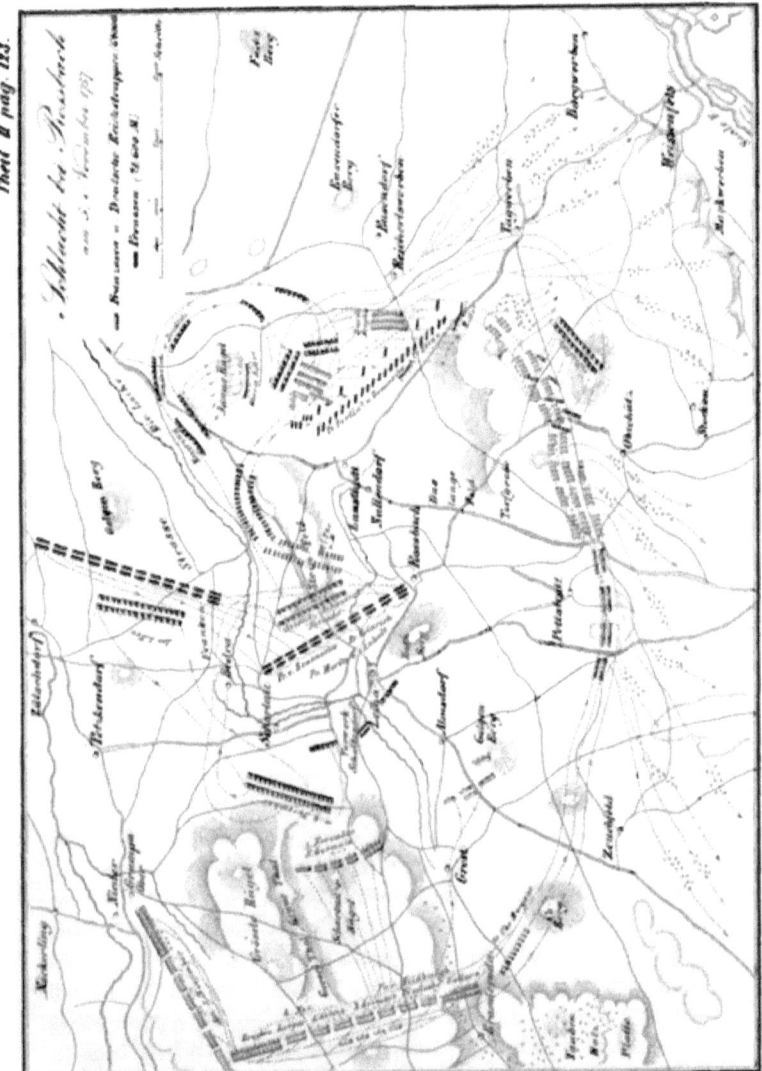

bereits überschritten, das schwache Preußische Beobachtungs-Corps unter Marschall Keith sei bis Leipzig zurückgedrängt, und bei der Uebermacht der Feinde stehe, wenn Richelieu sich mit jenen vereinige, ganz Sachsen auf dem Spiele.

Schnell war Friedrichs Entschluß gefaßt. Er rief Moritz aus der Mark zurück, beorderte den Herzog Ferdinand aus den Standquartieren bei Magdeburg nach Leipzig, wohin er selbst aufbrach, und hatte am 28sten October sein Heer 24,000 Mann stark vereinigt, das 7 Tage vorher tief in Sachsen, in der Mark und bei Magdeburg zerstreut war. Sogleich versuchte er mit demselben bei Halle, Merseburg und Weißenfels die Saale zu überschreiten, fand aber überall die Brücken zerstört, und erst am 3ten November konnte er, mit Zurücklassung von 2000 Mann, den Fluß passiren, um die Alliirten aufzusuchen.

Diese, bis auf 64,000 Mann durch ein Corps des Herzogs von Richelieu, unter dem Herzog von Broglio, verstärkt, erwarteten bei Mücheln die Preußen in einer vortheilhaften Stellung, welche Friedrich mit seinen 22,000 Streitern anzugreifen nicht für rathsam fand; — er ging vielmehr durch Schortau zurück und schlug sein Lager am 4ten November zwischen Roßbach und Bedra auf.

Die Schlacht bei Roßbach.
(Den 5. November 1757.)

Kaum tagte der 5te November, als die Preußen einen starken Heerhaufen aus dem Lager zwischen Branderode und Mücheln auf Schortau heranrücken sahen, welcher auch bald ein lebhaftes Feuer auf dies Dorf und die Preußischen Vorposten eröffnete. Gegen 9 Uhr sah man das Französische Hauptheer treffenweise rechts abmarschiren. Das verleitete den König zu der Meinung, der Feind beabsichtige sich auf Freiburg über die Unstrut zurückzuziehen, weßhalb er seiner Reiterei Befehle ertheilte, sich zum Angriffe der Französischen Arriergarde bereit zu halten. Er glaubte, das bis vor Schortau vorgeschobene Corps des Grafen St. Germain sollte nur den Rückzug decken.

Da gewahrte man Mittags, daß der Feind bei Zeuchfeld — statt rechts abzumarschiren — rastete und dann auf Pettstädt und Luftschiff seine Direction nahm. So unwahrscheinlich es dem Könige war, so überzeugte er sich nun dennoch, daß die Franzosen die Absicht hegten, ihn anzugreifen, oder ihm den Rückzugsweg zur Saale abzuschneiden. Er ließ deshalb sogleich die Zelte abbrechen und die Armee treffenweise links abmarschiren. Der Aufbruch des Lagers geschah mit solcher Pünktlichkeit und so schnell, daß die Franzosen, welche Augenzeugen davon waren, denselben mit einem Scenenwechsel der Oper verglichen. Sie fürchteten aber, — nicht, daß sie in dem bevorstehenden Kampfe unterliegen könnten, — sondern daß Friedrich durch Beschleunigung seines Abmarsches ihnen entwischen möchte, und beeilten sich daher, ihm gegen Reichertswerben hin in den Rücken zu kommen.

Friedrichs Lager war sehr glücklich gewählt; — in der Front und auf beiden Flanken schützten ihn zwei Bäche. Die Anhöhe, welche er zwischen Roßbach und Bedra besetzt hatte, dehnt sich dreiviertel Meilen weit bis über Klein-Kayna hin als ein sanftabhängender Bergrücken aus, wo ihr höchster Punkt, der Janusberg, die Ebene weit beherrscht. — Dieser Höhenzug verbarg den Verbündeten die Bewegungen Friedrichs, und seine leichten Truppen verhinderten es, daß ihre Plänkler zum Kundschaften auf die Höhe gelangten.

Während also die Franzosen ihren Marsch auf Reichertswerben mit klingendem Spiel in der Voraussetzung beeilten, sie würden wenigstens die letzten Hasen auf der Jagd noch erwischen, ordnete Friedrich schleunig die Disposition zur Schlacht an, nach welcher 7 Escadrons Husaren und das Freibataillon Meier auf dem Lagerplatze gegen St. Germain stehen bleiben, das ganze Heer hinter dem Bergrücken links hin deployiren, dem arglos heranrückenden Feinde die Flanke abgewinnen, dann aber mit dem Centrum auf die Feinde einbrechen sollte. Den Janushügel ließ er von einer starken Batterie einnehmen, und seine Cavallerie eilte voraus, um dem Feinde in die Flanke zu gelangen; 5 Escadrons Szekely-Husaren plänkelten schon mit der leichten Reiterei der Feinde.

Hier war's, wo der löwenkühne Seydlitz, als jüngster Generalmajor durch das Vertrauen Friedrichs an die Spitze der ganzen Reiterei gestellt, durch seine überaus zweckmäßigen, wohlberechneten, zur rechten Zeit ausgeführten Angriffe unsterblichen Ruhm gewann, und jene Hoffnungen seines Königs rechtfertigte, welche er bis dahin erregt hatte. Er, der im siebenten Jahre schon, als er durch die sausenden Flügel einer Windmühle ritt, und später in den Schlachten der beiden ersten Schlesischen Kriege seinen ausgezeichneten Muth bewährt hatte, der im 23sten Lebensjahre Major, schon in der Schlacht bei Hohenfriedberg und Sorr des Königs Aufmerksamkeit auf sich gelenkt, bei Kollin allein Trophäen erbeutet, bei Gotha Glänzendes ausgeführt hatte, er war der Mann, welcher an der Spitze einer tapfern Reiterschaar des Königs kühne und geistvolle Entwürfe energisch auszuführen verstand. Darum wählte ihn **Friedrich** vor allen übrigen Feldherrn, die ihn an Dienstjahren freilich übertrafen, zum Führer der ganzen Cavallerie, und seit diesem Tage nannte man **Seydlitz'** Namen in der Preußischen Armee als einen der klangvollsten und zählte diesen jungen Feldherrn zu den ausgezeichnetesten Stützen des Vaterlandes während der noch folgenden blutigen Kriegsjahre.

Eben schwenkte **Seydlitz** um 3½ Uhr um den Janushügel herum, als er bemerkte, daß die Feinde von Reichertswerben sich gegen den Janushügel gewendet hatten, weil sie in dieser Höhe den Preußen schon im Rücken zu operiren sich einbildeten. Er überflügelte sie bereits mit 5 Escadrons; da schnell, ehe sie ihn wahrnehmen, noch weniger sich gegen ihn kehren können, bricht er mit 38 Schwadronen auf sie los, und so unerwartet fällt er über sie her, daß die hier sorglos ziehenden 52 Escadrons sogleich in wilder Verwirrung untereinander gerathen, und plötzlich, verfolgt von den Preußen, zurückfliehen, ohne nur die Waffen gebraucht oder einen Augenblick Stand gehalten zu haben. Vergebens suchte **Broglio** seine Schaaren zusammenzuhalten und mit ihnen gegen die stürmenden Preußen rechtshin Terrain zu gewinnen; nur den beiden Oestreichischen Regimentern **Brettlach** und **Trautmannsdorf** Kürassieren und den Französischen **La Reine** und **Fitz-James** gelang es wenigstens, sich zu formiren. Bei dem ersten Chok, den sie ohne gehörige Ordnung auf die Preußen versuchten, wurden auch sie geworfen, drängten sich in den Hohlweg bei Reichertswerben und wurden hier größtentheils gefangen, da sie nicht eilig genug entfliehen konnten. —

Die aber unter den feindlichen Säbelhieben weder gefallen, noch

von den siegreichen Preußen gefangen waren, flohen in Hast und
Eil ohne Aufenthalt bis über die Unstrut, und von der ganzen Rei-
terei wurde nach diesem einen siegreichen Angriffe des kühnen
Seydlitz kein einziger Mann mehr gesehen.

Seydlitz, seine Truppen ordnend, welche keinem Feinde augenblicklich gegenüber standen, zog mit der Reiterei noch weiter links,
und stand nun bald vor Tagwerben der feindlichen Infanterie im
Rücken.

Unterdessen war die feindliche Infanterie in Bataillons-Colonnen
gegen Reichertswerben fortgerückt und versuchte jetzt, beschossen und
in Unordnung gebracht durch die Preußische Batterie auf dem Janushügel, vergebens, seine Linie nach der Flanke aufzustellen. Friedrichs Infanterie hatte sich immer weiter links geschwenkt, und indem
er jetzt mit der gesammten Macht dem Feinde entgegenrückte, seine
Batterien in die dichten, tiefen, 50 Mann breiten Colonnen ein
wirksames Feuer unterhielten, und Seydlitz die von der Cavallerie
verlassene Infanterie im Rücken bedrohte, wurde ihre Lage immer
verzweifelter.

Um 4 Uhr waren Friedrichs tapfere Soldaten den Feinden so
nahe gekommen, daß sie mit dem glänzendsten Erfolg das kleine
Gewehrfeuer beginnen konnten. Sie feuerten so regelmäßig, wie
auf dem Exercierplatze, und in einer Viertelstunde brachten sie zuerst
einzelne Colonnen, dann aber diesen ganzen Flügel in eine solche
Verwirrung, daß sich alle Ordnung auflöste, und die Regimenter
wild durcheinander fluthend dem Kampfplatze entflohen.

Diesen Augenblick hatte der wachsame Seydlitz erwartet, und
plötzlich fiel er nun noch einmal, wie vorher auf die Cavallerie, so
jetzt über die flüchtigen Infanteristen her und nahm Alles, was nur
von ihm erreicht werden konnte, gefangen. Noch einmal setzten sich
einige Französische Brigaden; aber nichts konnte der Kampfeswuth
der tapfern Garde du Corps und Gensd'armes widerstehen: — auch
diese geriethen größtentheils in Gefangenschaft. —

Welch' ein Anblick! — Im wildesten Getümmel flohen die er-
schrockenen Reichstruppen und die schnellfüßigen Franzmänner hier-
und dorthin, und dazwischen saßen Seydlitz geschwinde Reiter,
mit ihren Pallaschen und krummen Säbeln sie zu Paaren treibend.
Schon erleichterten sich die Ausreißer ihre Flucht, indem sie die
schweren Waffen abwarfen; aber sie wurden dennoch erreicht und

SEYDLITZ IN DER SCHLACHT BEI ROSSBACH.

flehten die Sieger um Pardon an. Der linke Flügel, dem nicht einmal die Preußen so nahe standen, daß es mit ihm zum Kampfe gekommen wäre, wurde in die Flucht mit hineingerissen, und wenn auch hier einen Augenblick lang die ungeschwächte Cavallerie den Rückzug zu decken suchte, so scheuchte doch die wirksame Artillerie Friedrichs bald die wohlberittenen Feinde dem Fußvolk voraus. Auch St. Germain entfloh, so eilig er konnte, über die Unstrut.

Hinterher sah man Friedrichs siegreiches Häuflein mit wehenden Fahnen in Schlachtordnung ziehen, welches auskehrend den Tanzplatz fegte, erst auf der Höhe von Obschütz anhielt, und daselbst die Nacht hindurch unter dem Gewehr stehen blieb. Und welche Erfolge hatte man in dieser unblutigen Schlacht erkämpft! — Nur drei Offiziere und 162 Mann hatte man verloren; 20 Offiziere und 356 Mann waren verwundet. Von den Feinden deckten 700 Todte den Wahlplatz; mehr als 2000 bluteten, unter ihnen der Prinz von Hildburghausen; über 5000 waren gefangen, darunter 5 Generale und an 300 Offiziere. Viele Husaren decorirten sich mit den zahlreichen Ludwigskreuzen der Besiegten.

Man erbeutete 67 Kanonen, 7 Fahnen und 15 Standarten, sowie die ganze Bagage, und hätte nicht die Nacht der Verfolgung Einhalt geboten, so würde die Infanterie, welche nicht so geschwind die Unstrut passiren konnte, von Friedrich ganz aufgerieben worden sein. Nun bedenke man, daß überhaupt nur 7 Bataillons vom linken Flügel der Preußen im Feuer gewesen sind, und daß diese kaum 12 bis 15 Patronen verfeuert haben! In welchem Lichte erscheint dann die Ungeschicklichkeit, Untüchtigkeit und Feigheit der Verbündeten gegenüber der Feldherrngröße Friedrichs und der Tapferkeit seiner Soldaten. In dem Augenblicke, da Friedrich von dem hohen Schlosse bei Roßbach die Feinde auf seine linke Flanke zumarschiren sah, durchschaute er ihre Pläne und entwarf er seine Disposition, und seine tapferen Schaaren zauderten nicht, muthig dem Feinde entgegenzugehen, wie gering auch ihre Anzahl wider solche Uebermacht erschien. — Die Reichstruppen liefen davon, ohne gekämpft zu haben, und zwei Preußische Dragoner nahmen über 100 Mann gefangen, welche sich auf der Flucht in einem Garten verbergen wollten. Der Weg nach Erfurt war mit Kürassen und Reiterstiefeln, mit Gewehren und Waffenstücken besäet; es war mit den Heldenthaten der Reichstruppen und mit den hochtrabenden

Phrasen der eitelen Franzosen vorbei. In kläglicher Gestalt flüchteten die Truppen zersprengt durch Thüringen der Heimath zu, die Reichstruppen über Erfurt, die Franzosen über Weißensee, und schon am 7ten kamen die letzteren athemlos in Langensalze, 11 Meilen vom Schlachtfelde, an, durch ihre Geschwindigkeit der Schärfe des Schwertes entrinnend. Viele plünderten umherschweifend die Gegend des Eichsfeldes und sammelten sich dann in Nordhausen und Heiligenstadt, durch Anschlagzettel in den Dörfern, welche unser Scharnhorst noch gesehen hat, dorthin gerufen.

Solch' hoher Triumph **Friedrichs**, daß er mit 22,000 Preußen die dreifach stärkeren Feinde in einer Stunde in die wildeste Flucht jagte, belohnte sich zunächst dadurch, daß seine Soldaten wieder das alte Selbstvertrauen gewannen.

An diesem Siege nahm aber auch ganz Deutschland den innigsten Antheil; denn hier hatte ein deutscher Fürst jene übermüthigen Schaaren gedemüthigt, welche seit Jahrhunderten alle Deutschen als ihre Nationalfeinde betrachteten. Die Franzosen, durch ihre politische Geltung, durch ihre Sprache, ihre Bildung und ihren Geschmack die einflußreichen Gewalthaber in Europa, hatten an den kleinen deutschen Höfen so übermüthig die Herren gespielt, so nachtheilig deutsche Sitte und Keuschheit des Sinnes untergraben, so raubsüchtig sich des Lohnes, den der deutsche Fleiß verdiente, bemächtigt, und spreizten sich mit ihrem Modekram, dem man nachäffte, mit dem Flitter, der die Augen blendete, mit dem geschmacklosen Tand, der vielen Deutschen zur Hauptsache ward, in so geckenhafter Einbildung und mit so dünkelhafter Geringschätzung der deutschen Zustände und Gewohnheiten, daß man den Zorn und Haß wider dieselben den Deutschen zu Gute halten muß. In andern Kreisen unseres Vaterlandes haßte man sie, weil man ihnen zu der Väter Zeiten schon gegenübergestanden, in vielen Schlachten mit ihnen um den deutschen Boden gekämpft und dennoch allmälig reiche Provinzen, welche von Deutschland abbröckelten, an sie verloren hatte. Damals war der Elsaß noch nicht verschmerzt und die Volkslieder klagten über den Verlust von Straßburg, „der wunderschönen Stadt", in den frischesten Sangweisen. Die Wunden der Grenzwohner bluteten noch von den grausamen Verwüstungen der letzten Kriege, und auch jetzt hatte dieses Volk, das sich vorzugsweise der höhern Bildung und feineren Sitte rühmte, mit geflissentlicher Raubsucht nicht nur in den feindlichen Ländern aufgeräumt, sondern auch die gesegneten Fluren seines zeitigen Bundesgenossen beispiellos verwüstet. Richelieu lachte der Ehrentitel, die ihm seine eigenen Soldaten wegen seiner unersättlichen Raubgier in den Hannöverschen Landen ertheilten, und erbaute sich zu Paris aus der Beute, welche in sechs Monaten zusammengeschleppt wurde, einen feenartigen Palast, den der Volkswitz mit dem Namen „le Pavillon d'Hannovre" taufte. „Nicht die Preußen," sagt eine Sächsische Denkschrift jener Zeit, „haben unsre Länder und Felder, unsre Weinberge und Gärten verwüstet, nicht die Preußen haben unsre Saaten zertreten, uns auf der Straße beraubt, unsre Häuser geplündert und unsre Vorräthe weggeführt und verderbt. Nicht die Preußen haben unsre Kirchen geschändet, und Alles, was heilig ist, verhöhnt. Nein, unsre Freunde, die Franzosen und Reichstruppen, unsre so sehnsuchtsvoll erwarteten Helfer und Erretter haben das Elend uns verursacht und angethan. Anstatt unsre Erretter zu sein, wurden sie die Zerstörer unseres Vaterlandes, anstatt uns Sicherheit zu gewähren, haben sie unser Elend und Unglück vermehrt, anstatt uns von den Feinden zu befreien, verfuhren sie selbst mit den größten Feindseligkeiten gegen uns." Mit unerhörter Frechheit erpreßten sie die nöthige Fourage, reichen Proviant, schwelgerische Mahlzeiten, Geld und Geldeswerth. Angedrohte Plünderung öffnete die Säckel der Sachsen, und zwanzig Dörfer um Freiburg wurden zu Einöden, da die Franzosen darin gehaust hatten. In dem Schlosse eines Edelmanns sah man noch lange nachher die Spuren der rohen Gewalt an den zerschlagenen Meubeln und den zertrümmerten Wänden. Da waren die Betten zerschnitten, die Schriften und Bücher zerrissen, die muthwillig getödteten Hausthiere faulten auf den verödeten Höfen. Altäre und Kanzeln wurden geschändet, Geistliche sahen sich den rohen Mißhandlungen ausgesetzt und Niemand fand gegen solche Greuelthaten Schutz. In dieser Zeit brandmarkten sich zu ewiger Schande die Regimenter Piemont, Beauvoisis, Fitz-James und Deur Pont, die man als wahre Henker und Blutsauger aller Orten, wo sie die Spuren ihrer rohen Gewalt zurückgelassen hatten, in ohnmächtiger Wuth, voll Ingrimms verfluchte. —

Darum frohlockte man in allen deutschen Landen über diesen herrlichen Sieg; er wurde zum Triumph der deutschen Nation über die gehaßten Franzosen, und wie er für Friedrich eine bei-

9

spiellose Begeisterung erweckte und seinen Namen fortan als einen ächt-deutschen erklingen machte, so warf er auf die Franzmänner für lange Zeit den Fluch der lächerlichsten Feigheit und des hohlen Dünkels und befleckte ihre Waffen mit einem Roste, den eine kräftigere Generation erst wieder mit ihrem Blute abwaschen mußte. Viele Bilder verherrlichten diese Waffenthat Friedrichs und zahlreiche Anekdoten gingen im Munde des Volkes umher. „Bruder Deutscher," rief ein Preuße in der Schlacht einem herbeieilenden Oestreicher zu, der einen hartbedrängten Franzosen befreien wollte, „laß mir den Franzosen!" und der Oestreicher wendete sich mit den Worten ab: „Nimm ihn halt!"

Friedrich selbst bewies sich gegen die verwundeten und gefangenen Franzosen leutselig und freundlich. Einem an den Pocken krank Darniederliegenden, welchen er auf dem Marsche in einem Dorfe antraf, gab er den Degen zurück, „weil er nur vor der Spitze des Degens Gefangene mache." Den Marquis von Cústine tröstete er, indem er an sein Sterbelager trat und ihm sagte: „Geduld, Herr Marquis, heftige Schmerzen währen nicht lange." Da wurde der sterbende Krieger von solcher Huld tief gerührt, daß er ausrief: „O Sire, wie sehr übertreffen Sie Alexander. Er marterte seine Gefangenen zu Tode, und Sie gießen Oel in ihre Wunden." — Der Graf St. Germain, welcher in seinen Briefen eine sehr grelle Schilderung von dem sittlichen Zustande der Französischen Armee entwirft, rühmt Friedrichs Edelmuth und legt ihm die Worte in den Mund, welche er gegen mehre Gefangene geäußert habe: „Ich kann mich nicht daran gewöhnen, Sie als meine Feinde zu betrachten, und ich hege kein Mißtrauen gegen Sie." Wie nachsichtig aber auch Friedrich selbst aus Sympathie gegen das Volk sich zeigte, dessen Sprache er redete und in dessen Literatur er lebte, so streng beurtheilte ganz Deutschland dasselbe. Auch fehlte es an Spott nicht, welcher sich in beißenden Liedern Luft machte. Da sang das deutsche Volk:

> „Und wenn der große Friedrich kommt,
> „Und klopft nur auf die Hosen;
> „So läuft die ganze Reichsarmee,
> „Panduren und Franzosen!" —

Der Held dieses Tages, Friedrich Wilhelm von Seydlitz, wie Prinz Heinrich unter den Verwundeten, wurde vom jüngsten

Generalmajor zum General-Lieutenant, zum Chef eines Regiments und Ritter des schwarzen Adler-Ordens erhoben. So belohnte Friedrich die Tapferkeit und Kriegsgeschicklichkeit eines Mannes, der wenige Monate vorher noch Obrist gewesen war. Von Seydlitz stand zu dieser Zeit in seinem 37sten Lebensjahre, und wir bewundern an ihm nicht nur den kühnen ritterlichen Sinn, sondern gewinnen auch den hochherzigen Helden wegen seiner Offenheit, Freimüthigkeit und Bescheidenheit lieb, durch welche er sich allgemein in der Armee Vertrauen erwarb. —

Auch der Armee sprach Friedrich seinen Dank aus und belohnte diejenigen, welche sich ausgezeichnet hatten.

———

Mit neubelebtem Muthe verließ Friedrichs Heer jene Gegenden, wo keine Feinde mehr zu bekämpfen waren. Ein geringeres Corps ließ er unter Herzog Ferdinand an der Saale und Unstrut zurück; da aber nach dem Eintritte des berühmten William Pitt, Lord Chatham, ins Englische Ministerium Friedrichs Bundesgenossen deutlichere Lebenszeichen von sich gaben und auf Friedrichs Empfehlung Herzog Ferdinand von Braunschweig berufen ward, die Hannöversche Armee gegen die Franzosen zu befehligen; so konnte Friedrich einen Theil der in Thüringen und Sachsen stehenden Truppen an sich ziehen und mit diesen nach Schlesien marschiren, wo seine Gegenwart um so nöthiger war, je schlimmer sich durch die glücklichen Operationen der Oestreicher vom September bis December in der Ober-Lausitz und Schlesien seine Angelegenheiten dort gestaltet hatten.

Der Herzog von Bevern hatte nur mit Widerstreben den Heerbefehl in der Lausitz zu Ende des August-Monats übernommen. Er fühlte sich der schwierigen Aufgabe nicht gewachsen; jedoch hoffte Friedrich, indem er ihm freundlich zuredete, daß Bevern im Stande sein werde, durch die Wahl sicherer und unangreiflicher Stellungen das ihm anvertraute Heer gegen die Uebermacht so lange zu erhalten, bis er selbst von seinem Zuge wider die Franzosen zurückgekehrt sein werde. Die Instruction für Bevern lautete dahin, er solle, wenn ihm die Fourage zu mangeln anfange, gegen Görlitz zurückgehen und unter dem Schutze der Landskrone ein festes

Lager beziehen; von Winterfeld solle auf dem rechten Neißeufer bleiben und das Magazin zu Görlitz decken; — überhaupt solle man die Verbindung mit Schlesien erhalten und, für den Fall eines Rückzuges dorthin, die Mark Brandenburg nicht ganz bloß geben. Diese Aufgabe war allerdings um so schwieriger, da die Oestreicher ihre Macht beisammen behielten, und nicht, wie Friedrich erwartet hatte, ihm ein Corps nach Thüringen nachschickten, und da Bevern nur 43,000 Mann den Oestreichischen 90,000 Mann entgegenzusetzen hatte. Aus Aengstlichkeit und vielleicht auch aus Mangel an Fourage suchte Bevern, rückwärts gehend ohne gedrängt zu sein, schon am 31sten August das ihm von Friedrich angedeutete Lager bei Görlitz auf, und auch Winterfeld nahm zwischen den Görlitzer Vorstädten und Moys seine Stellung. Ueber diese brachen hier zwischen den beiden Feldherrn einige Mißhelligkeiten aus, bei welchen sich der hartnäckige Starrsinn Winterfelds, der sich im Unrecht befand, offenbarte. — Prinz Carl von Lothringen folgte den Preußen am 2ten September bis Bernstädtel und bedrohte die Communication mit Bautzen, von wo Bevern einen Mehltransport aus Schlesien erwartete, der sich noch in Bunzlau befand. Wirklich erlag auch Bautzen bald mit seiner schwachen Besatzung der großen Uebermacht beim zweiten Angriffe. Am 7ten September kam es zu einem ernsthaften Gefecht um den Jäckelsberg bei Moys, in welchem der General von Winterfeld das Leben verlor. Es kostete den Preußen 1908 Mann (darunter mehre höhere Offiziere), 5 Kanonen, 5 Fahnen und einiges Lagergeräth; den Oestreichern 79 Offiziere und 1800 Mann, und doch war die strategische Bedeutung desselben ganz unwichtig und nach Friedrichs Mittheilung war dasselbe nur unternommen, um dem im Oestreichischen Lager gegenwärtigen Grafen Caunitz sich angenehm zu machen. Die Abwesenheit sämmtlicher Stabsoffiziere, welche im Lager die Parole empfingen, und Winterfelds selbst, welcher sich gerade bei Bevern befand, die Nachlässigkeit der Preußischen Vorposten, ein starker Nebel, welcher die Annäherung der Oestreicher erleichterte, und endlich die Räumung des Dorfes Moys, durch eine vom Adjutanten Winterfelds mißverstandene Ordre veranlaßt, ließen das Treffen, zu welchem 25,000 Oestreicher verwendet wurden, für die Preußen nachtheilig ausfallen, nicht aber Beverns Nachlässigkeit, welcher Winterfelds Anhänger den unglücklichen

Ausgang beizumessen versucht haben. Friedrich erfuhr den Tod Winterfelds auf seinem Marsche nach Thüringen und tief bis zu Thränen bewegt rief er aus: „Ich werde Mittel wider die Menge meiner Feinde finden, aber wenige Winterfelde wieder bekommen."

Schon einige Tage nach diesem unglücklichen Gefechte, nach welchem Fouqué Winterfelds Corps befehligte, verließ Bevern aus Mangel an Lebensunterhalt seine Stellung, ging über die Reiße, den Queis, den Bober bis Bunzlau, und aufs Neue für Schlesien besorgt, überschritt er die Katzbach und wendete sich am 20sten September auf Liegnitz, immer in Verlegenheit wegen der nöthigen Verpflegung seiner Armee. Nun drangen die Oestreicher von allen Seiten in Schlesien ein und drohten schon, die Preußen von Breslau und Schweidnitz abzuschneiden. Am 24sten September setzte sich Carl bei Wahlstadt, Nadasdy stand bei Striegau. Da beschloß Bevern, seine Feinde durch einen Abmarsch auf Glogau zu täuschen, die Oder zwischen diesem Platz und Breslau zu überschreiten, dann wieder vom rechten Ufer derselben in Breslau selbst aufs linke überzugehen und hinter der Lohe Breslau durch seine Stellung zu schützen. Schweidnitz, tüchtig bewehrt, sollte sich allein vertheidigen. Diese meisterhafte Bewegung gelang Bevern vortrefflich, und schon am 1sten October kamen seine Truppen, jedoch erschöpft, auf dem bestimmten Punkte an, während Carl von Lothringen sie vergebens suchte. Als er endlich vom Boden des Lissaer Schlosses die ganze Armee des Herzogs bei Breslau mit dem Fernrohr entdeckte, soll er dasselbe im größten Eifer weggeworfen und dem „ersten Mouvement seines Verdrusses nicht haben widerstehen können." — Während hier die Preußen sich verschanzten und Bevern unschlüssig war, ob er den Angriff der Oestreicher erwarten, oder aus seinem Lager hervorbrechen solle, hatte Nadasdy seit dem 26sten October Schweidnitz mit 30,000 Mann belagert und nach einem theilweise gelungenen Sturme diese starke Festung mit 180 Geschützen und großem Munitionsvorrath — 4500 Centner Pulver, 180,000 Kugeln und Bomben — mit einem ansehnlichen Magazine und 236,000 Thaler Kassengeldern am 14ten November durch Capitulation des Commandanten Generalmajor von Seers in Besitz genommen, wodurch 4 Generale, 193 Offiziere und 5650 Mann kriegsgefangen gemacht wurden und die Oestreicher einen wichtigen Waffenplatz in ihre Gewalt bekamen, auch Meister des Gebirges und aller nach Böhmen führenden Päſſe wurden. Aber ſchon war die Nachricht von dem Siege des Königs bei Roßbach nach dem Kriegsschauplaße in Schleſien gedrungen, und die Mittheilung, daß er in Eilmärſchen herbeiziehe, bestimmte eben so den Herzog von Bevern zur Fortſetzung der Defensive und Vertheidigung ſeines Corps, als ſie den Lothringer mit ſeinem um 28,000 Streiter vermehrten Heere zu einem entſcheidenden Schritte drängte. Carl wollte mit einem Schlage die Schleſiſche Armee vernichten und damit nicht allein dieſen Feldzug, ſondern auch den ganzen Krieg glänzend beendigen.

Die Schlacht bei Breslau.
(Den 22. November 1757.)

Die Armee Bevern's, 30,000 Mann ſtark, ſtand am Tage vor der Schlacht in dem befestigten Lager zwiſchen Coſel und Klein-Mochber. Die vor dem Lager befindlichen Dörfer Pilsnitz, Schmiedefeld und Höſchen waren verſchanzt und mit Truppen beſetzt; ihre rechte Flanke war durch Verhaue und ihre linke durch Verſchanzungen gedeckt, auch ſtanden dort Fußjäger, hier Infanterie und Dragoner. Als Nadasdy mit seinem 28,000 Mann starken Corps auf dem Oeſtreichiſchen rechten Flügel sich aufſtellte, wurde Bevern für ſeine linke Flanke beſorgt und ſendete ihm den General von Zieten mit 12 Bataillons und 60 Escadrons gegenüber; die Vertheilung seiner übrigen Truppen geſchah ſo, daß der General-Lieutenant Brandeis mit 11½ Bataillons und 10 Escadrons die Uebergänge über die Lohe auf dem rechten Flügel decken, General-Lieutenant Leſtwitz mit 12 Bataillons und 10 Escadrons das Centrum den Dörfern Schmiedefeld und Höſchen gegenüber und der General-Lieutenant Schulz den Uebergang bei Mochber mit 4 Bataillons und 10 Escadrons vertheidigen ſollten.

Die Oeſtreicher, mindeſtens 80,000 Mann ſtark, griffen auf vier verſchiedenen Punkten an: Nadasdy wendete ſich von Hartlieb aus gegen Zieten auf Kleinburg, General Sprecher auf Klein-Mochber, General Arberg auf Schmiedefeld und General Keul auf Pilsnitz, während Bevern den Hauptangriff in ſeiner linken Flanke erwartet und dorthin nicht allein den größten Theil ſeiner

Reiterei gezogen, sondern auch viele Artillerie geschafft hatte, wodurch die Oestreichische Artillerie im Centrum der Preußischen dreifach überlegen wurde. — Ein zweiter Fehler Bevern's war der, daß er den Oestreichern den Uebergang über die Lohe nicht wehrte, sondern ausdrücklich befohlen hatte, sie erst zum Theil herüber zu lassen, und endlich waren seine Verschanzungen so entlegen und einige lagen so tief, daß durch dieselben dem Feinde kein erheblicher Schade zugefügt werden konnte.

Natürlich begann diese Schlacht in vier ganz abgesonderten Gefechten, und erst als den Oestreichern der Durchbruch durch die Preußischen Verschanzungen gelungen und das Schlachtfeld nicht mehr so gedehnt war, konnten sich die angreifenden Truppen einander unterstützen. —

Ein starker Nebel verhinderte bis 9 Uhr eine freie Umsicht; dann kämpfte zuerst Zieten gegen Nabasby, griff ihn kühn an und eroberte mit den Grenadieren Kahlden und Schenkendorf bei Kleinburg 18 Kanonen, von denen er aber nur 4 nach Breslau schaffen konnte. Für jede der eroberten Kanonen erhielten diese Tapfern vom Könige später 50 Ducaten. Dieser kühne Widerstand lähmte Nabasby's Thätigkeit für den ganzen Tag, und er bemühte sich, durch seine Stellung Zieten's Corps im Schach zu halten. Unterdessen eröffneten die Oestreicher, im Centrum bis zur Lohe vorgerückt, eine Kanonade, welche drei Stunden dauerte, demontirten die Preußischen Verschanzungen an der Lohe und erzwangen dadurch den Uebergang. Gegen 1 Uhr waren sie mit dem Brückenbau fertig, und 35 Grenadier-Compagnien zu Fuß und 12 zu Pferde eilten hinüber, während ihr rechter Flügel zur Unterstützung sich auf denselben Punkt hinschob. General Schulz konnte ihnen nur seine 4 Bataillons entgegenstellen, aber mit kühnem Muthe drang er den Oestreichern auf den Leib. Die Preußen gingen dem sichern Tode entgegen; denn ein entsetzliches Feuer lichtete ihre Reihen; General Schulz wurde zum Tode getroffen. Da ergriff der Prinz Ferdinand von Preußen die Fahne seines Regiments, um durch einen Bajonettangriff den Sieg zu erzwingen. Vergebens! denn als die zur Seite befindliche Redoute der Preußen über Kopf geräumt worden, entsank dem kleinen Häuflein der Muth und sie wichen hinter Höschen und bis Klein-Mochber zurück. Nun eilten zwar Pennavaires 15 Escadrons Kürassiere schnell herbei; aber

auch sie mußten zweimal weichen; General Pennavaire wurde
verwundet, Obrist von Lavière von Schönaich Kürassiren wurde
erschossen; ihre Reiter verwirrten sich, obgleich der Herzog von Bevern beim zweiten Angriff sie in Person führte. Das durchschnittene Terrain erschwerte ihnen den Angriff und das Oestreichische
Feuer empfing sie mit zu furchtbarer Gewalt.

In Schmiedefeld leistete unterdessen Lestwitz glücklicheren Widerstand. Der Oestreichische General Arberg hatte seinen Angriff bis
um 3 Uhr verspätet; da aber griff er mit starker Uebermacht die
Preußischen Verschanzungen an, und kämpfte eine Stunde lang ohne
einen Fuß breit Terrain zu gewinnen. Obgleich hier der Obrist
von Geist an der Spitze des tapfern Regiments von Brandes
fiel, und viele schwer verwundet oder getödtet wurden, so hielten die
Preußen, von Lestwitz und Ingersleben angefeuert, dennoch
Stand, bis Nachmittags zwischen 3 und 4 Uhr die Oestreicher,
welche das Corps des General Schulz überwältigt hatten, seine
Flanke bedrohten und auch er genöthigt wurde, die Redouten von
Schmiedefeld bis Höfchen dem Feinde zu überlassen. Er zog sich
auf Klein-Gandau zurück.

Nun rückte das Oestreichische Centrum im Sturmschritt auf
Gandau los, wo Bevern noch einmal mit einiger Mühe eine Linie
von 14 Bataillons formirt hatte. Obgleich der Abend schon dunkelte, so kämpften die Armeen doch hier mit neuer Wuth. Ein geregeltes Feuer hemmte die Fortschritte der Oestreicher, welche an
einem Punkte sogar durch keckes Vorgehen einzelner Bataillons bis
zur Lohe zurückgeworfen wurden.

Die gegen Pilsnitz anstürmenden Oestreicher unter Keuhl, obgleich dreimal mit verdoppelter Anstrengung hervorbrechend, konnten
sich bis zu diesem Augenblicke keines Erfolges rühmen. Mit großem
Verluste waren sie jedesmal zurückgeschlagen worden, da die in den
Verhauen postirten Preußischen Fußjäger ein sehr wirksames Feuer
unterhielten. Die zwei ersten Bataillons verloren beim ersten Anlauf zum Beispiel 22 Offiziere und 400 Mann. Aber auch die
Preußen hatten manchen schweren Verlust zu beklagen; denn hier
war's, wo der tapfere Generalmajor Friedrich Ludwig von Kleist
sein Leben für das Vaterland ließ. — Leider half auch die Tapferkeit des Brandeisschen Corps nichts, um die Schlacht herzustellen;
es fehlte dem Herzog von Bevern an den bedrohten Punkten an

Truppen, namentlich an Reiterei, welche er nun zu spät von seinem
linken Flügel herbeirief. Ehe diese herangekommen war, wurde es
finster, und das Feuer, welches den Tag über unaufhörlich gewüthet
hatte, verstummte plötzlich auf allen Punkten. — Noch gab aber
Bevern die Hoffnung nicht auf; er wollte in der Nacht einen entscheidenden Angriff wagen, welcher die Oestreicher aller Vortheile
berauben sollte, die sie den Tag hindurch sich erkämpft hatten; doch
als er von einer Unterredung mit Zieten, dem er Instruction für
den Nachtkampf gebracht hatte, nach Klein-Gandau zurückkehrte,
stieß er an diesem Punkte auf feindliche Vorposten. Seine Truppen
hatten ihre Positionen, die sie bis zur Nacht behaupteten, ohne Befehl verlassen, und der rechte Flügel ging schon durch Breslau hindurch. Da blieb ihm nichts übrig, als mit den übrigen Truppen
zu folgen, und unter Zietens Schutz den Kampfplatz zu verlassen;
5000 Mann blieben in Breslau, die übrigen Truppen setzten sich
zwischen Protsch, Klein-Leipe, Lilienthal und Rosenthal. Die Feinde
blieben auf dem Schlachtfelde die Nacht hindurch stehen. Auf diesem Rückzuge wurde der Generalmajor von Ingersleben hart
vor den Breslauer Vorstädten so schwer verwundet, daß er einige
Tage nachher starb. —

Schmachvoll waren für Preußen die Folgen dieser verlorenen
Schlacht. Nicht nur, daß man — nach Friedrichs Angabe 80 Geschütze und 8000 Mann — nach Gaudi 36 Geschütze und 6174
Mann eingebüßt hatte; so war auch durch diesen Schlag der Muth
und das Selbstvertrauen der Preußen völlig gewichen; sie fürchteten
nun den Gnadenstoß zu erhalten und gaben Friedrichs Sache und
Schlesiens Besitz ganz verloren. Der Herzog von Bevern fiel
unter verdächtigen Umständen zwei Tage nach der Schlacht in Kriegsgefangenschaft; — Friedrich meint, er habe sie freiwillig gewählt,
um der Verantwortung zu entgehen. Der General von Kiau,
welcher den Heerbefehl übernahm, führte die geschlagene Armee die
Oder aufwärts; — dann überschritt dieselbe unter Zietens Anführung diesen Fluß wieder und ging dem Könige entgegen, mit welchem sie sich am 1sten December bei Parchwitz vereinigte.

Die Besatzung Breslaus, anfangs zum Widerstand entschlossen,
capitulirte schon am 24sten November, da der General Lestwitz den
Kopf verloren hatte. Zwar hatte er der Armee freien Abzug aus-
bedungen, aber von Fünftausenden blieben nur 182 Mann getreu,

die übrigen nahmen Handgeld von den Oestreichern, indem sie nicht zweifelten, daß Friedrichs Stern auf immer gesunken und die Frage über Schlesiens Besitz definitiv entschieden sei. Gleichzeitig fielen den Oestreichern die Königlichen Kassen und 98 Geschütze in die Hände. — Was jener verrätherische Clerus in diesen Tagen zum Hohn und Spott der gehaßten Preußen verübt hat, haben wir schon im ersten Theile dieser Darstellung (Seite 382) mitgetheilt. In der That schien Friedrichs Sache gänzlich verloren zu sein.

———

Dahin also war's mit Friedrich gekommen, daß seine Armee vernichtet, sein Land in Besitz genommen, das Vertrauen zu ihm unter der eigenen Soldatesca verschwunden und die Hoffnung, er werde jemals Mittel zur Herstellung seiner Angelegenheiten wiedergewinnen, von vielen Landeskindern, ja von den Nächsten aufgegeben war?

Nein! Nein! Und ob auch Alle verzagen; — Er verliert weder die Hoffnung, noch den Muth. Er fliegt nach Schlesien. Seine bei Roßbach zu hohem Siegesmuth begeisterten Schaaren entbehren gern der Ruhe. Die Verpflegung — unerhört in der damaligen Zeit! — wird in den Cantonnements besorgt; denn er kann den Troß einer schwerfälligen Bagage, die Feldbäckerei und Mehlfässer nicht mitschleppen. In 15 Tagen legt er mit der Armee 41 Meilen auf den schlechtesten Wegen zurück; dann, als er den braven Zieten umarmt und die traurigen Ueberreste der Schlesischen Armee mit ermuthigendem Zuspruch aufgenommen hat, gönnt er beiden erschöpften Corps zwei Tage Ruhe und benutzt die Zeit, bei den Schlesischen Soldaten die Eindrücke der letzten Monate vergessen zu machen. Mit Friedrichs Erscheinen in der Mitte seiner Getreuen wälzt sich die entsetzliche Last ihnen von der Seele und die Brust athmet freier, welche von schrecklicher Beängstigung gequält worden war. Diejenigen, welche in so leichtem Spiel die Franzosen und Sachsen verjagt hatten, theilten ihre Zuversicht auf den Heldensinn und die Feldherrngröße Friedrichs ihren Brüdern mit, und bald verlangte das ganze Corps auf die Wahlstatt geführt zu werden, daß es den Oestreichern die Lorbeern entreiße, mit denen diese sich geschmückt hatten.

Ha, zu welcher Glut patriotischer Begeisterung entflammt hier der Donner seiner Rede die ganze Armee! Solche Worte, welche Friedrich an die versammelten Stabsoffiziere des Heeres richtete, — Gott sei Dank! sie sind uns getreu aufbewahrt! — es sind lebendige, feurige Blitze, welche auch das kälteste Herz entzünden mögen, und wie Friedrich Wilhelms Trommetenruf: „An mein Volk!" aus der eisernen Zeit von 1813, und wie Friedrich Wilhelms heiliges Vermächtniß, das heute die Herzen von vierzehn Millionen trauernder Kinder erschüttert, werden diese Worte nicht verhallen, sondern Zeugniß ablegen, wenn man über unsere Zeiten urtheilen wird, wie wir über Sparta, Athen, Rom und Carthago. —

Retzow theilt in seiner Charakteristik des siebenjährigen Krieges (I. 240) Folgendes mit:

„Ihnen, meine Herren," — so redete der König die Versammlung der Generale und Stabsoffiziere seiner Armee an — „ist es bekannt, daß es dem Prinzen Carl von Lothringen gelungen ist, Schweidnitz zu erobern, den Herzog von Bevern zu schlagen, und sich zum Meister von Breslau zu machen, während ich gezwungen war, den Fortschritten der Franzosen und Reichsvölker Einhalt zu thun. Ein Theil von Schlesien, meine Hauptstadt und alle meine darin befindlich gewesenen Kriegsbedürfnisse sind dadurch verloren gegangen, und meine Widerwärtigkeiten würden aufs Höchste gestiegen sein, setzte ich nicht ein unbegrenztes Vertrauen in Ihren Muth, Ihre Standhaftigkeit und Ihre Vaterlandsliebe, die Sie bei so vielen Gelegenheiten mir bewiesen haben. Ich erkenne diese dem Vaterlande und mir geleisteten Dienste mit der innigsten Rührung meines Herzens. Es ist fast Keiner unter Ihnen, der sich nicht durch eine große, ehrenvolle Handlung ausgezeichnet hätte, und ich schmeichle mir daher, Sie werden bei vorfallender Gelegenheit nichts an dem mangeln lassen, was der Staat von Ihrer Tapferkeit zu fordern berechtigt ist. Dieser Zeitpunkt rückt heran, ich würde glauben, nichts gethan zu haben, liehe ich die Oestreicher in dem Besitz von Schlesien. Lassen Sie es sich also gesagt sein; ich werde gegen alle Regeln der Kunst die beinah dreimal stärkere Armee des Prinzen Carl angreifen, wo ich sie finde. Es ist hier nicht die Frage von der Anzahl der Feinde, noch von der Wichtigkeit ihres gewählten Postens; — alles dieses, hoffe ich, wird die Herzhaftigkeit meiner Truppen und die richtige Befolgung meiner Dispositionen zu überwinden suchen. Ich muß diesen Schritt wagen, oder es ist Alles verloren; wir müssen den Feind schlagen, oder uns Alle vor seinen Batterien begraben lassen. So denke ich — so werde ich handeln. Machen Sie diesen meinen Entschluß allen Offizieren der Armee bekannt; bereiten Sie den gemeinen Mann zu den Auftritten vor, die bald folgen werden, und kündigen Sie ihm an, daß ich mich berechtigt halte, unbedingten Gehorsam von ihm zu fordern. Wenn Sie übrigens bedenken, daß Sie Preußen sind: so werden Sie gewiß sich dieses Vorzuges nicht unwürdig machen; ist aber einer oder der andere unter Ihnen, der sich fürchtet, alle Gefahren mit mir zu theilen, der kann noch heute seinen Abschied erhalten, ohne von mir den geringsten Vorwurf zu leiden."

„Diese Rede des Königs" — fährt Rezow fort — „durchströmte die Adern der anwesenden Helden, fachte ein neues Feuer in ihnen an, sich durch ausgezeichnete Tapferkeit hervorzuthun und Blut und Leben für ihren großen Monarchen aufzuopfern, der diesen Eindruck mit der innigsten Zufriedenheit bemerkte. Eine heilige Stille, die von Seiten seiner Zuhörer erfolgte, und eine gewisse Begeisterung, die er in ihren Gesichtszügen wahrnahm, bürgte ihm für die völlige Ergebenheit seiner Armee. Mit einem freundlichen Lächeln fuhr er darauf fort":

„Schon im Voraus hielt ich mich überzeugt, daß keiner von Ihnen mich verlassen würde; ich rechne also ganz auf Ihre treue Hülfe und auf den gewissen Sieg. Sollte ich bleiben, und Sie für Ihre mir geleisteten Dienste nicht belohnen können, so muß es das Vaterland thun. Gehen Sie nun ins Lager, und wiederholen Ihren Regimentern, was Sie jetzt von mir gehört haben." —

„So lange hatte Friedrich II. in dem Tone der Ueberzeugung geredet, um den Enthusiasmus seiner Zuhörer anzufachen; jetzt aber, da er sich von der unwiderstehlichen Gewalt seiner Worte überzeugt hielt, sprach er wieder als König, und kündigte die Strafen an, die er über diejenigen verhängen wollte, die ihre Schuldigkeit verabsäumen würden:"

„Das Regiment Cavallerie," — sagt er — „welches nicht gleich, wenn es befohlen wird, sich unaufhaltsam in den Feind stürzt, lasse ich gleich nach der Schlacht absitzen, und mache es zu einem Garnison-Regiment. Das Bataillon Infanterie, das, es treffe worauf es wolle, nur zu stocken anfängt, verliert die Fahnen und die Säbel, und ich lasse ihm die Borten von der Montirung abschneiden. Nun, leben Sie wohl, meine Herren; in Kurzem haben wir den Feind geschlagen, oder wir sehen uns nie wieder!"

„So verstand der große König die seltene Kunst, zu einer und eben derselben Zeit Zutrauen zu erwecken und Gehorsam einzuprägen. Seine Beredsamkeit und ein gewisser gemessener Ausdruck den er auf seine Reden zu legen mußte, waren so hinreißend, daß — ich will es kühn behaupten — auch der roheste, gefühlloseste Mensch, ja selbst derjenige, der mit ihm unzufrieden zu sein gegründete Ursache haben mochte, enthusiastisch für ihn werden mußte, wenn er Friedrich so aus dem Herzen reden hörte. — — Die Begeisterung, die der König der Versammlung einzuflößen gewußt hatte, ergoß sich bald über alle übrige Offiziere und Soldaten der Armee. Im Preußischen Lager ertönte ein lauter Jubel. Die alten Krieger, die so manche Schlacht unter Friedrich II. gewonnen hatten, reichten sich wechselseitig die Hände, versprachen einander treulich beizustehn und beschworen die jungen Leute, den Feind nicht zu scheuen, vielmehr seines Widerstandes ungeachtet ihm dreist unter die Augen zu treten. Man bemerkte seitdem bei jedem ein gewisses inneres Gefühl von Festigkeit und Zuversicht, gemeiniglich glückliche Vorboten eines nahen Sieges. Mit Ungeduld erwartete das Heer den Befehl zum Aufbruch, und diese kleine Schaar — wiewohl auserlesener Soldaten — ging willig und zufrieden ihrem Schicksale entgegen. Was konnte nicht der König mit solchen Truppen ausrichten, und was bewirkte nicht durch sie sein fruchtbares Genie!" —

Soweit Retzow. Ein anderer Bericht erwähnt noch, daß bei den Worten Friedrichs, welche die Feigen aufforderten, die Fahnen seiner Armee zu verlassen, eine tiefe Rührung auf den Gesichtern seiner Getreuen sichtbar geworden sei. Dem Generalmajor Kaspar Friedrich von Rohr flossen die Thränen über das Antlitz. Der König umarmte ihn gerührt und sagte: „Mein lieber Rohr! ihn habe ich nicht gemeint!" — Tiefe Stille und blasses Staunen herrschte eine Zeitlang, bis endlich ein Staabsoffizier mit schwärmerischem Eifer ausrief: „Das thue ein Hundsfott! Wir sind alle bereit, für Ew. Majestät unser Leben zu lassen!"

Nun brechen die zu Todesmuth entflammten Preußen von Parchwitz nach Neumark auf, dem Feinde entgegen. Friedrich marschirt an ihrer Spitze, sprengt die Thore der Stadt, erbeutet mit der Kavallerie seines Vortrupps die Oestreichische Feldbäckerei und macht achthundert Gefangene. Die Oestreicher haben unterdessen Kriegsrath gehalten, und ob auch Daun und Serbelloni warnen, so drängt der Stolz der Oestreichischen Generale, die Zuversicht auf seine Truppenübermacht und die Ueberschätzung seiner Kräfte, welche er bis jetzt gegen Friedrichs Generale siegreich verwendet hat, den verblendeten Carl von Lothringen zum Wagniß eines Entscheidungskampfes auf dem Blachfelde. General Luchesi hält es unter der Würde des Siegers von Breslau, sich gegen „die Potsdamer Wachtparade" in ein verschanztes Lager zu verkriechen, und es schmeichelt dem Prinzen, nun Schlesiens Besitz durch den letzten gewaltigen Schlag seiner Schwägerinn auf immer zu sichern. Um so zuversichtlicher stellte er sich mit mindestens 90,000 Mann vor Lissa mit dem Rücken ans Schweidnitzer Wasser in der Ausdehnung von einer deutschen Meile zwischen Niepern und Gohlau auf, bereit, die kleine „Potsdamer Wachtparade" zu empfangen und aus dem Felde zu jagen. „Es gefiel dem Schicksal, den General Luchesi jenen bittern Scherz am nächsten Morgen mit dem Leben bezahlen zu lassen." — Friedrich aber sprach, als er die Nachricht erhielt, daß die Oestreicher über die Lohe, den Floßgraben und das Schweidnitzer Wasser hervorgekommen seien, zum Prinzen Franz von Braunschweig: „Der Fuchs ist aus seinem Loche gekrochen; nun will ich auch seinen Uebermuth bestrafen."

Die Schlacht bei Leuthen.
(den 5ten December 1757.)

Der Kriegsmuth der anrückenden Preußen hatte nie höher geflammt, als am denkwürdigen Morgen des 5ten Decembers 1757, als ihnen bekannt gemacht wurde, daß sie heute wohl noch auf den Feind treffen und ihn angreifen würden. Es wehte ein Geist freudiger Zuversicht und frommen Gottvertrauens in dem Häuflein, das nicht stärker als 32,000 Mann dem dreifach überlegenen Feinde entgegen ging. Die im Marsch begriffenen Colonnen stimmten unter Feldmusik ein geistliches Morgenlied an:

„Gieb, daß ich thu' mit Fleiß, was mir zu thun gebühret,
„Wozu mich dein Befehl in meinem Stande führet,
„Gieb, daß ich's thue bald, zu der Zeit, da ich's soll;
„Und wenn ich's thu, so gieb, daß es gerathe wohl!"

Ein Commandeur fragte, ob die Soldaten schweigen sollten? Der König aber erwiderte: „Nein lasse Er das; mit solchen Leuten wird Gott mir heute gewiß den Sieg verleihen." Schon bei Borne traf Friedrich auf eine vorgeschobene Cavallerielinie, welche der General Nostitz befehligte. Mit Ungestüm wurde sie von der Preußischen Reiterei angegriffen, zersprengt und größtentheils gefangen; der brave Nostitz, im Unmuth über die zu seinem Verderben getroffenen Dispositionen, stürzte sich in die Säbel der Preußischen Husaren und verblutete nach zwei Tagen an vierzehn Wunden. Als die hier gefangenen Oestreicher bei der nachrückenden Preußischen Armee vorüber geführt wurden, steigerte sich die Kampfluft der Preußen noch höher; die Siegeshitze der bei Borne kämpfenden Husaren konnte nur mit Mühe gezügelt werden; sie wollten sich gerade auf die Oestreicher losstürzen.

Nun recognoscirte Friedrich von einem Hügel bei Heide die feindliche Stellung, welche ihm vom Centrum bis zum linken Flügel offen vor Augen lag. Der rechte Flügel war ihm durch den Guckerwitzer Busch verdeckt. — Die Oestreicher, für ihren rechten Flügel besorgt, auf welchen der Marsch der Preußen zunächst gerichtet schien, verstärkten denselben sogleich, ließen ihre Reserve aus der Mitte und einen Theil der Cavallerie vom linken Flügel im Trabe dorthin rücken und General Luchesi schickte Boten über Boten zu Prinz Carl, noch bevor er angegriffen war. Kaum aber haben die Oestreicher ihren linken Flügel geschwächt, so sehen sie zu ihrem großen Erstaunen die ganze Armee der Preußen sich rechtshin schwenken, diese Evolutionen wie auf dem Paradeplatze ausführend, und hinter den Rabardorfer Hügelreihen nach Lobetinz hin verschwinden. Schon hofft Daun, daß sie sich zurückziehen, und er spricht dies gegen den Prinzen Carl aus: „Die Leute gehen; man störe sie nicht!" — Doch siehe, da kommen die muthigen Helden zwischen Lobetinz und Striegwitz wieder hervor und bedrohen nun durch diesen Marsch den geschwächten linken Flügel und die Flanke der Feinde. Friedrich selbst hielt sich bei der Lobetinzer Windmühle auf, von wo er die Bewegungen der Armee überblicken und die nöthigen Veranstaltungen zur Schlacht treffen konnte. — Die Idee des Königs war, seine ganze Armee bis gegen den feindlichen linken Flügel zu führen, dort einzuschwenken, diesen Flügel über den Haufen zu werfen, den eigenen linken aber mit solcher Vorsicht zurückzuhalten, daß nicht wieder ein Fehler wie bei Prag und Kollin vorfallen konnte, der mit zum Verluste der letztern Schlacht beigetragen hatte.

Auf dem linken Flügel der Oestreicher standen Würtemberger, Baiern und Ungarn bis in den Sagschützer Fichtenbusch vorgeschoben. Diese griff Wedell mit drei Bataillons und zehn Geschützen Mittags 1 Uhr zuerst an, avancirte trotz des feindlichen Feuers und vertrieb sie nach kurzem Marsche. Nun zog er sich rechts hin und griff, unterstützt vom Fürst Moritz, eine Batterie der Feinde an, in deren Nähe sich die Würtembergischen und Baierschen Miethlinge noch einmal gesammelt hatten. Es waren die Regimenter Meyeringk und Itzenblitz, welche hier mit unwiderstehlicher Gewalt die ersten Erfolge erkämpften. Die Baiern warfen ihre Waffen weg und flohen nach Leuthen zu; die übrigen Truppen suchten sich hinter Groß-Gohlau noch einmal zu sammeln. Da aber die Preußische Armee mit dem rechten Flügel in geschlossener Linie vorwärts rückte und ihre Avantgarde weithin rechts sich ausgedehnt hatte; so überflügelte man die Oestreicher dergestalt, daß ihnen bald sechs Bataillons im Rücken standen und die Bemühungen derselben, den Preußen ihre Vortheile wieder abzuringen, waren ganz vergeblich. Vielmehr wurden die anrückenden Truppen, sowie sie einzeln auf dem Kampfplatze erschienen, ebenso oft in Verwirrung gebracht und in die Flucht geschlagen. Jetzt auch hatte die Preußische Cavallerie vom rechten Flügel die Terrainschwierigkeiten zwischen Sagschütz und Gohlau, Sümpf und Gräben, besiegt und stürzte sich auf Nadasdys Dragoner. Die Garde du Corps und die Gensd'armen saßen zuerst den Oestreichern in der Seite, vernichteten das Regiment Modena und machten 2000 Gefangene, meist flüchtige Würtemberger und Baiern. Da kamen auch ungerufen aus Kampfbegier Ziethens Husaren aus dem dritten Treffen und fielen in die verwirrten Haufen ein, die nun in unaufhaltsamer Flucht bis in den Rathener Busch sich stürzten, wo sie sich zu sammeln versuchten.

So war denn im ersten Anlauf durch den schrägen Angriff der feindliche linke Flügel, auf welchen die Preußen mit Uebermacht sich werfen konnten, total geschlagen, und Friedrichs Taktik hatte sich hier glänzend bewährt. Die Oestreicher sammelten aber hinter Leuthen ihre Artillerie, und beeilten sich, Verstärkungen nach dem linken Flügel zu senden. Um eine zur Angriffsfront parallele Stellung zu gewinnen, mußte ihr rechter Flügel vorgehen und einige Regimenter vor Leuthen machten gegen die Preußen linksum. General Luchesi war mit der Cavallerie des rechten Flügels bis gegen Heide vorgerückt; vor Leuthen drängte sich die Oestreichische Infanterie in dichte Haufen zusammen.

Unterdessen avancirte die Preußische Armee in Echellons, die Bataillons mit funfzig Schritt Distance, der rechte Flügel tausend Schritt dem linken voraus, und nun ging sie unerschrocken auf Leuthen los, eroberte das Dorf, und das dritte Bataillon Garde, geführt vom Hauptmann von Möllendorf, vertrieb den Feind vom stark besetzten Kirchhofe. Hier aber schwankte der Sieg eine peinliche halbe Stunde lang. Nicht nur, daß beim Durchgang durch das Dorf die Bataillons aus einander gekommen und mühsam durch die nachrückenden Echellons wieder vereinigt waren; vor einem furchtbaren Kartätschfeuer, welches den linken Flügel der anrückenden Preußen hinter Leuthen empfing, wichen auch sechs Preußische Bataillons, und konnten weder durch Zureden noch durch Drohungen zum Stehen gebracht werden. Endlich als der Lieutenant von Retzow aus dem zweiten Treffen mit einem frischen Bataillon den Fliehenden entgegenkam, gelang es seinem Vater, dem General von Retzow, das Gefecht auf diesem Punkte herzustellen und seine Truppen an den Feind zu bringen. Dadurch konnten die Preußen Leuthen behaupten. Mit schrecklichem Erfolge wüthete hier das schwere Geschütz. Bei den Windmühlen von Leuthen standen die Oestreicher wohl hundert Mann hoch, und in diese dichtgedrängten Massen schlugen die Kugeln von einer Preußischen Batterie schweren Geschützes, welche auf den linken Flügel geschafft war. In ganzen Reihen stürzten die Oestreicher zu Boden; dennoch wichen sie nicht, sondern behaupteten mit überlegener Anzahl den Kampfplatz. Ja, jetzt hing der Gewinn der Schlacht noch immer an einem Haare, und wäre nicht der General Driesen mit der Preußischen Cavallerie zur Stelle gewesen, so wäre trotz aller bisherigen Erfolge dennoch die Schlacht für die Preußen verloren gegangen, besonders da der Oestreichische rechte Flügel noch keine Patrone verschossen hatte.

Es war bereits vier Uhr Nachmittags, als der General Luchesi, bis in die Höhe von Leuthen vorgerückt, die linke Flanke der Preußen entblößt sah und sich bereit machte, gegen dieselbe loszubrechen. Bis dahin war ihm das Vorrücken der Preußen auf Leuthen durch den Höhenzug zwischen Radarsdorf und Leuthen verdeckt geblieben, und er konnte auch jetzt noch nicht die Preußische Cavallerie des linken Flügels wahrnehmen, welche, hinter Radarsdorf funfzig Schwadronen stark aufmarschiert, unter dem General Driesen langsam der Infanterie zur Seite folgte. Kaum aber will Luchesi auf die Preußen links einschwenken, und bedroht dadurch deren Flanke zu großer Gefährde, als Driesen sich gewaltsam auf ihn herniederstürzt. Mit zehn Escadrons Luchesi überflügelnd, sendet er ihm Baireuth Dragoner in die Flanke, Puttkammer Husaren in den Rücken, und er selbst greift ihn mit dreißig Escadrons in dem Augenblicke in der Front an, als Luchesi seine Escadrons jene Linksschwenkung vornehmen läßt. Dieser zur rechten Zeit unternommene Angriff, welcher die Cavallerie der Oestreicher vernichtete, wenigstens sie gänzlich vom Schlachtfelde verjagte, entschied nicht allein auf diesem Punkte, sondern überall den Erfolg des Tages. Luchesi blieb auf der Stelle; seine Reiter jagten nach Lissa zu. Das war das Zeichen für die bei Leuthen hart bedrängte Infanterie, daß Alles verloren sei, und wie sie warfen auch die unversehrten Truppen des rechten Flügels, die nicht einmal ins Gefecht gekommen waren, die Waffen weg, ließen die Geschütze stehen, und liefen, verfolgt von den einhauenden Preußischen Husaren, truppweise den Brücken zu. Viele wurden gefangen oder niedergehauen.

Noch hielten die Regimenter Wallis und Durlach auf dem Windmühlenberge vor Leuthen Stand und retteten die Waffenehre der Oestreicher; als aber der General Meyer mit zehn Escadrons sie im Rücken, wie die vordringende Infanterie vorn angriff, erlagen die tapfern Streiter der Uebermacht und wurden größtentheils gefangen.

So war denn durch die Taktik Friedrichs, aber nicht minder durch den Heldenmuth seiner getreuen Armee der glänzendste Erfolg in vierstündigem Kampfe erstritten; die Oestreicher flohen auf allen Punkten in wilder Unordnung, und nur Nadasdy mit dem zuerst geschlagenen linken Flügel deckte einigermaßen den Rückzug. Welch' ein glorreicher Tag für unser Vaterland! Zwar bedecken das mit Leichen und Verwundeten übersäete Schlachtfeld 6000 treue

FRIEDRICH DER II IN LISSA NACH DER SCHLACHT BEI LEUTHEN.
Bon soir, Messieurs!

Vaterlandsgenossen, die im Heldenkampfe gefallen sind; dennoch ist solch ein Sieg noch wohlfeil erkauft. —

Die Nacht hat allem Kampf ein Ende gemacht, und nur von Lissa herüber dröhnt noch zuweilen der Schall eines abgefeuerten Geschützes. Dorthin ist Friedrich in der Dunkelheit mit einigen Bataillons aufgebrochen, um dem Feinde nicht Zeit zu lassen, sich irgendwo in der Nähe zu setzen. Die Preußische Armee rastet noch zwischen Guckerwitz und Lissa unter dem Gewehr. Horch, da stimmt ein frommer Grenadier an: „Nun danket Alle Gott!" und unter dem gestirnten Nachthimmel, umringt von den Opfern des Kampfes, die hier ihren letzten Seufzer aushauchen, strömt der Dankespsalm in volltöniger Musik von den Lippen der 25,000 Sieger hinauf zu dem HerrnHerrn, daß mit Seiner Hilfe war so Großes vollbracht worden. O du schöner Klang aus jener Heldenzeit, töne du fort durch die Jahrhunderte, und erzähle den Enkeln von der frommen Begeisterung ihrer Väter, die nach solcher Rettung Gott zuerst ihre Gelübde bezahlten! —

Friedrich war unterdeß mit den Grenadierbataillons Manteuffel und Wedell und dem Regiment Bornstedt nach Lissa gekommen, und über die verlassene Brücke in die Stadt gerückt. Er ritt mit einigen Offizieren nach dem Schlosse, während seine nachfolgenden Soldaten mit den Oestreichern in den Häusern handgemein waren. „Kommen Sie, Messieurs, ich weiß hier Bescheid!" sagte er zu den Offizieren, die ihn begleiteten, und bog über eine Zugbrücke nach dem Schlosse. Hier herrschte großes Getümmel. Die Oestreichischen Offiziere, aufgeschreckt durch das Feuern, schickten sich eben an, ihre Pferde zu besteigen und aufzubrechen. Eine große Anzahl derselben hatte sich unten im Vorsaal versammelt. Da trat Friedrich unter sie und mit dem Worte: „Bon soir, Messieurs! Sie hatten mich wohl hier nicht vermuthet? Kann man benn auch noch unterkommen?" erschreckt er sie so, daß sie stumm vor ihm sich beugen. Einige leuchten ihm die Stiegen voran, und nun stellt ein Offizier den andern Friedrich vor, der sich hier, obgleich in ihrer Gewalt, unbefangen und geistvoll so lange unterhält, bis allmählich sich die Zimmer mit Preußischen Offizieren füllen. Zu Friedrichs Glücke war nämlich die ganze Armee dem Könige gefolgt, als er vor Lissa den Befehl um Verstärkung rückwärts gesendet hatte, und nun stahlen sich die Oestreichischen Offiziere einzeln aus dem Saale.

Als seine Generale, von ihm die Losung erbittend, ihm jetzt Glück zum Siege wünschten, dankte er ihnen auf das Freundlichste für die bewiesene Tapferkeit und trug ihnen auf, der ganzen Armee seine vollkommene Zufriedenheit auszudrücken. „Nach gethaner Arbeit ist gut ruhen!" fügte er hinzu mit jenem seelenvollen Lächeln, das seine Getreuen zu neuen Heldenthaten anspornte. Man erzählte ihm den Spott der Oestreicher, daß sie seine Armee „die Potsdamer Wachtparade" genannt hätten, und er erwiderte lakonisch: „Ich verzeihe ihnen diese kleine Thorheit, welche sie gesagt, um der großen willen, welche sie gethan haben!" — Den Fürst Moritz ernannte er auf dem Schlachtfelde zum Feldmarschall, „weil dieser ihm so bei der Bataille geholfen und Alles vollzogen, wie ihm noch nie einer geholfen habe." — Als er das Schlachtfeld besah, brach er beim Anblick der Todten und Verwundeten, welche die winterliche Wahlstätte bedeckten, in die Worte aus: „Wann werden endlich meine Qualen aufhören!" — Der Heldenmuth seiner tapfern Krieger in dieser Schlacht glich dem spartanischen, und viele einzelne Züge sind der Aufbewahrung werth. „Ihr Brüder!" — rief ein verstümmelter Grenadier, sich am Gewehre aufrichtend, den vorüberziehenden Cameraden zu, „fechtet wie brave Preußen! Sieget, oder sterbet für euren König." Einen Andern fand man, trotz der abgeschossenen Füße, Taback schmauchend auf dem Schlachtfelde. „Was ist an meinem Tode gelegen," sprach er, die Pfeife aus dem Munde nehmend, „sterb' ich doch für meinen König." Zum schwer verwundeten Befehlshaber des Füselier-Regiments Alt Würtemberg, Obrist von Byla, eilten einige seiner Soldaten, um ihn aus der Schlacht zu tragen. „Geht, Kinder!" sprach er, „thut eure Schuldigkeit. Für mich ist gesorgt!" — Warlich, wo solche Stimmen reden, da bedarf es keiner Zeugnisse für den heldenmüthigen Geist einer Armee, in welcher der geringste wie der höchste für seinen König und für das Vaterland in Begeisterung glühte!

Unter den Todten fand man den Generalmajor von Kleist, Obrist von Byla und Major von Auerswald; auch der brave Generalmajor Caspar Friedrich von Rohr starb schon am 12ten December in Radarborf an der empfangenen Wunde. Der Generalmajor von Lattorf, der Obrist von Zastrow und noch viele tapfere Offiziere bluteten aus den empfangenen Ehrenwunden. Generalmajor von Krockow fiel in Gefangenschaft. Der Verlust der Preußen belief sich auf etwa 6000 Mann, worunter an 200 Offiziere.

Dagegen wurden 3000 Oestreicher getödtet, 6000 verwundet, 8000 gefangen, und 116 Kanonen, sowie 51 Fahnen und 4000 Wagen erbeutet. Luchesi, Otterwolf und Prinz Stolberg blieben todt auf dem Schlachtfelde, Haller, Maquire, Lascy, Fürst Loblowitz und Pressack wurden schwer verwundet, Rabasby und Odonell fielen in Gefangenschaft.

Durch diesen einen Schlag wurden die Erfolge der Oestreicher plötzlich vernichtet, Friedrichs fast verloren gegebene Sache aber gewann ein besseres Ansehen; ja, mehr als jemals verbreitete sich der Ruhm des Helden durch die Länder, und die Schlachten von Roßbach und Leuthen sicherten ihm die Theilnahme des hochherzigen Englischen Volkes und das Vertrauen seiner tapfern Krieger. Diese Helden schritten unverzagt über die winterlichen Eisfelder und verfolgten so lange den Feind, als sie denselben auf dem vaterländischen Boden erblickten. General Ziethen mit seinen Husaren verfolgte den Prinzen Carl, jagte ihm noch Bagage und Beute ab, nahm viele Nachzügler gefangen, und rastete mit Fouqué nicht früher, als bis am 22sten December kein Oestreicher mehr im offnen Lande war. Nur Schweidnitz blieb mit 7000 Mann Besatzung in der Gewalt derselben. Obrist Werner fegte Oberschlesien rein und besetzte Jägerndorf und Troppau, während der König Breslau eng umschloß, und die Oestreicher, nach kurzem Widerstande, am 21. December zur Capitulation zwang. Durch diese vervollständigte sich der Sieg von Leuthen; denn es waren in Breslau beinahe 18,000 Mann unter General Sprecher von Bernegg zurückgeblieben, welche nun in Kriegsgefangenschaft geriethen, und ihre Magazine, ihre Kriegskassen, 81 Geschütze, kurz Alles, womit sie sich gerüstet und was sie hier zusammengehäuft hatten, den siegreichen Preußen wieder überlassen mußten. Man berechnet, daß von den 90,000 Oestreichern, welche bei Leuthen gegen Friedrich gekämpft hatten, 45,000 Mann verloren gingen, von denen 42,000 kriegsgefangen in der Gewalt der Preußen blieben. Auch Liegnitz war am 20sten December mit großem Munitionsvorrath wieder in Preußische Gewalt gekommen, und als die Oestreicher in Böhmen Halt machten und ihre Truppen musterten, fand es sich, daß sie von der ganzen Heeresmacht nur 37,000 Mann übrig behalten hatten. Diese zogen längs der Schlesischen Grenze einen Cordon, und rasteten in den verspäteten Winterquartieren. General Ziethen desgleichen, ihnen gegenüber auf vaterländischem Boden, während Friedrichs Hauptmacht in Breslaus Nähe überwinterte, und der General Fouqué Schweidnitz einschloß. In Sachsen commandirte Prinz Heinrich, und der Marschall Keith bezog mit seinem Streifcorps, nach einer siegreichen Diversion nach Böhmen während des Novembermonats, so die Winterquartiere, daß er Sachsen gegen die Oestreicher deckte.

Auch Lehwald in Preußen war noch gegen Ende des Jahres aufgebrochen, um, nach der unmotivirten Räumung des Landes durch die Russen, auf Friedrichs Befehl sich gegen die Schweden zu wenden. Er ließ nur zwei Garnison Bataillons und achtzig Husaren, sowie die Landmiliz zum Schutze Preußens zurück, und von der Mitte des Decembers an vertrieb er nicht allein die Schweden und brachte Wollin, Anclam und Demmin wieder vor Jahresschluß in Preußische Gewalt, sondern besetzte auch Schwedisch Pommern und blokirte Stralsund. Die meiste Beute der Schweden jagte er ihnen hier schon wieder ab. Auch strafte er Mecklenburg, welches seiner Feindschaft gegen Friedrich beim Reichstage durch lautes Geschrei und Anzettelung kriegerischer Maßregeln Luft machte, indem er es in Besitz nahm, und gleich Sachsen als erobertes Land behandelte. Durch Kriegssteuern, Lieferungen und gewaltsame Aushebung von Recruten büßte nun das arme Land die unpolitische Leidenschaftlichkeit seines Herrn, wogegen dieser vergeblich die Hilfe des Königs von Dänemark anrief.

Als somit das ereignißreiche Jahr zu Ende ging, stand Friedrich, den man schon völlig zu Boden geworfen zu haben kurz vorher noch wähnte, siegreich da; sein Land war von Feinden gesäubert und troß der Menge derselben hatte er Sachsen behauptet und sich dadurch zu Gunsten seiner Erblande eine Hilfsquelle gesichert, den Krieg fortzuführen.

Feldzug 1758.

Die Zeit der kurzen Winterruhe verstrich, ohne daß die Hoffnung zum Frieden sich erfüllte. Vergebens hatte Friedrich als Sieger die Hand geboten und den gefangenen Fürsten Lobkowitz nach Wien entsendet, daß er einem versöhnenden Briefe an Maria Theresia noch Sühneworte hinzufüge. Jetzt waren es die Franzosen, bei einer etwaigen Trennung ihres Bundes Englands Uebermacht fürchtend, welche Lobkowitz' Bemühungen vereitelten und die Kaiserinn zu neuer Anstrengung aufstachelten. Es gilt die Schmach von Roßbach zu rächen, und indem man an die versiegenden Hilfsquellen des Marquis von Brandenburg erinnert, und den Stolz der Habsburgischen Kaisertochter erweckt, welche einem so gewaltigen Bündnisse zu entsagen und ihre liebsten Entwürfe kleinmüthig aufzugeben sich zwingen lasse, da man doch bereit sei, mit Gut und Blut bei ihr auszuharren, — gelingt es den Anstrengungen der welschen Diplomaten hier und in Schweden, ja selbst in Dänemark, die Flamme des Krieges anzuschüren und alles Weh zu erneuern, das der verheerende Krieg über unser Vaterland gebracht hat. Diesmal ist es auch den Russen Ernst mit dem Feldzuge, seitdem Aprarin vom Heere, Bestuscheff aus dem Cabinette entfernt ist, und General Fermor soll nun seine Operationen wider Friedrich so beschleunigen, daß man mit den übrigen Verbündeten gemeinschaftlich handeln könne. Auch die Reichsarmee regt sich wieder und die Franzosen unter Clermont Condé, Abt von St. Germain des Près, halten noch den größten Theil Hannovers in der Gewalt.

Zwar hatte der Feldzug von 1757 die Armeen der Kaiserinn gelichtet, und schwere Krankheiten in Böhmen, sowie finanzielle Verlegenheiten erschwerten die Waffnung, daß die projektirte Heeresmacht von 194,000 Mann nur während des ganzen Jahres bis zu 122,000 Mann gedieh; auch bei den Franzosen schmolz die Armee, welche sonst 134,000 Mann stark gewesen war, durch Lässigkeit und schlechte Veranstaltung auf 80,000 Mann zusammen; die Russen, 104,000 Mann stark mit 425 Geschützen, sahen den effectiven Bestand ihres Heeres bald auf 71,000 Mann verringert; auch die 32,000 Mann starken Reichstruppen behielten mit ihrer burlesken Organisation die Ohnmacht, welche sie 1757 gezeigt hatten, und von 21,000 Schweden waren zwei Drittel kampfunfähig oder abwesend, so daß also die Anzahl seiner Feinde weder gewachsen war, noch die Mittel derselben zum Kampfe zugenommen hatten: — dennoch eröffnete Friedrich den neuen Feldzug nicht in derselben günstigen Lage, in welcher er sich zu Anfange des Jahres 1757 befunden hatte. Erst das mit England am 11ten April 1758 erneuerte Bündniß verschaffte ihm die hinreichenden Geldmittel, jährlich vier Millionen Thaler Subsidien, da sein eigener Schatz ziemlich geschmolzen, Schlesien, Magdeburg, Halberstadt, Pommern und die Altmark ausgesogen, Preußen und die Weserprovinzen im Besitz der Feinde waren. Wer aber ersetzte ihm die kriegserfahrenen Truppen, welche auf den Schlachtfeldern von Prag, Collin, Breslau, Leuthen mehr als gezehntet waren? Ja, zum Ueberfluß verheerte dieselbe Krankheit, welche den Oestreichern gefährlich wurde, die Heere Friedrichs, und raffte zahlreiche Opfer dahin. — Solche Verhältnisse forderten größere Umsicht und außerordentliche Maßregeln. Die Rüstung seines Heeres fiel freilich wieder meist den Ausländern zur Last. Die Mecklenburger Lande mußten 2,400,000 Thaler hergeben, weil sie die Schweden hindurch gelassen hatten; die Sachsen sahen sich mit leichtem Gelde überschwemmt und lieferten noch Contributionen an die Preußen. Den größten Vortheil genoß aber Friedrich dadurch, daß die Mehrzahl der Kriegsgefangenen, von denen während des Winters 12,500 ausgewechselt wurden, in seine Dienste übertrat und die Lücken ausfüllen half, welche durch den Verlust der Sächsischen Mannschaft entstanden war. Außerdem recrutirte Friedrich sein Heer mit Landeskindern der Stammlande, und er nahm auch jetzt schon die Hilfe der Rittergutsbesitzer in Anspruch, welche bis zum Frieden das Capital ihrer zu stellenden Ritterpferde vorschossen. Mochte Friedrich auch über viel geringere Quellen zu gebieten haben, als seine Feinde; seine umsichtige Thätigkeit trug schon immer im Voraus für die nöthigen Geldmittel Sorge, und so kam es, daß seine Truppen gut bekleidet und verpflegt, seine Magazine gefüllt, seine Festungen bewehrt und die Soldaten kampfeslustig waren, als die Feinde noch lange nicht ihre Ressourcen hinlänglich benutzt hatten.

Friedrich hatte auch jetzt wieder seine Armee verstärkt. Belling hatte in Halberstadt fünf Escadrons Husaren, von Kleist in Sachsen zehn Escadrons Freihusaren, von Rapin und Lenzinger du Berger zwei Freicorps errichtet; er bewaffnete die

Jungplatenschen Dragoner mit vier leichten, 6pfündigen Kanonen und schuf damit zuerst die neue Waffe der reitenden Artillerie; — kurz, es fehlte an keiner Maßregel, um sich den zahlreichen Feinden gleich furchtbar zu machen. Als im März seine Truppen die ersten Lebenszeichen von sich gaben, war er wieder 143,070 Mann, mit den Garnisontruppen 206,840 Mann stark, wovon 98,000 Mann in Schlesien, 27,000 Mann in Sachsen, 20,000 Mann in Pommern standen. Sehr zu Statten kam es ihm aber, daß jetzt der Herzog Ferdinand von Braunschweig, an der Spitze von 30,000 Mann Hilfstruppen, sich den Franzosen entgegenstellte, und durch geschickte Operationen und ruhmvolle Heldenthaten ihm würdig zur Seite stand.

Die Absicht der Feinde Friedrichs ging für diesen Feldzug dahin, ihn von allen Seiten zu bedrängen, so daß die Russen an der Oder, die Franzosen an der Elbe, die Oestreicher in Schlesien und Sachsen ihn bekämpfen und bei ihrer endlichen Vereinigung den völligen Untergang seiner Macht herbeiführen sollten. Dagegen wollte Friedrich die Franzosen durch Ferdinand von Braunschweig in Schach halten lassen, während er selbst die Oestreicher bezwänge. Zu diesem Zwecke sollte zunächst Schweidnitz erobert werden, dann wollte er durch einen Einbruch in Mähren Daun hinter sich herlocken und diesen besiegen, während Prinz Heinrich die Reichsarmee vernichten und dann Prag erobern möchte. Wenn nun die Oestreicher in Böhmen und Mähren ohnmächtig zurückgelassen wären, wollte er sich den Umständen nach gegen die Russen, die er wenig fürchtete, oder gegen die Franzosen wenden, und diese besiegen. Für den Fall aber, daß der vorsichtige Daun eine Schlacht vermeide, wollte er ihn von Böhmen hinweglocken, damit Prinz Heinrich dennoch für seine Operationen Spielraum gewönne. —

Diesem allgemeinen Plane gemäß eröffnete der Herzog von Braunschweig den Feldzug gegen die Franzosen. — Noch befehligte im Anfange des Jahres Richelieu das schlecht dislocirte Französische Heer und brandschatzte an allen Enden, zuletzt Halberstadt am 11. Januar durch einen vorrückenden Heerhaufen von 7000 Mann, welcher die Preußen unter Jungheim von hier vertreiben sollte. An der Ocker, Aller, Weser, im Bremenschen, Ostfriesland, Münster, Osnabrück, in Hessen und am Rhein waren seine 80,000 Mann vertheilt. Soweit hatten seine Künste die 134,000 Franzosen, welche er übernomnen hatte, in Jahresfrist zusammenschmelzen lassen!

Herzog Ferdinand, vom Könige zur Thätigkeit angefeuert, mit 15 Escadrons vom Lehwaldschen Corps aus Pommern unterstützt, übernimmt es, im Februar mit 30,000 Mann aus dem Lüneburgschen hervorzubrechen, die Franzosen jetzt schon aus der Winterrast aufzuscheuchen und wo möglich die Lande der Verbündeten von den kostspieligen Gästen zu befreien. Am 15ten Februar begannen Ferdinands Operationen, gleichzeitig als Clermont den Heerbefehl über die Franzosen übernahm. Durch den Uebergang über die Aller, die Räumung Verdens, die erzwungene Einnahme von Hoya und durch den drohenden Anmarsch des Prinzen Heinrich, welcher im Hildesheimschen festen Fuß faßte, sah sich Clermont veranlaßt, auf Hameln zurückzuweichen. Am 28sten Februar capitulirte Nienburg, vom 4ten bis 14ten März belagerte er Minden, nahm die Besatzung von 3500 Mann gefangen und erbeutete große Kriegsvorräthe. Der größte Gewinn dieser Eroberung war aber die Flucht des ganzen Französischen Heeres bis zum Rheine, so daß am 3ten April das Land zwischen Weser und Rhein von dem Feinde völlig gesäubert war. Schade, daß die grundlosen Wege den Hannoveranern die Verfolgung erschwerten, sonst würden die Franzosen nicht so wohlfeilen Kaufes losgekommen sein. Dennoch hatten sie den größten Theil der Bagage, Artilleriematerial, Kriegsgelder und Beute im Stich lassen müssen und geständlich 15,000 Mann auf dem Rückmarsche eingebüßt. — Nun rastete Ferdinand zwischen Münster und Kösfeld, während auch die Franzosen von Wesel bis zur Holländischen Grenze, ein Theil auch am linken Mainufer sich Ruhe gönnten. —

Ferdinand häufte in Nienburg, Osnabrück, Münster und Holland mit englischem Golde reichen Lebensunterhalt für seine Truppen auf, verstärkte sein Heer und überschritt auf Andrängen des Englischen Monarchen am 1ten Juni den Rhein, nahm ohne sonderliche Mühe Cleve in Besitz und drängte die Franzosen bis Rheinbergen zurück. Seine Operationen vertrieben Clermont auch aus dieser Stellung bis Neuß, und die feindlichen Magazine kamen alle in seine Gewalt. — Nun endlich wagte Clermont eine Schlacht. Er war 47,000 Mann stark, während Ferdinand nur über 33,000 Mann gebieten konnte.

155

Die Schlacht bei Krefeld.
(den 23ften Juni 1758.)

In der Ebene von Krefeld, durchschnitten von einem hohen, mit Gräben eingefriedigten Walle, der sogenannten Landwehr, zwischen dem Schuppefluß und den von Krefeld nach Geldern ziehenden Niederungen, auf einem, durch einzelne Gehöfte und deren Umgebung sehr coupirten Terrain, standen sich beide Heere am 22ften Juni gegenüber. Die Franzosen hatten ihr Lager, eine Meile lang auf der Viecheler Halde, die Front gedeckt durch die Landwehr, die linke Flanke und den Rücken durch einen tiefen morastigen Graben, die rechte durch das Neerenbruch geschützt. Die Landwehr konnte nur an den Uebergangspunkten, eilf an der Zahl, überschritten werden, und außerdem hinderten die mit Bäumen, Hecken, Zäunen und Wällen umgebenen Wege das Vorgehen der Verbündeten. Dennoch beschloß Ferdinand am 22ften den Angriff, versammelte Abends seine Generalität, und befahl in drei Colonnen aufzubrechen, von denen die zur linken, sowie die Mitte nur die Aufmerksamkeit des Feindes auf sich ziehen, und allein die rechte den beabsichtigten Schlag ausführen sollte. Früh um fünf Uhr brach man auf; allein das Terrain erlaubte nur ein langsames Vorgehen und gegen Mittag eröffnete General Spörken von Crefeld aus ein heftiges Feuer gegen die Landwehr, hier zum Schein des Feindes rechte Flanke bedrohend. Dasselbe geschah in der Mitte, wo General Oberg vor Stöden und Hückesmey sich scheinbar den Uebergang über die Landwehr durch eine starke Kanonade zu erzwingen suchte. Unterdessen hatte Ferdinand in St. Antonius noch einmal den Thurm bestiegen, um den Marsch seines rechten Flügels näher zu bestimmen; — allein er traf bald auf viele Schwierigkeiten, so daß seine Truppen oft nur drei Mann neben einander marschieren, dann auch die vorgeschobenen Posten der Feinde aus den einzelnen Gehöften vertreiben und erst Nachmittags um ein Uhr in der Ebene von Anrabt sich zum Kampf aufstellen konnten.

Jetzt sahen sich die Franzosen plötzlich in ihrer linken Flanke bedroht; und obgleich sie noch der tiefe Graben schützte, an welchem sie schnell ihre Vertheidigungskräfte anzuhäufen suchten; so forcirte Ferdinand den Angriff der Uebergänge bei Platenerb, Langefelshof und Stormshof doch so gewaltig, daß er selbst seine Reserve

zum Sturm vorsendete und mit der ganzen Macht der Infanterie
die bedrängten Franzosen aus ihrer ersten Aufstellung, aber erst nach
2¼stündigem Kampfe hinauswarf. Während dieser Zeit hatte Ferdinand allein seine Reiterei als Reserve hinter sich stehen, und dieser war jede Theilnahme am Kampfe untersagt. Vielleicht wäre der
Sieg der Verbündeten hier völlig mißlungen, wenn Clermont's
Befehle pünktlich befolgt wären. Vergebens hatte er aber seine Reserve, zwölf frische Bataillons hierher gerufen, als er den Ernst dieses Angriffs richtig würdigte. Aus Ungehorsam und eigensüchtiger
Absicht der Generale erschienen diese nicht zur Stelle, und so sah er
sich bald aus der zweiten Umwallung herausgeworfen. — Noch
einmal entbrannte nun ein heftiger Kampf zwischen der Kavallerie,
welche Ferdinand gleichfalls über den Graben und durch das ihn
umkränzende Gehölz gezogen hatte. Der Sieg blieb aber den Verbündeten getreu; sie eroberten drei Standarten und vernichteten einen
Theil der feindlichen Reiterei. Hier blieb auch Graf Gisors, der
einzige Sohn des Marschalls Belleisle, in ruhmvoller Gegenwehr
wider bedeutende Uebermacht.

Um sechs Uhr vereinigte sich Ferdinand schon mit Obergs
Corps, weil er die Feinde bis Viecheln (Fischeln) zurückgedrängt
und den Uebergang bei Hückesmey befreit hatte. — Auch General
Spörken drängte näher auf die Landwehr los, und nun verließ
Clermont das Schlachtfeld, obgleich die Anzahl seiner frischen, un-
gebrauchten Truppen der Macht Ferdinands noch überlegen war.
Man verfolgte die Feinde nicht, sondern begnügte sich, ihnen durch
das schwere Geschütz so lange Kugeln nachzusenden, als sie erreicht
werden konnten, und da Clermont die Nacht hindurch marschierte,
so traf er Morgens in seinem verlassenen Lager bei Neuß wieder ein.

Entscheidend für diesen Feldzug war diese Schlacht in keiner
Hinsicht, obgleich die Franzosen 4000 Mann, die Hannoveraner
1700 Mann verloren, jene übrigens drei Geschütze und sechs Fah-
nen eingebüßt hatten. Nur Clermont verlor bald darauf das
Commando, und am 7ten Juli ging es in die Hände des fähigeren
Generallieutenants von Contades über.

Bis zu diesem Zeitpunkte hatte Ferdinand sein Augenmerk
auf Düsseldorf, Rörmonde und Jülich gerichtet; Düsseldorf war am
29sten Juni durch Wangenheim, Rörmonde am 27sten Juni

durch den Erbprinzen von Braunschweig nach kurzem Angriffe genommen; — der Herzog von Holstein operirte gegen Jülich hin, bedrohte die Französische Grenze und brandschatzte die Gegend zwischen Maas und Erft. Es war sehr wahrscheinlich, daß Clermont dadurch veranlaßt wurde, seine Stellung bei Cöln aufzugeben und etwa eine neue Schlacht zu wagen. Unterdessen sollte Wesel berannt werden und Ferdinand erwartete nur noch eine Verstärkung seines Heeres von 10,000 Mann, die ihm längst aus England verheißen war. —

Da erheischten die auf dem rechten Rheinufer vorgehenden Ereignisse eine Aenderung seines Operationsplanes, und er sah sich genöthigt, nachdem die Operationen Contades bis zum August ihm einige Vortheile geraubt hatten, und da dieser einer offenen Schlacht aus dem Wege ging, nach meisterlichem Rückzuge über die Neers bei Wachtendonk, am 10ten August zwischen Griethusen und Spyk über den Rhein zurückzugehen.

Es war nämlich durch Ferdinands Erfolge am linken Rheinufer das Corps des Prinzen Soubise am Main festgehalten, statt daß es nach Böhmen hin verwendet werden sollte, und dieses brach im Juli auf, um Hessen zu erobern, die Verbindungslinie Ferdinands zu unterbrechen und Hannover zu bedrohen. Am 23sten Juli schlug der Herzog von Broglio bei Sandershausen mit großer Uebermacht das Beobachtungscorps des Prinzen von Isenburg, und nun stand dem nachrückenden Soubise mit seinen 24,000 Mann der Weg ins Hannöversche offen. Während aber sich Ferdinand auf Lippstadt wendete, folgte ihm Contades bei Wesel über den Rhein; doch gelang es jenem, eine Vereinigung der beiden Französischen Heere zu verhindern. Der zum Marschall avancirte Contades befehligte 75,000 Mann, Soubise war 25,000 Mann stark. Gegen diesen sendete Ferdinand zuvörderst den General Oberg, und Soubise nahm nun seine Stellung bei Göttingen ein; Ferdinand und Contades standen sich bei Dülmen und Recklinghausen gegenüber, und erst im October veränderten sie ihr Lager nach Hanau und Münster. Bald aber sah sich Ferdinand genöthigt, als Oberg von Soubise bei Lutternberg am 10ten October geschlagen war, seine Stellung noch einmal zu verändern, damit die beiden Französischen Heere sich nicht vereinigten; er nahm auch noch das Corps Obergs auf, und mit diesem Erfolge zufrieden, ging er, — wie Contades zwischen Rhein und Maas, Soubise zwischen Rhein und Main, — am 18ten November zwischen Rhein und Weser in die Winterquartiere.

———

Friedrich selbst eröffnete den Feldzug gegen die Oestreicher durch die Belagerung und Einnahme von Schweidnitz. Während des rauhen Winters hatte man diese Stadt, welche der General-Graf von Thierheim vertheidigte, blokirt gehalten, und seit dem 15ten März verwandelte man die Blokade in eine Belagerung. Doch erst am 1sten April erlaubte die Witterung die Eröffnung der Trancheen. Als nun aber die Erdarbeiten, trotz des heftigen Feuers der Belagerten, am 14ten bis auf 150 Schritt an das Galgenfort herangeführt, die Batterien vollendet und in Wirksamkeit gesetzt waren, konnte endlich der Obrist von Balbi, welcher die Belagerungs-arbeiten dirigirte, den 16ten die Ersteigung dieses Forts auf Leitern anordnen, und nachdem dieses Werk den Preußen in die Hände gefallen war, mußte auch Thierheim das Gewehr strecken, und 5000 waffenfähige Oestreicher, sowie die bedeutenden Kriegsvorräthe fielen den Preußen in die Hände. Obrist v. Zastrow wurde Befehlshaber des Platzes, in welchem man vier Bataillons zurückließ, und nun galt es, gegen die Oestreicher aus Schlesien hervorzubrechen.

Daun, welcher noch nicht vollständig gerüstet war, fürchtete, von Fouqué beunruhigt, den Einbruch der Preußen in Böhmen; daher ließ er Wege und Stege dorthin verderben, und ganze Waldstrecken niederhauen, damit der König durch solche Hindernisse aufgehalten werde. Indessen kam Friedrich auf einen ganz andern Plan. Er wollte durch eine Diversion nach Mähren, besonders durch eine schnelle Occupation von Olmütz Daun aus Böhmen locken und ihn zu Fehlern veranlassen, welche er augenblicklich zu strafen gedachte. Der Einmarsch in Mähren gelang ihm auch über die Maßen, und Daun erfuhr erst den Abmarsch des Königs, als dieser sich bereits bei Troppau mit dem Herzoge von Würtemberg vereinigt, den General Deville vor sich hergetrieben und Anstalt gemacht hatte, Olmütz einzuschließen. Da brach Daun auf und nahm am 5ten Mai seine Stellung bei Leutomischel.

Nun gingen aber die Angelegenheiten Friedrichs viel schlechter, als man sich gedacht hatte. Statt innerhalb einer Frist von vierzehn Tagen, getraute sich der Obrist von Balbi nicht einmal in den zugestandenen acht Wochen Olmütz durch Belagerung in Friedrichs Gewalt zu bringen. Das machte Friedrich schon Anfangs ungeduldig. Sobann ging auch das Belagerungsgeschütz erst am 5ten Mai unter Fouqué's Geleite aus Neiße ab und vom 5ten bis zum 20sten Mai konnte man aus Ungewißheit über die Stellung der Feinde, deren Annäherung man vernommen hatte, Olmütz nur ganz entfernt blokiren, so daß in dieser Frist der General Marschall v. Bleberstein, welcher in Olmütz eine Besatzung von 9000 Mann commandirte, mancherlei Maßregeln traf, die Stadt in einen besseren Belagerungszustand zu versetzen. Er häufte nicht allein soviele Lebensmittel an, als er auftreiben konnte, und jagte die ärmeren Einwohner früh genug aus der bedrohten Stadt, sondern er besserte auch die Festungswerke ziemlich schnell aus und konnte die Vorstädte noch sämmtlich rasiren. Die Ueberschwemmungen der Morawa kamen ihm gleichfalls zu Statten, weil dadurch der Angriff der Stadt nur nach der einen Seite hin möglich war. —

Als endlich Balbi unter Keith nach 17tägiger Blokade die eigentliche Belagerung anhob, beging er obenein den Fehler, daß er den Angriff unterhalb Olmütz vom Tafelberge aus beschloß. Die Anlegung der dazu nöthigen Werke nahm den Monat Mai noch ganz hin, und als man endlich den Versuch machte, die Stadt zu beschießen, fand es sich, daß die Entfernung dieses Punktes größer war, als man gedacht hatte. Die Bomben fielen schon auf dem Glacis nieder und durch die verstärkte Ladung sprengte man vieles Geschütz und verderbte anderes. Alle Arbeit und Anstrengung war durch Balbis Ungeschicklichkeit unnütz versplittert. Dazu kam, als man weiter an die Festung heranging, daß das feindliche Feuer dem Preußischen lange überlegen war, und daß man von der Festung aus Ausfälle wagte. Am 13ten Juni z. B. wurden den Preußen zehn Kanonen vernagelt, auch bis zum 24sten Juni ihnen durch wachsames Feuern die Anlegung einer dritten Parallele verzögert, und selbst diese gab den Belagerern kein Uebergewicht, so lange Marschall vom Wasserfort aus ungehindert ein lebhaftes Feuer unterhalten konnte.

Nun hatten die wenigen Truppen, mit welchen Olmütz am linken Morawaufer eingeschlossen war, trotz der Thätigkeit des Generals Maier, eine nächtliche Communication der Belagerten mit dem Lande nicht verhindern können; die Verbindung Friedrichs mit einem detaschirten Corps war sogar einmal durch den kühnen Laudon unterbrochen, und seine Communicationslinie trotz der Postirung des Generals Forcade fortwährend bedroht. Am 22sten Juni konnte sich der General Bülow sogar mit 1200 Mann nach Ollmütz werfen; Daun, 45,000 Mann stark und in unangreifbarer Stellung, bedrohte Friedrich selbst, und ließ durch Laudon einen bedeutenden Transport, den der Obrist Mosel convoyirte, angreifen, so daß von 4000 Wagen nur 400 ins Lager der Preußen gelangten, und daß von Ziethens Corps, das zur Unterstützung herbeigerückt war, allein 2400 Mann mit 6 Geschützen verloren gingen. — Endlich sah man sich genöthigt, das Land links der Morawa vor dem drängenden Daun gänzlich zu räumen, und da nun die Unternehmung gegen Ollmütz gescheitert, der Proviant aufgezehrt, die Munition größtentheils verbraucht, und der Feind im eigenen Lande den Preußen weit überlegen war, ja, da man schon nicht mehr nach Schlesien zurückgehen konnte: so befand sich Friedrich hier am 1sten Juli in einer äußerst schwierigen Lage, aus welcher er sich nur durch einen beschwerlichen und gefährlichen Rückzug durch Böhmen retten konnte.

Mit der gewohnten Thätigkeit und Umsicht führte er diesen Rückzug aus, immer gedrängt und umschwärmt von dem Feinde. Endlich am 9ten August erreichte er ohne irgend einen Verlust, mit einem unermeßlichen Train belastet, den vaterländischen Boden, und so herrlich bewährte sich sein Genie, daß, als ihm selbst Daun mit der ganzen Oestreichischen Heeresmacht auf der Ferse saß, seine weise berechneten Stellungen und Märsche auch diesem es unmöglich machten, ihn aufzuhalten oder zu versehren.

Kaum hatte Friedrich hier nun einige Tage gerastet, als er schon wieder aufbrach, einem andern Feinde zu begegnen, welcher seine Lande augenblicklich weit gefährlicher bedrohte; — Friedrich verließ am 11ten August Landshut, um die Fortschritte der Russen in der Neumark aufzuhalten. —

Seit dem Januar dieses Jahres hatte Fermor ohne Widerstand für seine Kaiserinn von Friedrichs Königreiche Besitz genommen; denn die Heermacht, welche im vorigen Jahre wider die Russen bei Groß-Jägersdorf gekämpft hatte, stand theils unter dem Befehle des Grafen Dohna in der Gegend von Stralsund, theils war sie unter General Platen nach Hinterpommern entsendet, theils zu dem Hilfscorps Ferdinands unter dem Herzoge von Holstein verwendet. Die Vorfälle wider die Schweden waren indessen bis auf die Einnahme der Peenamünder Schanze so unbedeutend, daß Friedrich im Juni den Grafen Dohna von Stralsund abrief, als die Russen die Weichsel überschritten, um den Krieg in das Innere der Brandenburgischen Provinzen zu spielen.

Das Schicksal Preußens war glimpflicher, als man gefürchtet hatte, indem Elisabeth diese Besitzung ihres Feindes schon als ihr Eigenthum betrachtete, ja in der That sich zu Königsberg den Huldigungseid schwören ließ. Wie natürlich flossen die Einnahmen des Landes in die Russischen Kassen, und die entmuthigten Einwohner beugten sich unter den starken Willen ihrer Gewalthaber. Freudenfeste, Feuerwerke, Illuminationen, Festreden und öffentliche Gelage verherrlichten in Königsberg den Geburtstag des Russischen Thronfolgers, und während den Meisten bange war, mußten sie eitel Freude heucheln und über das Antlitz die Maske der Ergebenheit kleben. Auf den Münzen stand Elisabeths Bildniß, in den Städten prangte ihr Wappen, und ihre Farben weheten von den Kirchthürmen des ganzen Landes. Das war ein Glück für diese Provinz, und als ein solches betrachteten es auch die unglücklichen Einwohner, wenn sie der schrecklichen Greuel gedachten, welche im vorigen Jahre hier schonungslos ausgeübt waren. Nur Wenige waren Friedrich auch im Herzen untreu; und Viele zeigten ihm durch patriotische Handlungen und Liebesopfer ihre aufrichtige Treue; — dennoch konnte Friedrich es niemals wieder vergessen, daß ihre Zunge einem Andern den Eid geschworen hatte, und ob er auch immer der Vater des Landes blieb und seine segnende Hand darüber breitete, so hat dennoch sein Fuß Preußens Boden nicht wieder betreten. Die übrigen Länder Brandenburgs, über welche der Samum hinwegwehte, wurden zu Wüsten und Einöden, und so beispiellos wütheten die barbarischen Horden, daß sie aus eitel Zerstörungslust sämmtliche Dörfer niederbrannten, welche sie vorher geplündert hatten.

Die Weichsel, Warte und Netze aufwärts ziehend, legten sie in Thorn und Elbing, so wie in Posen Magazine an, und als sie von Danzig abgewiesen waren, fielen sie in Pommern und die Neumark ein. Dohna mußte sich zurückziehen, als die ganze Macht der Russen sich auf Cüstrin wendete, um diese Festung zu überrumpeln.

Es war am 15ten August, als also **Friedrich** sich schon auf dem Wege befand, um seinen bedrängten Unterthanen Hilfe zu bringen, da eröffneten **Fermors** Batterien auf die unglückliche Stadt ein erschreckliches Bombardement. Bald zündeten die Kugeln, welche auf alle Dächer regneten, die Häuser an, und die Lohe schlug in allen Straßen empor. Welch' namenloser Jammer kam an diesem schrecklichen Tage über die unglückliche Stadt! An Rettung irgend eines Gebäudes oder einer Habe konnte Niemand denken; denn schon um 5 Uhr früh stand die ganze Stadt in lichten Flammen, und als längst nur noch die öden Schutthaufen rauchten, fielen die Bomben der Russen, „weil man sie nicht wieder mit fortschleppen wollte", in dichtem Regen noch immer zwischen die Trümmer. Welche Summe von Lebensglück zerstörte dieser einzige Tag! — Nicht allein die Einwohner der Stadt büßten ihr Vermögen ein, auch viele Bewohner der Provinz hatten ihr Eigenthum dorthin vor den Russen in Sicherheit gebracht und verloren nun plötzlich Alles, was sie besessen hatten. Ach, und wie Viele erstickte der Dampf, erschlugen die stürzenden Balken, tödtete die lodernde Flamme oder zerrissen die springenden Kugeln! — Den Donner der krachenden Geschütze übertönte das Jammergeschrei der flüchtenden Einwohner, welche mit Weib und Kind über die Oder den Greueln dieser Verwüstung zu entfliehen versuchten. Noch in der Nacht, die diesem Schreckenstage folgte, fielen die letzten Bomben unter die Schutthaufen Cüstrins; nur die Kanonenkugeln wollte **Fermor** sich aufsparen. So furchtbar aber war die Gluth des aufgeregten Elementes, dem Niemand Widerstand leistete, daß in dem Zeughause die Kanonen schmolzen und die in demselben befindlichen Patronen und Bomben, sowie der ansehnliche Pulvervorrath in die Luft flogen und die Trümmer dieses Gebäudes, sowie vieler andern Häuser noch, weithin gestreut, Tod und Schrecken verbreiteten. Da wurden Kirchen, Thürme und selbst das alte Schloß ein Raub der verheerenden Flammen! — Am folgenden Tage, da man eine Art Parallele gegen die Festung selbst eröffnete, forderte der Russische Befehlshaber den Commandanten, Obrist Schack von Wuthenow, auf, die Festung zu übergeben; da aber Dohna sich der Festung näherte und selbst die Garnison verstärkte: so antwortete der Commandant dadurch, daß er am 20sten die kurze Vorstadt, hinter welcher die Russen steckten, anzünden ließ.

Endlich am 21sten August, in 11 Tagen 35 Meilen zurücklegend, kam Friedrich mit 16 Bataillons und 28 Escadrons in Dohnas Lager an. Er erschien hier wie ein rettender Engel. Seine Soldaten, die auf dem schnellen Marsche alle Entbehrungen gern getragen hatten, weil es galt den unglücklichen Brüdern Hilfe zu bringen, waren zur Rache entflammt; man sah ihnen, als sie Tags vorher in Frankfurt einmarschirten, den Ingrimm und die Wuth auf den Gesichtern an, da sie deutlich den Donner der Russischen Geschütze hören konnten, und als Friedrich in Dohnas Lager einzog, sprach er zu diesem: „Seine Leute haben sich außerordentlich geputzt; die meinigen sehen aus wie Grasteufel, aber sie beißen."

Welche Empfindungen bestürmten aber die Seele des Landesvaters, da er näher nach Cüstrin und in die Stadt selbst kam. Bei Reitwein begegnete ihm ein Färber aus Cüstrin, Namens Klement, der mit Frau und Kindern ein Unterkommen suchte. Als er von diesem einen Bericht über das Unglück der Stadt erfahren hatte, sprach er tröstend: „Kinder, ich habe nicht eher kommen können, sonst wäre das Unglück nicht geschehen. Habt nur Geduld, ich will Euch Alles wieder aufbauen lassen!" Vor dem Thore empfing ihn der alte Bürgermeister Kirchheim, und dieser führte ihn auf den Wall, von wo aus man die Trümmer der Stadt überschauen konnte. Da hörte man ihn nur die Worte sprechen: „Mordbrenner! Mordbrenner!" und seufzend wendete er die Augen von diesem schrecklichen Anblicke ab.

Mit des Commandanten Vertheidigung, so unerschrocken er sich auch gezeigt hatte, war er in mancher Hinsicht nicht zufrieden. Dem erwiederte er: „Laß er's nur gut sein. Er hat nicht Schuld, sondern ich, daß ich ihn zum Commandanten gemacht habe. Geh' er nur, ich will ihn nicht weiter sprechen." Durch den Präsidenten von Rothenburg ließ er dann sogleich 200,000 Thaler für die unglücklichen Einwohner anweisen, und späterhin hat ihm der Aufbau der Stadt noch bedeutend größere Summen gekostet.

Es galt nun, die Oder zu überschreiten, um die Feinde in offener Schlacht für die Greuel der Verwüstung zu züchtigen. Also täuschte er den Feind durch vorgespiegelte Maßregeln, als wolle er Angesichts desselben die Oder passiren, detaschirte unterdessen den General-Lieutenant Canitz nach Wrietzen und ließ dort Kähne zusammenholen; — dann marschirte er plötzlich am 23sten August mit Tagesanbruch die Oder abwärts, schlug in drei Stunden bei Güstebiese eine Brücke und stand desselben Tages schon mit 38 Bataillons und 83 Escadrons, so wie 117 Stück Geschütz am rechten Oderufer zwischen Fermor und Romanzow, den letztern vom Hauptheere der Russen abschneidend.

Nun veränderte Fermor mehrmals seine Stellung, zog das Observations-Corps von Landsberg her an sich, Friedrich aber ging über die Mietzel dem Feinde entgegen, der sich endlich, über 50,000 Mann stark, auf den Höhen von Quartschen und Zicher in vier Treffen postirt hatte.

Schlacht bei Zorndorf.
(Den 25. August 1758.)

Den 25sten August Morgens um 3½ Uhr brach Friedrichs Armee von Darmietzel auf, ging durch einen Wald gegen Batzlow in die Ebene, dann wendete sie sich rechts über Willersdorf gegen Zorndorf. Das Dorf war zwecklos von den Russen angezündet, und der Sandstaub und Feuerqualm, ihnen zugetrieben, verhinderte es, daß sie die anrückenden Preußen früh gewahr wurden. Friedrich verschmähte es, die bei Camin aufgefahrene Bagage der Feinde anzugreifen und zu zerstören; — sein Heer brannte von Begierde, sich mit den Feinden selbst zu messen, und so heftig war der Durst nach Rache, daß sie sich angelobt hatten, keinen Pardon zu geben. Die Aufstellung der Russen in ein dichtes Viereck, wie sie es in den Türkenkriegen gewohnt waren, verschaffte der Artillerie der Preußen eine reiche Ernte, während die Russen theils zu hoch schossen, theils auch ihr Feuer auf die ganze Front des Preußischen Heeres zersplitterten.

Friedrich beschloß seinen rechten Flügel ganz zurückzuhalten und mit dem linken die rechte Ecke des Russischen Vierecks anzugreifen.

II. Theil pag. 164.

Schlachtordnung der Preußen vor der Schlacht bei Zorndorf den 25. August 1758.

Avantgarde.
General-Lieutenant von Manteuffel.

General-Major v. Kursel.   General-Major v. Kahlden.

- 2 Bat. Canitz
- 1 Gren.-Bat. Lossow.   Bergsdorf.   Nesse.
- Billerbeck.   Petersdorf.   Kleist.
- 1 Gren.-Bat. Kremzow.

Erstes Treffen.
Se. Majestät der König.
General-Feldmarschall Se. Durchl. Fürst Moritz zu Anhalt.

Gen.-Lieut. v. Schorlemmer.   Canitz.   Dohna.   Seidlitz.
Gen.-M. v. Platen. Ziethen. Rauter. Diericke. Bülow. Pr. Franz v. Bredow. Lentulus.
Braunschw.

- 5 Escadr. Plettenberg.   Platen.
- 5 Esc. Prinz v. Preussen.   Markgr. Friederich.
- 2 Gren.-Bat. Rohr.
- 2 Batill. Below.   Rauter.
- 2 Batail. Bevern.   Dohna
- 2 Batail. Kalkstein. Anspach. Lehwald.
- 2 Bat. Forcade.   Prinz v. Preussen.
- 1 Gren.-Bat. Wedel.
- 5 Escadr. Carabiniers
- 5 Escadr. Seidlitz.
- 5 Esc. Garde du Corps.
- 5 Esc. Gens d'Armes.
- 5 Esc. Cottbuis.

Zweites Treffen.

Gen.-Lieut. v. Marschall.   G.-L. v. Forcade.   G.-M. Flemming.   G.-M. Czetteritz.
Gen.-Maj. v. Froideville.

- 10 Escadr. Schorlemmer.
- 2 Bat. Seers.   Pr. Moritz.   Kursel.   Bülow.
- 2 Bat. Neuwied.   Kreutzen.
- 5 Esc. Normann.

Reserve.
General-Major Malachowsky.   General-Major Ruesch.

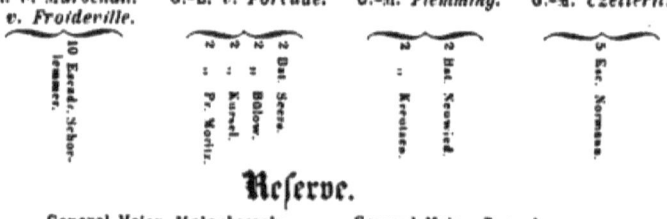

Malachowsky Husaren.   Ruesch Husaren.   Ziethen Husaren.

Theil II pag. 164

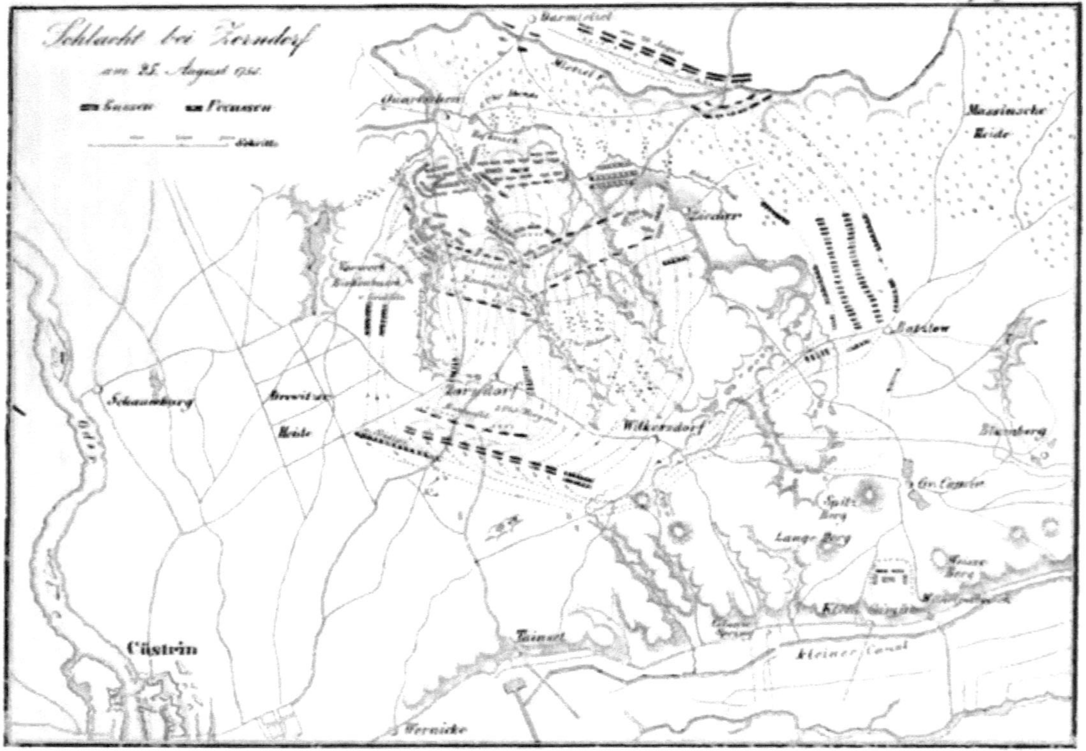

Dadurch konnte er mit 60 Geschützen, 20 Bataillonen und 56 Escadrons auf einen Punkt hinwirken, und wenn er hier das Viereck erschüttert haben würde, sollte der unversehrte Theil seines Heeres über die Wankenden herfallen und sie in die Oder stürzen. — Das war ein ähnlicher Schlachtplan, wie er vor Prag, bei Collin und Leuthen entworfen war; allein auch hier setzten verworren und fehlerhaft ausgeführte Dispositionen den Sieg aufs Spiel, und nur dem Heldenmuthe Seydlitz' verdankte es Friedrich, daß dennoch die Schlacht gewonnen wurde.

Es war um 9 Uhr früh, als der Donner der Kanonen zur Schlacht rief. Manteuffel ging rechts bei Zorndorf vorbei und marschirte mit der Vorhut auf den bezeichneten Angriffspunkt los. Seine Artillerie wüthete erschrecklich unter den dichtgedrängten Russen; ein Schuß streckte 42 Mann mit einem Male nieder, und da die Reihen so entsetzlich gelichtet wurden, mußte Fermor schon jetzt aus dem zweiten und dritten Treffen Mannschaft hervorziehen, um die gelichteten Stellen auszufüllen. Ueberdem entstand große Verwirrung in seinem Heere, weil die Pferde durch die Kanonen wild wurden, und nun mußte er die Reiterei zurückschicken, daß sie weiter hinten sich ruhiger aufstellen möchte. Manteuffel, in der Voraussetzung, daß er hinlängliche Unterstützung habe, fällt nun in das Russische Viereck ein, und will ein Treffen auf das andere werfen. Siehe, da fassen ihn die Russen selbst in die Flanke; der linke Flügel, dem er voran gehen soll, steht nicht hinter ihm, sondern ihm zur Seite, da die Preußischen Truppen im Avanciren etwas auseinandergekommen sind, und er kann dem dichten Haufen der Feinde nur eine schwache Linie entgegenstellen. Mit großem Geschrei werfen sich die Russen über ihn her und treiben ihn zurück; ihre Reiterei ist im glücklichsten Augenblicke zur Stelle, und rasch wirft sie nicht nur ihn, sondern auch die nächsten 7 Bataillons des linken Flügels über den Haufen, so daß sie in der schmählichsten Flucht — unerhört in dem Preußischen Heere! — das Weite suchen und 26 Kanonen den Feinden feige überlassen. — Da kommt Seydlitz zu Hilfe. Mit 31 Escadrons wirft er sich, den Zaberngrund passirend, auf die Russenreiter, während das Regiment Gensd'armes und Garde du Corps die Russische Infanterie angreift. Prinz Moritz führt auch noch zwei Dragoner-Regimenter herbei, und so erblickt man diese Truppen, Reiterei gegen siegreich vorgegangenes Fußvolk, im heftigsten Kampfe, nicht blos zu einem gewaltigen Chock, sondern in einem ausdauernden Gefechte. Die Russen fochten auf der Stelle, wo sie standen, so lange als sie lebten, und ihre Reihen konnten zwar durchbrochen werden, aber eben so oft schlossen sie sich wieder. Dennoch ließen die muthigen Reiter nicht ab, und da nun auch die Infanterie wieder zum Angriff vorgehen und den Heldenkampf ihrer Brüder unterstützen konnte, so endigte das Blutbad erst, als die Russen auf dieser Stelle völlig besiegt und Alles vernichtet war, was von dem Feinde zwischen dem Zaber- und Galgengrunde gestanden hatte. — Nun führte Seydlitz, da ein morastiger Boden ihm die Verfolgung der Vortheile wehrte und überdem neue Schlachtlinien hinter dem Galgengrunde gebildet waren, seine Reiter nach Zorndorf zurück; — der größte Theil der Russischen Generalität, unter ihr Fermor selbst, wurde mit diesem Flügel vom Schlachtfelde fortgerissen und der Oberbefehlshaber kam erst in der Nacht wieder zur Armee. Natürlich hatte sich auch dem linken Russischen Flügel Verwirrung mitgetheilt und viele Flüchtlinge plünderten die Bagage und ertränkten die Erinnerung an das Schlachtenungemach vor den Branntweinfässern der Marketender.

Es war 1 Uhr Mittags, als durch Seydlitz' außerordentliche Tapferkeit und durch dessen zur rechten Zeit unternommenen Reiter-Angriff die Schlacht diese günstige Wendung genommen hatte.

Jetzt führte Friedrich seinen rechten Flügel den Feinden entgegen, und bestimmte, daß der linke zurückgehalten werde, damit dieser Zeit gewinne, sich völlig zu ordnen. Er schob eine schwere Batterie mit der Bedeckung eines Bataillons weit vor und dann ging er, die Cavallerie hinter den Flügeln, in der angedeuteten Linie vorwärts. Plötzlich stürzte sich eine Uebermacht Russischer Reiterei auf den Preußischen rechten Flügel, nahm die vorgeschobene Batterie im ersten Anlauf, ihre Bedeckung wurde gefangen, und nun brach jene mit Gewalt gegen die Preußische Infanterie-Linie los. In das Regiment Prinz von Preußen drang sie selbst schon ein, und nur das erste Bataillon dieses Regiments widerstand noch, als wie ein Wetter 28 Escadrons Reiter vom rechten Preußischen Flügel über die Russen herfielen, die Gefangenen befreiten, die Batterie wieder eroberten und die Russen in die Moräste hinter Zicher warfen. — Friedrich drang nun mit beiden Flügeln vorwärts. Da wurde der linke Flügel seines Heeres zum zweiten Male bei einem Cavallerie-Angriff in die Flucht geschlagen und 13 Bataillons verließen, von panischem Schrecken erfaßt, in wilder Auflösung das Schlachtfeld, nicht eher als in Wilkersdorf rastend; es waren die Dohnaschen Truppen, während die Schlesischen Bataillons besonnen dem Angriffe Widerstand geleistet hatten.

Und wieder war Seydlitz der Retter in der Noth, und seinem militairischen Scharfblick, so wie seinem heroischen Muthe dankte Friedrich in dieser Schlacht zum zweiten Male den Sieg. Länger als 12 Stunden saßen seine Reiter schon zu Pferde und hatten heute schon mehr ausgeführt, als andere in ganzen Feldzügen. Er aber griff in dem entscheidenden Momente muthig mit 61 Escadrons die Russische Cavallerie an, warf sich, als er diese verjagt hatte, gleich siegreich trotz Kartätschenhagel und Gewehrfeuer auf die Infanterie der Russen, und nun kämpfte man in blutigem Handgemenge, ohne Ordnung der Truppen, ohne Gebrauch der Feuerwaffen, — fast beispiellos in den bisherigen Feldzügen! — Mann gegen Mann, bis frische Infanterie zur Stelle war und die Russischen verwirrten Schaaren theils niedergemetzelt, theils in die wildeste Flucht geschlagen waren.

Nun war die Auflösung des Russischen Heeres allgemein und einzelne Haufen desselben zogen plündernd oder beutesuchend umher, andere flohen den Mietzelbrücken zu, welche abgebrochen waren; doch da sie deshalb nicht entfliehen konnten, so gelang es einigen Russischen Generalen wieder mehrere tausend Mann zu vereinigen und mit diesen und einigem, stehen gebliebenen Geschütz eine Stellung hinter dem Galgengrund einzunehmen. — Während aber Friedrich die eigenen Truppen ordnete und sammelte, gelang es auch den Russen, sich wieder zu formiren, und zum dritten Male wurde ein Angriff auf die Russen beschlossen. General Forcade sollte mit 11 Bataillonen des rechten, General Rauther mit den schon zweimal geschlagenen Truppen des linken Flügels vorgehen. Kaum aber schlugen die ersten Kanonenkugeln in die Reihen der feigen Memmen, so eilten sie diesmal schnellfüßiger, als vorher, in unaufhaltsamer Flucht über Wilkersdorf nach der Heide hinter Zicher und wurden später nur mit Mühe wieder gesammelt. — Mit gerechter Indignation entzog Friedrich solchen Truppen sein Vertrauen und auch General Rauther wurde schon Tags darauf „zum Teufel gejagt." — Auch Forcades Angriff hatte nicht mehr den erwünschten Fortgang; und in der That war die Erschöpfung der Truppen, die von Morgens 9 bis Abends 8¼ Uhr gekämpft hatten, zu groß. Friedrich schiebt die Schuld dieses mangelhaften letzten Angriffs nicht auf die Ermüdung der Truppen, nicht auf die Beschwerlichkeit des morastigen Bodens, auch nicht auf den gänzlichen Mangel an Munition, sondern auf den Umstand, daß die Truppen lieber die Geldwagen der Russen geplündert hätten und jedesmal mit vollen Taschen umgekehrt wären, um Anderen Platz zu machen.

Als endlich der Abend dem „Schlachten" ein Ende gebot, ließ sich Friedrich auf dem Wahlplatz ein Zelt aufschlagen und übernachtete in der Mitte seines Heeres, welches unter dem Gewehr stehen blieb.

Tags darauf machten die Russen, dem gewissen Tode trotzend, Miene, noch einmal eine Schlacht zu wagen; allein die kleinste Demonstration Friedrichs ließ das feindliche Geschütz verstummen; in der folgenden Nacht umging Fermor die Preußen und konnte sich in seiner Wagenburg verschanzen.

Friedrich aber begrub die Todten und sorgte für die Verwundeten. So viele Opfer hatte noch keine Schlacht des Krieges gefordert. Die Russen verloren an Todten, Verwundeten und Gefangenen 941 Offiziere, darunter 5 Generale, und 20590 Mann; den Preußen kostete die Schlacht 324 Offiziere und 11,061 Mann. Sie eroberten auch 103 Kanonen und 27 Fahnen und Standarten, während sie 26 Kanonen eingebüßt hatten. Unter den Todten beklagte man den Verlust des Generalmajors Hans Siegmund von Ziethen; und auch die Generale Henning Alexander von Kahlden, Gabriel Monod von Froideville und Heinrich Adolph von Kursel starben zu Berlin und Frankfurt an den, in dieser Schlacht empfangenen Wunden.

Ueber viele Offiziere hielt Friedrich ein strenges Gericht; denn das Benehmen einzelner Truppen forderte die strengste Ahndung. So finden wir namentlich erwähnt, daß außer dem General von Rauther mehre andere z. B. die Generalmajors von Below und von Ruesch wegen ihres Benehmens vor Cüstrin entlassen wurden. —

Wie dergleichen sonderbare Erscheinungen wohl oft beobachtet sind, so maßten sich die Russen in dieser Schlacht den Sieg an, und Fermor sendete die Nachricht dieses glücklichen Ereignisses, welches ihm einen großen Theil seiner Armee, sowie den Erfolg des ganzen Feldzuges kostete, durch Eilboten an seine Kaiserinn. Da er seinen angeblichen Sieg besonders darauf stützte, daß er „das Schlachtfeld behauptet habe," so dürfen wir das Zeugniß eines seiner Generale, des Peter Iwanowitsch Panin, hier anzuführen nicht unterlassen. Dieser bekräftigte es mit der Randglosse: „Die das Schlachtfeld behauptet haben, waren entweder todt, verwundet oder — besoffen;" und andere Berichterstatter entwerfen ein grelles Bild von dem Zustande der Russischen Armee, als sie, nach dem ersten Erfolge des Preußischen Angriffs, in Unordnung über das eigene Gepäck hergefallen war. — „Die Marketenderwagen wurden geplündert und der Branntwein viehisch gesoffen," erzählt Tempelhof und nach ihm Archenholz. „Vergebens schlugen die Offiziere die Fässer in Stücken, die Soldaten warfen sich der Länge nach auf den Boden, um den geliebten Trank noch im Staube zu lecken. Viele hauchten besoffen die Seele aus, andere massacrirten ihre Offiziere, und ganze Haufen liefen wie Rasende auf dem Felde herum, ohne auf das Zurufen ihrer Befehlshaber zu achten." —

Uebrigens kämpften die Russen in trunkenem Zustande mit desto größerer Hartnäckigkeit, und bei der Erbitterung der Preußen war die Schlacht um so blutiger. Man fand Russen, welche sich auf einzelne verwundete Preußen geworfen hatten und diese mit ihren Zähnen zerfleischten, da sie die Waffen nicht mehr führen und jene sich nicht mehr rühren konnten. Besonders zeigten die Kosacken, welche sich ganz aufgelöst hatten und nach der Schlacht im Rücken der Preußen die Verwundeten und Todten plünderten, eine Rohheit und Grausamkeit, von welcher die civilisirten Nationen keine Ahnung mehr hatten. Auf diese wurde denn auch mit großem Eifer Jagd gemacht, und die Preußen straften solche Grausamkeit schonungslos mit dem Tode. In Quartschen wurden ihrer tausend und mehr unter den einstürzenden Häusern begraben, und die sich aus den brennenden Gebäuden retten wollten, wieder hineingejagt oder niedergemetzelt.

Mit Recht ließ es Friedrich auch die gefangenen Russen empfinden, daß sie so schändlich sein Land verwüstet hatten. Als ihm die gefangenen Russischen Generale von Soltikof, Graf Czernichef, Andreas von Manteuffel, von Tiesenhausen und von Sievers noch auf dem Schlachtfelde vorgestellt wurden, sagte er ihnen, er bedauere sehr, daß er kein Sibirien habe, wohin er sie schicken könne, damit sie eben so behandelt würden, wie bei ihnen die Preußischen Offiziere; — und er ließ sie so lange in die Cüstriner Casematten sperren, bis er erfuhr, daß in Petersburg gleichfalls eine glimpflichere Behandlung gegen die Preußen eingetreten sei. — Daß er gegen rebellirende Kriegsgefangene mit aller Strenge verfahren, und z. B. einen Offizier in Cüstrin, Lüders aus Kurland, welcher kurz nach der Schlacht von Zorndorf mit 3000 Russen einen Anschlag auf die Festung machte, rädern ließ, geboten die strengen Kriegsgesetze und machten die Umstände dringend nöthig.

So war denn durch Friedrich die Gewalt des Feindes gebrochen und die Grausamkeit desselben gestraft. Nachdem Fermor auf Landsberg hin seinen Rückzug genommen, und erst Friedrich, sodann Graf Dohna ihm das Geleite gegeben hatte, konnten die unglücklichen Neumärker wieder frei aufathmen. — Wie hatte sich hier wieder sein Feldherrntalent bewährt; — wie einzig erscheint aber auch die Tapferkeit eines Seydlitz und seiner Reiterschaaren! — Das erkannte Friedrich auch an, der selbst persönlich in dem gefährlichsten Schlachtgetümmel sich aufgehalten hatte. — Denn als ihm Sir Mitchell mit den Worten auf dem Schlachtfelde Glück wünschte: „Der Himmel hat Ew. Majestät heute wieder einen schönen Tag gegeben!" antwortete Friedrich auf Seydlitz deutend: „Ohne Diesen würde es schlecht aussehen!" Und dennoch blieb Seydlitz bescheiden. Er lehnte die Ehre, die ihm der König bewies, mit den Worten ab: „Ew. Majestät Cavallerie hat den Sieg erfochten und sich der größten Belohnungen werth gemacht; die Garde du Corps aber unter dem Rittmeister von Wakenitz hat Wunder gethan; besonders hat dieser Dank und Belohnung verdient." — Und als Wakenitz darauf vom Rittmeister zum Obrist-Lieutenant befördert wurde, schien ihm derselbe noch nicht geehrt genug.

Mit der dreimal versuchten, aber jedesmal unglücklich ablaufenden Belagerung Colbergs, welche dem General Palmbach während des Octobers übertragen war, und bei welcher der Major v. d. Heyde, so wie die patriotische Bürgerschaft gleichen Heldensinn offenbarten, endigte in diesem Jahre der Feldzug gegen die Russen. Die Wunden aber, welche ihre Grausamkeit geschlagen hatte, bluteten noch lange, und leider wurden sie während des Krieges noch mehrmals aufgerissen, wenn die räuberischen Schaaren der entmenschlichten Wütheriche wieder vom Kriegsglücke in die offenen Preußischen Provinzen geführt wurden. „Es war ein grauenvoller Anblick," — sagt Friedrich in seinen Werken, — „alle benachbarten Dörfer von den Russen in Brand gesteckt zu sehen, welche in diesen Gegenden alles Unglück häuften, wodurch die Menschheit gebeugt werden kann;" — und ein Leidensgenosse der ruinirten Grundbesitzer, von Schöning, erzählt Folgendes: „Als im Jahre 1758 die ganze Gegend bei Annäherung der Russischen Truppen in Angst und Schrecken gesetzt wurde; so retirirte ich mich vor der Hand mit Frau und Kindern, auch mit verschiedenen Sachen nach Cüstrin. Hier war ich kaum 8 Tage und Landsberg, neben welcher Stadt meine Güter liegen, mit feindlichen Truppen besetzt; so ließ der General von Fermor ein Manifest ausgehen, daß alle von ihren Gütern und Häusern geflüchtete Einwohner der neumärkischen Provinz bei Verlust ihres Vermögens zu dem Ihrigen zurückkehren sollten. Se. Königl. Majestät in Preußen, unser allergnädigster Herr, ließen dagegen den 16ten Juli zu Cüstrin von den Kanzeln bekannt machen, „daß Niemand dem feindlichen Reclamations-Manifest Gehör geben, noch einige Gemeinschaft mit dem Feinde haben, vielmehr ein Jeder bei dessen Annäherung sich retiriren und tiefer in die Königlichen Lande ziehen solle. Wogegen Ihro Königl. Majestät allen Verlust, welchen Dero getreue Unterthanen und Vasallen von dem Feinde leiden würden, allergnädigst erstatten wollten."*) Da ich nun nachhero auf meine Güter gekommen, fand ich Alles völlig ausgeplündert, zerstört und total verwüstet. Alles Vieh und Ackergeräth, alles stehende und liegende Getreide war weg, alle Möbel in den Gebäuden zerschlagen, und in den Gebäuden selbst Fenster, Thüren, Kachelofen zerhauen, und alle Schlösser, sogar an den Thüren nebst den Hespen abgebrochen. Die Unterthanen, an die 48 Familien, hatten sich verlaufen; kurz, meine Besitzungen waren gänzlich verödet und das Dorf Zantoch abgebrannt worden. Für die Ernte von 1759 konnte wenig vorbereitet werden und was dann bis 1760 zur

---

*) Als der Landrath von Wobeser den König später um Vergütigung des Schadens anging, den er in Cüstrin erlitten hatte, antwortete der König eigenhändig: „am jüngsten Tag kriegt ein jeder alles wieder was er in diesem Leben verloren hat." (Urkundlich.)

Wiederherstellung der Wirthschaft geschah, das vernichtete die abermalige vierwöchentliche Russische Cantonnirung bei dem Zuge nach Berlin aufs Neue." —

Was übrigens Friedrich zur Linderung solcher Noth besonders für die ärmere Classe seiner neumärkischen Unterthanen in dieser Zeit und nach dem Friedensschlusse gethan, ist von uns bereits im ersten Bande dieser Darstellung Seite 361 und 362 nachgewiesen worden.

———

Sachsens Vertheidigung war während dieses Feldzugs dem Prinzen Heinrich anvertraut gewesen. Schon im Frühjahr war dieser tapfere Feldherr, von welchem Friedrich später sagte, „daß er allein während des Krieges keinen Fehler begangen habe," der, mit Inbegriff der Subsidientruppen 50,000 Mann starken Reichsarmee unter dem Prinzen von Pfalz-Zweibrücken kühn entgegengegangen. Seine leichten Truppen hatten unter Obrist von Meyer in Hof am 12ten April die Besatzung aufgehoben und in Suhl sich der, für die Reichsarmee bestellten Waffen bemächtigt. Allein eine Diversion desselben nach Franken verfehlte ihren Zweck, weil der Prinz von Zweibrücken seinen Plan, auf Böhmen zu operiren und dasselbe zu decken, unbekümmert ausführte, sich mit Dombasle und Macquire vereinigte und darauf mit überlegener Macht den Prinzen bis in die Gegend von Dresden zurückdrängte. Die Wendung, welche der Feldzug in Mähren genommen hatte, so wie der Rückzug der Preußen auf Böhmen und noch mehr die Ankunft der Russen in der Neumark bestimmte Oestreich, besonders auch weil man vorläufig gegen Schlesien nichts unternehmen konnte, den Feldzugsplan dahin abzuändern, daß man den Prinzen Heinrich aus Sachsen vertriebe. Während also Daun den General Laudon dem Könige bis Frankfurt nachgesendet hatte, war er selbst in die Lausitz eingedrungen, hatte sich Dresden von jener Seite genähert und besprach sich nun mit dem Führer der Reichsarmee, welcher den Sonnenstein belagerte, über die zu treffenden Maßregeln. Man zögerte, und darüber verschwand der günstige Augenblick. Vergebens hatte Daun Fermor gewarnt, „daß er sich nicht mit dem Könige, diesem schlauen Feinde, den er noch nicht kenne, in ein Treffen einlasse, sondern sich lieber so lange zurückziehe, bis er seinen Streich in

Sachsen ausgeführt hätte." Friedrich selbst beantwortete dieses aufgefangene Schreiben nach der Zorndorfer Schlacht: „Sie haben Ursache gehabt, den General Fermor zu warnen, sich vor einem schlauen Feinde in Acht zu nehmen, den Sie besser kannten, als er. Denn er hat Stand gehalten und ist geschlagen worden." — Eilig zog Friedrich aus der Neumark gegen Daun, vereinigte sich mit dem Markgrafen Carl bei Großenhain den 11ten September und detaschirte den General Retzow gegen Laudon, welcher unterdessen das, von 50 Invaliden unter dem greisen Obrist von Brösicke wacker vertheidigte Peitz eingenommen hatte und bis Krossen und Frankfurt gestreift war.

Nun vergingen Daun seine Gedanken wider Prinz Heinrich, dessen meisterlich gewählte Stellung bei Gamtsch (Gamig) Dresden deckte und den Uebergang über die Elbe gestattete. — Daun zog Laudon wieder an sich und aus Besorgniß für Zittau und Gabel verließ er seine feste Stellung bei Stolpen hinter der Wesnitz und brach in der Nacht vom 5ten bis 6ten October nach der Gegend von Löbau auf. Friedrich wähnte, sein Feind sei im vollen Rückzuge auf Böhmen und beschloß, ihm zu folgen, da dieser doch in der Gegend von Weißenberg, zwischen diesem Orte und der Hochkirchner Bergkette, eine feste Stellung genommen hatte und dem Könige den Weg nach Schlesien versperrte, wo Graf Harsch Neiße und Marquis Deville Kosel belagerten.

Um nun gleichzeitig die Straßen nach Löbau und Zittau, so wie nach Reichenberg und Görlitz zu occupiren, beschloß Friedrich, sein Lager zwischen dem Hochkirchner Gebirge und dem Löbauer Wasser zu nehmen; — sein rechter Flügel sollte auf den Höhen von Hochkirchen und Rodewitz aufgestellt, der linke hinter dem Tschorner Grunde gegen Weißenberg vorgeschoben werden. —

Diese gefährliche Stellung mißbilligten sogleich die Generale des Königs; Fürst Moritz machte Vorstellungen dagegen. Dennoch beharrte Friedrich bei seinem Entschlusse, und bestrafte den General-Quartiermeister der Armee von Marwitz, welcher sich weigerte, das Lager sofort auszustecken, mit Arrest. Er gab sodann selbst die Punkte an, auf welchen das Lager genommen werden sollte, und ließ es unter dem Feuer der Oestreicher durch den Ingenieur-Lieutenant Marquardt abstecken. Der furchtlose Feldmarschall Keith sagte dem Könige: „Wenn uns die Oestreicher hier ruhig lassen, so verdienen sie gehenkt zu werden;" — und der zuversichtliche Monarch, als kenne er Daun ganz genau, erwiederte ihm lächelnd: „Wir wollen hoffen, daß sie sich vor uns mehr fürchten, als vor dem Galgen." —

Nur zu bald büßte er diese sträfliche Sicherheit, in welche er durch das bisherige Benehmen Dauns sich hatte wiegen lassen. —

Der Ueberfall von Hochkirch.
(Den 14. October 1758.)

Die Höhengegend zwischen der Hochkirchner Bergkette und dem Löbauer Wasser ist theils durch tiefe, steilabfallende Thäler mit Bächen in morastigen Ufern durchschnitten, theils durch einzelne hervorragende Bergkuppen ausgezeichnet, unter denen die höchsten, der Stromberg bei Weißenberg und der Spittelberg bei Wohla, Erwähnung verdienen. Die Oestreicher standen auf dem Spittelberg mit dem Gros ihrer Armee, der Stromberg war von ihnen durch Artillerie und 5 Bataillons Grenadiere besetzt und gegen einen Angriff Retzows behauptet worden. Je wichtiger die Einnahme des Strombergs für die Sicherheit der ganzen Preußischen Armee war, desto ernstlicher hätte man denselben erkämpfen sollen; allein da Retzow trotz des wiederholten Befehls Friedrichs, den Berg zu nehmen, dies für eine Unmöglichkeit erklärte, so begnügte sich Friedrich damit, des folgenden Tages noch eine Demonstration gegen den Berg zu machen, und dann blieb er in seiner Stellung, obgleich sie ohne irgend eine Sicherheit gegen Ueberfall und Angriff war. Die nun beabsichtigte Verschanzung wurde nicht ausgeführt.

Die Preußen standen in drei abgesonderten Corps; — der rechte Flügel in und vor Hochkirch; 3 Bataillons in der Flanke gegen das Hochkirchner Gebirge gekehrt und ein Birkenbüschchen am Abfalle des Dorfberges besetzt haltend. Zehn Escadrons Zietens Husaren standen gleichfalls die Flankenlinie verlängernd nach Steindörfel zu. Um diesen Flügel zu verstärken, hatte man eine Batterie von 20 schweren Geschützen erbaut. —

Das Terrain, welches dieser Flügel inne hatte, war so beschaffen: Das Dorf liegt auf einer Anhöhe, deren höchsten Punkt der mit

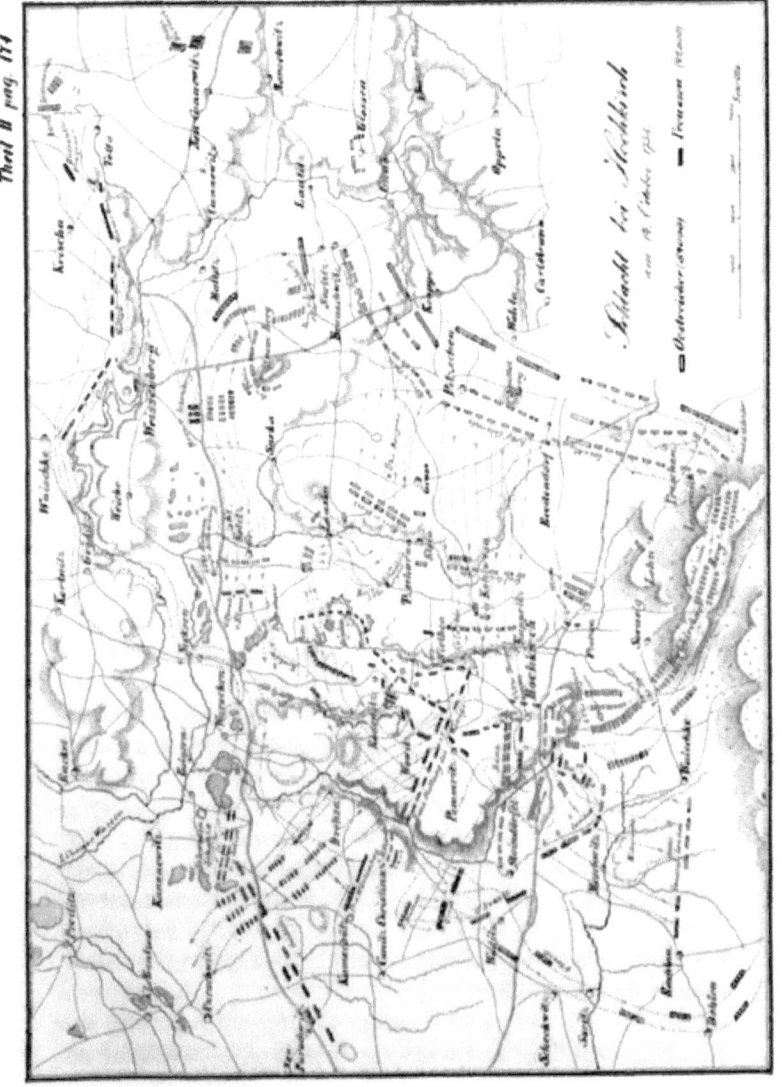

Mauern umschlossene Kirchhof bildet; rings um dasselbe zieht sich ein tiefer, von einem morastigen Bach durchflossener Grund bis Rodewitz hin. Die vor diesem Grunde liegenden Dörfer Kupprit und Niethen waren jedes mit einem Bataillon besetzt.

Das Centrum des Preußischen Lagers stand auf den Höhen vor Pommeritz und Rodewitz und hatte den Niethener Grund gleichfalls vor sich; der linke Flügel war von dem Centrum durch das Thal ganz getrennt, und hatte zu seinem Schutze nur in der Flanke eine Cavallerie-Linie von 5 Escadrons, so wie eine Batterie von 30 Geschützen. Das Hauptquartier befand sich in Rodewitz.

Retzows Corps stand auf dem rechten Ufer des Schweidnitzer Wassers, geschützt durch den steilen Thalrand, und bedrohlich für Dauns rechte Flanke, während Laudon mit 3000 Mann eine gleich drohende Stellung am Fuße des Hochkirchner Gebirges, Friedrich fast im Rücken, genommen hatte. Friedrich war 30,000 Mann, Daun 65,000 Mann stark; Daun konnte von seinem Lager aus jede Bewegung der Preußen beobachten, während der Vorwald des Stromberges und der Hochkirchner Berge, so wie die Vorpostenlinie zahlreicher leichter Truppen Friedrich jede Bewegung seines Feindes verdeckte. Zum Ueberfluß war Friedrich durch falsche Nachrichten seines Spions im Oestreichischen Lager, des Majors Schollner, getäuscht, welcher, von Daun entdeckt, gezwungen wurde, dem Könige das mitzutheilen, was Daun ihn wissen lassen wollte.

So stand Friedrich 2 Tage lang, fast mit geflissentlicher Sorglosigkeit, ließ die Armee des Nachts ohne Kleidung in den Zelten ruhen und schien es nicht für möglich zu halten, daß ihn Daun angreifen werde. Dann entschloß er sich, mit seinem Heere über das Löbauer Wasser zu gehen, um das abgesonderte Corps des Prinzen Durlach, welches die Görlitzer Straße seit dem 10ten October deckte, von Daun abzuschneiden und zu vernichten; doch noch ehe er diesen, aus Verpflegungsrücksichten aufgeschobenen Entwurf ausführen konnte, ereilte ihn die Strafe seiner zu großen Sorglosigkeit.

Während Daun, geflissentlich den König zu täuschen, vor dessen Augen Verhaue und Schanzen aufführte, als wolle er sich gegen einen Angriff sichern, ließ derselbe, von Laudon und Lascy aufgemuntert, durch das Hochkirchner Gebirge Wege bahnen, am 13ten

October Abends 8 Uhr einen Theil seiner Armee, 46 Bataillons und 16 Escadrons, die er selbst führte, in 3 Colonnen aufbrechen und stand mit demselben den 14ten früh um 4 Uhr am Fuße des Gebirges zwischen Sornßig und Wuischke in Friedrichs rechter Flanke. Laudon und Odonnel waren Friedrich in den Rücken marschirt und postirten sich bei Wadiß, Meschwiß und Steindörfel. Die ganze Nacht hindurch tönte aus dem Oestreichischen Lager der Lärm arbeitender Soldaten herüber, welche anscheinend mit der Fortsetzung ihrer Erdarbeiten und mit dem Fällen der Bäume beschäftigt waren. Ihr lautes Halloh, ihr Ruf und Gesang übertönte das Dröhnen der Erde beim möglichst lautlosen Nachtmarsch der Oestreichischen Truppen und der schweren Artillerie, welche diese mit sich schleppten. — Um 2 Uhr war auch der Herzog von Ahremberg mit 26 Bataillons und 47 Escadrons gegen Friedrichs Front und linken Flügel aufgebrochen, um durch einen gleichzeitigen Angriff Dauns Unternehmung zu unterstützen; und damit auch Retzow nicht zu Hilfe kommen könne, war Durlach angewiesen, diesen mit Tagesanbruch gleichfalls anzugreifen.

Eine ängstliche Stunde lang standen die Oestreichischen Soldaten in lautloser Stille wenige hundert Schritte vor den Preußischen Vorposten. Diese lagen schlaftrunken um die verglimmenden Wachtfeuer; erst vor einer Stunde war das letzte Leben in den Zelten erloschen, als der Lärm und Jubel einzelner Offizier-Gesellschaften, welche die Musikchöre bei sich gehabt hatten, verstummt war, und das Schweigen der Nacht breitete sich über die sorglosen Schläfer. Ob auch einige Cavallerie-Patrouillen von einer bemerkten Bewegung im Oestreichischen Lager Kunde gegeben; — der König hatte diese Nachricht mit Gleichgültigkeit empfangen, und wie er's befohlen, schliefen die Soldaten entkleidet in den Zelten und die Cavallerie hatte abgesattelt.

Jetzt schlug die Thurmuhr in Hochkirch fünf, da begannen Laudons Panduren den Angriff auf die in dem Birkenwäldchen vor Hochkirch stehenden Frei-Bataillons. Ein schwerer Nebel hüllte Alles in dichte Finsterniß ein; man war hier schon durch eine große Anzahl Ueberläufer aufmerksam geworden, doch glaubte man die Gefahr nicht so nahe; — da fällt ein Schuß; dann zwei, und jetzt wird ein Preußischer Posten die Spitze der Colonne gewahr, welche in einer Minute mitten unter den Preußen steht. Wenige Augenblicke

Kampf und der Posten ist überwältigt, die aufgescheuchten Soldaten fliehen und stürzen sich zugleich mit den nachdrängenden Panduren, Ungarn und Wallonen auf die Feldwachen der 3 Flanken-Bataillone. Bei dem Lärm und Schlachtruf und Kleingewehrfeuer eilen die tapfern Preußen halbbekleidet aus ihren Zelten, ergreifen die Gewehre und gehen gegen den Feind vorwärts, um ihre Feldwachen zu befreien und die Bataillons-Kanonen wiederzunehmen, welche schon in den Händen der Feinde sind. Ein kurzes Ringen — und sie sind wieder im Besitz ihrer Fleschen und stehen am Birkenbusch; — da werden sie von den verlassenen Zelten her im Rücken angegriffen; denn Laudon ist mit Kroaten und regulairer Infanterie hinter ihnen in das Lager geschlichen. Zwischen zwei Feuer genommen, versuchen die Grenadier-Bataillons Düringshofen, Benkendorf und Plothow sich durchzuschlagen, und es entsteht ein furchtbares Gemetzel. Bald gilt der Kampf Mann gegen Mann. Die dichte Finsterniß erlaubt den tapfern Soldaten nicht, in Reihen zu fechten, und da sie mit Säbel und Bajonett kämpfen, vertheidigt ein Jeder sein Leben, indem er blind und ohne Wahl um sich schlägt und den Nahenden abwehrt. Da ringen Einzelne um ihr Leben mit einander, bis sie an den Blechkappen sich als Preußen, an den Bärenmützen sich als Oestreicher erkennen; — endlich fühlen sie sich im dichten Handgemenge an die Kopfbedeckung, und wer den Feind erkennt, stößt ihn fluchend nieder. — Das währte eine gräsliche Viertelstunde; — dann gelingt es dem kleinen Rest der Preußen, sich auf Hochkirchen durchzuschlagen, nicht ohne noch einmal von 5 Escadrons Grenadieren zu Pferde gezehntet zu werden.

Gleichzeitig waren Ziethens Husaren von Moschwitz her mit starker Uebermacht angegriffen und hinter Hochkirch in großer Ordnung zurückgewichen. Das verdankte der wachsame General seiner Vorsicht; denn während Alle sorglos geblieben waren, hatte er allein gesorgt. Seine Pferde blieben gesattelt, seine Leute schliefen in der Kleidung, und als der erste Lärm des Ueberfalls an sein Ohr schlug, saßen die tapfern Husaren schon auf, und Laudons Reitergeschwader brachen sich an einem Damm, der den im Lager befindlichen Truppen Zeit zur Waffnung und Rüstung gewährte.

Bis jetzt hatte dieser heftige Kampf den entfernten, im Lager befindlichen Preußen nur ein Vorpostengefecht gewöhnlicher Art geschienen. Jetzt weckte die Unglücklichen der Donner des schweren

Geschützes. Von der Moschwitzer Höhe feuerten Laudons Geschütze mitten ins Lager; aus den eroberten Preußischen Feldstücken sprühte ein Kugelregen auf die Zelte. — Das war blutiger, schrecklicher Ernst; — nicht neckende Panduren, Daun selbst weckte die Schläfer zu ungeahntem Tagewerk. Schnell stürzten die Soldaten aus den Zelten hervor und sammelten sich, mit den Waffen und Kleidern in den Armen, um die Fahnen, bei diesen sich vollends rüstend. Das Regiment Forcade war zuerst in Ordnung und ging, ohne höhere Befehle zu erwarten, der Gegend zu, von wo der Lärm des Kampfes herschallte und die Kugeln in das Lager herüberschlugen. — Die aus heißem Strauß gekommenen 3 Bataillons schlossen sich ihnen an und führten sie auf die Wahlstatt, und mit Ungestüm sich auf die, zwischen den Zelten und in der Lagerumwallung der rechten Flanke postirten Oestreicher werfend, gelang es den tapfern Preußen, noch einmal die Feinde an dieser heißen Stelle von der Hochkirchner Anhöhe hinabzuwerfen und das Birkenwäldchen wieder zu nehmen. Doch nur zu kurzem Besitze. — Immer zahlreicher drängen die Oestreicher in Front und Flanke herzu; aus den hintern Zeltreihen, links, rechts, im Rücken und überall sind ihrer zu Tausenden da, und nun reißt auch nahes Kartätschfeuer, das auf die Preußen gerichtet ist, Freund und Feind zu Boden. Da weichen auch diese Helden auf Hochkirchen zurück, und wieder fallen Laudons Dragoner über die Fliehenden her und metzeln nieder, was sie vom Regiment Forcade erreichen können. Vergebens hat unterdessen Ziethen mit seinem und Gettritz Regimente auf die linke Flanke der Oestreicher selbst einen Angriff gemacht; er wird von Laudons Reitern sogleich in Flanke und Rücken angegriffen und zurückgeschlagen, und nun fällt Daun, welcher jetzt die Flanke des Preußischen Lagers schon hinter sich hat, von allen Seiten auf das erste Bataillon des Regiments Markgraf Carl, metzelt es in immer erneutem Angriffe nieder oder schlägt den Rest in die Flucht, und sogleich ersteigen seine Grenadiere die große Batterie, aus welcher kaum 30 Schuß gegen die Oestreicher gethan sind. —

Es ist 5¼ Uhr, als dieser erste Erfolg der schrecklichen Blutarbeit von den Oestreichern erkämpft ist; — der Tag graut und durch den dicken Nebel kann man ziemlich auf 30 Schritte die Gegenstände erkennen. Daun ordnet seine Schaaren, während Laudon unaufhörlich von den eroberten Steindörfler Höhen das Preuß. Lager beschießt. —

In Hochkirch standen jetzt außer dem Reste der geschlagenen Truppen das zweite Bataillon Markgraf Carl unter dem Major von Langen auf dem Kirchhofe, und das erste Bataillon Geist in den Gärten. Auf diese richtete sich nun der Angriff der Oestreicher, während die nächststehenden Bataillons der Preußen Versuche machten, ihre große Batterie wieder zu erobern.

Die Flammen von Hochkirch beleuchteten nun die gräßlichen Scenen dieses blutigen Trauerspiels; denn die Haubitzgranaten der Oestreicher hatten darin gezündet. — Zuerst war das zweite Bataillon Geist links von Hochkirch fast bis an die große Batterie vorgedrungen, da trieb das furchtbarste Feuer die tapfern Helden wieder zurück. Darauf führte der Marschall von Keith die beiden zunächst stehenden Bataillons des Regiments von Kannacker auf demselben Wege der Batterie entgegen. Sein muthiges Beispiel feuert die tapfern Soldaten zu größerer Anstrengung an; unaufhaltsam stürmen sie hervor, stürzen die nächsten Schaaren auf die hinteren, stoßen mit dem Bajonette, schlagen mit der Kolbe; — noch einen gewaltigen Anlauf und — die Batterie ist erobert und noch einmal weht das Panier der Preußen auf ihren Kanonen. Ja, so gewaltig war der Angriff dieser wackeren Streiter gewesen, daß sie Dauns Schaaren auf diesem Punkte wieder von dem Hochkirchner Plateau hinabgeworfen und den Birkenbusch zum dritten Male erreicht hatten. Jetzt aber fallen frische Truppen über die ermatteten Preußen her; — die vor Hochkirch kämpfenden Oestreicher wenden sich gleichfalls um, und, in Flanke und Rücken und Front gleich mörderisch angegriffen, müssen die Helden das Feld räumen und sich in heißem Kampfe durch die Uebermacht eine Bahn brechen. Da treffen den Helden Keith dicht bei Hochkirch zwei Gewehrkugeln in den Leib, und zum Tode verwundet stürzt er zur Erde. Der, in Schottland geboren, seit 1716 in Spanien, dann in Rußland, Polen, am Rhein, im Türkenkriege, bei Dezakow, Wilmanstrand, seit 1747 in des Königs Diensten bei Lowositz und Roßbach tapfer gekämpft hatte, und des ehrenden Vertrauens seines Königlichen Freundes in jeder Hinsicht werth war, starb hier den Heldentod im Dienste seines neuen Vaterlandes. Nur ein Engländer, Thebay, und sein Laufer blieben bei ihm, bis er starb. Bald schritten die vordringenden Oestreicher über seinen Leichnam hin.

Unterdessen hatte Ziethen einen dritten Angriff auf Dauns linten Flügel, doch auch dies Mal eben so vergeblich gemacht, und er sah sich genöthigt, sich an die Cavallerie vor Pommeritz anzuschließen.

So konnte Daun mit desto größerem Nachdrucke seine Angriffe auf Hochkirch selbst richten, welches nun fast völlig in Brand gerathen war.

Mittlerweile war der König in Person herbeigeeilt. Er war zwar schon seit Beginn des Ueberfalls zu Pferde gestiegen; allein erst als ihm der Verlust der großen Batterie gemeldet wurde, hatte er an den Ernst des Kampfes glauben wollen, und nun befahl er augenblicklich, frische Truppen aus dem Centrum dem bedrängten rechten Flügel zu Hilfe zu führen.

Prinz Friedrich Franz von Braunschweig-Lüneburg, ein 26jähriger hoffnungsvoller Held, führte das Regiment Jtzenplitz, und unterstützt vom ersten Bataillon Kannacker unter der Anführung des Markgrafen Carl, drangen seine tapfern Soldaten siegreich bis an die große Batterie vor. Vergeblich! Auch sie mußten weichen und ihrem Führer Franz, Friedrichs Liebling, riß eine Kanonenkugel hart hinter Hochkirch den Kopf vom Rumpfe.

Jetzt drangen Dauns Truppen siegreich in Hochkirch ein. Geist Grenadiere mußten, von den Flammen bezwungen, die Gärten verlassen; nur der wackere Major von Langen mit seinem Bataillon vom Regiment Markgraf Carl hielt auf dem Kirchhofe tapfer Stand. — Da bringt Fürst Moritz in das brennende Dorf, wirft die Oestreicher aus den Gärten, gewinnt noch einmal die Höhe des Plateau's und den Birkenbusch, sieht sich aber eben so, wie die früheren Streiter, gezwungen, alle Vortheile aufzugeben und kann kaum Hochkirch wieder erreichen, so gewaltig bestürmt ihn die Cavallerie Dauns. — Als nun hinter Moritz her die Oestreicher Hochkirch wieder besetzen und ihrer Uebermacht es gelingt, das Dorf zu behaupten; da vereinigen sie ihre Kräfte, um im Dorfe selbst das letzte Bollwerk zu bezwingen, in welchem sich Langen mit unvergleichlichem Heldenmuthe vertheidigt. Immer neue Schaaren, den Kern seiner Infanterie, treibt Daun gegen den Kirchhof an; wider 7 Regimenter wehrt sich Langen und sein Lieutenant von Marwitz eine Stunde lang. „Sein Posten," sagt Cogniazo, „war für das Preußische Heer gleichsam der Hauptdamm gegen die von dieser Seite einbrechenden Fluten." — Endlich ist die Munition verschossen; — nun wollen sich die Spartaner den Weg durch die Feinde bahnen, oder im Kampfe mit ihnen den Tod finden. Ungefähr um ¼7 Uhr verläßt Langen mit seinem zusammengeschmolzenen Häuflein wackerer Pommern den Ehrenplatz und fällt auf die zunächst stehenden Feinde. Schnell ist er umzingelt; ein kurzes, aber blutiges Handgemenge, Bajonett- und Schwerterkampf entsteht; die Braven fallen und auch Langen sinkt, von 11 schweren Wunden bedeckt, bewußtlos zu Boden. Solche ruhmvolle Tapferkeit ehrten selbst die Feinde; denn als der Brave den 21sten October zu Bauzen an seinen Wunden starb, bestatteten sie ihn mit ausgezeichneten Ehren, und Cogniazo in den Geständnissen eines Oestreichischen Veteranen feiert seinen Namen mit gerechter Bewundernng. *)

Noch einmal versuchte die Cavallerie, Schönaich und Normann mit Auszeichnung, die Erfolge der Feinde zu hemmen; noch einmal führte Fürst Moritz erst das Regiment Wedell, sodann die Regimenter Itzenbliz und Prinz von Preußen gegen das

---

*) In der Geschichte des Markgraf Carlschen Regiments, abgedruckt in der „Sammlung ungedruckter Nachrichten über die Feldzüge der Preußen" heißt es wörtlich: (Band 4. 559.) „Das zweite Bataillon aber hatte, da es die mehreste Zeit auf dem Kirchhofe zwischen beiden Feuern gewesen, sich beständig auf demselben mainteniret; der Major Siegmund Moritz Wilhelm von Langen, der solches commandirte, hatte die besten Anstalten darauf vorgekehret: die Thüren daran waren versperret und die Mauer gut besetzt. Als endlich der Major sahe, daß der König mit der Armee zurückging, und er auf dem Kirchhof nunmehro von der ganzen feindlichen Armee, die nun nichts weiter, als mit diesem Posten zu thun hatte, angegriffen wurde, wollte er sich dennoch durchschlagen, und von keinem Ergeben etwas wissen; er zog sich durch die Hinterthüre vom Kirchhof herunter, wurde aber daselbst von allen Seiten durch die feindlichen Grenadiers angefallen, der mehreste Theil davon niedergehauen, und das übrige zu Gefangenen gemacht. Der brave Major von Langen wurde dabei so erschrecklich verwundet, daß man an ihm 11 Blessuren zählte, woran er denn auch einige Tage nachhero gestorben. Er wurde vom Feinde mit vieler Distinction begraben, und von verschiedenen feindlichen Generals wegen seiner Bravour sehr gerühmt, und daß, wenn er noch am Leben geblieben, wegen dieser Action, weil er ihnen, den König zu verfolgen, zurückgehalten, General zu werden verdiente. — Das Regiment war in dieser Schlacht ganz ruinirt und bestund nur noch aus wenig Offiziers und Gemeinen; auch hatte es alle mögliche Bagage verloren und mußte also den Rest der Campagne in Hütten liegen, weil die Zelte auch mit verloren waren." — Von Langen war aus Westphälischem Geschlechte und diente von seinem 18ten Jahre an. Er war 55 Jahre alt, als er blieb. — Die Geschichte des Regiments in den alten Stammlisten erwähnt ausdrücklich noch des Lieutenants von Marwitz bei der Vertheidigung des Kirchhofs zu Hochkirch.

Dorf Hochkirch; jetzt überwältigte Dauns zahlreichere Artillerie jede Kraftanstrengung und Fürst Moritz fiel selbst tödtlich von zwei kleinen Gewehrkugeln verwundet.

Jetzt war es 7 Uhr; der Nebel begann zu sinken und ein freier Umblick gestattete Friedrich seine Lage zu übersehen. Er ließ die letzten Truppen des Centrums, von Retzow Garde-Grenadiere und Bornstedt Grenadiere, gegen Hochkirch rücken und durch den Major von Möllendorf die Höhen des Defilées bei Drehsa occupiren; dann als auch von jenen Truppen nichts mehr ausgerichtet werden konnte, hörte auf dieser Stelle der Kampf ganz auf, und Friedrich konnte durch seine weise Veranstaltung in guter Ordnung unter dem Schutze der Artillerie Möllendorfs seinen Rückzug nehmen.

Der Angriff der Oestreicher in der Front der Preußen war siegreich abgewiesen worden; nun stand ihnen noch der letzte Kampf mit dem Oestreichischen rechten Flügel bevor, welcher nach der Disposition Dauns erst beginnen sollte, sobald der seinige geglückt wäre. —

Eine Stunde lang schwankte hier der Sieg; denn die Preußen stritten mit großer Heftigkeit. Da aber ein Theil der Truppen, von Zorndorf her sehr geschwächt, die Flanke bloß gegeben hatten und geflohen waren: so gelang es auch hier den Feinden, der großen Batterie in den Rücken zu kommen, und dieselbe zu erobern. — Mit diesem Erfolge zufrieden, blieb Ahremberg bei Lauska stehen und ließ selbst ruhig zu, daß sich Retzows Corps mit Friedrich vereinigen durfte. Nun deckte Seydlitz den Rückzug und Friedrich verließ, gefürchtet vom Feinde, gegen 10 Uhr das Schlachtfeld in solcher „Ordnung, Ruhe und Kaltblütigkeit, wie auf dem Exercierplatze."

Die Trophäen der Sieger bestanden in 101 Geschützen, 28 Fahnen, 2 Standarten und den Lagergeräthschaften, welche sie mit einem Verluste von 314 Offizieren, worunter 5 Generale, und von 5314 Gemeinen erkauft hatten. Die Preußen büßten 246 Offiziere und 8851 Mann ein. — Tief betrauerte man den Tod des Marschall Keith, des Prinzen Franz, und bald auch des Fürsten Moritz, welcher in Dessau starb, wohin er, von den Kroaten bei Bauzen gefangen, auf Parole entlassen war. Auch der Generalmajor Hans Caspar von Krockow starb den 25sten Februar 1759 zu Schweidnitz und der Generalmajor Carl Ferdinand Freiherr von Hagen, genannt Geist, den 19ten Februar 1759 zu Bauzen an den, in dieser Schlacht empfangenen Wunden.

Der Erfolg dieses für die Oestreicher siegreichen Ueberfalls war keinesweges den Opfern entsprechend; vielmehr hob es den Ruhm der Preußen, wenn irgend ihre Tapferkeit noch eines Zeugnisses bedurfte, und bewährte Friedrichs Feldherrntalent auf das glänzendste.

Für alle Opfer hatte Daun nur 1000 Schritte Terrain gewonnen, und Friedrich konnte ungehindert den Kampfplatz verlassen und eine Meile vom Schlachtfelde ein neues Lager aufschlagen. In der Schlacht selbst hatte er sich den größten Gefahren ausgesetzt; ihm war ein Pferd unter dem Leibe getödtet und er achtete der Kugeln nicht, die dicht bei ihm die Erde aufrissen. Seinen Adjutanten, welche ihn darauf aufmerksam machten, verwies er die Aengstlichkeit um seine Person. Nach der Schlacht zeigte er Heiterkeit und Seelenruhe, ob er schon beim Anblicke der gelichteten Regimenter bewegt wurde. Zum General von der Golz sagte er: „Mein lieber Golz, man hat uns nicht gut geweckt; aber ich werde den Herren schon am hellen Tage ihre Unhöflichkeit verweisen." Den Ueberbleibseln eines Regiments rief er, sie aufzuheitern, zu: „Kanoniere, wo habt ihr eure Kanonen gelassen?" Einer antwortete: „Der Teufel hat sie bei Nachtzeit geholt." „So wollen wir sie ihm bei Tage wieder abnehmen!" erwiederte lächelnd der Monarch. — So wußte Friedrich sogleich den gesunkenen Muth seiner Truppen wieder zu beleben, und die nächsten Tage nach der Schlacht benutzte er dazu, den Truppen und Offizieren das alte Selbstvertrauen einzuhauchen. Davon giebt der Parolebefehl vom 15ten und die Rede Kunde, welche er am 17ten an seine versammelte Generalität richtete. —

Unterdessen war Daun in sein altes Lager zurückgegangen, stimmte den Ambrosianischen Lobgesang an und frohlockte über die erkämpften Trophäen. — Der Papst aber schenkte ihm für diesen Sieg später einen geweihten Hut und Degen, worüber Friedrich gar herzlich gelacht und gespottet hat. Maria Theresia ehrte ihren Feldherrn für diesen Sieg durch das schmeichelhafteste Lob. Wien errichtete ihm eine Ehrensäule; die Oestreichischen Landstände schenkten ihm 300,000 Gulden zum Rückkauf der in der Noth veräußerten Familienherrschaft Ladendorf; Elisabeth schmückte ihn mit einem goldenen Ehrendegen. —

Man hat Friedrichs allzugroße Sicherheit im Lager vor Hochkirch aus der Täuschung des Major Soldner im Oestreichischen Lager erklären wollen. Dessen Nachrichten sollen dem Könige gewöhnlich in einem Korbe mit Eiern zugetragen worden sein, worunter ein ausgeblasenes mit dem Briefe des Spions befindlich gewesen. Nun sei, erzählt man, eines Tages Daun dem Boten begegnet. Er habe die Eier für seine Küche requirirt und auf diese Weise die Verrätherei Soldners entdeckt, auch demselben nur unter der Bedingung verziehen, daß er fernerhin den König von den Anstalten Dauns benachrichtige, die er zu seinem projectirten Abzuge auf Böhmen treffen lasse. Darum habe Friedrich den entschiedensten Nachrichten seiner Generale, besonders Ziethens, keinen Glauben schenken und ihre Warnungen nicht beachten wollen, zumal ein Rückzug dem Charakter Dauns eher angemessen erschien, als ein Ueberfall.

Friedrichs Unglück bei Hochkirch war auch, wie die Colliner Schlacht, von einem schmerzlichen Familienverluste begleitet; denn an demselben Tage starb seine geliebteste Schwester, die Genossinn seiner Jugendfreuden und Leiden, Friedrike Wilhelmine Markgräfinn von Baireuth. Seine Briefe aus dieser Periode athmen das tiefe Leid und die aufrichtige Trauer um die geliebte Schwester, welche die Sorge um den Bruder aufgerieben hatte. In diese Briefe strömt denn auch offen die Empfindung aus, die er den Soldaten verbergen muß, und so wissen wir, daß während sein Mund den Kriegern Muth und Vertrauen zulächelt, sein Inneres von der Sorge und Bekümmerniß zerfleischt wird. Sein Vorleser de Catt sah ihn in dieser Zeit bei Bourdaloues Predigten und empfing selbst die Handschrift einer von Friedrich verfertigten geistlichen Rede; — auch trug er hier schon Gift bei sich und deutete darauf in seiner Erwiederung auf die Trostworte seines Vorlesers: „Auf jeden Fall führe ich etwas bei mir, um das Trauerspiel zu endigen."

Während nun die beiden Gegner sich hier eine Zeitlang noch ins Auge schauten, hatte Friedrich seinen Bruder Heinrich aus Sachsen mit 6000 Mann Infanterie, 5 Escadrons, 12 schweren Geschützen, Munitionsvorrath und Lebensunterhalt auf 18 Tage an sich gezogen und das Commando der Sächsischen Armee den Generalen Ihenblitz und Fink anvertraut, täuschte Daun, gewann die Straße von Görlitz, zog auf dem Marsche den General Fouqué von Landshut noch an sich und suchte nun Reiße zu entsetzen, welches vom General Harsch hart bedrängt wurde. Prinz Heinrich wurde mit 15,000 Mann detaschirt, daß er Daun den Eingang in Schlesien über Hirschberg verwehre.

Aber schon bei der ersten Nachricht: „Friedrich ist im Anzuge!" flohen die 30,000 Oestreicher von Reiße über Ziegenhals nach Mähren und selbst die Cosel berennt hatten, entfernten sich auf einige Zeit, wurden jedoch in der Mitte Novembers durch Fouqué ebenfalls ganz vertrieben.

Die Abwesenheit Friedrichs wollte sich Daun schnell zu Nutze machen. Zwar hatte Friedrich die Generale Dohna aus Pommern und von Wedell aus der Uckermark nach Sachsen entboten; doch ehe Friedrich aus Schlesien zurückkehrte und jene zur Stelle wären, wollte Daun mit Hilfe der Reichsarmee Dresden in seine Gewalt bringen. Mit schnellen Schritten ging er darauf zu und die Preußischen Führer konnten nicht anders gegen eine Belagerung der Stadt Zeit gewinnen, als indem sie Miene machten, dieselbe aufzugeben, ihre Kriegsvorräthe, Kassen und Gepäck wie zur Sicherung ins Lager bei Kesselsdorf holten, und in der Stadt und bei der Armee bekannt machten, man solle sich zum Abzug bereit halten. Diese Kriegslist half. Sie lähmte Dauns Belagerungsanstalten einige Tage, indem derselbe hoffte, die Stadt um wohlfeileren Preis zu bekommen. Endlich am 9ten November begann der Angriff Dauns gegen die Stadt. Graf Schmettau ließ einen Theil der Vorstädte abbrennen, und drohte Daun, welcher ihn dafür verantwortlich machen wollte, daß er es mit allen übrigen Häusern so machen und sich bis zum letzten Hause vertheidigen werde. Da benutzte Daun, welcher die Ankunft Friedrichs schon witterte, den Vorwand der „Rücksicht für die Königl. Familie und der Menschenliebe" zur Aufhebung der Belagerung; er sendet aber Haddik gegen Torgau, wo der Obrist von Grollmann mit zwei Grenadier-Bataillonen hinter Mauer und Graben Wache halten soll. Dieser weiß von Wedell nahe, bittet denselben um beschleunigte Annäherung und geht nun mit 300 Mann, einer Kanone und einigen von von Wedell vorausgesendeten Husaren dem starken Haddikschen Corps entgegen, um dasselbe glauben zu machen, von Wedell sei da und ihm stehe hier schon dessen Vortrab gegenüber. Daß eine schwache Besatzung aus dem Orte ihnen entgegenziehen werde, kann man nicht glauben, — und siehe, diese Kriegslist rettete den Ort bis von Wedell desselben Tages wirklich zur Stelle war und sich dem Feinde entgegen warf. Nach dem Abzuge Haddik's stieß am 14ten November auch Dohna zu von Wedell.

Nun kam auch Friedrich näher. Da aber Daun seine Ankunft nicht erwartete, sondern auf Böhmen sich zurückzog, so konnte er den Markgrafen Carl mit dem größten Theil seiner Truppen in der Ober-Lausitz lassen, damit dieser sich nach dem Auszehren dieser Gegend wieder nach Schlesien in die Winterquartiere begebe, und er selbst ging mit Prinz Heinrich nach Dresden. Die Reichsarmee war hier in vollem Rückzuge auf Franken, daher konnte auch die Sächsisch-Preußische Armee unter Prinz Heinrich die Winterquartiere beziehen. Graf Dohna wurde wieder gegen die Schweden entsendet und nahm diesen noch Anclam und Demin nach kurzer Gegenwehr. Friedrich blieb den Winter über zu Breslau.

So war denn bei Beendigung dieses Feldzuges Sachsen und Schlesien behauptet und trotz zweier Niederlagen der Erfolg des Kampfes in diesem Jahre kein ungünstiger zu nennen. Brachte doch der Ueberfall bei Hochkirch für die Preußen sogar dieselben Vortheile, die eine gewonnene Schlacht nur hätte gewähren können, — den Entsatz der Schlesischen Festungen.

Feldzug — 1759.

In drei Feldzügen hatte Friedrich bereits siegreich seinen Feinden Widerstand geleistet, und jetzt rüstete er den Winter hindurch mit Hilfe des Englischen, Meklenburger und Sächsischen Geldes. Er vermehrte seine Armee von Neuem um 30,000 Mann. Wieder mußte Meklenburg 2,400,000 Thaler — in 7 Jahren 17 Millionen! — beisteuern, und von dem, was Sachsen geliefert hatte, waren die Nachwehen 1806 noch nicht verschmerzt. Auch Anhalt büßte seine Anhänglichkeit an die Russische und Oestreichische Partei; Dessau, Zerbst und Bernburg mußten 360,000 Thaler zahlen, sowie 2,200 Recruten und 1,600 Pferde stellen, während Cöthen mit einigen hundert Recruten los kam. Nur das Eigenthum des Fürsten Moritz blieb bei Einziehung der Contribution verschont, und Friedrich schrieb ausdrücklich an von Wedell, welcher dieselbe eintrieb: „dem kleinen Prinzen sollet ihr sagen, daß, weil er mir geschrieben hätte, daß Er regierender Herr geworden wäre, so gäbe ich ihm die erste Lection seines Gouvernements, welche darin bestände, einen mächtigen Nachbar zu menagiren und diejenigen zu respectiren, durch welche sein Haus sein Glück bis dato gemacht hätte." Eine augenblickliche Hilfe gewährte dem Könige gleichfalls die vorgenommene Münzreduction, die den innern Werth des Geldes um die Hälfte verringerte. Aber obgleich die Begeisterung für den König in allen Landen zunahm, daß ein venetianischer Kürschner unter sein Bildniß wie unter das eines Heiligen ein brennendes Licht stellte, und die Niederländer die Demüthigung ihrer Nachbarn mit satyrischen Denkmünzen verewigten, obgleich die Franzosen und Schweizer den Ruhm Friedrichs mit lobpreisender Stimme verkündigten, ja sogar die Pompadour auf das Scherzwort Bellisle's: „bald wird Friedrich in Paris sein!" — antwortete: „desto besser; dann werde ich einen König sehn": so war doch seine Lage um Vieles kritischer. Es waren ja nicht mehr die alten, siegegewohnten Kerntruppen Brandenburgs, welche sich den Feinden gegenüberstellten; — auf den blutigen Schlachtfeldern von Zorndorf und Hochkirch bleichten ihre Gebeine! — auch lebte der Gedanke des Sieges nicht mehr unbezweifelt in der Brust Friedrichs, des Helden, noch hofften viele seiner Krieger etwas Anderes, als einen ehrenvollen Untergang. — Hatte nicht die Haß und Rache schnaubende Beherrscherinn Rußlands alle Friedens- oder Neutralitätsanträge Englands zurückgewiesen, nicht neue und größere Schaaren wider Friedrich dießmal unter Soltikofs Befehlen gerüstet? — Schienen nicht die treuen Erblande Preußens, zum Theil selbst die Brandstätten für die Kriegsflammen, — obgleich von dem Könige zu größeren Leistungen nicht aufgefordert! — nun völlig an Mitteln erschöpft, den ungleichen Krieg fortzuführen? — Die Söhne des Vaterlandes hatten ihr Blut verspritzt, vom Pfluge hinweg waren sie in die Reihen der Kämpfer getreten; die Bauerhöfe standen in den Marken verödet, ihr Zugvieh war geraubt, ihre Felder lagen brach und Theuerung und Krankheiten herrschten in allen Provinzen. Dazu hatten Oestreich und Frankreich ihr Bündniß befestigt, und, nachdem **Choiseul** statt **Bernis'** die Leitung der auswärtigen Angelegenheiten übernommen, waren nicht nur die heimlichen Unterhandlungen mit England unterbrochen, sondern die geschmeichelte Pompadour hatte die Interessen ihres Königs und ihres Vaterlandes nun gänzlich an das Oestreichsche Cabinet verkauft. Alle Geldunterstützung an Schweden und Rußland mußte nun von Frankreich allein getragen werden, auch hatte es jedem Separatfrieden feierlich entsagt und versprochen, die Macht des Landheeres zu vermehren. Die Zerrüttung der Finanzen, die blutigen Opfer für die Sache seines Erbfeindes fielen bei dem neuen französischen Cabinette nicht mit in die Wagschaale. — Auch Oestreich fand neue Ressourcen an dem Privatvermögen des Kaisers **Franz I.**, das er seiner Gemahlinn darlieh, und da dießmal **Daun** mit ungeschwächter Macht in die Winterquartiere hatte rücken können; so konnte Oestreich auch die ganze Macht seines großen Reiches gegen den Feind entwickeln. Die bisherigen Feldzüge waren überdem für die Oestreicher eine gute Schule geworden, und **Daun** bewährte sich **Friedrich** gegenüber als der tüchtige Feldherr, vor welchem dieser Respect bekommen hatte. Was auch die Spottschriften **Friedrichs**: „des Feldmarschalls Leopold von **Daun** Brief an den Papst, das Glückwünschungsschreiben des Prinzen **Soubise** (marechal Sottise) an den Feldmarschall **Daun** über den Degen, welchen dieser vom Papste bekommen; Brief der Marquise von **Pompadour** an die Königinn von Ungarn; Gedächtnißrede auf Herrn Jakob Mathäus Reinhardt, Schustermeister; Phihihus, Kundschafters des Kaisers von China, in Europa Relation; Brief eines Feldpaters bei der französischen Armee ꝛc. ꝛc. ꝛc. — sagen mögen: — die Schrift: „Wie gegen die Oestreicher fortan der Krieg zu führen sei," eine Frucht der drei Feldzüge, documentirt es zur Genüge, daß **Friedrich Daun** achten gelernt hatte. .

Alle diese Umstände und Rücksichten bestimmten den König von nun an völlig defensiv aufzutreten, zumal in seiner Seele der Ueberdruß am Kriege zunehmen mochte, so wie sein Körper von den Strapazen der Feldzüge aufgerieben wurde. — Die Feinde wollten gegen Schlesien die Marken und die Lausitz gemeinschaftlich operiren, die Russen, 78,000 Mann stark, sollten in Verbindung mit einem zu stellenden Hilfsheer der Oestreicher von 30,000 Mann sich eine Festung a. d. Oder erobern, oder auf Berlin losgehen; Daun wollte unterdessen mit 70,000 Mann Friedrich in Schlesien oder in der Lausitz beschäftigen, und Prinz Heinrich sollte durch die Reichsarmee, circa 30,000 Mann, aus Sachsen geworfen werden. Den Schweden war aufgegeben, bis Berlin vorwärts zu bringen. Die Franzosen schmeichelten sich, durch ihre Uebermacht von 125,000 Mann, die Armee unter Prinz Ferdinand, 60 — 70,000 Mann stark, bis zur Elbe zurückwerfen zu können. —

Wie ruhig aber Friedrich auch den Feind erwarten wollte, so suchte er ihn dennoch durch Zerstörung seiner Magazine zu lähmen. — Gleichzeitig mussten Fouqué nach Mähren, Wobersnow nach Polen und Prinz Heinrich auf Böhmen eine Diversion machen. Jener fand, daß die Magazine in Ollmütz gesichert waren, zog sich nach Schlesien zurück und sah sich vom Generale Deville bedrängt, bis Friedrich herbeieilte. Da warnten katholische Priester die Oestreicher zeitig, und Deville entkam über Zuckmantel.

Prinz Heinrich war glücklicher, besonders weil Daun sich genöthigt sah, seine ganze Macht in Böhmen an der Schlesischen Grenze gegen Friedrich zu concentriren. Schnell und verschwiegen rüstete er, als er schon ganz früh im Jahre die Reichsarmee beunruhigt hatte, zwei Colonnen, stellte an die Spitze der einen den General Hülsen, die zweite führte er selbst, und so rückten sie am 15. April in Böhmen ein, zerstörten, im siegreichen Angriffe des Oestreichschen Schutzes, die Magazine zu Töplitz, Aussig, Budin, Leutmeritz, Commotau und Saaz in fünf Tagen und zogen dann auf denselben Wegen nach Sachsen zurück. v. Tempelhoff hat berechnet, daß aus den zerstörten Magazinen 50,000 Mann auf 143 Tage mit Brod und 25,000 Pferde auf 60 Tage mit Futter hätten verpflegt werden können. —

General von Wobersnow, ein fähiger, erprobter Soldat, hatte mit einem schwachen Corps, im Winter noch die Grenzen Polens überschreitend, gleichfalls die Magazine des polnischen Grafen und Reichsfürsten v. Sulkowsky zerstört, welche dieser übermüthige Edelmann aus persönlichem Hasse gegen Friedrich für die Russen errichtet und für 50,000 Mann auf drei Monate mit Lebensmitteln versehen hatte. Er hatte auch die Soldaten desselben aufgehoben und den ohnmächtigen Fürsten selbst nach Glogau auf die Festung ausgeliefert, wo er seine Thorheit im Gefängnisse büßte.

Während des Maimonats trieb nun Prinz Heinrich wieder die Reichsexecutionsarmee vor sich her, zerstörte auch deren Magazine selbst längs des Mainstroms und ging erst wieder nach Sachsen, als die Oestreicher dasselbe von der Lausitz her bedrohten und als er von den Fortschritten der Russen gegen die Mark Kunde erhielt. Die Reichsarmee folgte ihm langsam und setzte sich in Böhmen.

Bis Ende Juni hatten Daun im Lager bei Schurz, der König bei Landshut sich ruhig gegenübergestanden. Jetzt zogen die Russen durch Polen heran, da regte sich auch Daun und ging nach der Lausitz. Friedrich hatte den kränklichen Dohna aus Pommern nach Polen gegen die Russen beordert, und da er richtig schloß, daß seine Feinde sich vereinigen wollten, suchte er am 5. Juli das berühmte feste Lager von Schmottseifen auf, wo er in unangreiflicher Stellung den Feinden, von welcher Seite sie auch kämen, den Eingang in Schlesien verwehren konnte. Dohna sollte anfänglich die Russischen Magazine zerstören, sodann das Eindringen derselben in die Mark verhindern. Prinz Heinrich stand in der Lausitz und hatte den General Haddick abzuhalten, der Herzog von Würtemberg zwischen Friedrichs und Heinrichs Position mußte Laudon ins Auge fassen.

Die Lage der Preußen war kritisch; überall waren sie fast von doppelter Uebermacht bedroht, und hatten nun Alle zu wachen, daß sie die Vereinigung der Feinde hintertrieben.

Zuerst Dohnas Unternehmung mißglückte gänzlich, und Friedrichs Unzufriedenheit mit ihm äußerte sich bitter in einer aufbewahrten Cabinets-Ordre an den Generalmajor von Wobersnow, an denselben, welcher den Fürsten Sulkowsky aufgehoben und schon früher Spuren militairischen Talents und großer Tapferkeit in den Schlachten bei Prag, Roßbach, Leuthen und Zorndorf gegeben hatte.

„Aus Euren Relationen sehe Ich, daß Ihr Euch in Polen
„herumtreibt, und weiter nichts. — Ein vernünftiger General
„müßte ein Dessein haben und solches mit Vigeur und Habileté

Schlachtordnung der Russen vor der Schlacht bei Züllichau.

General-Feldmarschall Graf von Soltikoff.

Avantgarde.
(Nach der Schlacht Reserve.)
General-Lieutenant **Mordvinow**.

8 Bataillons Infanterie à 705 Mann = 5640 Mann.
24 Escadrons Cavallerie, und zwar:
  16 Escadrons Husaren à 212 M. = 3392 M.
   8   „   Dragoner à 196 M. = 1568 M.
1000 donische Cosacken.

Erste Division.

Linker Flügel.	Rechter Flügel.
General-Lieutenant Prinz *Galitzin*.	General-Lieutenant *Froloff*.
10 Escadrons Husaren à 212 Mann = 2120 Mann.	10 Escadrons Husaren à 212 Mann = 2120 Mann
10 „ Cürassiere à 300 M. = 3000 M.	10 „ Cürassiere à 300 M. = 3000 M
22 Bataillons Infanterie à 705 M. = 15510 M.	22 Bataillons Infanterie à 705 M. = 15510 M
2000 donische Cosacken.	2000 donische Cosacken.

Zweite Division.
General-Lieutenant *Villebois*.

15 Escadrons Grenad. à Chev. à 300 Mann = 4500 Mann.
24 Bataillons Infanterie à 705 M. = 16920 M.
1000 donische Cosacken.
Artillerie bestehend aus 152 Geschützen nach Verhältniss vertheilt.

Recapitulation.

36 Escadrons Husaren   7632 Mann
20   „   Cürassiere   6000   „
15   „   Gr. à Chev. 4500   „
 8   „   Dragoner   1568   „
76 Bataillons Infanterie 53580   „
   Donische Cosacken   5000   „
                         ―――――――
                         78280 Mann und 152 Geschütze.

am 23. Juli 1759.

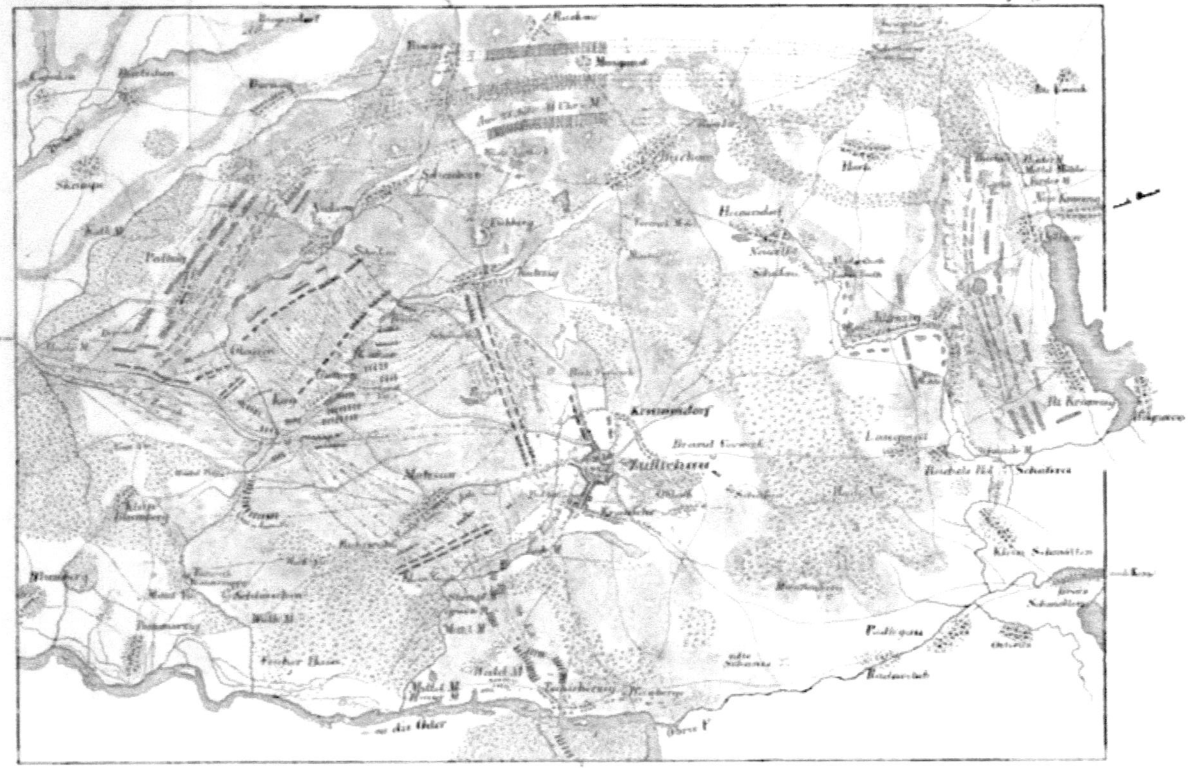

„ausführen, allein bei allen Euren Märschen, bei allen Euren
„Vornehmen, da sehe ich nichts wie Querzüge.
So schreibt Friedrich und eigenhändig fügt er hinzu:
„Ihre polnische Campagne meritirte gedruckt zu werden,
„wäre ein einziges Exempel, das von keinen vernünftigen Offizier
„muß gefolgt werden, alle Sottisen, die man im Kriege thun
„kann, haben Sie gethan, und nicht das geringste, was ein ver-
„nünftiger Mensch approbiren kann. Ich mache die Briefe, die
„daher kommen, mit Zittern auf."

Wiewohl nämlich durch die Dohnaschen Truppen einige Magazine an der Weichsel vernichtet waren, so wurde doch den Preußen selbst alle Zufuhr abgeschnitten, und da sie die Russen in ihrer
festen Stellung nicht angreifen wollten; sahen sie sich zum Rückzuge
genöthigt. Bei Züllichau suchte Dohna den nachkommenden Russen den Weg nach Schlesien und die Vereinigung mit den Oestreichern zu versperren, ohne zu bedenken, daß er ihnen dadurch Krossen
und Frankfurt Preis gab, daß also die Operationen des Armee-
korps zur Deckung der Hauptstadt völlig mißglückt waren. —

Unter diesen Umständen und besonders da Friedrich nicht selbst
die schlesische Armee verlassen kann, sendet er den Generallieutnant
v. Wedell mit dem Befehl, die Russen anzugreifen, wo er sie findet, und er giebt ihm aus besonderem Vertrauen die Macht eines
Römischen Dictators, um den älteren Generalen in dem Dohnaschen Armeecorps jeden Widerspruch gegen die Befehle des jungen
Generals unmöglich zu machen.

Schlacht bei Kay oder Züllichau.
(Den 23. Juli 1759.)

Kaum ist v. Wedell im Lager der Preußen eingetroffen, so
beschließt er, den Feind, den er links nach Krossen zu im Abzuge
sieht, anzugreifen, damit er noch die drohende Verbindung mit Laudon verhinderte, den er mit 30,000 Oestreichern im Anzuge weiß.
Die Russen halten bei Palzig die Krossener Straße besetzt, und stehen, als sie Wedell bei Kay angreift, in drei Treffen im Halbkreise auf Hügeln. Schon ist es vier Uhr Nachmittags, als die
Schlacht beginnt. Er hat geglaubt, mit dem Nachtrab der abzie-

henden Russen ein Treffen beginnen, sie zum Stillstand bringen und dasselbe in dem Augenblicke abbrechen zu können, wo er mit seiner Hauptmacht sich auf die Straße nach Krossen werfen und ihnen den Weg versperren will, und statt dessen findet er den an Zahl überlegenen Feind in Schlachtordnung auf den Höhen. Als seine Avantgarde durch das Defilée bei Steinbach bricht, begrüßt ein mörderisches Geschützfeuer die tapfern Preußen. Dennoch erkämpfte der General v. Manteufel am linken Flügel einige Vortheile, die er, verwundet und ohne Unterstützung des rechten Flügels, endlich wieder aufgeben muß. An seiner Seite wird do la Motte, sein Adjutant, erschossen, auch Moritz von Woberdnow, der talentvollste Führer jenes Corps, stürzt in einer Reiterattaque und stirbt den Heldentod fürs Vaterland in einem Treffen, das er widerrathen und dessen ungünstigen Ausgang er vorhergesehen hat. —

Die Preußen haben nicht Zeit sich aufzustellen und keine zweite Gelegenheit, ihre Reiterei, kaum ihr schweres Geschütz gegen die Russen zu gebrauchen. Wenn sie aus dem Hohlweg bei der Kayer Mühle hervorbringen und auf den von Morästen begränzten Ebenen sich formiren wollen, — nur wenige Bataillons vermögen neben einander zu stehen; — wirft das feindliche Kartätschenfeuer die angreifenden Brigaden in den Hohlweg zurück. Vom Palziger Kirchhofe aus können die Russen jene Ebene bestreichen, und ihr Geschütz mordet unaufhörlich. Was will unter solchen Umständen das Kleingewehrfeuer der stürmenden Preußen ausrichten! — So oft sie auch hervorbrechen, eben so oft fliehen die gelichteten Reihen in den schützenden Hohlweg zurück. Zum Ueberfluß kann Generallieutnant von Schorlemmer nicht durch die sogenannte Zeuche gehen, angeblich weil er die morastigen Gründe trotz der Julihitze nicht zu passiren vermag.

Da muß der tapfere v. Webell die Schlacht abbrechen, und zieht sich nach dreistündigem Kampfe aber mit bedeutendem Verluste — circa 10,000 Mann, der dritte Theil des Heeres, sind todt, vermißt oder kampfunfähig, — Abends zurück. Die Russen behaupten das Feld, verfolgen aber den Feind nicht, sondern ziehen auf Krossen und Frankfurt.

Wohl hatte v. Webell die Lage Friedrichs durch den unglücklichen Kampf sehr verschlimmert und ihn trifft der Vorwurf, die Stellung des Feindes und den Kampfplatz nicht gehörig erkunbet zu haben; allein dennoch war ein Treffen das einzige Mittel, die Russen aufzuhalten, und bei günstigem Erfolge die Vereinigung der Oestreicher und Russen und ihr Eindringen in die Mark Brandenburg zu verhindern. Nimmt man hierzu den Befehl Friedrichs, um jeden Preis die Schlacht zu wagen, die Dohna früher bei günstigen Verhältnissen mehre Male hätte schlagen können, so wird man den thatendurstigen Dictator entschuldigen, der einen zaubernden General ersetzen, und dessen Fehler durch kühne Wagnisse gut machen wollte. —

Die Folgen der Schlacht von Kay waren für Friedrich sehr entmuthigend. Nicht nur, daß die Vereinigung Laudons mit Soltikof wirklich zu Stande kam, daß die Russen und Oestreicher wieder, wie im vorigen Feldzuge, Frankfurt besetzten und Berlin aufs Neue bedrohten, hob der Sieg auch die moralische Kraft der Verbündeten und bestärkte sie in ihrem Vorsatze, den Helden Friedrich zu Boden zu werfen. Noch ein Schlag — und es war um Friedrich geschehen; sein Land war in ihrem Besitz, er selbst ohne Hilfsmittel, ohne Truppen, ein gedemüthigter Vasall der Krone Oestreichs, sein Lorbeerkranz entblättert, und Schlesien „seiner Krone köstlichstes Gestein" schmückte wieder das Diadem von Maria Theresia. —

Aber rasch entschließt sich Friedrich, den siegreichen Russen entgegenzugehn und wie im vorigen Feldzuge die Barbaren zu vernichten. Während v. Wedell auf dem linken Oderufer eine feste Stellung nimmt, sodann, mit seinem geschwächten Corps den Bober überschreitend, bis Müllrose vorgeht, ruft Friedrich seinen Bruder Heinrich nach Sagan, übernimmt selbst den Befehl und überläßt diesem, das Hauptcorps der Oestreicher bei Schmottseifen zu bewachen.

Am 4. August vereinigt sich Friedrich mit v. Wedell bei Müllrose, am 10. August stößt Fink mit dem Observationscorps zu ihm, das gegen Haddik und Laudon gebraucht war, die Vereinigung Laudons mit Soltikof aber nicht hatte hindern können. Nun glaubt er sich stark genug, mit 48,000 Mann die Russen und Oestreicher zu bezwingen.

Nie war Friedrich größeren Beschwerlichkeiten ausgesetzt. Seit seinem Aufbruch aus Sagan hatte er selbst die Nächte durchwacht, um die nöthigen Arbeiten zu bezwingen, und die gewöhnlichsten Bequemlichkeiten entbehren müssen. Dazu kamen die beschwer= lichen Tagesmärsche in brennender Hitze auf Pfaden, die keine An= nehmlichkeit gewährten. Wie groß erscheint uns da der Geist des Helden, der fähig ist, in seiner verzweiflungsvollen Lage auf ent= fernte und selbst wenig bedeutende Gegenstände seine Regentensorge zu richten. Freilich sorglos um die Hauptsache war er nicht geblieben. Wohl kennt er die Hoffnungslosigkeit seiner Lage; denn hat er nicht seinen letzten Willen aufgesetzt, nicht Prinz Heinrich für den Fall seines Todes zum Vormund seines Neffen erwählt, und hat er die= sen nicht beschworen, in keine, der Ehre des Preußischen Namens entgegenstehende Bedingung beim Friedensschlusse zu willigen? — Hat er, der mit unerschütterlicher Standhaftigkeit bis jetzt die An= schläge seiner zahlreichen und übermächtigen Feinde vereitelt und sie durch die Ueberlegenheit seines kriegerischen Talents von dem letzten entscheidenden Schlage abgehalten hat, noch eine andere Hoffnung, als den höchst gewagten Kampf mit einem überlegenen Feinde, den er aus der vortheilhaftesten Stellung vertreiben und mit halbentmu= thigten Truppen bezwingen will? —

„Ich will den muthlosen Truppen Branntwein geben lassen," schreibt er am 12ten August, am Schlachttage, an den Marquis d'Argens, „und durch dieses Mittel ihnen mehr Muth einzuflößen suchen; aber ich verspreche mir keinen Erfolg. Mein einziger Trost besteht darin, daß ich mit dem Degen in der Hand sterben werde." —

Schlacht bei Kunersdorf.
(Den 12. August 1759.)

In drei Colonnen geht Friedrich bei Reitwein, zwischen Cüstrin und Lebus über die Schiffbrücken der Oder und sucht den Feind bei Frankfurt auf, den er auf den Höhen bei Kunersdorf gelagert findet. Sein kaum verlassenes Lager bei Müllrose bezieht der ihm auf dem Fuße nachziehende Oestreichische General Haddik. So muß er es wagen, die Russen anzugreifen, um den Oestreichern im Rücken nicht Berlin Preis zu geben. Seit dem 3ten August haben sich die Russen auf den Kunersdorfer Höhen verschanzt, sind in der Front durch Moräste, Teiche und Buschwerk, im Rücken durch einen großen Wald,

Schlawersdorf am 12. August 1759.

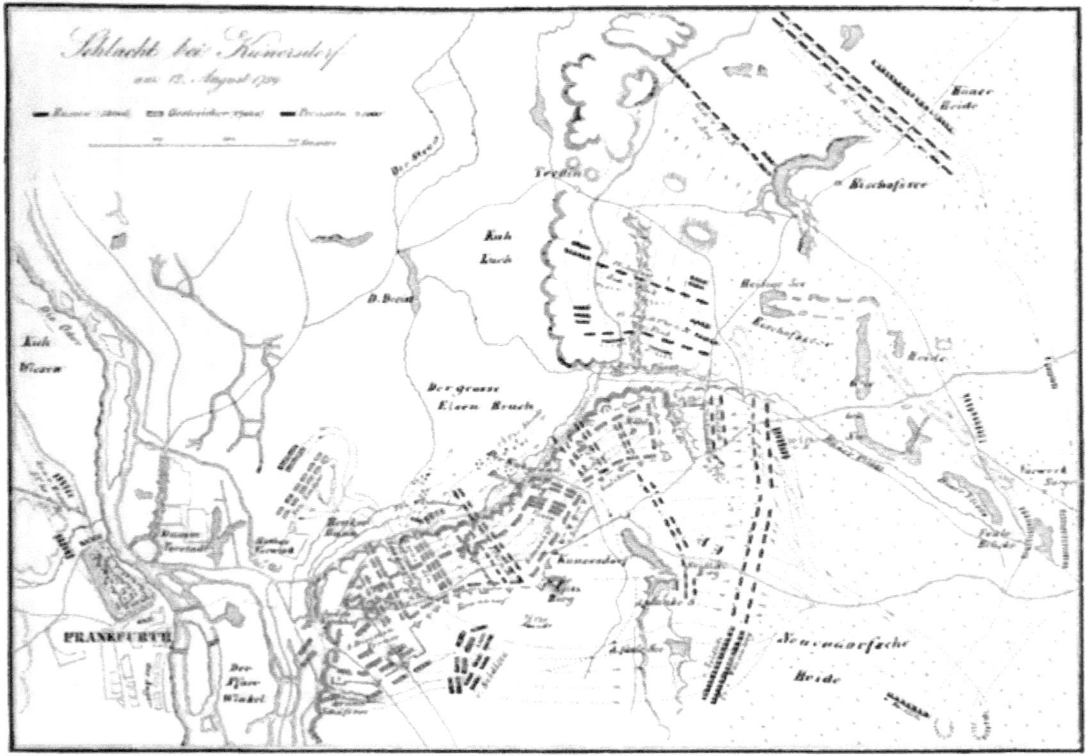
Schlacht bei Kunersdorf
am 12. August 1759
Kuh Luch
D. Bruch
Der grosse Elsen Bruch
Trettin
Kirchofsteer
Kunersdorf
Neuendorfsche
Heide
FRANKFURTH
Der Pfarr Winkel
Kuh Wiesen
Die Oder

und auf den Flügeln durch Anhöhen gedeckt, welche ihre drei Treffen beschützen.

Als Friedrich auf den Höhen von Trettin den Feind recognoscirt, findet er ihn in dieser fast unangreifbaren Stellung; doch ändert Soltikof zu größerer Sicherung noch einmal seine Stellung. Von den Trettiner Höhen aus, wo Fink mit der Nachhut, meist Reiterei und Geschütz, postirt ist, kann der König das feindliche Lager bestreichen, hinter denselben alle Bewegungen seines Heeres verdeckt ausführen. Die drückendste Sonnenhitze scheucht den besorgten Heerführer nicht von seinem Platze. Ein armer Bauer bringt ihm einen Labetrunk Wassers, mit dem er sich erquickt, und dann die Beobachtung des Feindes und Erkundung der Gegend fortsetzt. Mißmüthig hört er den Bericht eines Husaren-Offiziers vom Regimente von Belling, den er, den Wald zu durchspähen und ihm Nachricht von der veränderten Stellung der Russen zu geben, mit einem Commando abgesendet hat. Der Bericht des Offiziers genügt ihm nicht, eben so wenig die ungenauen Mittheilungen eines bei ihm haltenden Stabsoffiziers, der in früheren Jahren zu Frankfurt in Garnison gestanden, aber wenig von der Oertlichkeit im Gedächtniß bewahrt hat. Der König weist auch diesen verdrießlich von sich; da sprengt ein Husar des Regiments von Belling in des Königs Nähe. Es war der nachherige Husaren-General von Plötz, ein Tuchmachergesell, erst 1758 in Halberstadt für des Königs Dienst geworben, jetzt schon durch Kühnheit und Muth zum Unteroffizier avancirt. Sein zuversichtliches Hinzutreten in die Nähe des Monarchen macht diesen auf ihn aufmerksam, und er hört mit freundlicher Herablassung den klaren Bericht des Unteroffiziers, wie er, beim Patrouilliren vom Feinde abgeschnitten, eine Meile weit links beinahe bis Reipzig die Gegend und die Stellung des Feindes erkundet, und durch den Wald den Weg zurückgenommen habe. — Die Erfahrung lehrte, daß der Unteroffizier genau und richtig beobachtet hatte, und Friedrich, der augenblicklich, dem Berichte dieses Soldaten gemäß, seine Dispositionen traf, erinnerte sich später des Mannes. Als General von Belling ein Jahr später von Pommern aus dem Könige Vorschläge zu Offizier-Avancements machte, fand dieser auch den Namen Plötz unter den Vorgeschlagenen. Da schrieb Friedrich eigenhändig zurück:

„Wenn der zum Cornet vorgeschlagene Unteroffizier Plötz eben der habile Unteroffizier ist, der vor der Kunersdorfer Schlacht an mich rapportirte, so soll er Offizier sein. Ihr habt mir zu berichten, ob er Geld hat zu seiner Equipirung, ansonsten ich ihm das Geld dazu geben will."

Nun entscheidet sich Friedrich, während Fink von den Trettiner Höhen aus die Russische Sternschanze beschießt und dadurch des Feindes Aufmerksamkeit fesselt, links das sogenannte Hühnerfließ hinaufzuziehen und, durch die Neuendorfer Haide einlenkend, die Höhe zu besetzen, welche den Namen „Pechstange" führt. Hier ordnet Friedrich den Angriff in fünf Treffen, deren erste drei aus Fußvolk, die zwei folgenden aus Reiterei bestehen. Noch deckt die Preußen das Gehölz, und bei Trettin nimmt Fink den Anschein, als wolle er die Verhacke und Dämme erstürmen, welche ihn von dem Russenheere trennen. Während Soltikof hier den Angriff allein erwartet, und das mörderische Geschütz mit entsetzlicher Gewalt drüben und hier wüthet, daß die Erde unter dem anhaltenden Donner erbebt, hat der König unbemerkt um 11 Uhr den Saum des Waldes erreicht, schnell auf den Höhen Batterien errichtet, die den rechten Flügel des Russischen Heeres bestreichen, und General von Schenkendorf erstürmt unter dem Schutze von 60 Feuerschlünden mit 8 Grenadier-Bataillons das vor ihm liegende Fort im ersten Anlauf. Rasch drückt das Preußische Heer nach, und da sein Geschütz die beiden Schanzenzweige des feindlichen Lagers in die Flanke genommen hat, richtet es ein furchtbares Blutbad unter der Russischen Infanterie an, die von Position zu Position zurückgetrieben wird.

Von 11 Uhr Mittags an wüthet der heiße Kampf. Schon haben die Russen die Stellung vor Fink aufgegeben, so daß dieser, über die Dämme vordringend, sich mit Friedrich vereinigen kann. Sieben Redouten und der Kirchhof von Kunersdorf sind durch die Tapferkeit der anstürmenden Preußen, letzterer mit beispielloser Anstrengung erobert, 180 Kanonen haben die tapferen Rächer erbeutet, und das Geschick des Tages scheint zu Gunsten Preußens völlig entschieden. Vom Schlachtfelde aus fliegen die Siegesboten nach Berlin und Schlesien: denn die fliehenden Russen haben nur noch eine Position auf den Judenbergen inne, wo sie, in dichte ungeordnete Schaaren zusammengedrängt, unter dem Schutze ihrer letzten Batterie die Nacht zum Abzuge erwarten.

In der That erscheint die Tapferkeit der Preußen hier im glän-

zendsten Lichte. Nur durch die Anstrengungen des Fußvolkes waren
die festesten Positionen erobert, und acht Stunden lang hatten diese
Helden ihre Blutarbeit bis zur Erschöpfung fortgesetzt. Früh um
zwei Uhr waren die Preußischen Truppen aufgebrochen, und hatten
zum Theil auf Irrpfaden bis 11 Uhr die Hindernisse des Terrains
bekämpfen müssen, ehe sie an den Feind gelangten. Der größte Theil
der Artillerie war im Walde bei Morästen und Teichen aufgehalten
und verspätet auf den Kampfplatz gekommen. Es war billig, daß
die völlig erschöpften Truppen, die, von der brennenden Augustsonne
ermattet, in den Staub sanken und kaum noch im Stande waren,
ihre Waffen zu tragen, nun von dem schrecklichen Waffentanz aus-
ruhten, damit sie für den folgenden Tag neue Kräfte sammelten; —
es war dem Zustande der Preußischen Truppen angemessener, den
Kampf mit dem besiegten Feinde abzubrechen, und dieser würde den
Schleier der Nacht benutzt haben, um sich zu retten, und der neuen
Schlacht durch die Flucht aus dem Wege zu gehen: auch riethen
hierzu alle Preußischen Führer, selbst der tapfere von Seydlitz, der
schon mit Widerstreben seine Position zur Beobachtung der Oestreicher
unter Laudon, auf Befehl des Königs aufgegeben, und zu neuem
Kampfe mit seiner Reiterei sich nach dem linken Flügel gewendet hatte.
Allein Friedrich wollte die Russen nicht allein besiegen; er
wollte sie völlig vernichten. Hatte er ihnen doch schon den Rückzug über Frankfurt versperrt, das vom tapferen Wunsch mit einem
kleinen Husaren-Corps gegen Abend besetzt wurde. Nun galt es
noch, die Judenberge zu erstürmen.

Der ungeduldige Reiterführer, Prinz von Würtemberg,
macht zuerst einen Angriff, und wird von der Russischen Infanterie
zurückgeschlagen, doch haben im ersten panischen Schrecken die Russen
eine Batterie verlassen, welche allein jeden Angriff eines kräftigeren
und unermüdeten Heeres vereitelt haben würde. Die ermüdeten
Preußen, kaum 800 Schritt von derselben entfernt, erkennen den
Vortheil, in den Besitz der verlassenen Batterie zu kommen, und
beeilen sich, sie einzunehmen, um von hier aus Tod und Verderben
in die wirren Massen des Russischen Heeres zu senden. — Nur noch
150 Schritte sind die hastig, aber entkräftet aus dem ziemlich steil
abhängenden Grunde hinauf stürmenden Preußen von dem Punkte
entfernt, der ihnen den glänzendsten Erfolg und die völlige Vernichtung des Russenheeres verspricht, da ist der wachsame Laudon mit

seinen ungeschwächten Oestreichern früher zur Stelle; denn auch er hat, im Hinterhalte kampflustig lauernd, die Flucht der Russen bemerkt, und schnell die verlassene Position seiner Verbündeten eingenommen und — ein Kartätschenhagel zerschmettert die Reihen der Preußen einmal und wieder und wieder, und jetzt läßt er links und rechts auf die flüchtigen Preußen seine Reiter einhauen, und verbreitet Tod und Schrecken unter ihnen, die diesen Widerstand nicht vermuthen.

Vergebens kämpft von Seydlitz mit seinen heranstürmenden Reitern um den Preis des Tages; schwer verwundet bringt ihn sein Reitergeschwader fliehend von der Wahlstatt; auch der Prinz von Würtemberg hatte ein gleiches Schicksal, und als zum dritten Male die weißen Husaren unter von Puttkammer in den Todesschlund stürzen, fällt dieser wackere General und stirbt den Heldentod für's Vaterland. Welch' eine Veränderung bewirkte dieser erneute Kampf in so kurzer Zeit auf dem Schlachtfelde! Von dem Spitzberge herab sprühen die Russischen Geschütze unaufhörlich einen Kugelregen auf die todesmatten Preußen, der Oestreicher Schwerter metzeln im dichten Gewühle die Fliehenden nieder. Vergebens versuchen Fink und Hülsen noch andere Höhen zu stürmen, und die Vortheile herzustellen, welche die Preußen inne gehabt haben; auch sie werden verwundet. Mit ihnen bluten der tapfern Führer viele: General-Lieutenant von Wedell, General-Lieutenant August Friedrich von Itzenplitz I., die Generalmajore von Spaen, von Knoblauch, von Stutterheim, Christian Friedrich von Itzenplitz II., von Platen und von Klitzing, der 1757 bei Breslau ein Bataillon in's Feuer führend, wie auf dem Exercierplatze, kaltblütig die Pelotons, die feuern sollten, namentlich aufrief. — Auch fiel hier der als Dichter bekannte Major von Kleist*), den die Russen in Frankfurt sehr ehrenvoll begruben.

---

*) Ewald Christian von Kleist — der Sänger des Frühlings — geb. 1715 zu Zeblin, seit 1736 in Dänischen, seit 1740 in Preußischen Diensten, gewann sich früh den Namen eines Dichters und stand mit den vorzüglichsten strebenden Geistern seiner Zeit in einer innigen Beziehung. Welchen Einfluß seine Gedichte auf die Erweckung und Belebung des patriotischen Gefühles für Friedrich gehabt haben, ist von uns oben (Seite 63) schon angedeutet worden. Er wurde 1757 Major, und führte 1758 den Auftrag aus, den bekannten politi-

Schon ist die Verwirrung der Preußen allgemein. Vom Walde sind sie durch die hervorbrechenden Oestreicher abgeschnitten; nun werfen sie sich auf die Dämme, über welche Fink in das Russische Lager eingebrochen ist, und an den Brücken verdoppelt sich das Gewirr. Noch behauptet Friedrich das Schlachtfeld, und unter dem Schutze des Lestwitzischen Regiments, läßt er eine Batterie die vordringenden Feinde aufhalten. Um ihn streut eine Kugelsaat den Tod. An seiner Seite fallen die Flügel-Adjutanten von Wendessen und von Coccejt; zwei Pferde sind ihm unter dem Leibe erschossen, die übrigen, durch den Geschützdonner wild geworden, kann er nicht besteigen. Vergebens mahnen ihn seine Getreuen, den Platz zu verlassen, der ihm sichern Tod drohe. „Wir müssen hier," spricht er abwehrend, „Alles versuchen, um die Bataille zu gewinnen, und ich muß so gut, wie jeder Andere meine Schuldigkeit thun." In dem Augenblicke, als er das Pferd seines Flügel-Adjutanten, von Götz, besteigt, durchbohrt eine Musketenkugel seine Kleidung und biegt ein goldenes Etui krumm, das er auf der Brust trägt. Schon wird hinter ihm ein Preußisches Pionier-Regiment gefangen genommen, die Preußische Infanterie war über die Brücke mit Zurücklassung der

---

schen Intriguanten Marquis de Fraygne, welcher von Zerbst aus spionirte und allerhand Unternehmungen wider Friedrich, selbst einen Anschlag auf Magdeburg anzettelte, in dem herzoglichen Schlosse zu verhaften, und nach Magdeburg abzuführen. In der Schlacht bei Kunersdorf hatte er bei der Eroberung der dritten Batterie 12 Beulen bekommen und war an den Fingern der rechten Hand verwundet, daß er den Degen in der linken führen mußte, als er sich noch Mühe gab, auch die vierte Batterie erstürmen zu helfen. Der Obristlieutnant von Breitenbach wurde hier zum Tode getroffen, da ritt Kleist vor die Front des Bataillons und führte es muthig gegen die Kanonen. Eine Flintenkugel traf ihn in den linken Arm, so daß er den Degen nur noch mit zwei Fingern der rechten Hand fassen konnte. Dennoch rückte er noch dreißig Schritte vor, bis ihm 3 Kartätschen den rechten Fuß zerschmetterten. Nun stürzte er vom Pferde und drei Soldaten trugen ihn hinter die Front. Der Wundarzt, welcher ihn verbinden wollte, wurde erschossen, und Kleist selbst von den Kosacken nackt ausgezogen und in den Sumpf geworfen. In der Nacht fanden ihn russische Husaren, halfen ihm aufs Trockene, und legten ihn auf Stroh ans Wachtfeuer, bedeckten ihn mit einem Mantel, setzten ihm einen Hut auf und erquickten ihn mit Wasser und Brot. Zum zweiten Male von den Kosacken geplündert und nackt aufs Feld geworfen, fand ihn der russische Hauptmann von Stackelberg, der ihn nach Frankfurt bringen ließ. Hier starb er am 24sten August an einer Verblutung.

Artillerie geflüchtet, da muß auch Friedrich, vergebens sich dem Unglücke entgegenstemmend, von der Wahlstatt fliehen. — Um das jenseitige Ufer der Moräste zu gewinnen, muß er, kaum von hundert Leibhusaren umgeben, einen Hohlweg passiren. Da macht ein zahlreicher Kosackenhaufe einen Angriff, und er ist nahe daran, gefangen zu werden. Aber der Rittmeister von Prittwitz rettet ihm Freiheit und Leben. „Ich bin verloren! ich bin verloren, Prittwitz!" ruft er diesem zu; doch der tapfere Prittwitz und seine Husaren umringen den Helden und, die immer erneuten Angriffe der drängenden Feinde zurückschlagend, bringen sie den König unversehrt aus dem Reitergetümmel in Sicherheit. Solche Heldenthat hat er dem Retter königlich vergolten. — Aber als dieser auch längst zu hohen Kriegsehren gelangt, und mit königlichen Gnadengeschenken bereichert war, durfte er dieser That, durch welche er den sichern Untergang des Preußischen Namens verhindert hat, sich erheben und Gott danken, der ihn so hoher Auszeichnung gewürdigt hat, noch jetzt von dankbaren Enkeln jenes Geschlechts dafür gesegnet zu werden. Von den Leibhusaren, die damals Friedrichs Leben schützten, nennt die Geschichte noch den Namen des Unterofficiers Belten, der in der Rheincampagne als Edelmann und Major den Tod für's Vaterland gestorben ist.

Der Verlust der Preußen war sehr groß, die Armee hatte 172 Geschütze, 26 Fahnen und 2 Standarten eingebüßt, und 534 Officiere und 17,961 Mann, die Infanterie den zweiten, die Cavallerie den vierten Mann verloren. Die Lage Friedrichs war um so schrecklicher, da er augenblicklich keine Hilfsmittel besaß, den Siegern die Verfolgung ihrer Vortheile streitig zu machen. Am Abend des Schlachttages versammelten sich nur wenige tausend Mann um ihn bei Bischoffsee. Noch in der Nacht marschirten sie über die bei Reitwein geschlagene Schiffbrücke. In dem Dammhause am linken Oderufer zwischen Goritz und Oetscher durchwachte der unglückliche König die erste Nacht. Auf die Siegesnachricht waren von ihm Eilboten nach Berlin gesendet, welche die Königliche Familie, das Staatsarchiv und Alles, was der Rettung werth war, in Sicherheit zu bringen geboten. Ein Brief an den Minister von Finckenstein stellt das Hoffnungslose seiner Lage in das grellste Licht, und läßt den schrecklichen Gedanken durchschimmern, daß er das Unglück seines Vaterlandes nicht überleben will. Er hält Alles für verloren.

Mit welchen Empfindungen mag der verzweifelnde Herrscher hier in der elenden Bauerhütte das Schicksal seines Vaterlandes bedacht haben, da er auf wenigem Stroh, den entblößten Degen neben sich, den Hut tief in's Gesicht gedrückt, zu ruhen versuchte. Auch hier begegnen wir der edlen Sorge Friedrichs für die Seinigen. Anfangs hatte er in Oetscher Nachtquartier machen wollen, als er aber in die Stube trat, fand er darin zwei schwer verwundete Offiziere, die Lieutenants von Stubenfall und von Heilsberg. Erst als die Unglücklichen, welche bis jetzt noch nicht verbunden waren, die Hilfe eines Feldarztes und von ihm trostreichen Zuspruch empfangen, erst als die dem Tode durch ihn Entrissenen aus dem Munde ihres Königs den köstlichsten Balsam für ihre Wunden, die menschenfreundlichste Theilnahme in seinen gütigen Versprechungen entgegengenommen hatten, ging er von ihnen, und begnügte sich mit einem schlechteren Quartiere, entlegener und unbequemer.

So handelte Friedrich! Nach dem schmerzlichsten Verluste, der ihn und den Staat mit fast sicherem Untergange bedroht, sehen wir ihn am Schmerzenslager zweier Lieutenants die Pflichten der Menschlichkeit erfüllen, und erblicken sein gütiges Herz bekümmert um das Loos zweier Sterbenden, während der Held unseres Zeitalters mit starrer Gleichgültigkeit über zehntausend Leichen hinwegschreitet.

Der Verlust der Russen und Oestreicher belief sich auf 670 Offiziere und 15,506 Gemeine. General Soltikof schrieb seiner Kaiserinn: „Der König von Preußen pflegt seine Niederlagen theuer zu verkaufen, deshalb werde ich, wenn ich noch einen solchen Sieg erfechten sollte, die Nachricht davon mit dem Stabe in der Hand allein überbringen müssen."

Zwar fanden sich des Tages nach der Schlacht von den Versprengten wieder an 18,000 Mann zusammen, und Friedrich blieb jenseit der Oder bei Reitwein trotzig stehen; dennoch war seine Lage während des ganzes Krieges nie mißlicher gewesen. Es stand in der Macht der Feinde Friedrichs, Alles gegen ihn zu unternehmen, denn hier waren sie ihm weit überlegen und in Sachsen hatten sie völlig freies Spiel. „Es hätte nur von den Feinden abgehangen," sagt er selbst, „den Krieg zu beendigen; sie brauchten uns nur noch den Gnadenstoß zu geben."

Nun ordnete er jedoch mit jener Geistesüberlegenheit, die ihn auch in dieser Todesnoth nicht verließ, das zur Vertheidigung Nöthige an; er ließ aus Berlin, Stettin und Cüstrin Geschütze herbeischaffen, zog den General Kleist mit 5000 Mann, welche gegen die Schweden vom Dohnaschen Corps stehen geblieben waren, an sich, schickte zunächst das Corps des Generals Wunsch nach Fürstenwalde, damit Haddik der Weg versperrt werde, und als darauf endlich die Armeen seiner Feinde bis Müllrose vorgingen, — Soltikof, Laudon und Haddik vereinigt! — ging er mit seiner ganzen Macht ihnen bis Fürstenwalde entgegen und lagerte zwischen Beeskow und Bornow. Während dieser Zeit standen die übermächtigen Feinde unthätig und unschlüssig beisammen im Lager zu Müllrose, zehrten die Gegend aus und plünderten und brandschatzten in der gewohnten Weise, bis endlich Haddik am 5ten September sich nach Sachsen wendete, um Dresden, das von der Reichsarmee schon schwer bedrängt wurde, zur Uebergabe zu zwingen.

In der ersten Bestürzung hatte Friedrich nach der Kunersdorfer Schlacht den Commandanten von Torgau, Wittenberg und Dresden den Befehl zugehen lassen, sie sollten, falls sie angegriffen würden, unter den günstigsten Bedingungen capituliren und ihm nur die Kriegskassen und Truppen retten. In Wittenberg unter Horn, sowie in Leipzig unter Hauß konnten sich die Preußen unmöglich halten, besonders weil die darin befindlichen Truppen meist aus Sächsischen Regimentern und aus Ueberläufern und Gefangenen zusammengesetzt waren; daher capitulirten die Commandanten und zogen ungehindert mit ihren Truppen nach Magdeburg und Torgau.

Seit dem 10ten August war das fast ganz unbefestigte Torgau anfangs durch 5000 Mann, vom 12ten August ab durch circa 12,000 Mann unter dem Prinzen Stolberg hart bedrängt. Vergebens hatte man den tapfern Oberst von Wolffersdorf, welcher anfangs zwei, später fünf Bataillons Besatzung commandirte, durch Drohung „man wolle Halle, Quedlinburg und Halberstadt anzünden," zur Capitulation zwingen wollen; erst nachdem er 7 Tage lang die ernstlichsten Angriffe abgeschlagen und seine ganze Munition verbraucht hatte, capitulirte er und man kam überein, er solle mit der Besatzung und Artillerie freien Abzug haben; Ueberläufer wolle man, bevor die Stadt nicht völlig geräumt wäre, nicht aufnehmen."

Der umsichtige, thätige Wolffersdorf benahm sich hierbei wie ein Ehrenmann, entschlossen und fest. Als die Truppen nämlich die

Stadt verließen, hatte sich Prinz Stolberg mit seinem Gefolge in der Nähe der Stadt aufgestellt, und mehre seiner Adjutanten suchten die Garnison zur Desertion zu verleiten. „Wer ein braver Sachse, wer gut Kaiserlich gesinnt, oder wer von der Reichsarmee ist, der trete aus; Se. Durchlaucht werden ihn schützen!" riefen jene; — aber Wolffersdorf drohte: „Ich schieße nieder, wer sich rührt!" und streckte auch sogleich einen Soldaten, der ausgetreten war, zu Boden. Dann commandirte er: „Bataillon, halt, front, fertig!" und sich zum Prinzen wendend, sprach er: „Ew. Durchlaucht haben die Capitulation gebrochen, ich werde Sie also mit Ihrem ganzen Gefolge gefangen nehmen. Reiten Sie gleich in die Schanze, oder ich lasse Feuer geben." So ungeberdig Prinz Stolberg sich auch anstellen wollte, — er mußte gehorchen. — Nun erfüllte man die Capitulation, Wolffersdorf kam ungefährdet aus der Stadt und wendete sich auf Königlichen Befehl mit seinen Truppen nach Potsdam. —

Nach Torgaus Einnahme schickte man sich mit größerem Ernste an, Dresden zu überwältigen, wo noch immer Schmettau Commandant war. Anfangs war er entschlossen, die Stadt zu behaupten, obgleich die Verbündeten durch die Oestreichischen Generale Wohla, Brentano und Macquire bis auf 28,000 Mann verstärkt waren. Ihrer 12,000 Mann hielten bei Leipzig unter Andrä Wache. Drohungen und Versprechungen, welche man zuerst anwendete, übten keinen Einfluß auf Schmettau; denn ob er schon eine schwache und unsichere Besatzung commandirte, und deshalb sich blos auf Vertheidigung der Altstadt beschränkte, so besaß er doch hier Vertheidigungsmittel genug. Da erhielt er am 25sten August Friedrichs Brief aus Reitwein vom 14ten August datirt, und ohne Rücksicht darauf, daß die Umstände sich wohl geändert haben könnten, glaubte er seinem Könige einen wesentlichen Dienst zu leisten, wenn er demselben mit Ueberlieferung Dresdens die Garnison, Kassen und Armaturvorräthe rettete. Daß der Herzog Friedrich von Zweibrücken diese günstigen Bedingungen so über Hals und Kopf bewilligte, regte in ihm eben so wenig Zweifel an, und doch war der thätige General Wunsch schon in der Nähe, hatte Torgau und Pretsch bereits wiedergewonnen und schickte sich an, ihm Hilfe zu bringen. Die Capitulation kam am 4ten September zu Stande, und am 5ten erhielt Schmettau ein Schreiben des Königs, worin ihm

jede Capitulation untersagt wurde. An demselben Tage stand auch
Wunsch vor der Stadt, kehrte aber um, da er von der Stadt
aus ohne Unterstützung blieb. Am 6ten September besetzten die
Oestreicher die Elbbrücke, ohne Vorwissen des Vice-Commandanten,
Obrist von Hoffmann. Dieser, angeblich im trunkenen Zustande,
war entrüstet über das pflichtwidrige Benehmen des wachthabenden
Offiziers, kam mit ihm in Wortwechsel, und die Wache erschoß ihn,
da sie ihren Hauptmann vertheidigen wollte. Das gab Friedrich
Veranlassung, Schmettau zu schreiben: „Wenn Hoffmann betrunken gewesen, so wäre zu wünschen, daß der Gouverneur und
die ganze Garnison es auch gewesen wären, damit sie wie er gedacht hätten."

In Sachsen schien mit dem Falle Dresdens Friedrichs Spiel
also verloren, und nur die Thätigkeit, Umsicht und Entschlossenheit
des Generals Wunsch, welcher das von Leipzig anrückende Corps
des Generals Andrä, 12,000 Mann stark, bei Torgau mit 4000
Mann in die Flucht schlug, rettete ihm noch einen Theil des
Landes.

Den General Fink hatte Friedrich mit folgender eigenhändigen
„Instruction vohr den General Fink" gegen Haddik entlassen:
„Der General Fink kriegt eine Schwehre Commission, die Unglückliche Armée So ich ihm übergebe, ist nicht mehr im Stande mit
die Rußen zu Schlagen, Hadek wirdt nach Berlin Eillen villeicht
Laudon auch, Gehet der General Fink dieße beide nach So kommen die Rußen ihm in Rücken, bleibt er an der Oder Stehen So
krigt er den Hadek dißSeit, indeßen So glaube das wen Laudon nach Berlin wolte Solchen könnte er unterwegens attquiren
und Schlagen Solches wohr es guht gehet gibt dem unglük einen
anstandt und hält die sachen auf, Zeit gewonnen ist Sehr vihl bei
dießen Desperaten umstände, die Zeitunge aus Torgau und Dresden
wirdt ihm Cöper mein Segreter geben, er mus Meinen Bruder den
ich Generalissimus bei der Armée Declariret von allen berichten,
dießes unglük ganz wiederherzustellen gehet nicht an, indeßen was
mein Bruder befehlen wirdt das mus geschehen, an meine Nevea
mus die Armée Schwehren. Dießes ist der einzige raht den ich bei
denen unglüklichen umbständen im Stande zu geben bin, hette ich
noch resourssen So wehre ich darbei geblieben.

                Friedrich.

Man ersieht, daß diese Instruction in jenen unglücklichen Augenblicken geschrieben ist, da Friedrich verzweifelnd seinem Leben ein Ende machen wollte, und er wählte den General von Fink zum Befehlshaber des Heeres aus, weil dieser die Truppen mit vieler Einsicht und mit großem Eifer nach der unglücklichen Schlacht bei Kunersdorf gesammelt hatte. So hoch war das Vertrauen auf Fink in dem Könige gestiegen, daß er von ihm sagte, er werde einst ein zweiter Turenne werden.

Fink war dem Haddikschen Corps zur Seite nach Sachsen hin aufgebrochen, war jedoch zum Entsatz Dresdens zu spät gekommen, und vereinigte sich nun mit Wunsch, bekam Leipzig in seine Gewalt und ging über Döbeln nach Meißen, in dessen Nähe er bei Korbitz Haddik und dem Herzoge von Zweibrück ein siegreiches Treffen lieferte. Als ihn aber auch Daun am 2ten October mit seiner ganzen Macht überfallen wollte, war er still und heimlich aus seiner gefährlichen Position gewichen und hatte sich am 4ten October mit dem Heere des Prinzen Heinrich bei Strehla vereinigt.

Doch nun zurück zu Friedrich. Zwei Ursachen verdankte Friedrich nach der Niederlage von Kunersdorf seine Rettung; einmal der Unthätigkeit der Russen, sodann der Thätigkeit und Geschicklichkeit seines Bruders Heinrich. Dieser letztere erwarb sich in diesem Feldzuge den unsterblichen Ruhm, das Vaterland aus der gefahrdrohendsten Lage errettet zu haben, und bewies ein so hervorstechendes Feldherrntalent, daß Friedrich ihm selbst vor sich und allen andern Generalen den Preis mit den Worten zuerkannte: „Wir Alle haben Fehler gemacht, nur mein Bruder Heinrich nicht." —

Soltikofs Unbeweglichkeit auf einem, durch den Sieg erkauften Terrain erklärt sich lediglich durch der eifersüchtelnden Zwiespalt der Cabinette zu Petersburg und Wien und der Feldherrn selbst. Wie ernst ihre Absichten wider Friedrich auch sein mochten, so wollte doch ein Verbündeter dem andern die Mühe und Gefahr des Krieges gern überlassen. Hatte doch schon früh im Jahre das Russische Heer sich nicht gegen Pommern, sondern gegen Schlesien gewendet, weil man den Schweden nicht in die Hände arbeiten wollte, und jetzt, da die Russen in zwei Schlachten 20,000 Mann geopfert hatten, glaubte sich Soltikof berechtigt, erst gleiche Erfolge von den Oestreichern zu fordern, bevor er wieder etwas Ernstliches unternehme. Vergebens beschwor ihn Daun, nicht auf halbem Wege stehen zu bleiben. Die kostbare Zeit verstrich, ohne daß der eigensinnige Soltikof den Fuß rührte. Unterdessen sammelte Friedrich die Trümmer seines Heeres und war bald im Stande, Berlin und die Marken zu decken. Daun schützte vor, daß er die Schlesische Armee im Lager von Schmottseifen in Schach halten müsse, damit die Reichsarmee ungehindert Dresden erobern könne. — Soltikof blieb in seinem Wahn, achtete nicht des lockenden Rufes, daß ihm die Ehre der Besiegung eines Friedrich unfehlbar zu Theil werden müsse, nicht der dringendsten Mahnung Laudons und des Französischen Armeegesandten Montalembert, sondern verlangte nun, bei einer persönlichen Zusammenkunft der beiden Oberfeldherrn, eine Verdoppelung des Oestreichischen Heerhaufens, der sich bei der Russischen Armee befand, und daß Daun für die Verpflegung seiner Truppen Sorge tragen müsse. Dafür wolle er nun auf dem linken ausgezehrten Oderufer so lange sich halten, bis Dresden erobert und dann ihre gemeinschaftliche Operation auf Schlesien und dessen Festungen vorbereitet wäre.

Statt daß Daun sich ungehindert mit den Russen vereinigte, um Friedrich völlig zu vernichten, stellte er aus politischen Rücksichten als höchstes Ziel die Eroberung Sachsens hin, wodurch freilich das politische Uebergewicht nicht in die Wagschale Rußlands, sondern Oestreichs geworfen wurde. — Bald aber zeigte es sich, daß Daun es auch mit der Verpflegung der Russischen Armee nicht ernstlich gemeint hatte, und da er sich nun gerade genöthigt sah, sich gegen den Prinzen Heinrich zu wenden und somit sich gänzlich von dem Russischen Heere trennte, erklärte Soltikof aufgebracht, er wolle alle Gemeinschaft mit den Oestreichern aufgeben und mit seiner Armee zurückgehen. Mit großer Mühe stillte Montalembert seinen Zorn und brachte ihn zu dem Entschlusse, auf Glogau zu operiren.

Diesem am 19ten September zur Ausführung gebrachten Plane kam aber Friedrich durch Wachsamkeit und Schnelligkeit zuvor, eilte mit seiner Armee auf Sagan und war nun im Stande, die Russen von einer Belagerung Glogaus abzuhalten. Darauf wandte sich Soltikof erzürnt von den Oestreichern und ging über die Weichsel zurück, um dort seine Winterquartiere zu nehmen. Friedrich aber erlag den Anstrengungen und Mühen dieses beschwerlichen

Feldzuges; er erkrankte an der Fußgicht und mußte bis zum November still zu Köben an der Oder rasten. —

Zuerst nach der Kunersdorfer Schlacht hatte Friedrich aber durch seinen Bruder Heinrich Luft bekommen. Kaum war die Nachricht von dem Unglücke des Königs ins Lager bei Schmottseifen gelangt, als Heinrich sich rüstete, seinem Bruder Hilfe zu bringen, und entweder mit ihm sich zu vereinigen, oder wenigstens die Oestreicher von ihm abzulocken. Während Fouqué, aus Landshut nach Schmottseifen gerufen, Schlesien decken sollte, ging Heinrich auf dem rechten Boberufer nach Sagan. Diese Bewegung veranlaßte Daun, sich augenblicklich von Pribus, wohin er am 13. August vorangegangen war, über die Neiße bis Sorau zurückzuwenden. Durch diese Operation verhinderte er zwar, daß Heinrich zu des Königs Heer stoßen konnte, er hatte aber auch die Oberlausitz von Truppen entblößt und nur den General Deville zurückgelassen, welcher die Magazine in Zittau, Görlitz und Bauzen decken sollte. Prinz Heinrich beschloß, diese Magazine zu zerstören und überhaupt, dem Feinde im Rücken, in so bedrohlicher Weise zu verfahren, daß Daun vom Könige ganz ablasse. In dieser Zeit erfuhr Daun zugleich den Marsch des General Fink, um Dresden zu entsetzen, und seine Operationen wurden dadurch so schwankend, daß er bald gegen Heinrich umkehrte, bald sich Dresden zu nähern suchte. Deville wich vor Heinrich zurück und ein Theil der Oestreichischen Magazine fielen diesem in die Hände.

Nun war es Heinrich schon gelungen, die Oestreicher so lange festzuhalten, daß der König bei der Russischen Armee vorbei, zum Schutze Glogaus nach Sagan eilen konnte; jetzt wollte er sich nach Sachsen werfen und Dauns ganze Macht hinter sich her ziehen. Auch dieß gelang ihm vortrefflich.

Der Prinz steht bei Görlitz und Daun bei Bauzen. Dieser beschließt am 23., nachdem er alles sorgfältig erkundet, sich auf die Preußen zu stürzen, und sie nach Schlesien zurückzuwerfen. Am 24. September will er sie angreifen und siehe — als er des Morgens um sich schaut, sind sie verschwunden und zwei Tage lang ist er in Ungewißheit, wo sie geblieben sind. Der Prinz Heinrich ist unterdessen Dauns linken Flügel umgangen, hat sich über Rothenburg nach Hoyerswerda gewendet, hat das Corps des Generals Wehla daselbst zersprengt und zum Theil gefangen genommen. Zwei Tage lang entbehren seine an Strapazen gewöhnten Soldaten jeder Bequemlichkeit, und er marschirt mit dem ganzen Train 10 Meilen weit durch eine öde, verwüstete Gegend. Gottlob! endlich hat er den Feinden die Elblinie abgewonnen; — er will anfangs zwischen Strehla und Meißen über die Elbe gehen; aber aus Mangel an Pontons muß er bis Torgau hinab.

Endlich am 25sten September des Mittags erfährt Daun von einem bei Hoyerswerda versprengten Offizier, daß ihn Heinrich überlistet und seinen Marsch auf Sachsen gerichtet habe. — Also soll der Preis dieses Feldzuges, das Ziel aller seiner Wünsche noch einmal verloren sein? Was er durch alle seine Hin- und Hermärsche zu verhindern gesucht hat, daß Heinrich die Preußen unter Fink und Wunsch noch verstärke und die Erfolge der Reichsarmee aufhalte, das wäre mißlungen? Schon sieht er — er ist ängstlicher Natur! — Dresden aufs Neue in Preußischer Gewalt, die Reichsarmee in voller Flucht, — da darf er nicht zaudern. Was Russen und Schlesien! In Sachsen liegt die Entscheidung des Feldzuges zu Gunsten des Wiener Cabinettes, und so bricht er auf, macht einen Gewaltmarsch auf Bauzen, dann fliegt er nach Dresden, geht über die Schiffbrücken und vereinigt sich mit der Reichsarmee, um Dresden zu decken und der Preußischen Armee gegenüber zu stehen.

Heinrichs Plan, Daun von Schlesien hinweg auf sich zu locken, ist vollständig gelungen! —

Prinz Heinrich, mit dem Finkschen Corps bei Strehla vereinigt, faßte am 4ten October 40,000 Mann stark, zwischen Klauschwitz und der Elbe Position; Daun, eine Schlacht vermeidend, manövrirte ihn von dort nach Torgau. Als aber Daun hier ähnlich operiren wollte, kam Heinrich seinen Entwürfen zuvor, sendete dem detachirten Corps des Herzogs v. Ahremberg Wunsch und Rebentisch in den Rücken, Fink entgegen, und vor diesen Truppen flüchtete nicht allein die Reichsarmee zurück, sondern das Corps des Herzogs von Ahremberg wurde auch fast völlig vernichtet, ein großer Theil (1400 Mann, 29 Offiziere und 1 General) fiel in Preußische Gefangenschaft.

Nun langte Hülsen mit einer Verstärkung aus Schlesien und bald darauf, den 14ten November, der König selbst an. Daun, zum Wagniß einer Schlacht jetzt weniger als je entschlossen, zieht sich zurück, doch wird seine Nachhut noch einmal bei Korbitz in ein

HENRARD,
PRINS VAN PRUISSEN.

sehr nachtheiliges Gefecht verwickelt. Hinter dem Plauenschen Grunde bleibt er, Dresden zu decken, in einer unangreifbaren Stellung stehen, die Reichsarmee wacht bei Pirna.

Während nun der Oberst von Kleist über Dur in Böhmen einbricht, um die Oestreichischen Magazine einzuäschern und die, an Brandenburg verübten Greuel zu rächen, „wo man den Einwohnern auf hohen Befehl nichts als Luft und Erde hat übrig lassen sollen:" wird General Fink mit 10,000 Mann auf Umwegen über Freiburg und Dippoldswalde nach Maren dicht in den Rücken von Dauns Stellung bei Plauen geschoben. Friedrich beabsichtigt Daun dadurch zum schnelleren Rückzug auf Böhmen und zwar auf unwegsamen Straßen zu zwingen; er giebt aber das Corps Finks der größten Gefahr bloß.

Statt sich zurückzuziehen, geht Daun mit einem Theil seiner Truppen nach Dippoldswalde und Rheinhartsgrimma, erobert den Posten von Maren, während Brentano, Palfi und das Reichsheer dem General Fink jeden Ausweg versperren, und zwingt diesen talentvollen Führer, sich mit 9 Generalen, 549 Offizieren, 10 bis 12,000 Unteroffizieren und Soldaten, 71 Geschützen, 44 Munitionswagen, 4 Pauken, 24 Standarten und 96 Fahnen am 21sten November der Oestreichischen Uebermacht zu ergeben. Das war in den Reihen des Preußischen Heeres unerhört, und Fink sowohl, als die übrigen Generale v. Rebentisch, von Lindstädt, von Mosel, von Platen, von Vasold, von Bredow und von Gerstorf — bis auf v. Wunsch — büßten das Unglück mit des Königs Ungnade. Fink wurde durch das Kriegsgericht zu zweijähriger Festungshaft verurtheilt und dann vom Preußischen Kriegsdienste ausgeschlossen. Er ging 1764 in Dänische Dienste und starb hier bald. So endigte die kriegerische Laufbahn eines talentvollen Generals, der, im 40sten Jahre Generallieutenant, bis dahin sich des Königs ausgezeichneter Huld zu erfreuen gehabt hatte. Das Unglück von Maren aber verschuldete nach dem Urtheile Vieler Friedrich allein.

Dieser letzte Schlag des beispiellos unglücklichen Feldzuges lähmte Friedrichs kaum emporgekommene Macht von Neuem, sicherte den Oestrechern den Besitz Dresdens, besonders als sie am 5ten December auch den größten Theil der Truppen des Generals Diereke am rechten Elbufer (1500 Mann) gefangen genommen hatten, und Daun konnte nun in Sachsen überwintern. Aber auch Friedrich weicht keinen Augenblick. Er zieht den Erbprinzen von Braunschweig, von Ferdinands Heere 12,000 Hessen und Engländer, so lange an sich, bis er sein Heer hinreichend verstärkt hat, und behauptet Sachsen bis auf Dresden. Erst am 10ten Januar 1760 läßt er seine Truppen, die den Feinden so lange in dem rauhesten Wetter gegenüber stehen geblieben waren, die Winterquartiere beziehen, und er selbst erfreut sich in Freiberg jener geistigen Genüsse, die ihm seit seiner Jugend zum dringendsten Lebensbedürfnisse geworden sind.

———

Die Armee Ferdinands hatte in diesem Feldzuge gleichfalls größere Anstrengungen zu überwältigen.

Bellisle ergänzte das Französische Heer mit desto mehr Eifer, je ernster die Absichten Frankreichs auf Hannover waren. Man bedurfte der Vortheile zu Lande, damit man diese den englischen zur See und in den Kolonien in die Wagschale legen könnte. So bewehrten sich die Heere am Rhein und Main mit 300 Kanonen und sollten diesmal, 120,000 Mann stark, die Verbündeten angreifen, welche nur 75,000 Mann und höchstens 200 Geschütze zusammenbringen konnten. Dennoch beschloß Ferdinand zuerst die Mainarmee unter Soubise, welche während des Winters Frankfurt überrumpelt und eingenommen hatte, anzugreifen, und indem er deßhalb zur Hessischen Armee abging, hoffte er mit dieser stark genug zu sein, die Franzosen zu bezwingen. Hier hatte nun kurz vorher der Herzog von Broglio für den uneigennützigen, aber ungeschickten Soubise das Commando übernommen, hatte seine Truppen auf einem längst ausersehenen Kampfplatz in der Nähe von Bergen sehr vortheilhaft postirt, und erwartete, verstärkt durch schleunig herbeigezogene Truppen, nun den 7000 Mann schwächern Ferdinand mit 35,000 Franzosen. Der dreimal unternommene Angriff wurde jedesmal abgeschlagen, und Ferdinand sah sich genöthigt, weil der erste Angriff ohne hinlängliche Kräfte, ja ohne das, auf schlechten Wegen zurückgebliebene schwere Geschütz versucht, und die späteren durch die feindliche Uebermacht zurückgewiesen wurden, das Schlachtfeld von Bergen (den 13ten April 1759) den Franzosen zu überlassen und sich mit einem Verluste von 2500 Mann an Todten und Verwundeten sowie von 5 Geschützen und 2 Munitionskarren zurückzuziehen. Er wurde aber nicht verfolgt und konnte sogar seine Verwundeten mitnehmen.

Ueber diesen zurückgeschlagenen Angriff auf Bergen wurde natürlich in Wien und Paris laut gejubelt; — aus der bedeutungslosen und in ihren Folgen ziemlich unwichtigen Begebenheit wurde ein Sieg gemacht, welcher die Waffenerfolge aller ihrer Feinde verdunkelte. Die Feierlichkeiten und Dankfeste wollten in Paris nicht endigen; Broglio erhielt den Marschallstab, vom deutschen Kaiser die Reichsfürstenwürde, und nun eilte auch der Marschall Contades aus Paris zum Hauptheer ab, um den Feldzug zu eröffnen.

Ferdinand beschloß, von jetzt ab sich auf die Defensive zu beschränken, und wartete auf die Entscheidung, ob die Franzosen ihre Operationen auf Hessen oder Westphalen richten würden. Er wollte Münster und Lippstadt auf jeden Fall decken und nahm seine Stellung an der obern Lippe, während Contades durch Hessen, der Marquis von Armentières vom Niederrheine durch Westphalen vorgingen. Doch da erfährt Ferdinand den Unbestand des Glückes. Er kann das Vordringen der Feinde nicht hindern. Armentières überrumpelt Münster und belagert Lippstadt; — Broglio nimmt in Tagesfrist Minden weg, Contades steht in Hervorben und stellt sich so auf, daß Ferdinand Lippstadt nicht entsetzen kann. —

Da beschließt der hochherzige Ferdinand seinen Feinden muthig sich entgegen zu werfen und statt über die Weser zurück zu gehn, marschirt er auf Minden los. Hier steht Contades hinter Sümpfen, von der Weser und Minden in der rechten, von hohen Felsen in der linken Flanke gedeckt. Es gilt, die Feinde aus dieser unangreiflichen Stellung hervorzulocken.

Nun hatte Contades jenseit der Höhen von Kirchtenningen ein Corps unter dem Herzoge von Brissac zum Schutze seiner Verbindungslinie zurückgelassen; gegen dieses wurde der Erbprinz von Braunschweig in den Rücken der großen Französischen Armee ausgesendet.

Als Contades hier wirklich die Zufuhrstraße seiner Armee beherrscht und seinen Rücken bedroht sah, kam er endlich aus seiner Stellung hervor.

Schlacht bei Minden.
(den 1sten August 1759.)

Mit 33,000 Mann und 68 schweren Geschützen brach Contades in der Nacht zum 1sten August aus seinem Lager hervor; Broglio mit circa 12,000 Mann mußte sich gleichfalls durch Minden auf den Kampfplatz begeben. In derselben Nacht war der Herzog Ferdinand aufgebrochen und wie jene von der einen, so rückte er von der andern Seite auf die Ebene vor Minden. — Man sagt, Ferdinand sei von dem Entschlusse Contades genau unterrichtet gewesen. Wie dem auch sei, — Ferdinand zauderte nicht, mit seinen 36,000 Mann die überlegenen Feinde anzugreifen.

Während der Herzog von Broglio sich begnügte, durch eine heftige Kanonade den ihm gegenüberstehenden Flügel der Alliirten unter Wangenheim aufzuhalten, da ihm doch der Auftrag geworden war, schnell vorzugehen, und die Verbündeten an dieser Stelle über den Haufen zu werfen, hatte der Herzog auf dem rechten Flügel einen Angriff auf das Dorf Hahlen angeordnet, damit er die rechte Flanke seines Heeres sichere.

Allein seine muthigen Schaaren, englische Infanterie, welche in der Mitte aufgestellt war, wartete diesen Erfolg nicht ab, sondern griff unaufgefordert das feindliche Centrum — 3 starke Cavallerielinien der ausgesuchtesten Truppen — stürmend an. Niemals in der Kriegsgeschichte war solche Waffenthat erhört worden. Gegen 63 Escadrons avancirten sechs englische Bataillons: Napier, Stewart, Welsch Füseliers, Kingsley, Brudenell und Home, in gewöhnlicher Paradestellung, ihnen zur linken die Hannöversche Garde und Hardenberg. Trotz des feindlichen Kugelregens, — ihre Batterien kreuzten sich hier! — schritten sie, den rechten Flügel vor, den Feinden entgegen. Da stürzten sich die feindlichen Reiter in dreimaligem Angriff über sie her; doch ihr besonnenes Feuer trieb die Reiterei ebenso oft in die Flucht, und sie avancirten, bis sie in den Häusern und Gärten von Neuland und durch die dem Centrum zunächststehenden Infanteriebrigaden Condé und Aquitaine aufgehalten wurden.

Ferdinand beeilt sich, den Erfolg dieser muthigen Truppen zu sichern, befiehlt der Cavallerie, jenen Helden beizustehn, und zwei Bataillons, Wangenheim und hessische Garde, sind zu ihrer Unterstützung auf dem Wege. —

Da stürzen sich die Gensd'armes und Carabiniers der Franzosen über die Engländer her, und wollen ihren alten Waffenruhm — seit dem Bestehen der Heere in den Französischen Kriegen erkämpft — behaupten. Die Blüthe des Französischen Adels drängt sich in diese Waffe zusammen und darum ist sie der Stolz ihrer Armee. Diese mit großer Uebermacht greift zugleich in Front, Flanke und Rücken an und endlich gelingt es ihrem dreimal wiederholten Reitersturme, einen Theil der ersten Linie zu durchbrechen. Da feuert das 2te Treffen der englischen Infanterie die tapfern Feinde nieder, die erste Linie formirt sich von Neuem, und vorwärts schreitend, stürzt sie auch dieses Bollwerk der Franzosen über den Haufen. Diese lösen sich auf und wie stark ihr Verlust gewesen sein muß, läßt sich daraus ermessen, daß 50 Offiziere die Wahlstatt bedecken und 39 schwer verwundet werden; unter den letztern der Generallieutnant Marquis de Poyanne.

Vergebens stemmten sich noch einmal die Brigaden Condé und Aquitaine, vergebens das sächsische Hilfs-Corps dem Strome der Sieger entgegen.

Unterdessen hat Ferdinand Artillerie zur Stelle gebracht; diese treibt die deutschen Streiter ebenso, wie die französischen in die Flucht, und somit ist durch den Heldenmuth der englischen Infanterie die feindliche Cavallerie völlig in die Flucht geschlagen, in der Frist einer Stunde das Centrum der Schlachtlinie durchbrochen und der Sieg für Ferdinand entschieden.

Hätte nur seine Cavallerie gleich heldenmüthig den Kampf gesucht, so wäre der Erfolg des Tages noch ein ganz anderer gewesen! — Aber vergeblich hat der Herzog den Befehlshaber derselben, Lord George Sakville, so oft als dringend auffordern lassen, ungesäumt links zu marschiren und, sobald er das freie Feld gewonnen, zur Unterstützung der Infanterie herbeizukommen. Sakville will bald den Sinn der Anordnung nicht begreifen, bald Widersprüche darin finden; nicht einmal, nachdem er sich persönlich vom Herzoge Instruction eingeholt hat, geschieht dessen Wille. Er kommt erst in die Ebene, als die Schlacht schon vollkommen beendigt ist.

Dieses unerhörte Benehmen eines eifersüchtigen oder feigen Generals, so harte Ahndung es auch fand, indem Sakville durch kriegsrichterlichen Ausspruch vom Heere gejagt wurde, verstattete doch den Französischen Generalen, in ziemlicher Ordnung sich zurückzuziehen, und Broglio konnte die Retirade in den Gärten vor Minden decken.

Unterdessen hatte der Prinz von Anhalt auf dem rechten Flügel Hahlen beim dritten Sturme genommen und behauptete dieses Dorf, obgleich es in Flammen aufging; — auf dem linken Flügel der alliirten Hauptarmee hatte man um das Dorf Malbergen gekämpft und die Hessen und Preußen hatten ebenso tapfer, als die Engländer, Batterien erstürmt und starke Infanteriemassen über den Haufen geworfen; — kurz, der ganze rechte Flügel der Französischen Macht war um 10 Uhr aus dem Felde geschlagen, während das Broglio'sche Corps nur Tonhausen canonirt und doch auch durch die Ueberlegenheit der Verbündeten Verluste erlitten hatte. — Der Kampf hatte nur zwei Stunden gewährt; da floh ein Theil der Franzosen ins alte Lager, ein anderer wendete sich nach Minden.

Die Franzosen geben ihren Verlust selbst auf 6 Generale, 438 Offiziere und 6642 Mann an; — außerdem hatten Ferdinands Reiter 7 Fahnen und seine Fußsoldaten 10 Standarten erobert; — ein Fall, der selten in der Kriegsgeschichte vorkommen dürfte! — Man eroberte nach Bünau 26 schwere Kanonen, doch sind dabei die Bataillons-Feldstücke nicht eingerechnet.

Ferdinand verlor 2611 Mann, darunter 151 Offiziere. Die Engländer hatten am meisten gelitten, dafür ernteten sie allen Ruhm dieser glorreichen Waffenthat und die Regimenter Nro. 12, 20, 23, 25, 37, 51 führen noch heute den Namen „Minden" zum unverlöschlichen Andenken in ihren Fahnen. —

Ferdinand wurde mit dem blauen Ordensband geschmückt, das Parlament bewilligte ihm einen Ehrensold von 4000 Pfund auf Lebenszeit und ein goldener, mit Diamanten besetzter Degen wurde ihm übersendet.

An demselben Tage, wo Contades' Gewalt bei Minden gebrochen wurde, hatte der Erbprinz den Herzog v. Brissac bei Gohfeld angegriffen und aufs Haupt geschlagen, wofür ihm Friedrich seinen Orden vom schwarzen Adler verlieh und im Winter gleichfalls einen goldenen Ehrendegen, mit Brillanten geschmückt, überreichte.

Natürlich mußten die Franzosen alle bisher erkämpften Vortheile aufgeben und in einem schleunigen Rückzuge ihr Heil suchen. Armentières zog von Lippstadt ab, Minden capitulirte Tages nach der Schlacht, Contades wendete sich nach Cassel und ließ seine

Magazine, welche in Minden, Bielefeld und Paderborn aufgehäuft worden, im Stich, und als Ferdinand ihn durch Operationen auf seine Rückzugslinie bedrohte, gab er auch seine Stellung bei Cassel auf und ging hinter die Eder, dann hinter die Ohm bei Marburg wo er sich verschanzte. Hier rüstete er sich den Monat August hindurch, der Marschall d' Etrées, der unfreiwillige Sieger von Hastenbeck, wurde ihm zur Seite gestellt, Würtemberg, Pfalz und Oestreich mußten Hilfstruppen geben und auch aus Frankreich gelangten frische Schaaren auf den deutschen Boden. Doch auch auf dieser Stelle ließ Ferdinand die Franzosen nicht lange in Ruhe, sondern bestimmte sie durch einen kühnen Angriff auf die Stadt Wetter, wodurch Broglio's Corps bei Gosfelden der Gefahr umgangen zu werden, ausgesetzt war, sich hinter die Lahn zurückzuziehn. Vom 3ten bis 7ten September trieb er sie bis Gießen, am 11ten September nahm er das feste Schloß Marburg, darauf verschanzte er sich am rechten Thalrande der Lahn bei Kroffdorf, hielt die Verbindung mit Westphalen und Hessen offen, beunruhigte die feindliche Zufuhr, und da er selbst hinlänglich im Lager gesichert war, so entsendete er zur Unterstützung des Generals Imhoff, welcher Münster belagerte, einen Theil seiner Truppen. Endlich gelang es diesem, auch Münster am 10ten November in seine Gewalt zu bringen, nachdem er den Marquis von Armentières, welcher zum Entsatze herbeieilte, zurückgetrieben hatte.

Unterdessen mußte Contades das Commando an Broglio abtreten, und dieser verhieß den Parisern das Schauspiel, den Herzog von Braunschweig bald in schmähliche Flucht zu treiben. Das Ungemach, welches die Jahreszeit den im freien Felde lagernden Truppen bereitete, wurde nicht geachtet, und noch einmal galt es alle Anstrengungen, um das Feld zu behaupten. Broglio wollte Marburg noch in diesem Jahre wieder haben. Ein Angriff Condés auf Ferdinands linken Flügel mit 10,000 Mann wurde siegreich abgeschlagen; ein zweiter des regierenden Herzogs von Würtemberg mit circa 12,000 Mann über Fulda, um Cassel und Marburg zu bedrohn, nahm ein ganz klägliches Ende; denn der Erbprinz von Braunschweig, mit 6 — 7000 Mann gegen ihn abgesendet, fand ihn am 30sten November, als der Herzog sich gerade mit der wichtigen Angelegenheit eines Balles beschäftigte, so schlecht postirt, daß er das Corps desselben durch einen lebhaften Angriff in Front und linker

Flanke über die Fulda werfen, die Brücken forciren, dann die ganze Schaar auseinander sprengen und 1200 Gefangene erbeuten konnte. Nun griff Ferdinand seinerseits Gießen an, und wäre er nicht genöthigt gewesen, ein Hilfscorps von 12,000 Mann Friedrich nach Sachsen zur Hilfe zu senden, wodurch er bedeutend geschwächt wurde: so würde er seine Stellung völlig behauptet und alle Anstrengungen des, am 10ten December zum Marschall ernannten Broglio zu Schanden gemacht haben, wie eifrig dieser es sich auch mitten im Winter angelegen sein ließ.

Doch nun gab Ferdinand seine 3½ Monate behauptete Stellung bei Kroffdorf auf und ging am 4ten und 5ten Januar 1760 nach Marburg, Broglio aber war hierüber so froh, daß er aufathmend seiner Armee, nach dem Empfange der Nachricht, die Parole gab: „Sie sind fort!" Am 7ten Januar kam es noch einmal zu einem blutigen Gefechte in Dillenburg, in welchem die Franzosen ihr schnelles Nachrennen gar hart büßen mußten. Die Franzosen bezogen darauf meist am linken Rheinufer, ein Theil auch zwischen Frankfurt und Neuwied die Winterquartiere. Von den Verbündeten blieb Imhof in Hessen, Ferdinand ging mit dem größten Theil seiner Truppen nach Westphalen, Osnabrück und Münster.

So hatte denn der Meister im Vertheidigungskriege, Herzog Ferdinand, mit schwächerer Heeresmacht nicht allein 13 Monate lang das Feld behauptet, sondern auch noch große Vortheile erkämpft. Dieser Erfolg war um so dankenswerther, da man aus den erbeuteten Papieren Contades' das unglückliche Loos Hannovers errathen konnte, welches demselben im Falle einer Occupation durch die Franzosen zugedacht war. Zur Schande der Feinde wurden diese Papiere veröffentlicht, und von Neuem luden die Verwüster der Pfalz, die Enkel Louvois', die Schmach auf sich, im Geiste eines rohen Zeitalters das Schlimmste wenigstens beabsichtigt zu haben. — Der Feldzug kostete den Engländern 2¼ Millionen Pfund Sterling.

Der Feldzug der Schweden gegen die Preußen entbehrte auch in diesem Jahre, während dessen eine lange Zeit hindurch nicht einmal die kleine Macht ihnen gegenüber stehen blieb, aller Energie; am Ende desselben standen die Schweden hinter der Peene und Trebel, die Preußen diesseit der Peene zwischen Anclam und Demmin. —

ſien.

Gen.-Maj.
General-Major
Frdr. v. Lekow.
1 Grrn.-Bat. Arnim
1 Gr.-Bt. Wobersnow.

Gener.-cade.
Job. M. v. Schenkendorf.
5 Escadr. Spä.
2 Bat. Alt-Sanerheim
1 Gren.-Bat. Catiowitz
1 Gren.-Bat. Sobeck.

Dubisl. Friedr. von Platen.
Carl Ludw. v. Normann.
Rest von Vasol'd
5 Excadrons Horn
Rest von Bredow
5 Esc. Schloteradorf.

Gen.-Maj. Christ.
Helnr. v. Grabow.
1 Gr.-B. Koschenbar
1 Gren.-Bat. Curnbr.

...mberg.
Carl Friedr. v. Mayer.
5 Escadr. Alt-Platen
Rest von Wuttemberg
1 Gren.-Bat. Heiden und Bornsted.

Malachowski.
7 Escadron Ma-
lachowski.

	Summa:		
11 Grenad.-Bat.		1 Grenad.-Bat. Arnim.
16 Musket.-Bat.		1 ,, ,, Lepel.
3 Freibataillons.		1 ,, ,, Koschenbar
15 Escadr. Cürassiere.		1 ,, ,, Wobersnow.
15 Escadr. Dragoner.		2 Batail. Fouque.
27 Escadr. Husaren.		2 ,, Markgraf Friedrich.
17 Escadr. Reste von C		2 ,, Braun.
Dragonern und Hus		2 ,, Bülow.
		2 ,, Mosel.
		1 ,, Latorf.
		3 ,, Mellin.
		1 Freibat. le Noble.
		1 ,, Colignon.
		1 ,, Lüderitz.
		21 Bataillons.

Feldzug 1760.

Das unglückliche Jahr 1759 war nun vorüber, und das neue Jahr fand die Streiter noch einander gegenüber. Diesmal wollte kein Theil einen Fuß breit Raum aufopfern, daher behielten sie sich einander im Auge, wie zwei Ringer, welche, an Kräften erschöpft, einander gefaßt behalten, bis sie den Kampf mit einander fortsetzen können.

Immer ferner schwand für Friedrich die Aussicht auf Frieden; denn obschon Frankreich neue Unterhandlungen versuchte, um England, und dieses, um Rußland zum Frieden zu vermögen; so scheiterten doch alle Anträge an Englands ehrenhafter Erklärung „Preußens Integrität sei die oberste Bedingung desselben," und Rußlands zum Grabe wankende Kaiserinn haßte Friedrich zu sehr, als daß die Freunde des englischen Goldes oder des hochherzigen Friedrich ihrem guten Willen Nachdruck hätten verschaffen können. Vergebens hoffte Friedrich auch, einen Theil der feindlichen Waffen von sich abzulenken, die Pforte gegen Rußland aufzuregen und Oestreich um Parma und Piacenza mit neuen Feinden in Krieg zu verwickeln, seitdem der Tod Ferdinands in Spanien einige Stipulationen des Aachener Friedens von Neuem in Frage gestellt hatte. Lord Marishal soll in Madrid, Cocceji in Turin, ein Herr von Edelsheim durch die dritte Hand in Paris wirken. — Jener findet, statt der geträumten Unterstützung, daß die Bourbonen einen Familienpact zu gegenseitiger Unterstützung geschlossen haben, Cocceji wird auf die unglückliche Lage Sardiniens zwischen den beiden Gewalthabern achselzuckend verwiesen, Edelsheim sieht sich verhaftet und als Feind behandelt; — da erneuern auch noch die Verbündeten ihren Theilungstractat, Schlesien und Glatz werden Maria Theresia, Ostpreußen Elisabeth verbrieft, auch die deutschen Fürsten und Schweden ziehen noch einmal die verrosteten Schwerter; man ermuntert sich zu neuem Kampfe durch die Hoffnung, daß Friedrichs Hilfsmittel bald erschöpft sein müssen, verweigert die Auswechslung der Gefangenen, rüstet die Heere und bald stehen dem Könige 200,000 Oestreicher, Russen, Deutsche und Schweden wieder gegenüber, denen er mit Mühe nur 90,000 Mann entgegenstellen kann.

Zwar hatte England auch in diesem Jahre seine Verbindlichkeiten ehrenvoll erfüllt, auch den Hessen und Braunschweizern zur Vermehrung ihrer Contingente höhere Subsidien bewilligt, selbst Verstärkungen aus der Insel nach dem Festlande beordert; — dagegen fiel es dem Könige ungleich schwerer, die nöthige Mannschaft zusammenzubringen. Er füllte nun die Lücken seiner Regimenter selbst mit unfreiwilligen Gefangenen und gab die Ergänzung des Heeres dem Obersten Collignon in Entreprise, welcher im Reiche für die preußische Fahne zusammentrommeln ließ. An jedem Recruten, den Collignon nach Magdeburg ablieferte, verdiente er fünf Thaler, wenn er zehn Thaler Handgeld bezahlte, und um diesen Preis fanden sich der kampflustigen Soldaten nur wenige. Noch fühlbarer wurde der Mangel an Offizieren, denn manches Regiment hatte statt 52 nur noch 12 übrig. „Aber" — sagt Friedrich — die drückende Lage hinderte nicht, sich thätig zu zeigen; denn das erforderte nun einmal die Nothwendigkeit. Statt sich über den schlechten Zustand der Truppen zu beklagen, war man blos mit den Mitteln beschäftigt, den Feinden mit größerem Nachdrucke, als jemals, zu widerstehn. Die gewaltigen Rüstungen der Feinde ließen zwar besorgen, daß der bevorstehende Feldzug noch unglücklicher ausfallen werde, als der vorige; indessen bemühte man sich, den Muth der Truppen zu beleben und ihnen Vertrauen einzuflößen, indem man Diversionen ersann, von denen man bald Nachricht erhalten würde, indem man im Publicum günstige Prophezeiungen herumgehen ließ und indem man überhaupt zu allen erlaubten Mitteln, das Volk zu täuschen, seine Zuflucht nahm."

Am tüchtigsten war Heinrichs Corps ausgerüstet. In ihm lebte noch der Geist der Armee Friedrichs, wie er bei Eröffnung des Krieges sich kund gethan hatte. Dort fanden sich noch jene alten versuchten Krieger, an deren Fahnen schon der Sieg gefesselt war; die treuen Märker und Pommern, welche hier eingestellt wurden, lernten bald von den Gefährten, und der Geist jener ging schnell auf diese über. Darum konnte von Tempelhoff auf Warnerys Verunglimpfungen erwiedern: „Allerdings war ein großer Unterschied zwischen der gegenwärtigen Armee und der, welche die Schlachten bei Prag, Roßbach und Leuthen gewonnen hatte; allein so schlecht war sie in der That doch nicht, als Warnery sie machen will. Viele der achtzehnjährigen, aus den Kantons gehobenen Märkischen und Pommerschen Bauerjungen hatten zwar noch keinen Feind gesehen; allein es fehlte ihnen doch nicht an Muth, und sie thaten es bei jeder Gelegenheit den ältesten Kriegern gleich. Dieß war die Wirkung des Nationalgeistes, der Begierde an dem Ruhm der Preußischen Soldaten Theil zu nehmen, die selbst auf die Gesinnungen der Ausländer Einfluß übte.

Es war die Absicht der Russen, Schlesien zu erobern, während Daun den König in Sachsen fesseln und Laudon den Prinzen Heinrich vom Könige trennen sollte. — Friedrich stellte es sich zur Aufgabe, die Vereinigung der Oestreicher und Russen zu verhindern, und er bestimmte, daß Prinz Heinrich 35,000 Mann bei Frankfurt gegen die Russen sammle, Fouqué mit 14,000 Mann Schlesien vertheidige, während er selbst mit 40,000 der Oestreichischen Hauptarmee in Sachsen die Spitze bieten wollte. Den Rest seiner Macht — 5000 Mann — stellte er, unter Jung-Stutterheims Befehlen, gegen die Schweden. —

Ganz Europa blickte mit gespannter Erwartung auf den Kampfplatz, aber nur Wenige waren, welche die Erfüllung ihrer Wünsche für Friedrich noch zu hoffen wagten. Nach einem so unglücklichen Feldzuge schienen Friedrichs Mittel viel zu winzig, um den ergänzten Heeren seiner Feinde widerstehn zu können. — Er selbst wollte nur ehrenvoll untergehen; doch so lange sein Geist noch Mittel fand, die Pläne seiner Feinde zu verwirren, oder ihre Fehler zu strafen, und ihre Uebermacht zu zerbrechen; so lange hielt er selbst die Hoffnung eines ehrenvollen Friedens fest. — Einige Züge hochherzigen Heldensinns verherrlichten auch in diesem Jahre die Preußischen Waffen. Hierher gehört der tapfere Widerstand des Pommerschen Regiments von Manteufel gegen den Angriff von 5000 Oestreichern. Als nämlich Laudon in Oberschlesien den Feldzug im März eröffnete, hatte sich der General von der Golz auf dem Rückzuge nach Neiße eines kleinen Magazins und einer Feldbäckerei wegen mit dem genannten Regiment und 1 Escadron von Baireuth Dragonern in Neustadt verspätet. Laudon war durch einen starken Marsch den Preußen zuvorgekommen, und lauerte auf sie hinter Neustadt. Er hatte 4 Cavallerieregimenter bei sich, und kaum war Golz aus Neustadt heraus und marschirte pelotonweise zur Bedeckung von mehr als hundert Wagen neben seinem Convoy, als die feindliche Cavallerie — Löwenstein Dragoner die Avantgarde, Palfy Cürassiere die Arrieregarde und zwei Regimenter Husaren die Flanken der Pommern — mit großem Ungestüm angriff. — Doch die Versuche Laudons, den Marsch dieser tapfern Schaar aufzuhalten und in sie einzubrechen, waren ganz vergeblich. Zweimal sendet Laudon einen Trompeter an Golz ab, daß er ganz umringt sei und im Falle einer Uebergabe mit den Offizieren seine Bagage behalten, bei längerem nutzlosen Widerstande aber nicht geschont werden solle; — und als er zum dritten Male einen Offizier mit denselben Anträgen schickt, führt Golz diesen vor die Front seiner Pommern und erklärt ihnen in plattdeutscher Mundart das Ansinnen der Feinde. Ein kraftvoller pommerscher Kernausdruck ist die allgemeine Antwort, und die Braven rüsten sich von Neuem, die Feinde zu empfangen; doch wie oft auch Laudon den Angriff versucht, es gelingt ihm nicht, die Mauer der Helden zu durchbrechen. So gelangen sie zwei Meilen weit nach Steinau; nur 23 Wagen sind auf dem Wege verloren, weil einer derselben, in einem Defilée zerbrochen, den übrigen den Weg versperrte. Hier läßt Laudon mit einem Verluste von mehr als 300 Mann, auch 500 Verwundeten von seinem vergeblichen Angriffe ab. Die tapfern Pommern haben 170 Mann eingebüßt, aber unvergänglichen Ruhm eingeerntet. Von Baireuth Dragonern zeichnete sich der Major Peter Benjamin von Chambaud aus, vom Regiment Manteufel die Hauptleute von Massow, von Zastrow, von Kitliz und der Lieutenant von Stojentin, welche sich, — eine seltene Auszeichnung in jener Zeit! — den Orden pour le Merite verdienten.

Auch der Hauptmann von Pfuhl schlug sich mit einem Bataillon von Mosels Regimente gegen große feindliche Uebermacht nach Neiße durch. —

Diese Waffenthaten belebten zwar im Allgemeinen den kriegerischen Geist des Preußischen Heeres, und feuerten Offiziere und Soldaten zu gleichem Heldensinne an; — ja — der ganze Feldzug offenbarte es, daß die tapfern Preußen selbst sich willig aufzuopfern bereit waren; — doch schien es eben so gewiß, daß das Ende des Kampfes mit der völligen Vernichtung der Preußischen Macht nahe sei.

Der General Fouqué war der erste, welcher sich zum Opfer hingab, und wie er es im Voraus wußte, daß er als ein Opfer fallen müsse, so wollen wir ihm seinen Heldensinn, wie Friedrich selbst, als einen Beweis der Treue und des soldatischen Gehorsams anrechnen. —

Laudon war im Mai durch Böhmen mit 50,000 Mann in die Grafschaft Glatz eingebrochen und bedrohte Breslau. Da ging Fouqué zurück, verließ den Posten von Landshut, um nicht Alles Preis zu geben, und sogleich warf sich Laudon über Glatz her. — Nun blieb Fouqué nichts übrig, als mit seinen 14,000 Mann unter den Kanonen von Schweidnitz den Operationen Laudons zuzuschauen.

Allein das nahm Friedrich übel auf. Gereizt durch die Vorstellungen des Schlesischen Ministers von Schlabrendorf, eines wackern Ehrenmannes, welcher für die Weber und armen Gebirgsbewohner Schutz gegen die feindlichen Plünderungen erflehte, schrieb er seinem alten Freunde, dem Großmeister des Bayardordens: „Ich dank's euch mit dem Teufel, daß ihr meine Berge verlassen habt. Schafft mir meine Berge wieder, es koste was es wolle!" — Da beschloß Fouqué, sich dem gewissen Untergange zu weihen, und der Bayard des Preußischen Heeres, streng gegen sich selbst, streng gegen Alle, selbst gegen die eigenen Kinder, nahm seine Truppen zu Hauf' und zog hinauf nach Landshut, um sich bis auf den letzten Mann zu vertheidigen; käme er aber mit dem Leben davon, schwur er, dann wollte er das Schwert einstecken und nie wieder für Friedrich ins Feld ziehen.

Treffen bei Landshut.
(Den 23. Juni 1760.)

Seit dem 18ten Juni hielt Fouqués Corps, 10,400 Mann stark, ein Terrain von 8000 Schritten hinter 10 Verschanzungen auf den Höhen bei Landshut besetzt. Da rückte Laudon mit 38,000 Mann in der Nacht zum 23sten Juni heran, theilte sein Heer in 5 Colonnen und griff um 1½ Uhr Morgens die Preußen zuerst in der Flanke ihres linken Flügels an, wo ihre Bataillone am weitesten vertheilt standen. Gleichzeitig schickte er seine Cavallerie in einem großen Bogen um Landshut herum, daß sie den Weg nach Schweidnitz und Breslau verlegten.

Trotz der heftigsten Gegenwehr wurden die Preußen von Position zu Position getrieben, und die Oestreicher, unterstützt von der übermächtigen Artillerie, gewannen zuerst die Schanzen vor Vogelsdorf, dann die Mummelschanze, den Thiemberg, die Ziederöhöhe, die Blasdorfer Schanze, und endlich um 3 Uhr sah sich die geschmolzene Schaar der Preußen auf den Kirchberg, den Galgenberg, den Hahnberg und die Stadt Landshut zusammengedrängt.

Nun sah Fouqué keine Rettung mehr. Er befahl der Cavallerie unter General Malachowsky, das linke Boberufer zu gewinnen und sich durch die Feinde hindurchzuschlagen. Muthig bringt Malachowsky auf die ihn erwartende feindliche Reiterei ein; und obschon er selbst, mit dem Pferde stürzend und verwundet, in Gefangenschaft geräth, auch 500 tapfere Reiter hier ihren Tod finden, so gelingt es doch dem Major von Owstein mit der übrigen Schaar sich durchzuschlagen und nach Neumark zu entkommen.

Unterdessen dauerte der blutige Kampf ununterbrochen fort. Bis um 7 Uhr Morgens stürmten die Oestreicher vergebens den Kirchberg. Nach oft von den Oestreichern wiederholtem Angriffe mußten endlich die Preußen, als sie auch im Rücken den Kugelhagel empfingen, diese Position aufgeben und sich auf den Galgenberg zurückziehen. Dahin kam auch der General von Schenkendorf um dieselbe Zeit, nachdem er ebenso standhaft und tapfer den Hahnberg vertheidigt hatte.

Und dennoch wollte sich Fouqué nicht ergeben. Mit den Ueberresten der vernichteten Bataillone, außerdem mit zwei Bataillons Bülow, dem ersten Markgraf Heinrich und dem ersten Braun vertheidigte er sich wie ein Held noch zwei Stunden lang. Von drei Seiten wurde der Galgenberg jetzt beschossen, und immer dünner wurden die Reihen der Preußen. Um 7½ Uhr geschah ein allgemeiner Angriff auf die letzten Verschanzungen der Preußen; dann noch einer, dann wieder, und auch der vierte Sturm der ganzen feindlichen Macht wurde von diesen Helden standhaft zurückgeschlagen. Endlich um 9 Uhr fehlt es der geringen Mannschaft an Munition. Werden sie sich nun ergeben? — Auch jetzt noch nicht. Fouqué beschließt den Rückzug über den Bober. Er theilt die Mannschaft ein. Während er selbst mit einem Theil derselben den Uebergang über den Fluß erzwingt, hält Schenkendorf die Position auf dem Galgenberge noch besetzt; und nun, als Fouqué die Höhe am linken Boberufer gewonnen hat, will er ein Viereck gegen die anstürmende feindliche Cavallerie schließen und Schenkendorf erwarten. — Doch dazu lassen ihm die erbitterten Oestreicher

keine Zeit. Schon umzingeln ihn Löwensteins Dragoner und bringen in die winzige Heldenschaar ein. Zugleich ist ein Oestreichisches Grenadier-Bataillon zur Stelle, das Feuer aus kleinem Gewehr mordet die unglücklichen Preußen, ein blutiges Handgemenge entsteht. Da wird Fouqués Pferd erschossen; er stürzt zu Boden, und die zur Wuth entflammten Oestreicher fallen über ihn und seine Getreuen her und metzeln ohne Schonung Alles nieder. Fouqué selbst erhält zwei Säbelhiebe in den Kopf und einen in die Schulter, und er wäre getödtet worden ohne die Treue seines Reitknechtes. Dieser, Trautschke ist der Name des Braven, wirft sich auf seinen Herrn und schützt mit seinem Leibe das Leben desselben. So empfängt er dreizehn Ehrenwunden von den Säbeln der Dragoner, und vergebens wehrt er: „Wollt ihr denn den commandirenden General umbringen?" — Endlich hört ihn der Oestreichische Obrist von Voit. Der treibt seine trunkenen Soldaten zurück, hebt den mit Blut und Staub bedeckten General von der Erde auf, läßt sein Paradepferd herbeiführen und bietet es Fouqué an. — Da überreicht ihm Fouqué seinen Degen, aber er weigert sich, das Pferd zu besteigen, „weil er das schöne Sattelzeug mit seinem Blute verderben werde." „„Mein Sattelzeug wird unendlich gewinnen,"" antwortete Voit, „„wenn es mit dem Blute eines Helden geschmückt ist;"" nöthigt Fouqué aufs Pferd und begleitet ihn sicher zu Laudon. —

Der brave Trautschke genas Gottlob! später von seinen Wunden und lebte noch länger als sein Herr, in dessen Familie er Liebe und Pflege fand. Er starb in Brandenburg als Accisebeamter.

Unterdessen traf den General Schenkendorf mit seinem Häuflein dasselbe Schicksal. Auch diese wurden umzingelt, in blutigem Handgemenge zum Theil niedergemetzelt, zum Theil gefangen. Nur der Obrist von Below mit dem ersten Bataillon von Brauns Füselieren, der letzte auf dem Galgenberge, kommt, in ein Viereck geschlossen, glücklich über den Bober, und vertheidigt sich siegreich auf dem Marsche nach dem Reisdorfer Walde. Aber obgleich schon hart am Walde und der Rettung näher, als alle übrigen, wird auch seine Heldenschaar überwältigt und büßt die beispiellose Tapferkeit zumeist mit dem Tode. Die wüthenden Oestreicher, über solchen Widerstand erbittert, geben keinen Pardon, und hauen Alles zusammen.

Nur Wenige, darunter von Below selbst, genesen von ihren schweren Wunden.

Das war das Schicksal des Fouqué'schen Corps, welches der Führer desselben vorausgesehen hatte. Die kleine Schaar, welche Schlesien gegen Laudons Uebermacht vertheidigen sollte, fiel als ein Opfer des soldatischen Gehorsams; doch ob sie auch mit ihrem Tode die Treue gegen das Vaterland besiegelte und den alten Ruhm der Preußischen Tapferkeit aufs Neue bekräftigte, so wurde doch Friedrichs ohnehin geringe Macht durch diesen Verlust empfindlich geschmälert, und den Feinden ihre Ueberlegenheit gesichert.

Nur 3 bis 4000 streitfähige Soldaten geriethen in Gefangenschaft; die übrigen lagen todt oder verwundet auf dem Wahlplatz. — Den Oestreichern, welche 5000 Todte und Verwundete hatten, fielen 68 Geschütze, 34 Fahnen, 2 Standarten und ein Paar Pauken in die Hände.

Das Loos der Stadt Landshut war beklagenswerth. Die plündernden Oestreicher vernichteten auf lange Zeit den Wohlstand der gewerbfleißigen Einwohner, mißhandelten und mordeten in den Häusern, und selbst Laudon war kaum im Stande, die Raserei seiner aufgelösten Truppen zu bewältigen. Der Schade, welchen die Einwohner erlitten, ist späterhin denselben bis auf Höhe einer halben Million von Friedrich vergütigt worden.

Nun hatten die Oestreicher gegen Glatz freies Spiel, umsomehr, da Laudon, durch ein Corps der Daunschen Armee verstärkt, die Zugänge in die Grafschaft Glatz besetzen, und selbst mit seinem Corps nach der Gegend von Liegnitz aufbrechen konnte, wo er gegen den heranziehenden Friedrich Front machen, und dessen Einmarsch nach Schlesien verhindern wollte. Durch die Treulosigkeit der Soldaten, welche beim ersten Erfolge der stürmenden Oestreicher zu Hunderten überliefen, durch die Umtriebe der katholischen Geistlichen und die Ungeschicklichkeit oder Feigheit des Italieners d'O, welcher in Glatz commandirte, gelangte diese Festung, nach Magdeburg die wichtigste des Preußischen Staates, mit großen Vorräthen nach vierwöchentlicher Blocade und eintägiger Belagerung am 26sten Juli in Laudons Gewalt. Dadurch konnten die Oestreicher für alle Fälle in Schlesien festen Fuß fassen, und weil ihnen augenblicklich nirgends Truppen entgegenstanden, so beeilten sie sich, Breslau zu attaquiren, dessen Uebergabe sie noch schleuniger zu erzwingen hofften. Während Laudon von der einen Seite heranzog, kamen auch schon die Russen von Posen her, um gemeinschaftlich die leichte Beute in Besitz zu nehmen. —

Aber in Breslau commandirte ein Ehrenmann. Der Generalmajor Bogislav Friedrich von Tauentzien wieß alle Aufforderungen Laudons von sich, erwiederte auf die Drohung desselben: „Das Kind im Mutterleibe solle nicht geschont werden!" — „„Ich bin nicht schwanger und meine Soldaten auch nicht!"" schwur mit dem Offizier-Corps der Preußischen Garde, die in Breslau stand, lieber zu sterben, als die Stadt zu übergeben, und wurde auch nicht geschreckt, als die Oestreicher durch ein heftiges Bombardement einen Theil der Stadt einäscherten. Von solchem Helden sagte Lessing, welcher damals der Secretair desselben war : „Wäre der König so unglücklich geworden, seine Armee unter einem Baume versammeln zu können, General von Tauentzien hätte gewiß unter diesem Baume gestanden." — Da kam ihm zur rechten Zeit Hilfe.

Von Landsberg her eilt Prinz Heinrich durch Glogau über die Oder und geht gerade auf Laudon los. Dieser entweicht, und während der General Werner ihm nachgesendet wird, geht Heinrich durch Breslau den Russen entgegen. Soltikof, erzürnt, sich den Preußen gegenüber zu sehen, will gänzlich umkehren und wird nur durch die Ueberredung Montalemberts festgehalten.

In dieser unglücklichen Zeit hielt selbst Prinz Heinrich die Sache Friedrichs für völlig verloren. Er hoffte auf nichts mehr und war entschlossen, den Kampfplatz zu verlassen, indem er Friedrich am 5ten August bat, ihm das Commando abzunehmen und ihn von dem Posten abzurufen, dem er nicht länger mit Erfolg vorstehen könne. Erst Friedrichs ernster Zuspruch erinnerte Heinrich an seine Pflicht und gab ihm Kraft als ein Held auszudauern. — „Es ist nicht schwer, mein theurer Bruder," schrieb er ihm am 9ten August, „Männer zu finden, welche dem Staate in glücklichen Zeiten dienen; aber nur diejenigen sind gute Bürger, welche dem Staate zur Zeit des Unglücks ihre Kräfte nicht entziehen. Die wahre Ehre erheischt, im Unglück beharrlich zu sein, und je schwieriger die Sachen stehen, desto mehr Ehre bringt die Ausdauer.

Deshalb glaube ich nicht, daß Ihr Brief ernstlich gemeint ist. Das ist gewiß, daß wir Beide in der gegenwärtigen Lage für den Erfolg nicht verantwortlich sind; wenn wir aber Alles thun, was wir können, so wird unser Gewissen und die öffentliche Meinung uns Gerechtigkeit widerfahren lassen. Aller Wahrscheinlichkeit nach werden sich meine Angelegenheiten binnen wenigen Tagen hier entscheiden; wir kämpfen für die Ehre und für das Vaterland, und obgleich die ganze Welt es für unmöglich halten mag, daß ich siege, so schreckt mich doch die Uebermacht meiner Feinde nicht. Für den Erfolg kann ich freilich nicht einstehen." — So Königliche Worte erweckten auch in Heinrich die alte Zuversicht, und bald sollte dieselbe durch Friedrichs Siege auf immer befestigt werden.

Friedrich hatte schon früher, als er von dem Unglücke Fouqués Nachricht erhalten hatte, beschlossen, diesem zu Hilfe zu ziehen, sich auf Lascy zu werfen, welcher am rechten Elbufer Wache hielt, auch wohl Daun selbst zu schlagen, von welchem er hoffte, daß er ihm nachziehen werde. Deshalb ließ er Hülsen gegen die Reichsarmee zurück, ging bei Zabel am 14ten Juni über die Elbe und erwartete, daß Daun gleichfalls ihm nachkommen werde. Er hoffte vergeblich, den Feldzug hier schon zur Entscheidung zu bringen; denn Daun blieb in seiner festen Position bei Reichenberg und sendete nur Lascy, dem Könige den Weg nach Schlesien zu verlegen. Als aber nun Friedrich seinen Abzug auf Schlesien ernstlich zu meinen scheint, eilt ihm Daun voraus und kommt schon am 6ten Juli nach Reichenbach, während die ermatteten Preußen, durch die Strapazen bezwungen, Halt machen müssen. Die Preußen waren auf dem Bogen, die Oestreicher auf der Sehne marschirt. — Die Julihitze auf diesen Märschen war so drückend, daß z. B. am 8ten über hundert Preußen in den Marsch-Colonnen todt niederstürzten. Die unglücklichen Soldaten verschmachteten fast, und wenn sie an einen Bach, Brunnen, Teich oder an eine Pfütze gelangten, stürzten sie sich, der Prügel nicht achtend, auf das Wasser, schöpften mit ihren Hüten und hörten nicht eher aufs Commando, als bis sie den brennenden Durst gelöscht hatten. — Während die Preußen rasteten, war Daun kopfüber vorwärts gegangen, den 7ten nach Görlitz, den 8ten nach Naumburg marschirt und rüstete sich hier hinter dem Queis gegen einen Feind, der gar nicht vorhanden war. Friedrich ändert schnell seinen Plan, fällt über Lascy her und will ihn aufreiben*), und als derselbe die klügste Partei ergreift, auf Dresden zurückflieht und sich hinter dieser Stadt der Reichsarmee in die rettenden Arme wirft, kann Friedrich, Herr des rechten Elbufers, sich gemächlich gegen Dresden wenden.

Das führt er auch wider Aller Erwarten schnell aus. Die erschreckten Reichstruppen sind, als sie sich von Daun verlassen sehen und Lascy ihren Schlupfwinkel bei Plauen zu seiner Sicherung aufsucht, vor Friedrich so in Bängniß, daß sie nach Dohna zurückweichen. Zu Dresden steht Macquire mit 14,000 Mann; vor der Neustadt der Prinz von Holstein, vor der Altstadt der König selbst. Aber er hat nicht viel Zeit übrig; denn er muß die Rückkehr Dauns fürchten, und so erneuern sich an diesem Orte noch einmal die Greuel des Krieges, und Dresden wird vom 14ten bis 27sten Juli durch ein schonungsloses Bombardement größten Theils zum Schutthaufen. Die Schilderung der Noth und Angst, welche den unglücklichen Sachsen bereitet wurde, bildet ein Gegenstück zu dem Bombardement von Cüstrin; aber das Unglück Dresdens war wegen der Höhe des Schadens und wegen der unmenschlichen Tyrannei der Oestreichischen Besatzung noch grausenhafter. Reiche Paläste, ganze Straßen, und zuletzt die Kreuzkirche wurden von den Flammen zerstört; die Preußen richteten ihre Geschosse vorzugsweise auf die hohen Gebäude, Kirchen und Thürme, und auch der Thurm der Frauenkirche litt bedeutenden Schaden. Am 19ten Juli fielen über 1400 Bomben in die Stadt, durch welche viele Einwohner auf den Straßen erschlagen, andere unter ihren einstürzenden Häusern begraben wurden. Dazu kam die Plünderung der zügellosen Oestreicher, von denen Macquire viele augenblicklich aufknüpfen ließ, ohne daß das Eigenthum der unglücklichen Bewohner Dresdens dadurch sicherer wurde.

---

*) In einem Cavallerie-Gefechte bei Goedau den 7ten Juli, in welchem Friedrich den Angriff persönlich leitete, war des Königs Leben in großer Gefahr. Retzow erzählt, daß zwei Kaiserliche Uhlanen, welche sehr weit vorgekommen waren, ihn schon vom Pferde stechen wollten. Da habe sein gestürzter Page ihnen auf Polnisch zugerufen, was sie hier wollten. Hierdurch stutzig und in der Meinung, der Page, welcher keine Preußische Montirung trug, sei ein Oestreichscher Offizier, hätten sie sich mit dem Durchgehen ihrer Pferde entschuldigt und seien zurückgeritten.

Macquire, dessen Communication mit dem rückkehrenden Daun seit dem 20sten wieder hergestellt war, an welchem Tage die Preußen das rechte Elbufer hatten räumen müssen, vertheidigte sich hartnäckig, machte Ausfälle und suchte die Preußen stets zu beunruhigen. Dennoch machte Daun bis zum 27sten nur geringe Anstalten, über die Elbe zu gehen, und auch die Reichsarmee mit Lascys Corps blieben ziemlich unthätig. Aber als ein Theil des von Magdeburg herbeigerufenen Belagerungsgeschützes den Oestreichern in die Hände gefallen war, der König gleichzeitig Kunde erhielt, Glatz sei verloren und ein feindliches Corps über Freiberg nach Rossen marschirt, da ging er nach Meißen zurück, dann unterhalb dieser Stadt am 1sten August über die Elbe, um nun zum zweiten Male den Versuch zu machen, Schlesien zu erreichen und sich mit Prinz Heinrich zu vereinigen.

Vor Dresden war es auch, wo Friedrich ein Beispiel großer Strenge gegen das Regiment Anhalt-Bernburg ausübte. Es war fast das älteste Regiment der Brandenburgischen Armee; sein Waffenruhm unter dem alten Dessauer, welcher es von 1693 bis 1747 commandirte, hatte den Preußischen Soldaten zuerst einen Namen gemacht, und seit jener Zeit war fast keine Schlacht geschlagen, worin die tapfern Grenadiere nicht ihr Blut vergossen hätten. Vor Dresden traf sie der Vorwurf, daß ihre Piquets (den 22sten Juli) bei einem nächtlichen Ausfalle der Feinde aufgehoben und dadurch ein Angriff der Oestreicher erleichtert wurde. Zwar vertheidigten sie sich mit großer Tapferkeit auf der angegriffenen Bresche-Batterie und in den Laufgräben zunächst der Stadt; ein Hauptmann des Regiments, Bodo von Kaufberg, bekam selbst 200 Gefangene mit dem General Nugent in seine Gewalt: allein als die Menge der Feinde wuchs und das Häuflein Preußen schmolz, mußten sie die Kanonen den Oestreichern überlassen und sich zurückziehen. Das vergab ihnen Friedrich nicht. Sie hatten mit Hilfe der herbeieilenden Bataillone wohl ihre Batterien wiedergewonnen, den Feind siegreich zurückgeschlagen und die Scharte ausgewetzt, welche die Unachtsamkeit Weniger verschuldete; dennoch strafte der König unnachsichtlich das ganze Regiment und entehrte es vor der ganzen Armee wegen seines Benehmens. Die Art dieser Strafe war eben so merkwürdig, als neu, und da das Regiment einen großen Stolz auf den nie entweihten Ruhm seiner Tapferkeit hegte, so mußte dieselbe auf die Armee, besonders aber auf die gekränkten Soldaten einen unverlöschlichen Eindruck machen. —

Man legte damals einen großen Werth auf die Art der Uniformirung, und besonders auf den Rekruten übte die Anzahl der Tressen, Knöpfe, Schleifen und Büschel einen außerordentlichen Reiz, durch welche er für dieses oder jenes Regiment gewonnen wurde. Das Regiment des alten Dessauers war besonders ausgezeichnet, und Offiziere wie Soldaten gingen gar stattlich einher. Sie trugen blaue Aufklappen, ponceaurothe Aufschläge und Kragen; die Offiziere auf jeder Klappe 12 Knöpfe und um den Hut eine schmale goldene Tresse; die Gemeinen 7 Knöpfe auf jeder Klappe, unter denselben zwei schwarz und weiß durchschlungene Schleifen mit Büscheln, auch hinten zwei dergleichen. Die Unteroffiziere durften ihre Säbelgehenke unter der Weste tragen, eine Auszeichnung, welche sie nur noch mit der Potsdamer Grenadier-Garde theilten.

Friedrich ließ den Offizieren ihre Huttressen, den Gemeinen ihre Schleifen und Büschel abschneiden, nahm dem Regimente die Säbel und verbot, daß die Tambours künftig den Grenadiermarsch schlügen.

Das kränkte um so tiefer, je unverdienter die Schmach die Mehrzahl traf, und sie schwuren es sich, die Ehre wieder zu verdienen, welche ihnen hier geraubt war. Wir werden bald sehen, wie sie ihren Schwur lösten; doch sei hier noch bemerkt, daß die Belohnungen Friedrichs für den gemeinen Mann ebenso wohl berechnet waren, als die Strafen, welche er verhängte. So setzte er einen Preis von 100 Ducaten für jedes eroberte Geschütz, 60 Ducaten auf jede erbeutete Fahne und 40 Ducaten auf jede gewonnene Standarte, Summen, welche jene zusammengetrommelten, beutelustigen Soldaten wohl zum Todesmuth anstacheln konnten, und die auch pünktlich ausgezahlt wurden. —

Die Lage Friedrichs war jetzt wieder besonders kritisch geworden. Der Marsch nach Schlesien war durch die Verwüstungen der Oestreicher eben so beschwerlich, als durch Daun's und Lascy's Begleitung gefährlich, und durch die Elbe, die Spree, die Neiße, den Queis, den Bober und mehre kleinere Flüsse, so wie durch 1000 Wagen, welche zum Unterhalte des Heeres nöthig waren, wurde der Zug bedeutend gehindert. Auch schwächte sich sein Heer, indem es den Soldaten nicht an Gelegenheit fehlte, die Fahnen zu verlassen, an welche sie nur ein erzwungener Eid fesselte. Als er den

noch in 6 Tagen die Katzbach erreichte, hatte sich seine Lage noch
nicht verbessert; denn seinen 30,000 Mann standen 90,000 Oestreicher gegenüber, indem sich Laudon mit Daun vereinigt hatte.
Friedrich hatte nur noch auf wenige Tage Lebensunterhalt, daher
mußte er, da ihm der Weg nach Schweidnitz verlegt war, sich auf
Breslau oder Glogau wenden. Für die Direction auf Breslau
sprach, daß er sich dann mit Prinz Heinrich vereinigen konnte,
über welchen andern Falls nicht allein die 80,000 Russen, sondern
auch die 90,000 Oestreicher hätten herfallen können.

Nur die Wachsamkeit Friedrichs und sein militairisches Genie
bewahrten ihn in diesen Tagen vor einer Wiederholung des Nachtkampfes bei Hochkirch. Mehr als einmal sah er sich gezwungen, die
gefährlichsten Positionen einzunehmen, aber die Schnelligkeit, mit
welcher er sie wechselte, verhinderten jedesmal den langsamen Daun,
seine Pläne zum Ueberfall auszuführen. Friedrich nennt selbst
seine Handlungsweise in dieser Zeit die eines Parteigängers, welcher
Alles wagen muß, um dem Feinde beizukommen; aber alle seine
Versuche, bald die Flanke Dauns zu umgehen, bald die Feinde
einzeln zum Kampfe zu zwingen, scheiterten, und endlich stand er
am 13ten August wieder auf dem linken Ufer der Katzbach zwischen
Liegnitz und Schimmelwitz. Ihm gegenüber wächterte Daun zwischen Wahlstatt und Jeschkendorf, Laudon und Beck ihm auf beiden Seiten, und Lascy stand ihm im Rücken.

Nun glaubten die Oestreicher es an der Zeit, etwas Entschei-
dendes gegen den umstellten Löwen zu unternehmen, und wenn sie
mit dreifacher Uebermacht sich ihrer nicht genug dünkten, um ihn zu
bezwingen, wohl, so hatten sie ja die Russen in der Nähe, unter
deren Beistand auch die letzte Masche des Netzes zugezogen werden
könnte, sofern diese etwa die Verbindung Friedrichs mit Glogau
unterbrechen würden. Nun flogen Eilboten zu dem zürnenden Soltikof: „Er solle sich nur beruhigen über ihre bisherige Unthätigkeit; denn das sei weise Veranstaltung und Berechnung. Jetzt habe
man den Feind im Garne; er wäre unrettbar verloren, wenn Soltikof nur ein Hilfscorps von der Stärke der Armee Friedrichs zu ihren 90,000 braven Streitern hinzufügen wolle. Mit
seiner Beihilfe brächte man gegen die 30,000 Preußen und den
einen Friedrich 120,000 Mann zusammen; — dazu lagere der
König in trostloser Unschlüssigkeit am ungünstigsten Platze, wo er

umzingelt und vernichtet werden könne. Nur Eile, Eile!" Als aber wirklich Soltikof sich bestimmen ließ, den General Czernicgew mit 24,000 Mann am 13ten August über die Oder zu senden, schloß Friedrich hieraus, so wie aus dem Erscheinen Dauns mit seiner Generalität am 14ten August auf den Bergen, von wo man ihn mit den besten Fernröhren gar sorgfältig beäugelte, daß ihm ein Ueberfall zugedacht sei, und er traf augenblicklich seine Dispositionen, diese Stellung zu verlassen, über das Schwarzwasser zu gehen und die Pfaffendorfer Höhen zu occupiren. In der Nacht zum 14ten August wollte man aufbrechen, und damit die Feinde diesen Marsch nicht gewahr würden, sollten im verlassenen Lager die Wachtfeuer unterhalten werden und Bauern einander das gewöhnliche Feldgeschrei der Patrouillen zurufen. —

Zum Ueberfluß waren Friedrich — aber erst nach der ausgegebenen Disposition zum Abmarsch — noch deutlichere Beweise, daß er angegriffen werden solle, zugekommen. Am 14ten, Nachmittags 4 Uhr, brachte man einen feindlichen Offizier, Namens Wiese, welcher total betrunken war, ein, und dieser schrie unaufhörlich, er habe ein wichtiges Geheimniß zu eröffnen. Man sah sich genöthigt, mit kaltem Wasser und Vomitiven seine Nüchternheit zu beschleunigen, und dann führte man ihn zum Könige, welchem er erzählte, die Preußische Armee werde am 15ten von Daun in der rechten Flanke, von Lascy im Rücken angegriffen werden. Von Laudon wußte er nichts zu sagen. Friedrich recognoscirte noch einmal in Begleitung des Deserteurs die Gegend, fand aber nicht nöthig, seine gegebenen Dispositionen zu verändern. Er ließ sein Heer Abends 10 Uhr aufbrechen und theils durch Liegnitz, theils bei der Stadt über das Schwarzwasser gehen, mit der Front nach der Stadt und Katzbach hin, den Wolfsberg vor Panten vom linken Flügel, den Glasberg vom rechten Flügel besetzen, und wollte hier den Tag erwarten, um sodann nach Mörschwitz aufzubrechen, wo er sein Lager aufzuschlagen beabsichtigte. —

Schlacht bei Liegnitz.
(Den 15. August 1760.)

Wie genau Friedrich auch seine Marschdispositionen getroffen hatte, so waren die Truppen doch in der Nacht ziemlich untereinander gekommen, und indem sie neu geordnet werden sollten, ließ er auf den Höhen zwischen Hümeln, Pfaffendorf und Panten Halt machen und die nöthig gewordenen Maßregeln treffen. Die Truppen lagerten sich unterdessen, das Gewehr im Arm, auf dem Boden und schwatzten, weil ihnen der Gesang verboten war, in halblautem Geflüster. Es war eine sternenklare Sommernacht. Hier vom Wolfsberge aus konnten die Preußen das feindliche Lager, die flammenden Wachtfeuer, überschauen, und die ergrauten Krieger erzählten den jüngern Cameraden von den heißen Kämpfen, die man mit Jenen schon bestanden, von „Fritzens" Heldenthaten, von Schwerin, Keith, Moritz, Seydlitz und andern Führern, denen sie so oft zu gewissem Siege gefolgt seien. Die bei Hochkirch gewesen waren, schilderten die Schrecknisse jenes Nachtkampfes. Friedrich selbst befand sich auf dem linken Flügel seines Heeres und setzte sich bei einem Feuer nieder, das Ziethens Husaren angezündet und Rathenows Grenadiere unterhalten hatten, als jene weiter gezogen waren. Er hatte sich in seinen Mantel gewickelt und schien eingeschlummert zu sein; und die ihm zunächst lagen, wehrten den Uebrigen, daß sie den König im Schlummer nicht störten. Da, als der Tag graute, kam plötzlich ein Offizier herzugesprengt. Es war der Major Hund von Ziethens Husaren, welcher nach Pohlschildern zu zum Recognosciren detaschirt war. „Wo ist der König? Wo ist der König?" rief er hastig, zwischen die aufspringenden Grenadiere reitend, und dieser antwortete selbst: „Was ist? was ist?" „Ew. Majestät," antwortete Hund, „der Feind ist da! Er hat alle meine Vedetten schon geworfen und ist keine 400 Schritte mehr entfernt." — Der König wollte es nicht glauben, und erst die nachdrücklichsten Versicherungen Hunds konnten ihn bewegen, Anstalten gegen diesen unerwarteten Angriff zu treffen. Dann aber, als ihm der mehrmals wiederholte Bericht es einleuchtend machte, daß wohl von dieser Seite Laudon kommen könnte, entschloß er sich schnell, raffte augenblicklich die beiden Bataillone, die zunächst standen, Rathenow und Nimschefsky, zusammen, rief Hund zu: „Halt Er den Feind so lange als möglich auf!" und führte diese in Person an, den Befehl zurücklassend, daß die übrigen Bataillone des linken Flügels ihm mit Linksum folgen und so den Feinden eine einigermaßen starke Front entgegenstellen sollten. Kaum aber hatten diese ihre Bewegung begonnen, so stießen auch schon die

Seitenpatrouillen auf den Feind und die Schlacht nahm ihren Anfang.

Bevor wir aber den Gang der Schlacht selbst verfolgen, zu welcher hier sich Laudon ganz unvorbereitet und Friedrich ganz unerwartet genöthigt sah, erscheint es angemessen, von den Dispositionen der Oestreicher, durch welche Laudon zu dem Nachtmarsche genöthigt war, Kunde zu geben.

Das Lager Friedrichs, zwischen Liegnitz und Schimmelwitz, noch am 14ten Nachmittags von Daun genau recognoscirt, bot den Oestreichern eine zu lockende Gelegenheit, den König anzugreifen. Als nun durch Laudons persönliches Zureden Soltikof gestattet hatte, daß 24,000 Russen bei Auras über die Oder gingen, hatte Daun folgende Disposition entworfen: Die Russen sollten Friedrichs Rückzugsweg auf Breslau verlegen, Laudon mit 35,000 Mann eine Meile unterhalb Liegnitz bei der Fuhrtmühle von Bienowitz die Katzbach passiren, um ebenso den Weg nach Glogau zu versperren, Lascy sollte dem Könige bei Waldau in den Rücken fallen, und Daun selbst wollte mit seiner ganzen Armee bei Kroitsch und Hohendorf über die Katzbach gehen und, während Beck und Ried den König bei Liegnitz festhielten, demselben über Wiltsch und Rothkirch in seine rechte Flanke fallen. — Wie sich die Oestreicher ihren feinen Plan ausgesonnen hatten, genau so wurde er in der Nacht zum 15ten ausgeführt; aber Daun marschirte auf das verlassene Lager Friedrichs los, und Laudon stieß unerwartet auf den linken Flügel des Königs, und sah sich hier zu einem entscheidenden Kampfe festgehalten, der ihm bald verderblich wurde. —

Die Oestreicher waren absichtlich ohne Avantgarde marschirt, um sich des Gepäckes der Preußen zu bemächtigen, und trafen nun plötzlich mit dem Gros ihres Corps auf die Preußischen Bataillone, welche von Friedrich in Person angeführt wurden. — Beide Theile beeilten sich, ihre Truppen zum Angriff zu formiren, wobei die Oestreicher theils durch die Enge des Terrains, theils wegen der Schwerfälligkeit, mit der sie sich bewegten, gegen die Preußen in großem Nachtheil waren. Dennoch zauderte Laudon keinen Augenblick, ließ einstweilen einige Kanonenschüsse aufs Gerathewohl abschießen und ordnete sodann den Aufmarsch in vier Treffen.

Während der Zeit waren die schweren Feldstücke der Preußen, welche gewöhnlich den Infanterie-Brigaden zugetheilt wurden, unter dem feindlichen Kartätschfeuer auf dem Wolfsberge in eine Batterie zusammengefahren, hatten abgeprotzt und in demselben Augenblicke, in welchem die von Friedrich geführten zwei Bataillone ihr Kleingewehrfeuer auf die Oestreicher eröffneten, schossen auch sie schon mit Kugeln und Kartätschen in die dichten Reihen der Oestreicher. Das hielt die Feinde augenblicklich auf und erleichterte den Aufmarsch der Preußischen Truppen.

Wie uns erzählt wird, hatte Friedrich die Aufstellung dieser Batterie sogleich selbst angeordnet, und da wir am liebsten auf die einzelnen Charakterzüge Friedrichs lauschen, so möge hier denn auch der Bericht eines Augenzeugen stehen, welcher den König in diesen Minuten beobachtet hat. — Als Friedrich die Brigade des General Schenkendorf entlang geritten war, kehrte er sogleich auf den linken Flügel derselben zurück und zeigte, sich vom Pferde hinabbückend, nach einer kleinen Anhöhe, welche sich gegen den dämmernden Himmel abspiegelte. Diese sollte Schenkendorf mit der Batterie einnehmen. „Wie wirds gehen, mein lieber Schenkendorf?" fragte ihn der König. „Ich will einmal die Bursche fragen," entgegnete der General. „Nun, Grenadiere, was meint Ihr? Werdet ihr wohl als ehrliche Kerls fechten? — „O ja, wenn Sie uns anführen, so soll sie der Teufel holen!" riefen sie einmüthig. In dem Augenblicke begann das Kleingewehrfeuer der Feinde und die Kugeln prellten gegen die Grenadiermützen. „Nun ist's Zeit, Schenkendorf, marschier Er." — Soll ich Generalmarsch schlagen lassen?" — „In Gottes Namen!" erwiederte der König, und der ganze linke Flügel, 16 Bataillons und 30 Schwadronen, schwenkte sich, um gegen Laudon Front zu machen.

In der That sah sich der König genöthigt, nach zwei Seiten hin dem Feinde die Stirn zu bieten; aber er zauderte keinen Augenblick was zu thun sei, sondern beschloß, mit den zuerst geordneten Truppen dem nächsten Feinde entgegenzugehen, während Ziethen mit dem rechten Flügel seines winzigen Heeres das Gesicht der Katzbach und dem Schwarzwasser zuwenden und den Uebergang gegen Daun vertheidigen sollte.

Es war 3 Uhr des Morgens, da die Schlacht ihren Anfang nahm. Laudon sah sich plötzlich durch das heftige Kartätschfeuer vom Wolfsberge her, auf dem er sich formiren wollte, auf seine nachrückenden Colonnen geworfen und mußte einige Zeit darauf verwenden, die Armee zu ordnen; dann aber griff er mit aller Entschlossenheit und Umsicht die Preußen an. Seine Cavallerie auf dem äußersten rechten Flügel war zuerst geordnet und stürzte sich mit großer Ueberlegenheit auf das Preußische Regiment **Krokow** Dragoner, welches durch sein Vorgehen die Aufstellung der Preußischen Infanterie in Schlachtordnung hatte erleichtern wollen. Die Dragoner wurden geworfen und auch die Kürassiere, **Markgraf Friedrich**, welche jene aufnahmen, sahen sich hart bedrängt. Da hatte der General **Bülow** fünf Bataillone auf diesem Punkte schon geordnet und ging mit ihnen auf die Oestreichischen Reiter los. Darunter befand sich das bei Dresden beschimpfte Regiment **Anhalt**, welches seine Ehre wiedergewinnen wollte. Also drangen die Preußen mit unwiderstehlicher Tapferkeit auf die Oestreichischen Reiter ein, brachten sie zum Umdrehen und weil in demselben Augenblicke, zur rechten Zeit, die 15 Escadrons des linken Preußischen Flügels bei Bülows Bataillonen vorbei über die Oestreichischen flüchtigen Reiter herfielen, so sprengten sie dieselben auseinander, und jagten sie in die Moräste von Schönborn. Nun ging **Bülow** zurück und schloß sich der großen Batterie an, während der König beschäftigt war, den rechten Flügel seiner Armeeabtheilung zum Kampfe zu ordnen.

So wie **Laudon** rechts hin, so suchten die Preußen links hin Terrain zu gewinnen; allein die Geschwindigkeit der Preußen und ihre Tapferkeit gaben diesen den Sieg, und **Laudon** war nicht im Stande, nur seine Truppen zu entwickeln. Jetzt drang die ganze Linie der Preußen, welche nicht einmal überall einen Feind gegen sich hatte, siegreich vor. Die immer neuen Haufen, welche **Laudon** in den Kampf führte, wurden, sobald sie sich zeigten, geschlagen, und wenn die gezehnteten Oestreicher sich zur Flucht wendeten, brachen die Preußischen Reiter (**Seydlitz'** und Leibregiment) in sie ein, ritten die Fliehenden nieder oder nahmen den größten Theil derselben gefangen. Das geschah viermal. Viermal wollte **Laudon** von Neuem festen Fuß fassen; denn er besaß Truppen genug, um die geschlagenen zu ersetzen und das Gefecht zu unterhalten. Wenn aber das Fußvolk die geschlossenen Preußenreihen wider sich anrücken sah und eine Zeitlang das Feuer derselben ausgehalten und erwiedert hatte, dann fing es an die Fassung zu verlieren, wich zurück und wurde auf der Flucht eine leichte Beute der Reiterei, gegen welche die Oestreichische Cavallerie nicht einmal sich aufs Terrain wagte.

Nun war aber durch den linkshin gerichteten Aufmarsch der Preußen in ihre Schlachtlinie eine bedeutende Lücke gekommen. Die rechte Hälfte der Preußischen Armee stand unter Ziethen unbeweglich in einem von Hümeln bis nahe an Panten reichenden Bogen auf den Pfaffendorfer Höhen. Der linke Preußische Flügel hatte sich nach Blenowitz und Schönborn hin ausgedehnt und dem Dorfe Panten gegenüber stand eine Zeitlang nur der Zug des Regiments Alt-Braunschweig, viel zu schwach, um einem ernstlichen Stoße der Oestreicher Widerstand zu leisten. Hätte Laudon hier mit größerem Nachdruck den Einbruch versucht, so wäre ihm der Sieg gewiß gewesen. Aber die auf Panten dirigirte Oestreichische Colonne blieb unschlüssig im Dorfe stehen, bis der General von Wedell vier Bataillone — Wedell, Forcade, Saldern und Garde — hierhergeführt und dadurch die Lücke ausgefüllt hatte. Ja, als der linke Flügel siegreich vorging, hatte der Obrist-Lieutenant von Möllendorf, derselbe, dessen wir (Pag. 145) in der Schlachtbarstellung von Leuthen mit Auszeichnung gedacht haben, und welcher späterhin eine so große Zierde der Preußischen Armee war, das Dorf Panten selbst angegriffen und unterstützt vom Major Rhodich, dasselbe erstürmt.

Noch immer dauerte aber der Kampf auf dem äußersten linken Flügel der Preußen fort. So viel Terrain sie auch den Oestreichern abgewannen, die feindliche Uebermacht schien zu groß, und Laudon war ein zu tapferer Feldherr, als daß er so leichten Kaufes den Preußen das Feld hätte überlassen sollen. Schon waren ihre Reihen sehr gelichtet, die Anstrengung der zweistündigen Blutarbeit rieb ihre Kraft auf und nur noch vier Bataillone hatte Friedrich zur Reserve. Auch diese mußten jetzt in die Schlachtlinie rücken, und um dieselbe einigermaßen zu verstärken, holte man noch vier Bataillons und fünf Escadrons von der Heeresabtheilung Ziethens. Laudon dagegen hatte seine ermüdeten Truppen abgelöst und frische Schaaren den Preußen entgegengestellt, und zum fünften Male trafen die Colonnen aufeinander und begannen noch einmal den blutigen Strauß.

Siehe, da stürzt sich seine ganze Reitermacht, noch einmal gesammelt, in einem glücklich gewählten Momente auf die Preußische Infanterie, um den Angriff des eigenen Fußvolks zu unterstützen. Sie trifft das Regiment Ferdinand, das dritte Bataillon Anhalt-Bernburg und das Grenadier-Bataillon Stechow, welche beim Avanciren ihre linke Flanke verloren haben. Einen Augenblick lang scheint der Erfolg den Oestreichern günstig zu sein. Sie sind mitten in das Fußvolk eingebrochen, haben ein entsetzliches Blutbad angerichtet, einen großen Theil gefangen, Fahnen und Geschütz erbeutet, und wenn nicht schnell das Gefecht zu Gunsten der Preußen hergestellt und Laudon der Vortheile wieder beraubt werden kann, welche seine Reiter gewonnen haben, so ist sein Plan ihm dennoch gelungen, und er kann von der Flanke aus die Preußen mit leichter Mühe vor sich aufrollen und in die Katzbach werfen. Aber die unvergleichlichen Grenadiere von Anhalt-Bernburg bilden den Damm, an welchem sich die Oestreicher brechen. Begeistert von dem Gedanken, die Schmach von Dresden von sich abzuwaschen, dringen sie mit gefälltem Bajonett auf die Cavallerie ein, stechen die Reiter vom Pferde, verwirren die Haufen, treiben die nächsten in die Flucht und einen auf den andern werfend, stürzen sie den Troß jählings von der Höhe, die er schon erklimmt zu haben glaubt. Zur rechten Zeit sind auch die Preußischen Reiter wieder zur Stelle. Die jagen ihnen nicht allein die gemachte Beute und die Gefangenen ab, sondern vernichten auch zum zweiten Male die Cavallerie der Feinde und entscheiden somit das Schicksal des Tages. Denn nun hatte Laudon seine 32,000 Mann bis auf vier Bataillone Croaten und zwei Husaren-Regimenter sämmtlich ins Gefecht gebracht, und ihm stand keine frische Mannschaft zu Gebot, mit der er die siegreichen 14,000 Preußen hätte aufhalten können. Vielmehr fluthete das flüchtige, geschlagene Heer desselben bei Bienowitz über die Katzbach, und gegen 6 Uhr hatten die Preußen auf dieser Stelle keinen Feind mehr wider sich. Die Verfolgung des geschlagenen Heeres war natürlich durch die obwaltenden Umstände unmöglich gemacht; denn ein schlagfertiges Heer von 60,000 Mann stand ja noch im Angesicht der Preußen und bedrohte ihren rechten Flügel, während der linke die Feinde aus dem Felde schlug. Dennoch waren die Trophäen der Sieger nicht unbedeutend. Zwei Generale, von Biela und Graf Gontrecourt, 86 Offiziere, 5000 Mann, 82 Kanonen und 23 Fahnen waren den Preußen in die Hände gefallen; außerdem lagen 2500 Oestreicher todt oder verwundet auf dem

Schlachtfelde, während die Preußen nur 1186 Todte und Verwundete zählten. —

Das war der Tag von Liegnitz, an welchem eine kleine Schaar heldenmüthiger Preußen auf dem Marsche die doppelte Uebermacht der Feinde in zweistündigem Kampfe besiegte, und dadurch Friedrich nicht allein augenblicklich aus der gefährlichsten Lage errettete, sondern auch den ganzen Feldzug insofern entschied, als er die Macht der Russen und Oestreicher lähmte und trennte.

Während das Gefecht mit Laudon in der Nacht begann, hatte Ziethen als ein erfahrener Krieger, ohne den Befehl des Königs zu erwarten, die passendsten Maßregeln getroffen, und mit dem rechten Flügel der Armee eine Stellung eingenommen, in welcher er das schwarze Wasser, die Katzbach und die Ausgänge aus Liegnitz beherrschen konnte. Besonders war die vortheilhafte Aufstellung seines schweren Geschützes bereits beendigt, als die Befehle Friedrichs hierzu eintrafen, und er erwartete den Feind, um ihm auch hier muthig die Stirn zu bieten.

Daun war unterdessen gar still und vorsichtig auf die brennenden Wachtfeuer des verlassenen Preußischen Lagers losmarschirt und hörte, wegen widrigen Windes, nichts von der Schlacht, welche jetzt schon in der bittersten Wuth entbrannt war. Schon schickte er sich an, gegen die Verschanzungen anzustürmen, als ihm der General Ried anzeigte, das Lager sei verlassen und die Preußen wären entwischt. Wie vom Donner gerührt, blieb er stehen; — er zauberte, was zu thun sei. Endlich, als man sich entschied, die Preußen über die Katzbach zu verfolgen, wurde die Armee bis zum Morgen mit dem Brückenbau aufgehalten, und Laudons Truppen flohen bereits bei Bienowitz über die Katzbach zurück, als Dauns Vortrab sich hinter Liegnitz zeigte. Man kanonirte einige Zeit aus großer Entfernung auf einander; allein Ziethens schweres Caliber brachte bald die Oestreichischen Batterien zum Schweigen. Als sie noch einen Uebergang über das schwarze Wasser zwischen Töpferberg und Pfaffendorf versuchten, ließ Ziethen nur so viel über den Fluß, als er glaubte bewältigen zu können, dann sie mit 20 Zwölfpfündern begrüßend, schickte er Möhring Husaren, Czettritz und Norrmann Dragoner (zusammen zehn Escadrons) über sie her, und schneller, als sie gekommen, drängten sie sich durch das Defilée und die Brücke zurück und kamen nicht wieder. Daun kletterte drüben auf den Bergen umher, lugte durch sein Fernrohr und beschaute den Dampf, der ihm die Schlacht mit Laudon verrieth. Seine leichten Truppen versuchten zwar, über die Katzbach zu gehen; allein mit demselben Ernst wurden sie abgewiesen. Auch Lascy, welcher Friedrich in den Rücken fallen sollte, irrte bei Waldau an den sumpfigen Ufern des schwarzen Wassers auf und ab; nur eine Husaren-Patrouille kam bei Rüstern durch die Fuhrt. Das Gefecht, welches hier der Hauptmann von Prittwitz vom ersten Garde-Regiment zur Sicherung der Equipage des Königs bestand, seine tapfere Vertheidigung des Dorfes Hümeln, brachte ihm den Orden pour le Mérite.

Als endlich Daun den Ausgang seines wohlberechneten Unternehmens ganz überschaute, und er davon Nachricht erhielt, daß Laudon geschlagen sei, gab er seine Pläne auf und ging am 16ten mit Lascy vereinigt in die Gegend von Striegau zurück.

Friedrich nutzte sehen Sieg zur Vereinigung mit seinem Bruder Heinrich. Er brach sogleich mit 5 Bataillons und 30 Escadrons nach Parchwitz auf, wohin ihm der Rest des linken Flügels (14 Bataillons und 10 Escadrons) unter Markgraf Carl folgte, nachdem diese Truppen ihren Sieg durch Victoria-Schießen auf der Wahlstatt gefeiert hatten. Weil aber keine Zeit zu verlieren war, so sputete sich auch Ziethen, welcher die Pfaffendorfer Höhen mit 17 Bataillons und 38 Escadrons den Tag über besetzt hielt, das Schlachtfeld aufzuräumen. Er begrub die Todten, sorgte für die Verwundeten, sammelte die Trophäen, und um nichts zurückzulassen, traf er die von der Nothwendigkeit gebotenen Maßregeln. Die umsichtige Thätigkeit des Generals Saldern wußte hierbei für Alles Rath. Da wurden die Pferde der ausgeleerten Proviantwagen vor die eroberten Geschütze gespannt; die Kisten, Kasten und Proviantwagen zertrümmert; die Reiter und Trainknechte mit den erbeuteten Waffen belastet, die Verwundeten theils in die Wagen und auf die Lafetten, theils, wenn sie noch reiten konnten, auf die Pferde gesetzt und mitgenommen. Die überflüssigen Pferde, die Luruswagen, selbst die Königlichen Equipagen wurden zum Transport in Anspruch genommen, und dadurch gelang es den Preußen, als sie das Schlachtfeld desselben Tages noch räumten, ohne einen einzigen Verwundeten oder eine Beute in Stich zu lassen, sich vorwärts zu bewegen.

Zudem hatte dem Könige eine Kriegslist den Paß nach Breslau eröffnet. Er meldete seinem Bruder Heinrich, daß er Laudon aufs Haupt geschlagen habe und nun sich anschicke, gemeinschaftlich mit ihm wider die Russen zu gehen. Diesen Brief sendete er durch einen Bauer ab, daß er den Russen in die Hände falle, und kaum hatte Czernitschef denselben gelesen, als er eilig das linke Oderufer verließ und noch an demselben Tage sich mit Soltikof vereinigte. Darauf rastete Friedrich zwei Tage lang in einem Lager bei Neumarkt und zog hier den größten Theil der Schlesischen Armee an sich.

So war es denn dem geistesgroßen Helden gelungen, sich aus dieser höchst schwierigen Lage zu retten und den bei weitem gefährlichsten Anschlag seiner Feinde durch eine einzige Schlacht zu Schanden zu machen. — Welchen Antheil wir auch hiervon der weisen Berechnung des Feldherrn zuerkennen müssen, das Meiste verdankte er dem Heroismus seiner Truppen, namentlich der tapfern Brigade des jüngern Schenkendorf. Die aber sich an diesem Tage irgend wie ausgezeichnet hatten, wurden auch für ihre Tapferkeit reich belohnt. Ziethen wurde auf dem Schlachtfelde General der Cavalerie, die General-Lieutenants Graf von Neuwied und von Bülow belohnte er mit dem Orden vom schwarzen Adler; den Obrist von Lölhöffel und die Obrist-Lieutenants von Appenburg, von Rathenau, von Troschke und Falkenhain beschenkte er ansehnlich mit Geld, und die Stabs-Offiziere von Rathenau, von Troschke, von Falkenhain, von Arnstedt, von Wiersbitzki, so wie die Hauptleute von Mosch, von Putliz, von Götz, von Marwitz, von Oyla und von Pirch mit dem Orden pour le Mérite. Jeder der Letzteren empfing außerdem ein Geschenk von 500 Thalern, so wie denn auch die Belohnungen für die eroberten Geschütze, Fahnen und Standarten sehr pünktlich ausgezahlt wurden. Bei der Parole dankte Friedrich der ganzen Armee für die bewiesene Tapferkeit und beförderte viele Offiziere außerordentlich zu höheren Graden. — Das tapfere Regiment Anhalt forderte von ihm Gerechtigkeit. Als der König — so erzählt man — nach der Schlacht an der Front des Regiments vorüber ritt, schwiegen zwar die Offiziere still, vier alte Grenadiere aber fielen dem Könige in die Zügel, umfaßten seine Knie und forderten von ihm als Anerkennung ihrer bewiesenen Tapferkeit die Säbel zurück, die seine

Strenge bei Dresden genommen habe. Gerührt antwortete Friedrich: „Ja, Kinder! Ihr sollt sie wieder haben und Alles soll vergessen sein!" — Der Flügelmann der Leibcompagnie, Namens Fauser, dankte dem Könige: „Ich danke Ew. Majestät im Namen meiner Cameraden, daß Sie uns unser Recht zukommen lassen. Ew. Majestät sind doch nun wieder unser gnädiger König?" — und diese schlichte Aeußerung des Vertrauens und der unbedingten Ergebenheit rührte Friedrich so, daß er Fauser zum Sergeanten ernannte, sich noch längere Zeit mit den Grenadieren unterhielt und mit herablassender Huld ihrer angelegentlichen Vertheidigung zuhörte. — Noch an demselben Tage empfingen sie die Säbel und Uniform-Zierrathen zurück und der König „reparirte die dem Regimente widerfahrene Begegnung auf alle Art," indem er das ausgezeichnete Verhalten desselben bei der Armee öffentlich belobte.

Die Zuversicht Friedrichs auf einen günstigen Ausgang des Feldzuges war aber auch nach dieser Schlacht nicht sehr groß, und sie konnte es nicht sein, so lange die Russen und Oestreicher mit so überlegener Macht in Schlesien sich behaupteten, oder dasselbe fortwährend bedrohten. Das spricht vorzüglich sein Brief aus Hermannsdorf bei Breslau vom 27sten April an den Marquis d'Argens aus. „Ehemals, mein lieber Marquis," schrieb Friedrich, „würde die Begebenheit vom 15ten August viel entschieden haben; jetzt ist dieses Treffen nur eine leichte Schramme. Eine große Schlacht ist erforderlich, um unser Schicksal zu bestimmen. Nach aller Wahrscheinlichkeit wird sie bald vorfallen; dann wollen wir uns freuen, wenn der Ausgang für uns vortheilhaft ist. Ich danke Ihnen indessen für den Antheil, den Sie an dieser Begebenheit nehmen. Es waren nicht wenig Künste von nöthen, um die Dinge zu diesem Punkte zu führen. Sprechen Sie doch nicht von Gefahren*), das letzte Treffen hat mir nur ein Kleid und ein Pferd gekostet, das heißt den Sieg wohlfeil erkaufen. Ich habe den Brief nicht empfangen, den Sie anführen. Unsre Correspondenz ist gleichsam blokirt; denn die Russen stehen auf der einen Seite der Oder,

---

*) Friedrich hatte in der Schlacht bei Liegnitz einen Prellschuß bekommen.

die Oestreicher auf der andern. Es wurde ein kleines Gefecht erfordert, um Cocceji den Weg zu bahnen. Ich hoffe, daß er Ihnen meinen Brief eingehändigt haben wird. Nie in meinem Leben bin ich in einer so kritischen Lage gewesen, als in diesem Feldzuge. Glauben Sie gewiß, daß noch eine Art von Wunder erforderlich ist, um alle die Schwierigkeiten zu übersteigen, die ich vorher sehe. Ich werde unfehlbar meine Pflicht thun; aber erinnern Sie Sich beständig, mein lieber Marquis, daß ich nicht das Glück leiten kann, und daß ich verbunden bin, sehr viel auf den Zufall bei meinen Entwürfen zu rechnen, da mir die Mittel fehlen, sie selbstständig zu machen. Es sind Herkulesarbeiten, die ich endigen soll, und zwar in einem Alter, wo die Kräfte mich verlassen, wo die Kränklichkeit meines Körpers zunimmt, und, um die Wahrheit zu sagen, wo die Hoffnung, der einzige Trost der Unglücklichen, selbst anfängt, mir zu fehlen. Sie sind nicht genug von den Angelegenheiten unterrichtet, um sich eine deutliche Vorstellung von allen den Gefahren zu machen, die den Staat bedrohen. Ich kenne sie und verheele sie. Ich behalte alle Besorgnisse für mich und theile der Welt nur die Hoffnungen, oder die wenigen angenehmen Neuigkeiten mit, die mir zu Gute kommen. Wenn der Streich, den ich im Sinne habe, glückt, alsdann, mein lieber Marquis, wird es Zeit sein, sich der Freude zu überlassen. Ich führe hier das Leben eines kriegerischen Karthäusers. Meine Angelegenheiten beschäftigen nicht wenig meinen Geist; die übrige Zeit widme ich den schönen Wissenschaften, die mein Trost sind, sowie sie es jenem großen Consul, dem Vater seines Landes und der Beredsamkeit waren. Ich weiß nicht, ob ich diesen Krieg überleben werde; geschieht es, so bin ich fest entschlossen, meine übrigen Tage in der Entfernung von Unruhen im Schoße der Philosophie und der Freundschaft zuzubringen. Noch weiß ich nicht, wo wir unser Winterquartier haben werden. Mein Haus in Breslau ist durch das letzte Bombardement in Asche gelegt. Unsre Feinde beneiden uns sogar das Licht des Tages und der Luft, die wir athmen; dennoch müssen sie uns einen Ort übrig lassen, und wenn er sicher ist, so werde ich mich freuen, Sie dort zu sehen. Was wird aus dem Frieden zwischen Frankreich und England werden? Sie sehen, mein lieber Marquis, daß Ihre Landsleute blinder sind, als Sie glaubten; sie verlieren Kanada und Pondichery, um der Königinn von Ungarn und der Czarinn von Rußland gefällig zu sein. Gebe doch der Himmel, daß Prinz Ferdinand sie für ihren Eifer belohne!" —

Vierzehn Tage verflossen nun, während welcher die Heere in Unthätigkeit stehen. Friedrich gönnt seinen Truppen Ruhe, Daun aber nimmt seine Position bei Schweidnitz. Laudon, Lascy und Beck hat Daun an sich gezogen und so bedrohet dieser Schweidnitz, während die Russen eine Unternehmung auf Glogau beabsichtigen. Ueber die Vertheilung dieser Rollen war aber wie gewöhnlich Rede und Gegenrede gepflogen. Soltikof war erzürnt über die Unschlüssigkeit der Oestreicher und wollte sich lange nicht zu irgend einer Unternehmung verstehen. Erst des thätigen Montalemberts und Czernitschefs Zureden beschwichtigten den Russischen Ober-Feldherrn; er war endlich bereit, die Oder abwärts zu ziehen, besonders weil ihm das Heinrichsche Corps nicht mehr gegenüber stand. — Unterdessen machten die Oestreicher seit dem 22sten August Ernst gegen Schweidnitz. Sie hatten es in einem Halbkreise vom Zobtenberge bis an den Nonnenbusch bei Striegau umschlossen, und Beck schickte sich an, die Festung zu berennen, während jene wachten. Da bricht Friedrich am 30sten August mit seinem Heere auf, geht Daun kühn auf den Leib, als wollte er mit ihm anbinden, und während dieser ängstlich wird und sich zur Schlacht bereitet, umgeht Friedrich den Zobtenberg in einem Nachtmarsche und steht plötzlich den Oestreichern im Rücken bei Schweidnitz.

Das verwirrt ihren ganzen Plan, sie müssen ihre Stellung verlassen; die neugewählte wird wieder umgangen und endlich sind die 100,000 Oestreicher froh, daß sie durch Drehen und Wenden, Rückwärtsgehen und sorgfältige Defensivanstalten von den 50,000 Preußen weder geschlagen, noch von Böhmen abgedrängt, noch aus dem sichern Gebirgs-Schlupfwinkel vertrieben sind. Darüber war der Monat September verflossen, und im October nöthigten die Fortschritte der Russen den König, von den nutzlosen Märschen und Scheingefechten gegen Daun abzustehen und seiner bedrängten Hauptstadt zu Hülfe zu ziehen. Da nun aber auch Daun dem Könige nachfolgte, um Sachsen und die Reichstruppen zu beschützen, und in Schlesien also nur Laudon mit 40,000 Mann zurückblieb, gegen welchen der General Golz operirte, so wurde für den übrigen Theil des Jahres wieder das geängstigte Sachsenland der wichtigste Schauplatz der Kriegsbegebenheiten.

Was unterdessen hier und in der Mark geschehen, wollen wir zunächst nachholen.

Als der König am 1sten August Sachsen verließ und sich nach Schlesien wendete, ließ er im Ganzen 12,000 Mann unter dem Befehle des Generals Hülsen der Reichsarmee gegenüber; Torgau war vom Major von Norrmann; Wittenberg vom Obrist von Plothow, Leipzig vom Major von Keller, jedes mit 3 Bataillons besetzt. Die vereinigten Reichstruppen und Oestreicher waren incl. der Besatzung von Dresden 32,000 Mann stark und außerdem war der Herzog von Würtemberg mit 12,000 seiner Unterthanen im Anzuge, um seinem persönlichen Hasse gegen Friedrich noch nachdrücklicher Luft zu machen. Er war der Bruder des Preußischen Generals und so blind in seiner Leidenschaft, daß er sich zu 20,000 Mann Hilfstruppen gegen den „übermüthigen Preußenkönig" anheischig machte, wenn man ihm den Heerbefehl über die Reichstruppen anvertrauen wollte. — Welchen Nachtheil ein solches Commando den Preußen hätte bereiten können, documentirte nicht allein der vorjährige Zug desselben nach Hessen, sondern auch das kägliche Ende des diesjährigen in Sachsen, wobei es sich fügte, daß der blindeifrige Heerführer einmal einen großen Fichtenwald gar heftig kanonirte, in welchem nicht ein einziger Preuße stand. —

Jetzt kam er im August gar gemächlich durch die unbewehrten Länder der Verbündeten Preußens, ging durch das Thüringerland nach der Grafschaft Hohenstein und gelangte erst nach Merseburg, als er längs des Harzes die ganze Gegend ausgebeutet und mit schonungsloser Grausamkeit verwüstet hatte. Auch in Halle übte er tyrannische Gewaltmaßregeln und vereinigte sich endlich mit dem Prinzen von Zweibrücken vor Torgau, um Hülsen anzugreifen. —

Dieser bei Collin bewährte Krieger hatte in dem befestigten Lager von Strehla am 20sten August einen allgemeinen Angriff der größten Uebermacht siegreich abgeschlagen und sich sodann, aber erst als er umgangen und von Torgau abgeschnitten zu werden fürchten mußte, auf diese Stadt zurückgezogen. Hier behauptete er sich mit 10,000 gegen 40,000 Mann sechs Wochen lang bis zum 27sten September. Als nun aber der Prinz von Zweibrücken bei Dommitsch über die Elbe gegangen war, um ihn von Wittenberg abzuschneiden, setzte er sich in ein Lager bei Jessen. Da ging Torgau durch die Feigheit Norrmanns, Wittenberg, als die halbe Stadt ein Schutthaufen geworden, nach tapferem Widerstande, Leipzig durch den Rückzug Kellers auf Magdeburg verloren, Hülsen sah sich gegen Potsdam zurückgedrängt, und Anfangs October war ganz Sachsen im Besitz seiner Feinde.

Noch mehr! Um dieselbe Zeit hatten die vereinigten Russen und Oestreicher Berlin eingenommen und trieben hier Contributionen zusammen, so daß Friedrichs Angelegenheit trotz des Sieges bei Liegnitz schlechter als je zu stehen schien. Der Zwiespalt Soltikofs mit Daun, das Mißtrauen der Russen gegen die Oestreicher waren noch einmal ausgeglichen, Montalemberts patriotischem Eifer war es gelungen, die widerstrebendsten Meinungen zu vereinigen, und den Aufbruch der Russen anfangs gegen Glogau, sodann gegen die Mark und Berlin durchzusetzen. Zwar dauerten die Unterhandlungen dieserhalb bis in den September; — als aber der Feldmarschall Soltikof wegen Krankheit am 12ten September den Heerbefehl an Fermor übergeben hatte, ordnete dieser, wahrscheinlich in Gemäßheit neuer Instructionen seines Hofes, die Diversion nach den Marken an, und vom 25sten September an wurde es mit diesem Unternehmen Ernst. Tottleben mußte in forcirten Märschen, um dem General Golz den Weg abzugewinnen, über Guben und Beeskow vorgehen, während Czernitschef mit der Avantgarde und die Russische Armee langsamer nachfolgten. Verpflegungsrücksichten hielten aber die Hauptarmee auf dem Marsche auf. Gleichzeitig brach Lascy mit 20,000 Oestreichern durch die Lausitz gegen Berlin vor. —

Gegen solchen Anfall einer bedeutenden Heermacht hatte man nirgends Schutz; denn der König stand noch im Schlesischen Gebirge Daun gegenüber, Prinz Heinrich lag krank in Breslau, das Corps des General Golz war zu schwach und überdem der Russischen Armee im Rücken, in Berlin aber konnten 3 Bataillons Garnisontruppen unter dem Befehle des Commandanten von Rochow unmöglich Schutz gewähren. Dennoch traf man alle Veranstaltungen, die offene, auf dem linken Spreeufer mit einer schwachen Mauer, auf dem rechten mit Pallisaden bewehrte Stadt gegen den Handstreich eines schwachen Streifcorps zu vertheidigen. Der greise Feldmarschall von Lehwald, die verwundeten Helden von Seydlitz und von Knoblauch stimmten nicht allein in dem Kriegs-

rath für die Vertheidigung der Stadt, in welcher die Feinde reiche
Beute zu machen hofften, sondern sie ordneten auch sogleich mit
großer Thätigkeit Alles an, was ihnen nöthig schien. Viele Fleschen,
Kappen und Schaffaudagen wurden vor den Thoren und an der
Mauer errichtet und die Führer waren selbst unermüdlich thätig,
um die Wehr zu beeilen, bevor die Gefahr drohender geworden
wäre. —

Zugleich flog ein Courier nach Templin, um den gegen die
Schweden stehenden Prinzen Eugen von Würtemberg zur schleunigsten Hilfe herbeizurufen, und dieser brach sogleich auf, schickte 7 Escadrons noch in der Nacht nach Berlin voraus und folgte mit An-
bruch des Tages am 3ten October mit 9 Bataillons seiner Avantgarde. — Unterdessen war Tottleben am 3ten October Mittags
vor dem Cottbusser Thore eingetroffen und hatte die Stadt durch einen
Trompeter zur Uebergabe auffordern lassen. Als derselbe mit ab-
schläglichem Bescheide zurückgekehrt war, hatte man aus einer Batterie in der Hasenhaide die Stadt von 2 bis 6 Uhr Abends und
von 9 bis 12 Uhr Nachts mit Haubitzgranaten beschossen, des andern
Tages aber, als sich die Nachricht vom Anmarsch des Hülsenschen
Corps aus Sachsen bestätigte und auch der Prinz v. Würtemberg
in Berlin eintraf, war Tottleben nach Cöpenick zurückgekehrt, besonders weil er seine geringe Munition verbraucht hatte. Nun vereinigte sich aber Czernitschef von Fürstenwalde aus mit Tottleben in Cöpenick, desgleichen sendete Fermor aus Lossow bei
Frankfurt den General Panin mit 9 Bataillons und 5 Escadrons
zur Verstärkung hinzu, und noch bevor diese bei Czernitschef eingetroffen waren, unternahmen die Russen — Tottleben auf dem
linken, Czernitschef auf dem rechten Spreeufer — am 7ten October einen zweiten Angriff auf die Stadt.

Hülsens und Würtembergs Truppen hatten nun schon gemeinschaftliche Anstalten zur Gegenwehr angeordnet; jener hatte den
General Kleist gegen Tottleben gestellt und wollte selbst folgen,
dieser bot Czernitschef die Stirn. Am 7ten Mittags waren
beide Theile im heftigen Kampf, Czernitschef ward bei Lichten-
berg aufgehalten, Tottleben hatte nicht verhindern können, daß
Hülsens Truppen sich mit ihren Waffenbrüdern vor dem Halleschen
Thore vereinigten, und nun waren die Preußen vor Berlin am 7ten
Abends circa 14,000 Mann stark, mit welchen sie die gänzliche Ret-

tung der Hauptstadt auszuführen gedachten, ja sogar zum Angriff übergehen wollten.

Nun aber kamen am 8ten Panin zu Czernitschef und Lascy zu Tottleben hinzu, und obgleich man in dem Kriegsrathe der Russen noch schwankte, was zu thun sei: so siegten doch Montalemberts dringende Vorstellungen über alle Bedenklichkeiten der Russischen Generale, und bei der Ueberlegenheit der Streitkräfte (42,000 gegen 14,000) wurde ein dritter Angriff beschlossen.

Als nun die Russischen und Oestreichischen Schaaren sich zum dritten Male vor Berlin zeigten, die Preußischen Führer das Wagniß einer kurzen Gegenwehr gegen die unzweifelhaft erfolgende Plünderung der Stadt und Vernichtung ihres Corps bedachten, da beschlossen sie, sich auf Spandau zurückzuziehen und die Stadt den Feinden zu überlassen. Eine Capitulation sollte die Schrecknisse und Gräuel der Plünderung verhindern, Vieles gedachte man noch mitzunehmen und dem Könige zu retten. — So geschah es denn auch, daß Berlin schon am 9ten October früh um 4 Uhr, als die ersten Kugeln eines beginnenden Bombardements in die Stadt fielen, mit dem Russischen General Tottleben capitulirte.

Hier war's, wo der bekannte „patriotische Kaufmann" Johann Ernst Gotzkowsky mit Gefahr des Lebens und in uneigennütziger Aufopferung seines Vermögens der Stadt und vielen Privatpersonen durch treugemeinten Rath, unermüdete Thätigkeit, umsichtige Unterhandlung, uneigennützige Opfer und unablässige Verfolgung des eingeschlagenen Weges die wichtigsten Dienste leistete und sich die Bürgerkrone errang, mit der ihn die Enkel in dankbarer Erinnerung zu schmücken um so mehr sich verpflichtet fühlen, als er unbelohnt das Opfer seiner Vaterlandsliebe wurde, wenigstens späterhin in Armuth und Dürftigkeit lebte.

Gotzkowsky, 1710 in Konitz geboren, war dem Kronprinzen schon früh in Rheinsberg bekannt geworden. Friedrich hatte in ihm einen Mann kennen gelernt, der ganz geeignet schien, die Pläne auszuführen, welche er zur Belebung der Preußischen Industrie gefaßt hatte. Er hatte deshalb schon früh bedeutende Fabriken begründet, und in dieser Thätigkeit war er als Wohlthäter des Landes durch Beförderung der Gewerbsthätigkeit, durch Beschäftigung vieler Hände und durch Erhöhung des allgemeinen Wohlstandes schon längst bekannt. Was Friedrich fördern wollte, daran ließ er

Gotzkowsky seine Hand legen, und so gewannen vorzugsweise die unter seiner Leitung stehenden Seidenfabriken eine außerordentliche Ausdehnung.

Jetzt wurde Gotzkowsky der Retter der Stadt. Auf seinen Rath hatte von Rochow mit den Russen, und nicht mit den Oestreichern capitulirt! —

Er hatte den Russischen Generalen, namentlich dem Brigadier von Sievers, die wesentlichsten Dienste während ihrer Gefangenschaft geleistet, und jetzt durfte er zum Heile Berlins den Dank für seine Menschenliebe ernten. In genauer Bekanntschaft mit Tottlebens Adjutanten, dem Capitain v. Brink, welcher bei Gotzkowsky wohnte, wußte er auf diesen und den General v. Tottleben selbst wesentlich einzuwirken. So gelang es ihm, die geforderte Contribution von 4 Millionen in gutem Gelde auf 2 Millionen des laufenden leichten Geldes zu ermäßigen, das Lagerhaus und die Gold- und Silbermanufactur vor Zerstörung zu retten, die Judenschaft von einer Contribution zu befreien und viele Einwohner, namentlich die Redacteurs der beiden Berliner Zeitungen, vor schmachvoller Behandlung zu schützen.

Gegen die letzteren wollte Tottleben, wegen der Verunglimpfungen seiner Person und der Russischen Armee überhaupt, um so hartnäckiger Repressalien ausüben, weil ein Preuß. Offizier den Erlanger Zeitungsschreiber, welcher auf Friedrich geschmäht hatte, mit Stockschlägen gezüchtigt und dessen eigenhändige Quittung über die richtig empfangenen Hiebe zum Gelächter Deutschlands bekannt gemacht hatte. Nun sollte die Reihe an die Preuß. Zeitungsschreiber kommen, und schon standen 100 Russische Soldaten mit Ruthen versehen auf dem Neuenmarkte bereit, die unglücklichen Opfer ihres patriotischen Freimuths zu züchtigen, schon waren sie entkleidet und flehten knieend und händeringend um Erbarmen; da gelang es dem Menschenfreunde Gotzkowsky, das Herz des Russischen Befehlshabers zu rühren und die armen Deliquenten zu befreien.

Unter den Alliirten war unterdessen wegen der Besitznahme Berlins gar gewaltiger Lärm ausgebrochen. Tottleben hatte die Capitulation mit Rochow ohne Vorwissen Czernitschefs und Lascys abgeschlossen, am Hallischen Thore hatte Lascy die Russen mit Gewalt vertrieben und das Thor behauptet. Darauf zankten sich die Commandirenden eine Stunde lang um den Antheil an der

Beute, endlich mußte Tottleben dahin nachgeben, daß die Oestreicher drei Thore besetzten und von den Douceurgeldern 50,000 Thlr. empfingen. Als aber Lascy, der Capitulation entgegen, in der Stadt plündern lassen wollte, kam es zwischen den Russen und Oestreichern in der Stadt selbst zu einem Gefecht, doch mußten die Oestreicher von dem Auskramen abstehen, als sie sahen, daß es Tottlebens Ernst sei, die Capitulation zu halten. Diese war immer noch hart genug. Man zerstörte, räumte aus und nahm in Beschlag, was an Königl. Utensilien vorhanden war. Was nicht fortzuschaffen war, wurde verbrannt oder ins Wasser geworfen; Waffen, Militairbekleidungsstücke, Magazinvorräthe, Kriegstrophäen, Pferde, Cassenbestände, Fabrikate der Königl. Fabriken, — Alles wurde Beute. *) Die Invaliden und selbst die zehnjährigen Kadettenknaben mußten in Kriegsgefangenschaft ziehen und die Drangsale eines weiten Militairtransportes durch verödete Gegenden, in welchen sie nicht verpflegt wurden, erdulden. Indessen war Berlin durch Gotzkowskys aufopfernde Bürgertreue immer noch glimpflich genug weggekommen, besonders wenn man das Schicksal derjenigen Städte damit vergleicht, welche die Russen auf ihrem Durchzuge verheerten. Empörend war die Handlungsweise der Sachsen in Charlottenburg, welche dem Groll und der lange unterdrückten Rachsucht gegen Preußen die Zügel schießen ließen, ohne zu bedenken, daß ihr Vaterland die verübten Greuel werde büßen müssen. Da konnten sie ihren Haß recht eigentlich an dem Eigenthum des Königs auslassen, und in ihrer Wuth wendeten sie sich zunächst gegen dieses. Das Schloß wurde rein ausgeplündert, die kostbaren Möbel, Spiegel, Porzellan, Tapeten, Gemälde wurden vernichtet, zerschlagen, zerhackt, durchstochen, kurz auf alle Weise verwüstet. Die antiken Statuen aus der Polignakschen Sammlung wurden zum

---

*) Nach der Angabe eines dem General Fermor erstatteten Berichts wurden 4499 Mann, incl. der Kadettenknaben gefangen und 763,500 Thlr. an baarem Gelde mitgenommen. Das zum Theil zerstörte, zum Theil mitgenommene Material bestand in 143 Kanonen, 179 Fahnen und Standarten, 1 Paar Pauken, 15 Pulverwagen, 18000 Infanteriegewehren, 6000 Karabinern, 8080 Paar Pistolen, 14700 Säbeln, 20000 Pfund Pulver, 14000 Kisten mit Patronen, 23567 Stück Kanonenkugeln, Bomben 2c., 279200 Pfd. Salpeter, 233480 Pfd. Schwefel. Tuch, Linnen, Schuh 2c. sind nicht specificirt; doch haben sie sich reichlich versorgt und die übrigen Vorräthe verdorben.

Theil ganz zermalmt. Andere Kostbarkeiten fielen beutelustigen Offizieren in die Hände und wurden mitgenommen. Die an den unglücklichen Einwohnern verübten Greuel schändeten aber diese angeblichen Rächer der Verwüstung ihres Vaterlandes und brandmarkten sie als rohe Barbaren und gefühllose Wütheriche; — denn nachdem jene ihre Sicherheit mit einer bedeutenden Summe erkauft zu haben glaubten, wurde ihr Wohnort gänzlich ausgeplündert und einem Schutthaufen gleich gemacht, ja mehre Einwohner starben an den Mißhandlungen, welche sie erduldeten, an den Knutenhieben, Säbelwunden und Lanzenstichen, mit denen ihre Abwehr der viehischen Soldatenrohheit vergolten wurde. Bei solchen Gelegenheiten offenbarte sich die Gemeinheit der Soldateska jener Zeit, und wenn die ungebändigten Horden erst die Zügel der Gewalt nicht mehr fühlten, dann war es schwer, die Leidenschaften wieder einzudämmen, welche mit doppelter Wuth sich einmal Luft machten. In Schönhausen, das ebenfalls ausgeplündert wurde, wurden der Castellan und seine Frau nackend mit glühenden Zangen gekniffen, um ihnen das Geständniß abzulocken, wo die Kostbarkeiten der Königin verborgen seien; ein anderer Schloßbediente wurde über ein Feuer gehalten, das man in seinem Zimmer angezündet hatte; der Knecht des Predigers in Pankow wurde todtgeschlagen. Viehische Gemeinheit, Trunkenheit, Sinnentaumel, teuflische Bosheit, Habsucht und Zerstörungswuth, kurz alle Leidenschaften tummelten sich in scheuslichem Gemisch unter diesen Barbaren, so daß die Schrecknisse der Greuel den Ueberlebenden sich nie aus der Seele löschen konnten, und Friedrich beim Anblick dieser Verwüstungen nach Jahren noch seufzte: „Die Unmenschen! Aber konnten sie diese Schönheiten wohl schätzen? — Man muß ihnen vergeben!" —

Anders benahmen sich die Oestreicher unter Esterhazy in Potsdam und Sanssouci. Dieser menschenfreundliche General verweigerte den Russen die Besetzung der Stadt und schützte das Königl. Eigenthum mit huldigender Ehrfurcht. Aus dem Schlosse zu Sanssouci nahm er nur ein sehr ähnliches Portrait des Königs und erbat sich eine der Flöten, welche der König gebraucht hatte. Der König dankte ihm später für diese zarte Schonung in verbindlicher Weise. Ebenso dankbar zeigte er sich gegen den Holländischen Gesandten v. Verelst, den er dafür 1767 in den Grafenstand erhob; denn dieser wackere Ehrenmann hatte menschenfreundlich seinen ganzen Einfluß aufgeboten, um den Unordnungen in Berlin zu wehren und die Stadt vor härteren Opfern zu bewahren. Gotzkowsky, welcher zur Aufrechthaltung des Credits auch nach der Räumung der Stadt den Russen gefolgt war und die Aufhebung der Nachtheile vermittelte, welche leicht aus dem Protest des Königs gegen die Wechsel der Berliner Kaufleute entstehen konnten, fand den reichsten Lohn in seinem edlen Bewußtsein. Eine Geldsumme von 150,000 Thaler, welche ihm der König auszahlen ließ, verwendete er zur Anlage der Porzellanfabrik; der Magistrat von Berlin schrieb ihm: „Es ist ein Beispiel ohne Beispiel, daß ein Mann für seine Mitbürger das übernimmt und aussteht, was Sie, ohne alles Interesse, übernommen haben." — d'Argens characterisirt ihn gegen den König: „Gotzkowsky ist in der That ein trefflicher Mann und ein würdiger Bürger. Ich wünsche Ihnen eine große Menge wie er. Das größte Geschenk, welches das Glück einem Staate machen kann, ist ein Bürger, welcher voll Eifer für das Wohl des Staates und seines Fürsten ist." Dennoch war es Gotzkowsky's Loos, in unverschuldeter Armuth zu sterben. (1775). —

Nach 3tägigem Besitz räumten die Russen und Oestreicher Berlin und die Umgegend, als die Nachricht von dem Anzuge Friedrichs sie darauf denken ließ, die gemachte Beute in Sicherheit zu bringen; Lascy rannte über Trebin nach Sachsen, Czernitschef eilte über Cöpenik und Fürstenwalde nach Frankfurt, Tottleben folgte langsamer mit der Grandezza eines Siegers, der einen Friedrich in den Staub geworfen hat. Der Edelmuth des Russischen Commandanten von Berlin, Brigadier Bachmann, welcher ein Geschenk des Berliner Magistrats von 10,000 Thlr. mit den Worten zurückwies: „Ich bin durch die Ehre, 3 Tage lang Commandant in Berlin gewesen zu sein, hinlänglich belohnt," — dieser Edelmuth und die Mannszucht, welche man in Berlin selbst beobachtet hatte, wiederholte sich nicht auf dem Rückzuge der Russischen Armee. Ueberall loberten Flammen auf, wurden die Dörfer und Städte geplündert, die wehrlosen Einwohner durch Knutenhiebe und andere Mißhandlungen zu Frohnen und Lieferungen gezwungen. Die Städte Cöpenik, Fürstenwalde, Beeskow, Alten-Landsberg, Strausberg, Oranienburg, Liebenwalde und Frankfurt wurden ganz ausgebeutet, zuerst durch ausgeschriebene Contributionen, dann durch Raub, Brand und Plünderung verwüstet; — aus den Dörfern wurde die ganze

Ernte weggenommen, sodann sämmtliches Vieh fortgetrieben. Der Zug des geraubten Viehes durch Frankfurt wollte nicht enden; man zählte über 100000 Stück; dann kam gleicher Jammer über diese unglückliche Stadt. Mit der Androhung der Einäscherung, wozu die Pechstangen auf dem Markte schon loderten, erpreßte der Obrist-Lieutenant Aschewsky 50,000 Thaler baar; — dann wurden der Bürgermeister geknutet, die übrigen Magistrats-Mitglieder auf gleiche Weise bedroht, und als nun das geforderte Tuch und Linnen herbeigeschafft war, wehrte man den wüthenden Russen dennoch nicht, nach Gefallen zu rauben und zu plündern. Wer aber nennt die Greuel mit Namen, unter denen die armen Bewohner des platten Landes seufzen mußten! Der Verlust der Habe, die Marter der Knute, die Schändung der Heiligthümer, die Entweihung der Altäre und Todtengrüfte — wie teuflisch sie auch das Lebensglück vieler Tausende zerstörten, oder wie giftig sie den Ingrimm der ohnmächtigen Märker aufwühlten! — solch' Unglück konnte überwunden und vergessen werden; — aber die schamlose Entehrung der wehrlosen Frauen, die man dem Tode und der Schande Preis gab, die viehische Rohheit trunkener Henker, welche sich bei ihren Greueln des Anblicks gemarterter Väter und Gatten freuten, solche Unthaten, deren Anblick das Herz abfressen, deren Erinnerung das Blut zum Stocken bringen, deren Schmach durch nichts aus dem Gedächtniß verwischt werden kann, schrien laut zum Himmel und brandmarkten die raubenden Horden jener Vandalen, welche nur erst das Kleid europäischer Gesittung um sich geworfen hatten. —

Vergebens hatte der König seinen Abmarsch aus Schlesien beeilt, um die Russen noch in der Wüste zu finden, in welche sie die Mark verwandelt hatten. Als er ihren beschleunigten Abzug erfuhr, — er selbst war schon über Bunzelwitz, Jauer, Conradsdorf, Prinkenau, Sagan und Guben bis Groß-Möhrau gelangt, wendete er sich nach Sachsen, schickte den General Golz mit 12,000 Mann nach Schlesien, um Laudon von den Festungen abzuhalten, und gelangte am 22sten October nach Jessen, wo er Hülsens und Eugen von Würtembergs Corps aufnehmen wollte.

Unterdessen war Daun dem Könige zur Seite geblieben und stand mit Lascy vereinigt bei Torgau; die Reichsarmee Wittenberg gegenüber, der regierende Herzog von Würtemberg bei Dessau. Friedrich wollte diese zuerst schlagen, dann sich auf Daun werfen oder diesen aus Sachsen entfernen. So hoffte er Sachsen wieder in seine Gewalt zu bringen, während die Russen bereits von Neuem auf der Lauer standen, bei dem ersten glücklichen Waffenerfolg der Oestreicher noch einmal in Brandenburg einzubrechen. Nun befand sich aber Friedrich um deßhalb in einer schlimmen Lage, weil ihm der Proviant anfing auszugehen, und aus den Magdeburger Magazinen seine Zufuhr ungefährdet die Elbe aufwärts geschafft werden konnte, so lange die Würtemberger die Gegend zwischen Mulde und Saale besetzt hielten. Deßhalb wurden Hülsen und Eugen von Würtemberg von Buckow bei Ziesar auf Magdeburg dirigirt, passirten am 23sten October daselbst die Elbe und begleiteten den Transport der Lebensmittel die Elbe aufwärts. Gleichzeitig näherte sich Friedrich und ging nach Coswig, während Hülsen bis Dessau, Eugen von Würtemberg bis Aken vorrückten. Der Herzog von Würtemberg war seinem Bruder schleunig aus dem Wege gegangen, und auf Halle zurückgewichen; nur 1000 Mann seines Heeres wurden bei Cöthen am 25sten October vom General Kleist überfallen und ziemlich aufgerieben. Friedrich ging am 26sten bei Roßlau über die Elbe und nahm sein Hauptquartier in Zonitz, und da er durch Hülsen und Würtemberg verstärkt wurde, so war er bereit, Daun aufzusuchen und durch eine Schlacht entscheiden zu lassen, wer Sachsen besitzen sollte. Daun aber war den Bewegungen des Königs gefolgt, war, um Friedrich den Paß nach Dresden zu verlegen, am 23sten October gleichfalls über die Elbe gegangen und nach Eilenburg marschirt. Nun veränderte Friedrich seine Dispositionen, dirigirte seine Truppen nach Düben, um sich den Muldeübergang zu sichern, und wollte hier noch einmal eine Schlacht anbieten, bevor sich die Oestreicher mit den Reichstruppen vereinigen konnten. Weil jedoch Daun seinen Marsch nach Torgau zurückgewendet hatte, so blieb Friedrich einige Tage lang in Ungewißheit, wo er die Feinde suchen sollte, und erst am 2ten November erfuhr er mit Gewißheit, daß Daun auf den Süptitzer Höhen in der Nähe von Torgau kampfgerüstet lagere, als Friedrich ihn auf den Bergen von Schilda vergeblich gesucht hatte.

254

Schlacht bei Torgau.
(Den 3. November 1760.)

Nördlich von Torgau erhebt sich das Terrain vom Torgauer Rathsweinberge ab in einigen parallel laufenden Höhenzügen, deren bedeutendster der Bergrücken von Süptitz ist. Der nordwestlichste Punkt desselben liegt am höchsten; und dieser Bergrücken fällt gegen Südwesten steil ab, während er nach Neiden gegen Norden hin in sanften Absätzen sich zur Ebene hinneigt. Am Fuße des steilsten, nordwestlichsten Endes liegen die beiden sogenannten Schafteiche, welche aus warmen Quellen und den Morästen der nahen Domitscher Heide gespeist werden, und deren Abfluß in dem sogenannten Röhrgraben sich längs der Höhen bis zu dem großen Torgauer Teiche hinzieht. Von dem Ende des letztern erstreckt sich südlich von Torgau bis zur Stadt eine Reihe von Teichen.

Dadurch wird der Zugang nach Süptitz von der südwestlichen Seite nur auf einem, zwischen den Schafteichen sich hinziehenden Damme oder auf den gebahnten Dorfstraßen möglich; ein Angriff der Berge schon wegen der steilen Höhe derselben unthunlich.

Nach Norden zu ist die Position von Süptitz zuerst in einer Entfernung von 3000 Schritt durch einen Sumpf von 80 Schritt Breite und 200 Schritt Länge, dem sogenannten Röhrteiche, geschützt. Aus diesem fließt südlich der Zscheitschlengraben zwischen buschigen und sumpfigen Ufern 900 Schritte weit bis zu einer Fuhrt, von welcher ab das Wasser in 4 Fuß breiten, sich krümmenden Bette zwischen hohen buschigen Ufern nach Zinna hinfließt, dann sich nach Osten wendet und hinter Wölsau in die Weinske, einem alten sumpfigen Elbbette mündet. Erst unterhalb Zinna ist der Zscheitschenbach zu passiren. Von Wölsau aus fließen alle, in den sumpfigen Niederungen sich sammelnden Bäche nördlich bis zur Weinske. Ungefähr 2000 Schritt von dem Röhrteiche kommt der sumpfige Striemühlenbach aus dem Walde, durchschneidet die Ebene von Neiden und fließt gleichfalls in die Weinske. Die Terrainwellen des Nordabfalls der Süptitzer Berge sind mit lichtem Holze bestanden und reichen an die große, ¼ Meile breite Dommitscher Heide, in welcher die Dörfer Groswig, Weidenhain und Wildenhain die letzten, von den Oestreichischen leichten Truppen besetzten Ortschaften waren.

bei Torgau.

II. Theil pag. 354.

Major Joh. Friedr. von *Stutterheim*.
- 1 Nimschefski.
- 1 Alt-Billerbeck.
- 1 Haacke.
- 1 Anhalt.
- Grenadier-Bataill.

General... von *Neuwied*.   Friedr. Eug. Prinz von *Würtemberg*.
G.-Major ...dern.   C. C. v. *Zeuner*.   J. Chr. v. *Bandemer*.   Obr. Fr. *Schwein*.
- 2 Del. G...
- 2te Prinz von Preussen.
- 1ste Prinz von Preussen.
- 2 ,, Zeuner.
- 2 Bat. Syburg.
- 5 ,, Seydlitz.
- 5 ,, Prinz Heinrich.
- 5 Escadr. Carabiniers.
- 5 ,, Gens d'Armes.
- 5 Escadr. Garde du Corps.

General... *Forcade*.   Dubisl. Friedrich von *Platen*.
Oberst ...bkow.   Hans von *Tettenborn*.   von *Krockau*.
- Bataillons
- 2te Hülsen.
- 1ste Hülsen.
- 2 Wied.
- 2 Bataillons Lestwitz.
- 5 ,, Krockau.
- 5 ,, Normann.
- 5 Esc. Castieries.

O...dern.   G.-M. Aug. Wilh. v. *Braun*.   G.-M. G. A. v. *Schlaberndorf*.
- 1 Freibataillons.
- 1 Salenmon.
- 1 Chaumont.
- 1 Lossow.
- 1 Nesse.
- 1 Bayer.
- 1 Borgsdorf.
- 1 Lubath.
- Grenadier-Bataill.
- 10 Escadrons Schorlemmer.

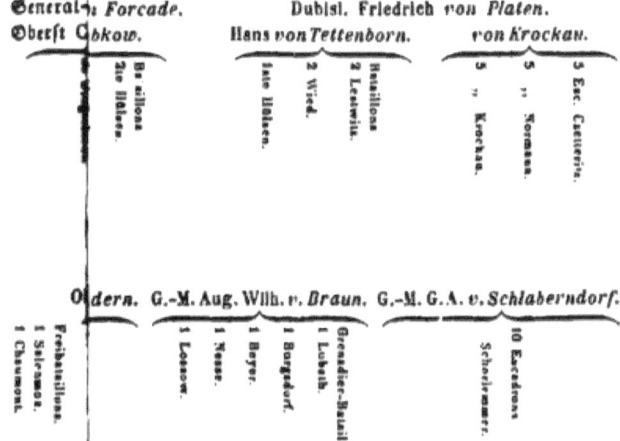

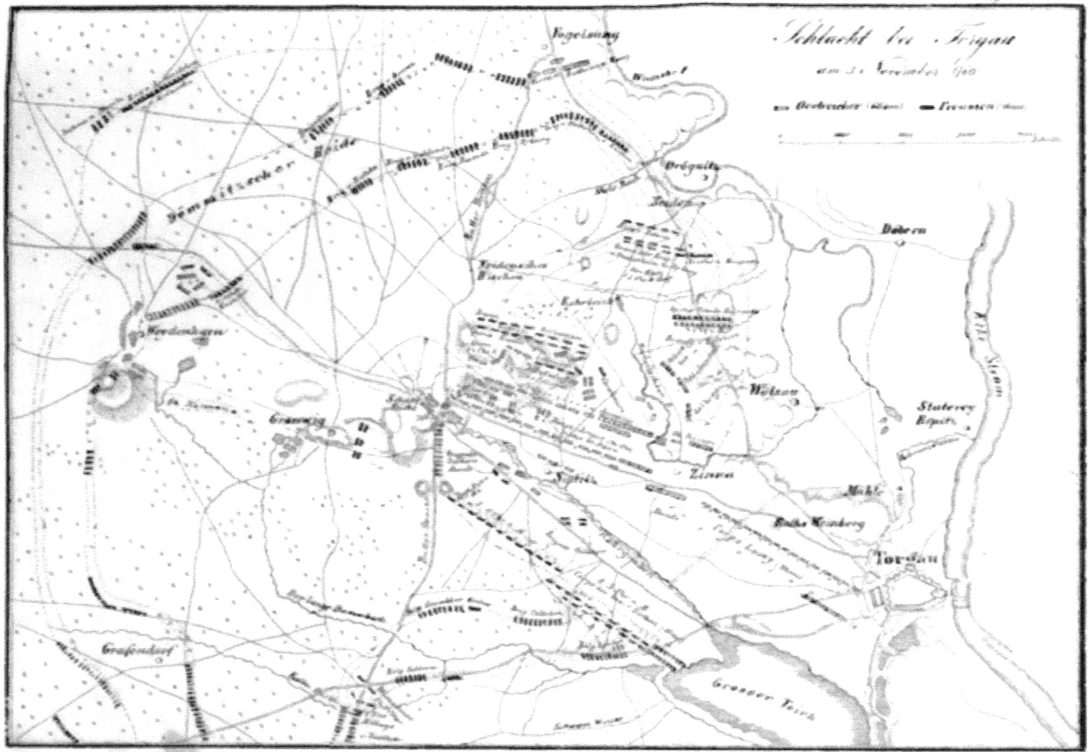
Schlacht bei Torgau
Oestreicher
Preussen
Vogelsang
Dröguitz
Döbern
Elbe Strom
Staterey
Torgau
Mühle
Zinna
Weinberg
Welsau
Grosser Teich
Grosswig
Werdenhagen
Grafendorf
Süptitz
Dommitzscher Heide

Im Jahre 1759 hatten die Preußen die Position von Süptitz noch außerdem durch einen Verhau befestigt, welcher zum Theil noch vorhanden war und von dem Röhrteiche an den Sumpfquellen des Schafteiches vorüber bis an die Schäferei von Großwig reichte.

Als Friedrich am 2ten November auf den Schildaer Bergen stand, rastete Daun mit der Front nach Reiden auf den Süptitzer Höhen. — Die erhaltene Kunde von den Feinden bestimmte ihn, die Front zu verändern und sich mit dem linken Flügel an Zinna, mit dem rechten Flügel an den durch Süptitz fließenden Bach reichend aufzustellen. Lascy hütete den Elbübergang zwischen Zinna und dem großen Teiche. Nach dem Defilée Vogelgesang war Obrist Ferrari, nach Weidenhain Obrist Normann, nach Mockrehna General Ried mit übermächtiger Anzahl leichter Truppen vorgeschoben; — die Preußen konnten keine Bewegung machen, welche nicht Daun sogleich mitgetheilt wäre.

Aber Friedrich hat keine Zeit zu verlieren, um Sachsen zu gewinnen; — er muß Daun schlagen, wenn er anders Brandenburg gegen die Russen schützen und einen Theil der Sächsischen Länder in seine Gewalt bekommen, ja wenn er nur die eigenen Besitzungen am linken Elbufer gegen die Reichstruppen hüten will; — also ruft er am 2ten November seine Generalität zusammen, ihnen seinen wohlerwogenen Entschluß mitzutheilen. Es gilt einen Vernichtungskampf. Wie er die Russen bei Kunersdorf nicht besiegen, sondern vernichten wollte, so soll Daun mit seiner überlegenen, wohlgerüsteten Schaar dem sichern Untergange nicht entgehen. Was auch Napoleon, Bärenhorst, Jomini und Andere über diesen Plan gekrittelt haben; — noch andere Taktiker erblicken in demselben den unfehlbaren Ausdruck seiner Genialität und werfen die Schuld aller nachtheiligen Erfolge auf die fehlerhafte Ausführung des Planes. Dieser war im Wesentlichen also:

Friedrich theilt sein Heer in zwei ziemlich gleiche Theile; — den rechten Flügel führt v. Ziethen unter dem Schutze des Holzes auf der großen Leipziger Straße bis an den Butterweg, um von hier aus die Süptitzer Höhen in dem Augenblicke auf der südwestlichen Seite anzugreifen, wenn Friedrich auf der nordöstlichen Seite derselben sichere Erfolge erkämpft haben würde. Er selbst mit dem linken Flügel geht in 4 Colonnen quer durch die große Dommitzsche Heide, läßt seine Reiterei den größten Bogen — über Schöne, Strellen, das Jagdhaus, Roitsch und Trossin — beschreiben und dirigirt alle Truppen in die Ebene von Elsnig und Neiden. Von hier aus will er mit Ungestüm die Anhöhen erstürmen und den Feind entweder in die Elbe oder in die Säbel Ziethens stürzen. — Dieser Plan war nicht das Ergebniß einer gemeinschaftlichen Berathung, auch erfuhren die Generale nicht einmal etwas von der Bestimmung des rechten Flügels ihrer Armee, sondern Friedrich ertheilte die Instruction Ziethen unter vier Augen; — er sagte der versammelten Generalität nur, „daß er keines einzigen Meinung verlange, sondern ihnen nur sagen wolle, daß Daun morgen angegriffen werden solle; er ständе zwar in einem guten Posten, allein, wenn man ihn schlüge, so würde seine Armee nach der gemachten Disposition entweder in die Elbe gesprengt oder gefangen, und dadurch der Krieg, den wohl Jedermann überdrüssig wäre, einmal geendigt werden." Von den Truppen, welche die Umgehung ausführten, sollten — das war die allgemeine Disposition — 10 Grenadierbataillone im 1sten Treffen sich dem Rathsweinberg von Torgau gegenüber formiren, den linken Flügel an die Weinöke gelehnt; hinter diesen die übrige Infanterie das 2te und 3te und die Cavalerie das 4te Treffen bilden. In Bezug auf den Angriff selbst traf der König noch folgende Dispositionen: „Unser linker Flügel wird morgen den Feind attaquiren, weswegen die Generale darauf sehen müssen, daß die Bataillone an einander hangen, um sich zur rechten Zeit unterstützen zu können. Die Treffen bleiben alle 250 Schritte auseinander. Der Oberst von Dieskau und Möller müssen Wurfgeschütz und Kanonen auffahren lassen, die Attaque zu erleichtern. Sobald der Feind von den Höhen des Rathsweinberges geworfen worden, so muß die schwere Batterie allda sogleich aufgefahren werden, und die Bataillone müssen sich wieder formiren. Wenn Kavallerie gefordert wird, muß nicht ein ganzer Flügel zugleich anprellen, sondern soviel als das Terrain zuläßt, damit sie agiren können. Se. Maj. verlassen sich übrigens auf die Bravheit ihrer Offiziere und zweifeln nicht, daß nicht ein Jeder Alles anwenden sollte, um einen kompletten Sieg über den Feind zu erfechten." —

Früh um 6½ Uhr brach die Armee in Gottes Namen auf. An der Spitze der 1sten Colonne Markgraf Carl und der König selbst, auf Weidenhain quer durch die Heide. Die Amtsziegelei blieb rechts. — Die 2te Colonne führte Hülsen in größerem Bogen über Wildenhain durch den Wald; die 3te Colonne der Prinz von Holstein übers Jagdhaus; die 4te Munitionswagen, Chaisen ec. unter Bedeckung von 25 Eskadrons Reiterei der Oberst von Möhring über Roitsch nach Trossin. Kaum sind sie aufgebrochen, so weiß Daun durch seine zurückweichenden leichten Truppen um Friedrichs Plan, und während eines Waldgefechts, in welchem das Oestreichsche Cheveaur legers-Regiment St. Ignon in die Hände der Preußen fiel, veränderte Daun noch einmal seine Stellung, so daß nun sein linker Flügel auf den Süptitzer Höhen, sein rechter bei Zinna stand. Bei der Annäherung Ziethens machte sein 2tes Treffen gegen Süptitz Front; Lascy näherte sich der Hauptmacht; die Reserveartillerie, welche zwischen dem Röhrteiche und der Armee aufgefahren war, wurde schnell vor der neugebildeten Front vertheilt und in die alten Schanzen gestellt und als nun um 1 Uhr die Tete der ersten Preußischen Colonne das Ende des Waldes in der Gegend von Elsnig erreicht hatte, war Daun wohl vorbereitet und kampfgerüstet.

Friedrich ritt mit den Husaren gegen Neiden vor, um den Feind zu recognosciren. Da er die Gegend von Zinna zu sehr durchschnitten fand, änderte er seinen ursprünglichen Plan, und wollte nun den linken Flügel der Feinde angreifen. Aber seine Truppen waren noch nicht zur Stelle; die Reiterei befand sich noch auf dem Jagdhause; die einzelnen Colonnen waren auf den Waldwegen in einander gerathen; — die Unbekanntschaft der Wege, das Gefecht mit den Croaten, noch mehr eine veränderte Marschrichtung, welche Friedrichs Colonne im Walde genommen hatte und durch welche alle übrigen Colonnen links gedrängt waren, verzögerte den Aufmarsch des Geschützes, die Ankunft der Reiterei, die präcise Ausführung der Befehle Friedrichs.

Zum Ueberfluß glaubt Friedrich den allgemeinen Angriff auf Dauns Heer nicht länger aufschieben zu dürfen; denn drüben von Ziethens Seite her schallt der heftigste Kanonendonner, welchen der Wiederhall des Waldes tausendfach vergrößert. Allerdings ist Ziethen auf seinem Marsche durch und bei Klitschen jetzt an den sich kreuzenden Wegen auf Brentano's Corps gestoßen, ein heftiges Feuer hat aber dasselbe schnell auf Lascy geworfen, und wenn auch beide Theile die Kanonade fortsetzen, so ist das Gefecht doch ganz unbedeutend, und Ziethen nimmt, statt auf die Süptitzer Höhen loszugehen, seine Stellung mit dem rechten Flügel am großen Teiche. Er folgt zu streng seiner Instruction, welche seine Thätigkeit erst für den Fall beansprucht, wenn Friedrich bereits Erfolge erstritten haben würde.

Friedrichs lebhafte Imagination verleitet ihn zu dem ersten Mißgriffe, den er schrecklich büßen muß. Er fürchtet, daß Ziethen im Kampfe schon hart bedrängt sei, und um jenem Luft zu machen, oder ihn zu unterstützen, befiehlt er den Grenadieren, die Süptitzer Berge anzugreifen.

Es ist 2 Uhr Nachmittags. Nur noch wenige Stunden gestattet die winterliche Jahreszeit zur Blutarbeit; — darum müssen die zehn Grenadierbataillone der Brigaden Stutterheim und Syburg geschwind aufmarschiren und unter dem fürchterlichsten feindlichen Geschützfeuer, sich rechts haltend, den linken feindlichen Flügel zu erreichen suchen. Die tapfern Grenadiere begreifen schnell ihre Aufgabe. Trotz Kartätschenhagel stürmen sie aus dem Walde hervor, überschreiten den halb eingerissenen Verhau und werden erst aufgehalten, als der dichtere Wald und die Verhacke sie zwingen, sich gegen die Oestreichsche Front zu wenden. Auch hier wollen sie vorwärts, die Anhöhen zu gewissem Siege hinan. Himmel, welch' schreckliches Loos wartet der todesmuthigen Streiter! Die Erde erbebt unter dem grausenhaften Geschützdonner, welchen jetzt 400 Feuerschlünde mit nur zu sicherem Erfolge eröffnen. Bei diesem Brüllen der Geschütze erzittert das Herz des muthigsten Kriegers; selbst der König ruft staunend: „Welche schreckliche Kanonade! hat man jemals etwas ähnliches gehört!" — In einem Augenblicke reißen die feindlichen Kartätschen ganze Reihen zu Boden und die Brigade Stutterheim, kaum wenige Schritte auf der Heldenbahn vorwärts gedrungen, wird fast ganz vernichtet. An ihrer Spitze fällt Stutterheim selbst, schwer verwundet; der Obrist Graf Anhalt wird getödtet, die Mehrzahl der Offiziere verwundet. Ihre Batterien sind in demselben Augenblicke demolirt, da sie dieselben aufgestellt haben.

Der König hielt während dieses ersten Sturmangriffs auf dem rechten Flügel der Brigade Syburg, welche sich jetzt fertig machte, über die Leichen der Brigade Stutterheim hinweg den Sieg zu erzwingen. „Alles geht heute schlimm," sprach er, sich gegen seinen Flügeladjutanten, Graf Anhalt, wendend, „meine Freunde verlassen mich. So eben meldet man mir den Tod Ihres Bruders."— Aber wie schmerzlich der Tod eines so wackern Ehrenmannes, den er innig liebte, den heldenmüthigen König berühren mußte; jetzt war keine Zeit mit Klagen zu verlieren, und auf seinen Wink schreitet schon Syburgs Brigade über die Leichenhügel hinweg. Gleiches Wagniß — gleicher Erfolg. Wieder dringen die Grenadiere aus der Waldung hervor und versuchen den Sturm einer dichtbewehrten Anhöhe, aber nun schon auf dem, vom Blute schlüpfrigen Boden. Die Kugelsaat mäht in entsetzlicher Ordnung, daß sie in Rotten und Reihen hinstürzen und Mann bei Mann die Wahlstatt bedeckt. Auch General Syburg ist unter den Verwundeten. Wie Wenige läßt der Kugelregen übrig, und hinter diese flüchtenden Trümmer wie schrecklich braus't die Oestreichsche Reiterschaar her! Da flüchtet selbst Friedrich, wenn er nicht gefangen werden will, aus dem schrecklichen Getümmel und begiebt sich nach der Brigade Ramin, welche unterdessen sich zum Kampfe bereitet hat. Die Oestreicher sind nämlich nicht allein mit Reiterei hervorgebrochen, sondern die Infanterieregimenter Durlach, Wied und Puebla haben in siegestrunkenem Muthe selbst ihre Stellung verlassen und verfolgen die flüchtenden Preuß. Grenadiere. Schnell öffnen die Brigaden Ramin und Gablenz ihre Reihen, lassen ihre Cameraden hindurch und stürzen sich sodann mit größerer Kampfbegier auf die Feinde.

Eine erschreckliche Stunde ist in diesen heißen, blutigen Kämpfen vorübergegangen; — es ist 3 Uhr, als die frischen Truppen den neuen Tanz beginnen, nachdem mehr als zwei Drittheile zweier Brigaden als Opfer gefallen sind. Aber, obgleich auch diese Truppen anders als nach dem ursprünglichen Schlachtplane verwendet werden müssen, denn sie können nicht rechtshin auf den Oestreichschen linken Flügel drücken, sondern müssen sich gegen die Front derselben wenden: — Friedrich läßt nicht ab; der Preis ist der größten Anstrengung werth; er führt sie gegen den nahen Feind.

Es sind die alten wohlbekannten Regimenter, auf mancher Wahlstatt gezehntet, oft ergänzt, dennoch des alten Ruhmes werth, Golz, Manteuffel und Alt-Stutterheim, welche hier das Wagniß des Entscheidungskampfes gegen große Uebermacht beginnen. Ihre Tapferkeit wirft die siegestrunkenen Oestreicher über den Haufen, treibt die flüchtigen Regimenter vor sich her und vernichtet jedes Hinderniß, das sich ihrer rächenden Wuth entgegen stellen will. Ein entsetzliches Gemetzel entsteht, bei welchem die Oestreichschen Batterien schweigen müssen, um der eigenen Truppen zu schonen, und schnell sind diese übermannt, geworfen, vernichtet; der Weg auf die Süptitzer Höhe ist gebahnt; — noch ein Sturmanlauf und — auch die Batterie ist gewonnen, und der Sieg scheint endlich so heldenmüthige Tapferkeit belohnen zu sollen. —

Aber Daun selbst führt jetzt frische Infanterie von der Reserve bei Großwig herbei. Die Regimenter Tillier und Baireuth und die Dragoner Buckow und Benedict Daun rücken gegen die Preußischen Bataillone hervor, um sie wieder zu vertreiben. Auch von Preußischer Seite sind dabei frische Bataillone aus dem 3ten Treffen in die entstandenen Lücken des 2ten Treffens eingerückt, und der Kampf dauert eine Zeitlang, ohne daß er sich zu Gunsten des einen oder andern Theiles entscheidet. Wie schrecklich vermißt man in diesem Augenblicke — es ist $3\frac{1}{2}$ Uhr Nachmittags — die Anwesenheit der Reiterei. Ein einziges Regiment Zietben'scher Husaren — noch geschwächt durch die Bewachung und den Transport des auf dem Marsche gefangenen Regiments Jgnon — stand in der Nähe, in der Ebene von Neiben, um den Aufmarsch der Infanterie zu decken. — Diese vermögen nichts gegen die Uebermacht; — denn nun sind 5 feindliche Regimenter Cavallerie zur Stelle, haben in Front und linke Flanke der Preußen eingehauen, diese von der Höhe wieder herabgestürzt und eine große Anzahl derselben gefangen genommen. — Friedrich selbst hat in diesem Kampfe einen Streifschuß*) auf die Brust empfangen, Daun ist am Bein durch eine Flintenkugel verwundet.

---

*) Der Graf Friedrich von Anhalt (später in Russischen Diensten) und der Hauptmann von Berenhorst ritten dem Könige zur Seite, als dieser beim Angriffe auf die Oestreichsche Stellung sich der größten Lebensgefahr aussetzte. Auf die bringende Bitte, sein theures Leben nicht zu sichtbar Preis zu geben, achtete der König nicht, sondern ritt einem neu anrückenden Bat. auf dem Wege des Ruhms vor. Eine matte Kugel traf die Brust; aber ein Pelz und Sammetrock schwächten die Wirkung der Kugel. Doch sank der König mit den Worten: „Je suis mort!" von der Seite. Berenhorst faßte ihn in seine Arme und lenkte das Pferd um. Plötzlich erhob sich der König, stieß seine Begleiter zornig zurück, lenkte das Pferd um und ritt gelassen auf die feindlichen Batterien los, die er

Zum dritten Male versucht nun die Brigade Butzke, mit dem Rest der geschlagenen Truppen zusammen 11 Bataillone, den Kampf herzustellen und einen günstigen Erfolg zu erzwingen. Wie tapfer sie aber auch kämpften, für den Tag schien auch ihre Tapferkeit verloren und alles Blut vergeudet, was noch in Strömen vergossen wurde. Das Regiment Prinz Heinrich wurde zunächst das Opfer. Es avancirte, mit lebhafter Tapferkeit den Feind zurückdrängend, den übrigen Truppen soweit voraus, daß es von der feindlichen Cavallerie umzingelt werden konnte. In diesem ungleichen Kampfe wurde es fast gänzlich aufgerieben, und sodann stürzten sich die siegreichen Reiter auf die übrigen Truppen Friedrichs und trieben sie in den Wald zurück.

In diesem Augenblicke erschien der Prinz von Holstein mit der Preußischen Cavallerie endlich auf dem Schlachtfelde. Er zögerte nicht, an dem Kampfe sogleich Antheil zu nehmen, ging im Trabe über den Striebach und griff die siegreichen Verfolger der Preußen lebhaft an. Es waren die beiden Cürassierregimenter Markgraf Friedrich und Spaen, letztere unter dem Commando des tapfern Obrist Dalwig, welche rechts vom Röhrteiche sich auf die Regimenter Buckow und Benedict Daun warfen und sie in schmähliche Flucht trieben. Damit sich noch nicht begnügend, hieben sie in die Regimenter Wied-Runkel und Puebla ein, nahmen den größten Theil derselben sammt dem General von Bibow gefangen und erbeuteten 6 Kanonen. Gleichzeitig hatten die Dragoner von Baireuth unter dem Obrist Bülow und Schmettau's Cürassiere auf den rechten Flügel der Kaiserlichen einen siegreichen Angriff gemacht, hatten das erste Treffen der Kaiserlichen in die Flanke genommen und einen großen Theil der Regimenter Kaiser, Neipperg, Gaisrugg und Baireuth vernichtet oder gefangen. Es schien, als wollte der Sieg noch einmal sich den Preußen zuwenden. Als aber dort vier neuanrückende Oestreichische Kürassier-Regimenter (Ser-

---

ruhig beobachtete und den anrückenden Bataill. den Punkt des Angriffs nachwies. Seit dieser Zeit befanden sich beide genannten Offiziere in Ungnade beim Könige. Zeitschrift für Kunst, Wissenschaft und Geschichte des Kriegs v. Decken ꝛc. Bd. 12. Heft 1.

Die Kugel, welche den König bei Torgau traf, wird auf der Kunstkammer in Berlin neben der Todtenmaske und Nabelschnurkapsel aufbewahrt.

belloni, Buckow, Portugal und Odonnel) und 6 Karabinier-
Compagnien unter General d'Ajazaffas die Preußen wieder in
den Wald getrieben; hier Bathiani Dragoner und der Zscheitsch-
fengraben ihr Vorgehen gehemmt hatten; als frische Oestreichsche
Cavallerie, namentlich das Dragonerregiment Darmstadt in die
Reiterei der Preußen einen siegreichen Flankenangriff ausführen
konnte und Daun mit zwei Regimentskanonen mörderisch Kartätschen unter die Cavallerie streute: da schien das Geschick des Tages
unwiederbringlich für die Preußen verloren und indem die Cavallerie
gleichfalls in die Ebene von Nelben zurückwich, — es war unter
der Zeit um 5¼ Uhr die Nacht hereingebrochen — gab Friedrich
dem General-Lieut. von Hülsen den Befehl, die überall zerstreute
Infanterie unter dem Schutze der aufmarschirten Cavallerie hinter
dem Striebache zu sammeln und diese wieder in Ordnung zu bringen. Die jetzt erst auf dem Schlachtfelde eintreffenden 4 Bataillone
der 3ten Marschcolonne unter dem Prinzen von Holstein sollten
den rechten Flügel der neuen Aufstellung bilden und Friedrich,
welcher sich während der Schlacht selbst dem größten Feuer ausgesetzt, zwei Pferde unter dem Leibe verloren und von einer Kartätsch-
kugel eine starke Contusion empfangen hatte, fügte seinen Bestimmungen, bevor er nach Elsnig abging, wo er die Nacht in der Kirche
auf den Stufen des Altars zubrachte, die Bemerkung hinzu: „Der
Feind habe gleichfalls ungemein viel verloren, und da General
Ziethen noch im Rücken stände, so würde er es nicht wagen, in
seiner Stellung stehen zu bleiben, sondern sich in der folgenden
Nacht über die Elbe zurückziehen; alsdann sei die Bataille dennoch
gewonnen." Dies waren seine Worte.

So schien denn der Erfolg des Tages den Preußen völlig ungünstig auszufallen, und die Hoffnung, auf welche Friedrich sich
stützte, daß der Feind das Schlachtfeld freiwillig räumen werde,
gründete sich auf nichts, so lange derselbe im Besitz der Terrainvor-
theile war. Dennoch gingen sie in Erfüllung.

Während des ganzen Tages war Ziethen unthätig in seiner
Stellung geblieben, obgleich seine Generale — Wied, Platen,
Salbern und auch der Obrist-Lieutenant von Möllendorf —
ihm die dringendsten Vorstellungen gemacht hatten, sich nicht an den
buchstäblichen Inhalt der erhaltenen Ordre zu kehren. Er hoffte
entweder noch immer, daß Friedrich die Oestreicher besiegen werde,

oder er fürchtete, durch einen Angriff auf Süptitz die Macht Lascys auf sich zu ziehen und zwischen zwei Feuer zu kommen. Selbst als Daun seine Schaaren und Grenadier-Corps von den Bergen zwischen Süptitz und Groswig heruntergezogen hatte, um sie dem Könige entgegenzustellen, blieb Ziethen noch unentschlossen. Endlich gegen Abend, als drüben die Schlacht nachzulassen begann, bewog ihn der Trieb der Selbsterhaltung, den Vorstellungen seiner Generale nachzugeben und sich gegen die Höhen von Süptitz in Bewegung zu setzen. Hierbei gerieth das Dorf Süptitz in Brand und man konnte aus der Tiefe, wenn auch nicht vorwärts dringen, doch die Bewegungen der Oestreicher, von den Flammen beleuchtet, beobachten. General Saldern nahm zuerst wahr, daß die Schanzen am Schafteiche verlassen seien. Entschlossen und geschickt führte er seine Brigade über den Schafdamm zwischen den Teichen hindurch, gewann die Höhen und griff oben sogleich den Feind in seiner Flanke an. Nach Aster war es der Major von Lestwitz, welcher, vom Könige mit einem Befehle zu Ziethen entsendet, zuerst die Beobachtung machte, daß die Kaiserlichen diesen Schlüssel zur Position von Süptitz verlassen hatten. Als der verwundete Daun in Torgau erfuhr, daß Ziethen die Süptitzer Höhen angreife, soll er in seinem Schmerze ausgerufen haben: „Die Bataille ist verloren!" — Denn dieser tapfere Feldherr, welcher erst nach dem zuletzt abgeschlagenen Angriffe der Preußischen Cavallerie sich nach Torgau hatte bringen lassen, sah recht wohl den Fehler ein, welchen seine Generale dadurch machten, daß sie zur Verfolgung der abgeschlagenen Preußen ihre Position verließen und rechtshin sich ausdehnten. Hierdurch veränderte sich die ganze Stellung seines linken Flügels; viele Punkte wurden ganz entblößt, andere blieben nur schwach besetzt.

Allein so leicht gaben die Oestreicher den Kampfpreis dennoch nicht verloren. Es entstand, als die Feinde schnell ihre Front verändert und eine neue Linie in der Richtung ihrer bisherigen Flanke gebildet hatten, ein hitziges Gefecht, dessen Feuer jetzt die Aufmerksamkeit des Generals Hülsen erregte, welcher, dem Befehle Friedrichs nachkommend, so eben seine Infanterie hinter dem Striebache sammelte. Zur Cavallerie vorgeritten, überzeugte er sich bald bei der Flammenhelle, daß der Kampf auf der Süptitzer Höhe selbst entbrannt sei, nahm geschwind die beiden Bataillone Moritz von den frischen Truppen, welche nach der Entscheidung des Kampfes erst auf dem Schlachtfelde eingetroffen waren, und rückte mit diesen, an welche sich noch einige hundert Mann Versprengter von verschiedenen Regimentern angeschlossen hatten, still längs des Waldrandes dem Orte des Gefechtes zu. Die nächtliche Finsterniß in der Tiefe verhinderte den Feind, etwas von diesem Marsche zu gewahren; — und plötzlich stand Hülsen oben unvermuthet in der Flanke der neuen Oestreichischen Linie, eröffnete zum Schrecken der Feinde ein mörderisches Feuer, und als nun Ziethens Truppen von vorne drängten, Moritz' Grenadiere in ihre Flanke fielen, entsank den Oestreichern der Muth; sie wichen aus ihren Positionen und gaben mit dem Besitz der Süptitzer Berge den Sieg aus ihren Händen, von welchem sie bereits die pomphafte Nachricht nach Wien und Paris entsendet hatten. — Lascys Unterstützung des verlorenen Punktes traf zu spät ein; auch war Ziethens ungeschwächtes Corps bald im Besitz des die Gegend beherrschenden Terrains, und Abends 9 Uhr endlich schwieg der Kampf, der sich erst seit der Dunkelheit zum Vortheil der Preußen entschieden hatte.

Viele wußten von dieser Entscheidung noch gar nichts. Freund und Feind irrten tappend auf dem Schlachtfelde, besonders an der Dommitscher Heide umher; beide Theile bekämpften sich, bis die gemeinschaftliche Noth hier ein Auskunftsmittel ersinnen lehrte. Oestreicher und Preußen lagerten sich wie Cameraden und Brüder um ein und dasselbe Feuer, einander versprechend, daß am Morgen der besiegte Theil sich den Siegern gefangen geben wolle. Augenzeugen beschreiben diese Nachtscenen nach der Torgauer Schlacht als den Inbegriff aller Verwirrung, welche durch Hunger, Ermüdung und Kälte nicht wenig gesteigert werden mochte. — Der ganze Wald flammte von Wachtfeuern, an welchen sich die zerstreuten Truppen sammelten. Den Offizieren, welche die Truppen auf Sammelplätze führen wollten, gehorchte man nicht; bei ihren Bemühungen wurden viele derselben gefangen. — „An andern Orten," erzählt von Tempelhoff, „wurden verschiedene Offiziere, gemeine Soldaten und ganze Bataillone gefangen, weil sie sich in der Dunkelheit verirrt hatten. Der Obrist-Lieutenant von Möllendorf war selbst unter dieser Zahl. Als er etwas vorritt, gerieth er auf einen Trupp Oestreicher, die er für Gefangene hielt. Es war aber ein Bataillon, das sich zurückzog, ihn für einen Preußischen Offizier erkannte, und gefangen nahm. Ich selbst war Zeuge von der Niedermetzelung und

Gefangennehmung eines Bataillons Worasdiner. Dies wollte sich ebenfalls nach Torgau zurückziehen, verfehlte aber den Weg und marschirte durch den Verhau in den Wald. Hier gerieth es unter die Preußische Cavallerie und wurde nach kurzem Widerstande übermannt. Als sich der König nach Elsnig zurückbringen ließ, hörte die Bedeckung das Geräusch eines Wagens. Sie rief das gewöhnliche: „Wer da?" und bekam zur Antwort: „Oestreicher." Hierauf fiel sie über den Feind her und nahm ein ganzes Bataillon Croaten mit zwei Kanonen gefangen, das zum Riedschen Corps gehörte und sich verirrt hatte. Nicht lange darauf stieß sie auf einen Trupp zu Pferde. Es waren Kaiserliche Carabiniers, welche theils versprengt, theils gefangen wurden. Die ganze Nacht hindurch hörte man einzelne Schüsse, welche ähnliche Veranlassungen hatten." —

Noch in derselben Nacht zogen sich übrigens die Oestreicher nach gehaltenem Kriegsrath still und geräuschlos zurück; — die Preußen, welche vor sich die brennenden Wachtfeuer derselben sahen, ahnten nichts davon; doch hätten sie auch dagegen wenig unternehmen können, theils weil die Ermüdung und Verwirrung im eigenen Heere zu groß war, theils weil Lascy und Beck den Rückzug deckten. Lascy allein war auf dem linken Elbufer geblieben und zog sich über den Damm nach Loswig. Das übrige Heer führte O'donell auf Dresden, um den Pirnaer Grund früher zu besetzen, als Friedrich.

Aus der Elsniger Kirche ertheilte Friedrich während der Nacht, ohne Kenntniß von dem Rückzuge der Feinde, die gemessensten Befehle, den Kampf am folgenden Tage bis zur Vernichtung der Feinde zu erneuern. Als er aber mit Tagesanbruch auf dem Schlachtfelde erschien, überzeugte er sich, daß jene ihm dasselbe überlassen hatten. Leider war der Sieg mit den Verlusten zu theuer erkauft, und der Anblick des mit Leichen und schwer Verwundeten übersäeten Blutackers erschütterte die Herzen der Sieger, welche den Tod so vieler tapfern Cameraden zu beklagen hatten. Grausame habsüchtige Plünderer hatten viele der Verwundeten während der Nacht ausgezogen und den Schrecknissen der Novemberkälte Preis gegeben. Ueberall, wohin man blickte, sah man Sterbende, deren letztes Röcheln um Erlösung von ihren Qualen flehte. Also gingen die menschenfreundlichen Sieger zuerst an die Arbeit, den Verwundeten, welche noch auf der Erde umherlagen, Hilfe zu bringen, ihre Wunden zu verbinden und ihnen Obdach und warme Bedeckung zu verschaffen. Dann sonderte man die Gefangenen, zählte die Trophäen und bestattete die Opfer des Tages.

Die Schlacht kostete viel Blut! — Von 13 bis 14,000 Mann waren 3—4000 in Gefangenschaft gerathen, die übrigen waren auf dem Felde der Ehre geblieben. Die General-Lieutenants von Bülow und Graf Finkenstein, 9 Stabsoffiziere und 83 Subalterne waren gefangen. Unter den Todten lagen der Obrist-Lieutenant Wilhelm Graf von Anhalt und die Majors von Beyer, von Resse, von Posadowsky, von Chmilinsky, von Brandt, von Deging, von Katt, von Krassow, von Below und von Zetmar. — Der König selbst, der Markgraf Carl und die Generale Alt-Stutterheim, von Syburg, von Gablenz und von Tettenborn waren verwundet. Ebenso bluteten aus Ehrenwunden die Obristen von Billerbeck, von Lossow, von Stechow, von Butzke und von Benike, sowie die Majors von Heilsberger, von Aderkas, von Brösicke und von Massow. Die Namen der übrigen Opfer der Schlacht sind nicht zu zählen. Archenholz erwähnt, daß das Regiment Forcade 800 Mann, darunter 26 Offiziere, verloren habe. Von 6000 Grenadieren seien Tages nach der Schlacht noch 600 zum Dienst übrig gewesen! —

Die Oestreicher geben ihren Verlust auf 11,000 Mann an. Da aber allein 7 bis 8000 Mann den Preußen in die Hände fielen, so sind die Berichte Gaudi's und Tempelhoffs, welche ihn zwischen 16 und 20,000 Mann setzen, nicht übertrieben.

Die Generale Herberstein und Walter fand man, sowie 9 Staabsoffiziere, unter den Todten; verwundet waren der Feldmarschall Daun, 4 Generale und 26 Stabsoffiziere; gefangen wurden die Generale von Angern, St. Ignon, Migazzi und Bibow; außerdem noch 13 Stabs- und 202 Subaltern-Offiziere. Die Preußen büßten 27 Fahnen ein, und erbeuteten dagegen 45 Kanonen, 29 Fahnen und eine Standarte.

Manche Anekdote von dem Verkehr Friedrichs mit seinen Soldaten ist uns aufbewahrt; besonders interessant sind aber die, welche sein Verhalten kurz vor und nach einer Schlacht charakterisiren. Auch aus diesen Tagen wird uns Manches aufbewahrt, was der Mittheilung besonders werth ist. —

In keiner Schlacht hatte Friedrich mit so beharrlichem Muthe

sich dem feindlichen Feuer ausgesetzt, als in der bei Torgau. Nach
Küsters Erzählung in seinen „Lebensrettungen Friedrichs" wäre
er fast von einem niederschlagenden Baumaste zerschmettert worden.
Zwei Mann, welche kurz vor ihm gingen, so wie ein Offizier des
Stutterheimschen Regiments wurden von dem stürzenden Baume
getödtet. „Wäre der Monarch nur einen Schritt weiter vor gewesen, so wäre der Held unter diesem herabgeschleuderten schweren
Eichenast verwundet oder entseelt niedergesunken." Andere erzählen,
daß der König während der Schlacht in dem größten Getümmel
sich aufgehalten, fünfmal seine Truppen selbst zum Sturm geführt
und keiner Gefahr geachtet habe. Sein Hut und seine Kleidung
sei von Kugeln durchbohrt gewesen. Die starke Contusion auf der
Brust habe ihn bewußtlos vom Pferde geworfen und anfangs habe
man geglaubt, daß er getödtet sei. — Als er in der Morgen-
dämmerung nach der Schlacht bei Elsnig aufs Schlachtfeld ritt,
stieg er auf dem rechten Flügel vom Pferde und wärmte sich an dem
Feuer, welches seine Leibwache hier angezündet hatte. Die Grenadiere drängten sich herzu, umringten ihn und begannen ein Gespräch
über die Schlacht. Ein gewisser Rebiak, der bei ihm in besonderer Gunst stand, erlaubte sich die Aeußerung: „Wo sind Euer
Majestät denn während der Schlacht gewesen? Wir sind gewohnt,
daß Sie uns ins Feuer führen. Dieses Mal haben wir Sie nicht
gesehen. Es ist nicht gut, daß Euer Majestät uns verlassen."
„"Ich war auf dem linken Flügel,"" antwortete der König leutselig,
„"und konnte deßhalb nicht bei meinem Regimente sein."" Indem
er bei diesen Worten seinen Rock aufknöpfte, rollte eine Kugel aus
demselben auf die Erde, und man bemerkte an den Kleidern die
Spuren des Streiffschusses, welchen er an der Brust empfangen
hatte. Begeistert riefen die Soldaten: „Du bist noch der alte
Fritz, der jede Gefahr mit uns theilt. Für Dich sterben wir gern!
Es lebe der König!" —

Noch nach langen Jahren pflegte Friedrich in Beziehung auf
die Torgauer Schlacht das Verdienst des Majors von Lestwitz mit
den Worten anzuerkennen: „Prittwitz hat mich, Lestwitz aber
hat den Staat gerettet!" und wir schließen daraus, daß von Lestwitz zuerst die Entdeckung gemacht hat, auf welchem Wege die Süptitzer Höhen leicht zu ersteigen gewesen, was von Tempelhoff
dagegen dem Obrist-Lieutenant von Möllendorf anrechnet.

Die Folgen der Torgauer Schlacht waren für Friedrich außerordentlich günstig. Nach einem Feldzuge, in welchem man seine Hilfsquellen völlig zerstört zu haben glaubte, in welchem sein Land eine Zeitlang fast gänzlich in die Hände seiner Feinde gekommen war, gab ihm dieser Triumph die Geißel eines günstigen Erfolges — das arme Sachsenland — zurück, scheuchte dieser Sieg die fernen Russen über die Weichsel, die Pfälzer unter ihrem „Schwabenkönige" Carl von Würtemberg von dem Kriegsschauplatz, die Reichstruppen bis hinter das Erzgebirge, gab ihm derselbe Gelegenheit, Hilfstruppen gegen die Schweden zu senden, durch welche diese in ihr Land zurückgetrieben wurden, und bestimmte er Laudon, von der Berennung Cosels und der Plünderung Schlesiens abzulassen. Meklenburg kam wieder in Preußische Gewalt und rüstete mit seinem Herzblute die Preußischen Heere; Sachsen zahlte von Neuem nun schon den Ertrag des Landes aus der Zeit eines jüngeren Geschlechts, und einzelne Städte, z. B. Leipzig, büßten die Tyrannei und Blutgier, welche man in Brandenburgischen Städten verübt hatte, mit dem Einsatz ihrer theuersten Pfänder. Nur Dresden und ein kleiner Theil des Sächsischen Landes blieben im Oestreichischen Besitz.

Der Herzog Ferdinand von Braunschweig kämpfte in diesem Jahre mit einem kriegserfahrenen Gegner, dem Herzog von Broglio; aber trotz der großen Uebermacht der Feinde wußte er dennoch im kleinen Kriege meist dem Feinde Abbruch zu thun, fiel zuweilen über einzelne Detaschements des Französischen Heeres her und fügte diesem mancherlei Schaden zu. Er war im Ganzen 70,000, die Franzosen waren 130,000 Mann stark; doch herrschte in dem Heere der letzteren Uneinigkeit, Neid und Zwietracht. Das Treffen bei Corbach, welches der Erbprinz den Franzosen am 19ten Juli lieferte, fiel zwar siegreich für die Franzosen aus, brachte aber dem tapfern Braunschweiger wegen seiner bewiesenen Standhaftigkeit Ehre und Ruhm; auch rächte er bei Emsdorf am 16ten Juli die Schlappe von Corbach durch den siegreichen Ueberfall des General Glaubitz, den er mit circa 3000 Mann, unter ihnen den Prinzen von Anhalt-Cöthen, gefangen nahm. Ebenso siegreich kämpfte Ferdinand über das Corps des Grafen von St. Germain, welches zur Zeit der Chevalier du Muy befehligte. Letzteres sollte den Herzog Ferdinand von der Diemel vertreiben, während Broglio Cassel bedrohen wollte. Da ging Ferdinand dem Chevalier du Muy auf den Hals und schlug ihn am 31sten Juli bei Warburg aufs Haupt. Leider besetzte Broglio an demselben Tage Cassel, indem Kielmannsegge vor der Uebermacht desselben sich zurückziehen mußte. Von jetzt an beschränkte sich der Feldzug zwischen beiden Theilen auf den kleinen Krieg; — Ferdinand verstand es, das Heer Broglios in Schach zu halten, und doch Hannover und die Wesergegend möglichst zu beschützen. Auf Pitts Betrieb mußte sogar der Erbprinz Ende September noch eine Diversion nach dem Rheine machen, Wesel bedrohen und das linke Rheinufer beunruhigen. Dagegen unterblieb eine ernstliche Unternehmung gegen Cassel zum Verdruß Friedrichs. Bei Klostercampen kam es am 16ten October zwischen dem Erbprinzen und dem General Marquis de Castries zu einem Treffen, in welchem dieser Sieger blieb. Als endlich der nahende Winter beiden Theilen Ruhe gebot, lagen die Franzosen um Cassel und am Rheine, die Verbündeten an der Lippe, Diemel und Weser.

Friedrich selbst verlebte den Winter unter den gewohnten obleren Lebensgenüssen in anscheinender Sorglosigkeit zu Leipzig. Sein alter Concertist Fasch kam, um mit ihm Flöte zu blasen; der Marquis d'Argens, um, wie sonst, die Abende zu verplaudern. Als dieser eines Abends in des Königs Zimmer trat, fand er ihn auf dem platten Boden mit einem Stöckchen bewehrt, wie er bei der Abendmahlzeit seiner Hunde Ordnung hielt und dem Lieblinge die besten Bissen zuschob. Der Marquis trat erstaunt einen Schritt zurück, schlug die Hände voll Verwunderung zusammen und rief aus: „Wie werden sich doch jetzt die fünf großen Mächte von Europa, die sich wider den Marquis de Brandebourg verschworen haben, den Kopf zerbrechen, was er jetzt thue? Sie werden etwa glauben, er mache einen für sie gefährlichen Plan zum nächsten Feldzuge, er sammle die Fonds, um dazu Geld genug zu haben, oder besorge die Magazine für Mann und Pferde, oder er entwerfe Negoziationen, um seine Feinde zu trennen und sich neue Alliirte zu schaffen. Nichts von dem Allen! Er sitzt ruhig in seinem Zimmer und — füttert seine Hunde. —

Bemerkenswerth ist das Winterquartier Friedrichs noch durch seine bekannte Unterredung mit Gellert, dem er den Preis vor Gottsched zuerkennt. Ueberhaupt hat Gellert auf Friedrich einen angenehmen Eindruck gemacht; er nennt ihn „den vernünftigsten unter allen deutschen Gelehrten." Der schüchterne, bescheidene Gellert hält sich an Sirachs Sittenspruch: „Dränge dich nicht zu den Königen!" und kehrt nicht zurück, obgleich ihm Friedrich noch nachgerufen: „Nun, komm Er bald wieder!" — Wenn nichts Anderes, so wird uns doch auch aus dieser Anecdote das einleuchtend, daß dem geistesgroßen Könige die geistigen Bestrebungen seines Vaterlandes keinesweges so fremd geblieben waren, als seine Feinde uns glauben machen wollen. —

Feldzug — 1761.

Bereits am 25sten October 1760 war Georg II. von diesem Schauplatze irdischer Bestrebungen abgetreten und hatte die reiche Krone Englands seinem jugendlichen Enkel Georg III. überlassen. Während der ersten Monate der Regierung des jungen Fürsten lenkte Pitt noch mit sicherer Hand das Steuerruder dieses kolossalen Staatsschiffes und erntete für seinen Monarchen alle jene Triumphe ein, welche die Zertrümmerung der Französischen Seemacht, die Eroberung ihrer Colonien, die Zerstörung ihres Nationalwohlstandes in England erregten. Noch einmal befestigte Pitt den mit Friedrich geschlossenen Bund und schaffte vom Parlamente die Mittel, von Neuem gegen die Verschwörung Europas sich kräftig zu wappnen. Zwar schien Frankreich diesmal ernstlicher den Frieden zu begehren. Einem so gewaltigen Schrei des Unwillens, der im Lande über das Unsinnige, Unheilbringende und Niederträchtige der gegängelten Cabinetspolitik sich aller Orten Luft machte, sah sich Choiseul genöthigt, nachzugeben; das Volk wollte den Frieden, wollte wenigstens nicht solchen Krieg, in welchem die Ehre und das Blut des Landes an die erkaufte Laune einer Maitresse, an die Schande und den Geiz feiler Höflinge veräußert wurden: — also ließ er laut die Stimme des Friedens erschallen und lud die Parteien zur Verständigung und Einigung ein. — Aber keiner der Parteien, welche das Schwert gegen Friedrich gezogen hatten, vielleicht Schweden ausgenommen, war es Ernst, Frieden zu schließen. Vielmehr hoffte jetzt Oestreich, das aus seiner unerschöpflichen Erde die Mittel zur

Fortsetzung des Kampfes herbeischaffte, mit neu gerüsteten Heeren den erschöpften Gegner, „den Zerstörer der öffentlichen Ruhe, den Feind des Friedens" in den Staub zu treten, und wenn es daher scheinbar seine Genehmigung zu den Friedensunterhandlungen ertheilte, ja sogar Augsburg als Congreßstadt vorschlug, so drang es doch nicht minder eifrig auf die Fortführung der Kriegsoperationen, um günstigere Bedingungen des Friedens zu erzwingen.

In Rußland waren die Zustände dieselben, wie früher. Zwar ließ die zunehmende Krankheit Elisabeths ihr Lebensende sehr nahe erscheinen; aber jeder Athemzug der rachsüchtigen Feindinn drohte dem Könige Verderben, und es gelang der Partei seiner Feinde, noch einmal alle Kräfte dieses ungeheuren Staates gegen ihn aufzustacheln, ein stärkeres Heer auszurüsten und es bei der sterbenden Kaiserin zur Ehrensache zu machen, den verhaßten Gegner gänzlich zu verderben. Hätten nicht die Anführer des Heeres mit steter Rücksicht auf die bekannten Neigungen und Ansichten des Thronfolgers gehandelt, so würde der Standhaftigkeit unsers hochherzigen Helden dennoch schwerlich ein so ehrenhafter Preis geworden sein.

Daß die Hofpartei in Frankreich ebenso eifrig dem Frieden entgegen arbeitete, als das Französische Volk ihn wünschte, bedarf hier keiner besondern Erörterung. — Als nun Choiseul England von Preußen unter Pitts Ministerium nicht abwendig machen konnte, suchte er das Gewicht seiner Partei durch den Bourbonischen Familienpakt zu vergrößern und verwickelte dadurch Spanien in den Kampf, welcher nun erst England lästig zu werden begann. — Das versetzte Friedrich in eine schreckliche Lage. Der hochherzige Pitt, angefeindet wegen der Opfer, der Sache Friedrichs gebracht, die er ja als die seines Vaterlandes erkannt hatte, mußte sein Amt niederlegen und es gelangte bald in die Hände des Graf Bute. Feile Scribler bemächtigten sich des Organs der Presse, um die Angelegenheit Englands und Preußens zu trennen und um das Englische Volk auf die Größe der Geldopfer und die Geringfügigkeit der materiellen Vortheile des Landkrieges aufmerksam zu machen. Man sagte, Friedrich schlage seine Bataillen und gewähre keine Garantien; man erinnerte daran, daß Oestreichs und Englands Interessen fast immer Hand in Hand gegangen seien; man deutete auf die Verluste, welche durch die Unterbrechungen des

Verkehrs mit der Pyrenäischen Halbinsel für England entständen, man wiederholte unaufhörlich, Friedrichs Bündniß koste zu viel, und die Summe, welche König Wilhelm einst von ganz Europa gegen Frankreich bekommen habe, sei um Vieles geringfügiger gewesen, als die Subsidien, welche man jetzt zahlen müsse; und als Pitt gegen Spanien energische Maßregeln und neue Geldbewilligungen vom Parlamente forderte, gewann die Opposition, welche um den Frieden eiferte, unterstützt vom Hofe, — und an ihrer Spitze Graf Bute — die Majorität, Pitt trat von dem Schauplatze seiner energischen, ehrenhaften Thätigkeit ab (den 5ten October 1761) und Bute begann seine Abneigung gegen die Sache Friedrichs durch Vorenthaltung der Subsidien, ja, die Treulosigkeit seiner Politik durch ehrlosen Verrath und durch einseitige Versuche, Frieden zu schließen, an den Tag zu legen. Er entblödete sich nicht, Preußen an Rußland und Oestreich zu verkaufen und auf sich die Schande zu laden, den Bundesgenossen Englands in so großer Noth, den Beschützer Hannovers, um den elendesten Preis verrathen zu haben. Diese Schmach wurde ihm aber durch den Haß des hochherzigen Englischen Volkes, durch die Veröffentlichung seiner politischen Intriguen aus dem Cabinette des Erben Elisabeths, endlich durch die Kälte des Grafen Kaunitz vergolten, welcher seine Anträge für Fallstricke ansah, um Oestreich mit Frankreich zu entzweien. Zuletzt aber mußte er doch noch mit ansehen, wie Friedrich, begünstigt durch den Umstand, daß Elisabeth starb, ohne Englands Gold einen ehrenvollen Frieden schloß, und so brachte die schiefe Politik eines ehrgeizigen Hofmannes das Land um den Gewinn und die Einsätze, weil dieser thöricht genug gewesen war, das Spiel kurz vor der Entscheidung aufzugeben.

Dieser politische Zwiespalt zwischen zwei Verbündeten, welche seit Jahren mit den größten Opfern einander beigestanden hatten und deren Vortheil es gewesen wäre, um jeden Preis mit einander auszuharren, kam zwar erst in den letzten Monaten dieses Jahres zum offenen Ausbruch; allein bereits mit dem Tode Georg II. begann die Hofpartei ihren lähmenden Einfluß auszuüben, und das freche Geschrei der erkauften Presse, welches die Ohren mit der Aufzählung der an Preußen verausgabten Schillinge betäubte, mußte den hochherzigen Friedrich wegen des Krämersinnes, der sich dadurch Luft machte, anwidern und die Bande lösen, welche England und Preußen bis dahin fest umschlungen hatten. Säete doch die von oben her gelähmte Thätigkeit Ferdinands schon jetzt selbst Mißtrauen und Uneinigkeit zwischen diesen und seinen Meister, welche späterhin sogar zum offenen Bruche kommen sollten! —

Unterdessen zahlte England für diesen Feldzug nach wie vor die versprochenen Subsidien, und Friedrich begann, trotz des Congresses, sein Heer wie gewöhnlich zu rüsten. Auch erschien dies sehr nöthig; denn in Augsburg wollte man zunächst von Seiten Englands und Preußens den Kaiser nicht als Repräsentanten des Deutschen Reichs bei den Friedensunterhandlungen anerkennen, und als derselbe dennoch im Fürstenrathe dazu erwählt wurde, kamen so wunderliche Vorschläge und so harte Bedingungen an Friedrich, — der Westphälische Friede die Basis aller Unterhandlung; Entschädigung für die Kriegsopfer an alle Betheiligten; Einlösung des geringhaltigen Geldes; Berichtigung der rückständigen Kammerzieler ꝛc. — daß Friedrich wohl einsah, er könne nur mit der Schärfe des Schwertes die Knäuel so verworrener Interessen trennen. — Auch hatten die Feinde sich gut genug gerüstet, und ihr Operationsplan hatte mehr Einheit, als je. An 300,000 Mann waren wieder effectiv ihm gegenüber gestellt, und er konnte dagegen mit Ferdinands Corps höchstens 160 — 170,000 zusammenbringen. Und was für Mannschaft war jetzt schon im Preußischen Heere! — „Kriegsgefangene" — sagt die gründliche und ausführliche einleitende Darstellung der Offiziere des großen Generalstabes — „Kriegsgefangene, Deserteurs, mit Gewalt ausgehobene Unterthanen fremder Mächte, welche die Streifzüge Preußischer Truppen einbrachten, regelmäßig ausgeschriebene Recruten aus den Ländern des Kurfürsten von Sachsen, der Anhaltinischen, Mecklenburgischen und anderer Fürsten, spärlich mit Landeskindern untermischt, lieferten die Mittel, die Regimenter soviel wie möglich vollzählig zu machen. Selbst Offiziere suchte man so zu erhalten, wenigstens finden sich noch Befehle an Schenckendorf vor, dem der König auftrug, auch tüchtige Landjunker, die sich zu Offizieren eignen könnten, mit den Recruten auszuheben." Es konnte nicht fehlen, daß der Geist dieser Truppen und ihr innerer Werth tief gesunken war, wie denn die strengste Disciplin nöthig wurde, um sie einigermaßen in Ordnung zu erhalten. Es finden sich viele Beispiele großer Demoralisation, besonders unter dem zusammengelaufenen Gesindel der sogenannten Freibataillone, welche vorzugsweise vermehrt wurden, um den leichten Truppen der Oestreicher das Gegengewicht zu halten. Das Mißtrauen, welches im Allgemeinen gegen die Treue und Bravour solcher Truppen gehegt wurde, rechtfertigte sich auch, indem nicht selten Meuterei und Desertion in Massen statt fand. „So ging das Bataillon Lababie während eines Gefechts und nach Ermordung mehrer Offiziere in Wehr und Waffen zum Feinde über; vom Bataillon Wunsch verließen ein Offizier und einige 90 Mann die Reihen während eines Gefechts; von einem andern Bataillon mußten mehre Unteroffiziere und Soldaten erschossen werden, um den Geist der Meuterei zu unterbrücken, anderer kleinen Vorfälle nicht zu gedenken. Von militairischer Zucht und Ordnung hatten sie nur ziemlich laxe Begriffe, und es darf als ein Zug ihrer rohen Ungebundenheit angeführt werden, daß ein Freibataillon von nur 200 und einigen Mann einst allein 50 Wagen Marketender, Weiber und betrunkener Leute mit sich führte."*)

Die Schwierigkeit, die nöthigen Ressourcen zur Fortsetzung des Kampfes aufzufinden, da seine Staaten und die besetzten Länder bis zur Erschöpfung ausgesogen waren, — der letzte Feldzug hatte 7¼ Millionen gekostet! — ebenso die Betrachtung der Soldateska, mit welcher er die Fortsetzung des Kampfes wagen sollte, hatte in **Friedrich** eine Seelenstimmung hervorgerufen, welche wir jetzt noch mit dem tiefsten Mitgefühl aus seinen Briefen erkennen. Aber trotz des Zagens an einem glücklichen Ausgange bewahrt er sich immer noch den edlen Trotz, die Waffen so lange zu führen, als sie ihm nicht gänzlich aus den Händen gewunden sind, und entwickelt eine Thätigkeit, welche gleich unermüdet sich den Interessen des Ganzen, wie den kleinlichsten Angelegenheiten zur Ausrüstung einer Compagnie, ja zur Ausbildung eines Recruten sich zuwendet. Viele seiner Getreuen verzweifelten aber gänzlich und gaben die Sache ihres Vaterlandes verloren. Man lese nur **Möllendorfs** Briefe in Preuß, Geschichte **Friedrichs**: (Band 4 pag. 407) „Breslau den 12. Dec. 1761. „Es ist nicht möglich, daß der Krieg noch ein Jahr dauert. Wir sind zu Ende, ach, und ich fürchte das Schlimmste! — Nicht wegen der Menge unserer Feinde, nein, mein Freund, einzig wegen

---

*) Geschichte des 7jährigen Krieges in einer Reihe von Vorlesungen mit Benutzung authentischer Quellen bearbeitet von den Offizieren des großen Generalstabes. Theil 5. Seite 31. ff.

der schlechten Beschaffenheit unseres Heeres. Hätten unsre Feinde Söldlinge in unsern Diensten, so würden mich solche Erscheinungen nicht befremden, aber unter den obwaltenden Umständen muß ich darüber erstaunen, und es scheint mir, daß Viele entweder aus Eigennutz oder Dummheit wie Blinde handeln. Einer wie der Andere ist ein Schurke. O, mein Freund, wie schrecklich ist es, wenn man ein Unglück voraussieht, in welches man sich stürzen muß, das abzuwenden wäre, wenn einem nicht entgegengearbeitet würde! — Schrecklich, schrecklich! Ehrenhaftigkeit, Gerechtigkeit, Uneigennützigkeit, — diese erhabenen Tugenden unserer Vorfahren, ach, man kennt sie nicht mehr bei uns. Der Name „öffentliches Wohl" ist ein leeres Wort; man weiß nur von Privatinteressen. Man erröthet nicht mehr über die Schande; man hilft sich, indem man ihr einen andern Namen giebt. Sonst hätte die geringste solcher Handlungen den Strick verdient; — jetzt trägt man den Kopf bei diesen Schandthaten noch ganz hoch und frei zur Schau." —

Und an einer andern Stelle: „Die Privatinteressen mit ihren widerstreitenden Bestrebungen stürzen uns ins Verderben. Niemand wird im Großen und Kleinen durch die Rücksicht auf das wahre Gute geleitet, und noch jetzt fürchte ich weniger die Ueberlegenheit des Feindes, als unsere innere Desorganisation. Der Soldat kann nicht leben; er entbehrt des Nothwendigsten; nun fängt er an zu stehlen; er erniedrigt sich zum ehrlosen Straßenräuber und diese Ehrlosigkeit stempelt ihn zur feigen Memme. — Das lockert natürlich auch die Bande der Disciplin, jener wahren und fast einzigen Stütze der Armeen. Der Offizier befindet sich in demselben Falle und fast auf dem Punkte, daß er sein Ehrenwort und seinen Ruf vergißt. Er bestiehlt das Land und endigt damit, den König zu betrügen; selbst der Ehrenmann kann dies nicht weiter verhindern, weil er die Unmöglichkeit einsieht, anders zu subsistiren. Der Hauptmann ist verpflichtet, für die Kleidung des Soldaten das Doppelte zu bezahlen, was ihm der König dafür gut thut. Woher soll er's bekommen? — Natürlich auf unerlaubten Wegen, für welche man keine Grenzen zu setzen vermag. Leider vermehrt sich dieser Uebelstand von Tag zu Tage, und man sieht keine Möglichkeit, demselben zu steuern. Das ist in wenig Worten der Krater, über dem wir stehen ꝛc." —

Trauriges Bild einer beklagenswerthen Zeit! Wir wollen hoffen, daß der Unmuth und die Entrüstung des patriotisch gesinnten

Ehrenmannes an den grellen Farben eines so abschreckenden Bildes
vorzüglichen Antheil hat, worauf das intime Verhältniß Möllendorfs mit dem General von Saldern vorzüglich schließen läßt.
Dieser war nämlich trotz der Torgauer Schlacht bei **Friedrich** in
Ungnade gefallen und siechte seitdem, durch die Verhältnisse geistig
beprimirt, in ziemlicher Unthätigkeit, so daß seine Freunde und auch
Möllendorf fürchteten, er werde das Heer ganz verlassen müssen.
Solchen Männern fraß der Makel, welchen das Offiziercorps und
das Heer auf sich zu dulden anfingen, am Herzen, und sie erblickten
in dieser Handlungsweise die traurigen Anzeichen einer allgemeinen
Auflösung, die man nicht verhindern könne. Man begreift die Tiefe
ihres sittlichen Zornes, wenn man folgende Anekdote hört, deren
Wahrheit verbürgt ist: —

Bekanntlich gab Friedrich im Februar 1761 den Befehl, das
Sächsische Jagdschloß Hubertsburg, an dessen Namen späterhin sich
so segensreiche Bürgschaften knüpfen sollten, zu verwüsten und an
diesem „**Herzblatt des Königs von Sachsen**" die Greuel zu
vergelten, welche im letzten Jahre zu Charlottenburg ꝛc. böswilliger
Weise durch Sächsische Truppen verübt waren. — Es geschah dies
freilich erst, als **Friedrich** die Ueberzeugung gewonnen hatte, daß
sich der Sächsisch-Polnische Hof jener Verwüstungen freue; — dennoch verunstaltet dieser Zug der Rache das hehre Bild **Friedrichs**
also, daß wir ihn gern verhüllen, am liebsten die That ungeschehen
machen möchten. Einige werden achselzuckend sprechen: „C'est la
guerre!" — Andere mögen ihn mit dem Vergeltungsrechte entschuldigen, das da predigt: „Auge um Auge, Zahn um Zahn!" — wir
wollen, die Thatsache selbst der Beurtheilung des Lesers Preis gebend, auf den Gemüthszustand **Friedrichs** entschuldigend Rücksicht
nehmen, welcher in der beispiellosesten Bedrängniß, die sich täglich
mehrte, eine vorurtheilsfreie, auf die Basis der christlichen Moral
gegründete Handlungsweise kaum immer zulassen konnte. In der
leidenschaftlichen Aufregung, in welcher man sich damals befand, wo
man die höchsten Offiziere das Unglück ihrer Kriegsgefangenschaft
in den Kerkern der Verbrecher büßen ließ, wo man wehrlose Bürger[*]),

---

[*]) Aus **Küsters Lebensrettungen Friedrichs**, pag. 141: Der muthmaß-
liche Entdecker der großen Coalition gegen **Friedrich**, Geheime Legationsrath
Pliesmann, wurde 1757 zu Hoff im Voigtlande, wo er den Briefwechsel des

weil sie Preußen waren, Jahre lang in feuchte, tobbringende Höhlen warf, wo jedes Mittel Billigung fand, wenn es nur dem einen Ziele der Demüthigung und Bezwingung Friedrichs zuzuführen schien, wo man die Grausamkeit des Krieges zu vermehren und die Noth und Bedrängniß, die Unsicherheit der Zustände, die Gefahr des Besitzes zu verschlimmern sich nicht scheute, mochte die Plünderung des Jagdschlosses den Groll des Hofes außerordentlich steigern. Freilich im Verhältniß zu den Kriegslasten des unglücklichen Sachsenlandes, zu den Opfern, welche die Sächsischen Unterthanen zu bringen gezwungen waren, erscheint dieser Gegenstand der Erwähnung nicht werth. Aber daß Friedrich diese Plünderung in leidenschaftlicher Aufregung anbefahl, — das ist es, was die Handlung zu einem Flecken seines Charakters stempelt. Es ist dieser Zug denn auch eine der frühesten Spuren jener abstoßenden Härte, welche mit dem zunehmenden Alter immer sichtbarer in Friedrichs Charakter hervortrat, und zu welcher ihn ebenso die Drangsale eines Kampfes mit der halben Welt, als die Armuth seines Familienlebens und der Betrug derer gezwungen hatten, welchen er früher mit jugendlicher Offenheit entgegengekommen war. —

Im Frühjahr 1761 rief Friedrich — so erzählt Küster in den Charakterzügen des Generals Saldern — diesen General zu sich und sprach: „Er geht morgen mit einem Detaschement Infanterie und Cavallerie in aller Stille nach Hubertsburg, besetzt das Schloß, läßt alle geldwerthe Meubles aufschreiben und einpacken.

Königs mit der Markgräfinn von Baireuth unterhielt, von Oestreichischen Soldaten unvermuthet aufgehoben und nach Wien in ein tiefes Gefängniß geschleppt. Der König forderte ihn zurück; man leugnete aber seine Anwesenheit. Indeß gelang es der Familie Plesmann zu Magdeburg, zu erfahren, daß der treue Diener des Königs im Stockhause zu Wien seit drei Jahren in einem durch Gestank und Ungeziefer schauderhaft fürchterlichen Gefängniß schmachtete. Schnell ließ der König zwei gefangene Oestreichische Offiziere arretiren und drohte diese zwei Lieblinge des Kaisers Franz in ein ähnliches Gefängniß zu legen, wenn sie nicht sogleich seinen Legationsrath Plesmann entlassen würden. Dies bewirkte die Zurücksendung des unglücklichen Opfers politischer Leidenschaftlichkeit. Er starb aber bald darauf in Folge der Leiden, welche er hatte erdulden müssen. Sein treuer Diener hatte sich freiwillig in Wien zu ihm einsperren lassen, um dem Herrn das traurige Loos der Gefangenschaft zu erleichtern.

Ich will nichts davon haben; ich werde das daraus gelöste Geld dem Lazareth assigniren, und ihn nicht vergessen."

Salbern. „Ew. Majestät halten zu Gnaden, das ist gegen meine Ehre und Eid."

„Er würde Recht haben," antwortete der König noch mit gelassener Stimme, „wenn ich dieses desperate Mittel nicht zu einem guten Zwecke gebrauchen wollte. Aber höre Er einmal: der Kopf der großen Herren fühlt es nicht, wenn den Unterthanen die Haare ausgerauft werden; man muß sie da angreifen, wo es ihnen selbst wehe thut."

Indem der König die letzten Worte schon mit gehobener Stimme sprach, wiederholte er seinen Befehl gegen Salbern.

Mit der gewohnten Bescheidenheit, aber auch mit männlicher Festigkeit erwiederte Salbern: „Ew. Majestät schicken mich stehenden Fußes den Feind und dessen Batterien anzugreifen; so werde ich herzhaft gehorchen: aber wider die Ehre, Eid und Pflicht kann ich nicht — darf ich nicht!"

Bei einer nochmaligen Demonstration des Monarchen blieb Salbern consequent in seiner Weigerung, indem er hinzusetzte: „Zu dieser Commission werden Ew. Majestät leicht einen Andern setzen können." Der König aber wandte sich mit ungnädigem Antlitz ab und sagte: „Salbern, Er will nicht reich werden."

Erst nach dem Frieden gelangte Salberns ehrenhafter Sinn und hoher Werth wieder bei dem Könige zur vollen Geltung, und er blieb bis zu Friedrichs Tode in dessen Gunst.

Es ist bekannt, daß der Major Quintus Icilius diesen Auftrag mit seinem Freibataillon ausführte; ebenso, daß weder dieser, noch seine Mannschaft, den Flecken von ihrem Rufe abwaschen konnten, welcher ihnen daraus anklebte; ja daß Friedrich selbst seinen Gesellschafter Quintus Icilius nicht selten deswegen geißelte. Die gemachte Beute fiel übrigens größtentheils in die Taschen des Commandos; nur 100,000 Thaler waren sie angewiesen, den Lazarethen auszuzahlen. Urkundlich ist, daß der König 1764 seinen Günstling Quintus Icilius, als er um Vergütigung ausgelegter Werbegelder bat, mit den Worten eigenhändig beschied: „Seine Officiers haben wie die Raben gestohlen Sie Krigen nichts."

Haben wir im Vorstehenden die Schattenseite eines Heeres herausgekehrt, dessen Thaten auch unter solchen Umständen noch die Bewunderung der Nachwelt verdienen, so geschah dies, um den Lesern zu veranschaulichen, wie kräftig Friedrichs Geist und wie gewaltig sein persönlicher Einfluß gewesen sein muß. — "Nicht das Preußische Heer," sagt Napoleon, "hat sieben Jahre lang Preußen gegen die drei größten Mächte Europas vertheidigt, sondern Friedrich der Große."

Hören wir nun die Pläne, welche seine Feinde für dieses Jahr gegen ihn entworfen hatten, und seine Maßregeln dagegen, — am liebsten aus seinem Munde. Er sagt: "Frankreich beschloß, mit zwei Armeen gegen Herzog Ferdinand zu agiren; die Niederrheinische sollte sich Münsters bemeistern, die Main-Armee unter Broglio über Göttingen ins Hannöversche eindringen. Laudon hatte vom Wiener Hofe die Weisung, in Schlesien einen Belagerungskrieg zu führen, worin die Russen ihn unterstützen sollten. Diese wollten ihre Hauptstreitkräfte an die Warthe hin verlegen, wo sie Posen als Mittelpunkt ihrer Stellung wählten; von da aus sollte der das Heer befehligende Marschall Alexander Borisowitz Graf Buturlin, je nachdem es die Oestreichischen Generale für angemessen finden würden, nach Schlesien hin agiren, während Romanzow mit einem Detaschement, von der Russischen und Schwedischen Flotte unterstützt, Colberg belagern sollte. Daun behielt sich die entscheidenden Schritte vor. Seine Armee war gleichsam das Magazin, aus welchem die Verstärkungen dahin abgingen, wo man derselben bedurfte."

"Auf Seiten des Königs und seiner Verbündeten war es unmöglich, hinreichende Anstalten zu treffen um sich den Plänen und Anstrengungen dieser große Menge Feinde mit Sicherheit zu widersetzen. Herzog Ferdinand übertrug dem Erbprinzen die Deckung des Münsterschen Gebietes gegen die Angriffe Soubise's und er selbst nahm als Hauptpunkt Paderborn, um den Erbprinzen leicht unterstützen, oder auch Broglio, falls er es wagte, über die Weser zu gehen und ins Hannöversche Land einzudringen, im Rücken nehmen zu können. Der König übertrug die Sächsische Armee seinem Bruder, dem Prinzen Heinrich, und empfahl ihm, Daun zu beobachten, und falls dieser nach Schlesien zöge, ihm mit einem Theile seiner Truppen zu folgen und Hülsen mit einem Detaschement in Meißen zu lassen, damit er sich, so gut die Umstände es erlaubten, in Sachsen hielte.

Der König übernahm die Vertheidigung Schlesiens. Er gab Golz die Bestimmung, mit 12,000 Mann Glogau zu decken. Der Prinz von Würtemberg, welcher im Meklenburgischen überwintert hatte, ward angewiesen, mit seinen Truppen Colberg zu decken, und man ließ eiligst an dem verschanzten Lager um diese Stadt arbeiten. Man sah voraus, daß, wenn den Russen diese Belagerung mißglückte, sie in die Kurmark oder nach Schlesien ziehen könnten. Für den ersten Fall hatten der Prinz von Würtemberg und Golz Befehl, sich bei Frankfurt zu vereinigen, um Berlin zu decken, wohin diejenige der beiden großen Armeen, welche am wenigsten beschäftigt wäre, ihnen Hilfe senden würde; im andern Falle hatte Golz Anweisung, Glogau oder Breslau zu decken, je nachdem eine dieser Städte dessen am bedürftigsten sein würde." So weit Friedrich. —

Man ersieht, daß es um die Sache Friedrichs schlimmer stand, als jemals. Die Gewalt des Stromes, gegen welchen er sich stemmte, war gewachsen, die Kraft des Widerstandes war bedeutend verringert. Von den Küsten des baltischen Meeres bis an die Ufer des Rheines eine lange Operationslinie, die wegen der Schwäche der Vertheidigungsmittel fast überall durchbrochen werden konnte. In der That endigte der Feldzug nach den heldenmüthigsten Anstrengungen der Preußen mit dem Verluste Colbergs und der Erstürmung Schweidnitz', so daß die Russen zum ersten Male für den Winter in Pommern, die Oestreicher in Schlesien festen Fuß fassen und somit den Untergang Friedrichs im folgenden Jahre um so sicherer muthmaßen und vorbereiten konnten. — Die Erfolge des Krieges konnten sich, da Friedrich eine geringere Truppenmacht befehligte und sich auf die Vertheidigung beschränkte, nicht mehr an blutgedüngte Schlachtfelder und außerordentliche Waffenthaten knüpfen, aber auch in der veränderten Kriegführung zeigte sich, daß er der Meister seiner Gegner sei, und nur wo er nicht persönlich zugegen war, konnten sich diese eines Erfolges rühmen. Vom April bis zum August behält Friedrich also die Oberhand, daß er Laudon verhindert, sich mit den Russen zu vereinigen; — diese sind nach Golz Tode durch Ziethen in ihren Erfolgen gleichfalls aufgehalten und erst im August, als Buturlin Breslau noch einmal einzuäschern versucht hat, gelingt es den verbündeten Heeren sich bei Striegau zu vereinigen und gemeinschaftlich gegen unsern Helden zu operiren. Aber mit der gesteigerten Gefahr wachsen Friedrichs un-

erschöpflichen Kräfte. Da das numerische Uebergewicht seiner Feinde
ihm jeden offenen Kampf verbietet, behauptet er den Boden, auf
dem er steht, im verschanzten Lager bei Bunzelwitz. Keine feige
Flucht, kein muthloses Zurückweichen vor der doppelten Uebermacht; —
nicht einen Fußbreit Terrain giebt er Preis! — Seine Feinde haben
die ersten Tage in unbegreiflicher Unthätigkeit verstreichen lassen, und
nun sind schnell nach den Regeln der Befestigungskunst mit meister-
licher Umsicht so zahlreiche Werke aufgeführt, daß Friedrich hinter
denselben mit einiger Sicherheit Stand halten konnte. — Das ist
das berühmte Hungerlager von Bunzelwitz, wo ihn seine Feinde
vom 20ten August bis zum 10ten September eingeschlossen hielten,
ohne etwas Anderes als einen schwachen Angriffsversuch zu wagen.
Aber obgleich Friedrichs Lage verzweifelter als je erschien, so
wars doch, als ob in solcher Noth seine Geisteskraft sich verzehnfache.
Tag und Nacht war er thätig und für das Kleinste sorgte er mit
derselben Treue wie für das Größte. „Nehmt ein Bund Stroh mit,"
hörte man ihn des Abends beim Ausreiten einmal sagen, „damit ich
nicht, wie die vorige Nacht auf der Erde schlafen muß." — Es
war natürlich, daß so zahlreiche Truppen sich nicht lange auf diesem
Punkte behaupten konnten, und als daher die Lebensmittel immer
seltener und theurer wurden, — der Scheffel Korn galt im Russischen Lager 15 Rthlr.! — überdem der General Platen den Russen
im Rücken zu operiren anfing und ihre Hilfsquellen abzuschneiden
drohte, wendete sich Buturlin wieder von Laudon ab und ging
nach Polen zurück, auf dringendes Bitten das Hilfscorps des Czernitschef bei den Oestreichern zurücklassend.

Dennoch scheiterten alle Hoffnungen auf einen günstigen Ausgang
dieses Feldzugs und am Ende des Jahres sah sich Friedrich mehr
als je bedrängt, und am Rande des Abgrunds. Zwar hatte Platen bei Gostin ein Russisches Magazin, das von 3000 Mann bedeckt war, erbeutet und 5000 Wagen verbrannt, sowie 1800 Mann
mit 7 Geschützen gefangen genommen; darauf hatte er sich nach
Pommern gewendet, um das hartbedrängte Colberg zu retten, welches
von der Seeseite durch 54 Russische und Schwedische Kriegsschiffe,
vom Lande aus durch das Heer Romanzow's bombardirt wurde,
und das durch das Hilfscorps des Prinzen Eugen von Würtemberg und des tapfern Werner bis jetzt noch sich gehalten
hatte: — allein ihm folgte auch Buturlin mit der Russischen Haupt-

macht und trotz der größten Anstrengungen der Preußen, mußte Heyden, der furchtlose Commandant der Festung, endlich durch Hunger bezwungen und von Munition entblößt, am 16ten December Colbergs Thore öffnen, und zum ersten Male konnten die Russen für den Winter festen Fuß in Pommern und der Neumark fassen. — Den Oestreichern war dasselbe Spiel und derselbe Erfolg für Schlesien daselbst nach siegreicher Erstürmung der Festung Schweidnitz schon am 1ten October durch den kühnen Laudon gelungen. Als nämlich Friedrich, des Zauderns müde, durch einen verstellten Marsch die Oestreicher nach Oberschlesien locken, und sich dadurch den Weg nach Sachsen in die Winterquartiere eröffnen wollte, kamen ihm diese nicht nach, sondern Laudon warf sich auf das schwach vertheidigte Schweidnitz, erstieg die Wälle und nahm die zu schwache Besatzung gefangen. Dafür wußte aber der Hofkriegsrath zu Wien Laudon keinen Dank, weil von diesem Erfolge nichts in seinen Instructionen geschrieben stand, vielmehr fürchtete man, daß vor so viel Ruhmesglanz dieses Feldherrn der der beliebteren erbleichen könnte. Vielleicht lähmte dieß die ferneren Schritte Laudons; wenigstens sehen wir ihn am Ende des Feldzugs seine Winterquartiere das erste Mal in Schlesien und zwar in der Umgegend von Schweidnitz nehmen, ohne daß er noch sonst Etwas gegen Friedrich versucht hätte. Dieser blieb an der Oder zwischen Brieg und Glogau mit seiner Armee stehn.

So hatte denn nur Prinz Heinrich in Sachsen durch geschickte Manöver gegen die Oestreicher unter Daun, gegen die Reichstruppen unter Prinz Stollberg und Serbelloni und gegen die Sachsen unter Prinz Albrecht das Feld glücklich und rühmlich behauptet, auch Stutterheim und Belling waren gegen die Schweden ziemlich siegreich gewesen; — aber die Länder Friedrichs waren mehr als je in seiner Feinde Gewalt, und diese säumten nicht, die letzten Tropfen Blut aus dem ausseufzenden Herzen heraus zu pressen. —

Der Raum gestattet bei Weitem nicht, alle einzelnen Gefechte und strategischen Bewegungen der Armeen mitzutheilen, und so läßt sich auch von dem Herzog Ferdinand nur rühmen, daß er im Verein mit dem Erbprinzen in diesem Jahre der zahlreichen Uebermacht glücklichen Widerstand geleistet und durch wohlberechnete Combinationen, denen freilich inneres Zerwürfniß Broglio's und Soubifes zu Hülfe kam, die Anschläge der Feinde auf Hannover und Braunschweig vernichtet habe. Am 15ten Juli hatte er den heftigsten Angriff der feindlichen Heere bei Villingshausen zu bestehen, ging Tages darauf, als die Franzosen die Schlacht erneuerten, zum siegreichen Angriff über und jagte die Feinde, welche einen Verlust von 5000 Mann hatten, in die Flucht. Von diesem Augenblicke haßten sich Broglio und Soubise nur um so heftiger und diese Uneinigkeit säete zum Vortheil der Verbündeten eitel Unheil in ihre wohlberechneten Pläne. — Als der Feldzug zu Ende ging, hatten 130,000 Franzosen den 70,000 Engländern und Deutschen nichts Erhebliches zufügen können; nur Ostfrießland war mehr als je in diesem Feldzuge geplündert worden.

Wir können Friedrich nicht in die Winterquartiere von Breslau folgen, bevor wir hier nicht umständlicher einer Begebenheit Erwähnung gethan haben werden, durch welche, wenn nicht seine gekrönten Gegner compromittirt sind, doch seine persönlichen Feinde wegen der Niedrigkeit ihrer Rachsucht und des Abscheulichen ihrer Handlungsweise sich selbst gebrandmarkt haben: — wir meinen den beabsichtigten Verrath des Baron von Warkotsch im November 1761.

Der Baron Heinrich Gottlob von Warkotsch, früher Hauptmann in östreichschen Diensten, hatte die Güter Schönbrunn, Ober- und Nieder-Rosen und Käscherei kurz vor Ausbruch des 7jährigen Krieges von seinem Bruder geerbt, ein werthvolles Eigenthum, auf welchem er glücklich und zufrieden hätte leben können, zumal er im Besitz der Gnade seines Monarchen und der Achtung vieler hochgestellten Staatsbeamten sich befand. Er war verheirathet und lutherischer Confession. Dennoch ließ er sich mit einem katholischen Geistlichen, Franz Schmidt in Siebenhuben, dem Sohne eines Bäckers zu Neiße, in ein Complott ein, den Oestreichern, namentlich dem Commandeur des Laudonschen Regiments, Oberst von Wallis, den Aufenthalt Friedrichs in der Absicht genau mitzutheilen, damit diese den König bei einem nächtlichen Ueberfall leicht gefangen nehmen möchten. Welche Motive den ehrlosen Verräther hierzu verleitet haben, läßt sich nicht genau ermitteln. Sein Jäger Mathias Kappel, das Werkzeug der Errettung Friedrichs aus einer Gefahr, die ihm dicht über dem Haupte schwebte, giebt an, daß Warkotsch mit der strengen Aufsicht der preußischen Verwaltung unzufrieden gewesen sei, und von der Oestreichschen mehr Nachsicht gegen seine tyrannische Behandlung der Unterthanen gehofft habe; — die Mittheilung einiger Geschichtschreiber, daß ihm eine Belohnung von 100,000 Dukaten zugesichert worden sei, ist nicht gegründet. Im November 1761, als sich Friedrich mit seinem Heere in der Nähe von Strehlen befand, und sein Hauptquartier in einem Hause des offenen Dorfes Waiselwitz genommen hatte, hatte es der Baron von Warkotsch durch den Unterhändler Schmidt eingeleitet, Friedrich in der Nacht zu überfallen, und ihn aufzuheben. Dieser Ueberfall konnte um so leichter bewerkstelligt werden, als Warkotsch sowohl durch seine häufige Anwesenheit im Hauptquartier die Stärke des Postens, selbst die Dislocirung desselben und die bestimmten Befehle für den Fall eines Angriffs erfahren, als auch durch seine Bekanntschaft mit der Gegend die verborgensten Wege angeben konnte, und in der That hatte ein lebhafter Briefwechsel mit dem Oberst von Wallis, welchen Schmidt aus Siebenhuben heimlich beförderte und Kappel mit diesem als Zwischenträger unterhalten mußte, Alles bestimmt vorbereitet, und ein letzter Brief sollte nun die Ausführung beschleunigen. Gerade in den Tagen des Verraths hatte Warkotsch aber durch sein persönliches Verhalten in der Nähe des Monarchen diesen mit dem Judaskuß geküßt; denn nicht allein hatte er Wohlthaten vom Könige angenommen, sondern auch Unterthanentreue geheuchelt und Liebesbeweise mit geflissentlicher Ostentation dem Monarchen dargebracht, so daß dieser in ihm einen getreuen Vasallen erblickte und bei seiner guten Meinung vom Adelstande überhaupt, eine so ehrlose Handlungsweise einem Gliede dieses bevorzugten Standes nicht zumuthen konnte. Lassen wir nun den alten Hegemeister Kappel die Geschichte selbst erzählen, wie sie in Küsters „Lebensrettungen Friedrichs" uns mitgetheilt wird: „Alle zwei Tage mußte ich in dieser Zeit mit dem Baron ins Hauptquartier reiten und öfters hatte er die Gnade, beim König seine Aufwartung zu machen. Dieser hatte für seine Person auf der Seite gegen das Gebirge in der Vorstadt sein Quartier in einem kleinen Hause genommen, und war nur von 13 Mann seiner Garde bewacht. Sonst waren in der Vorstadt keine Soldaten vorhanden, weil nur wenig Häuser in derselben befindlich sind. Nun mußte ich alle Woche einen Brief an den katholischen Geistlichen oder Curatus Schmidt nach Siebenhuben hinbringen, der ohne Aufschrift von meinem Herrn versiegelt, dem ꝛc. Schmidt durch mich eingehändigt wurde. Die Antwort überbrachte der Curatus meinem Herrn selbst, und gab ihm solche selbst in seine Hände. Ob ich gleich nicht wußte, was dieser blinde Briefwechsel zu bedeuten hatte, so wurde ich doch dagegen mißtrauisch, da ich alle Woche den Botengang wiederholen mußte. Am Ende mußte ich die Briefe an den General Wallis zwischen Münsterberg und Kloster Hennrigau hintragen unter dem Vorwand, daß mein Herr von dem General Wallis Ungarischen Wein haben wollte. Ich habe aber niemals von demselben eine schriftliche Antwort erhalten, sondern es ist mir mündlich bestellt: es würde Alles besorgt werden. Der ꝛc. Schmidt mußte alle Antworten von meinem Herrn besorgen; und wenn wir auch nicht zu Hause waren, so wartete er so lange, bis wir kamen. Bis endlich der 29te November 1761 herankam, wo ich mit meinem Herrn in Strehlen im Hauptquartier bis um 12 Uhr in der Nacht verweilte, und mein Herr verschiedene Herrn von dem Heere besuchte; am Ende auch dem geheimen Cabinetsrath Eichel seine Aufwartung machte, und zwei Stunden bei demselben verweilte. So lange mußte ich auf ihn vor des ꝛc. Eichels Quartier warten, bis ichs am Ende vor Kälte mit den Pferden nicht mehr aushalten konnte; zumal da ich kein Geräusch mit den Pferden machen durfte, da das Haus neben dem König dicht angelegen war. Indessen kommt mein Herr und ruft mich, ich sollte die Pferde bringen. Wir eilten hinter des Königs Quartier weg, über die Brücke bei der Walkmühle, den Fußsteig nach Treppendorf und daselbst vorbei, wo in dem Dorf Dragoner von Zastrow standen. Mein Herr sagte zu mir: ob ich das nicht bemerkt hätte, wie der König von Preußen so schlecht als König in seinem Quartier stände, ohne weitere Bedeckung als ungefähr 13 Mann seiner Garde. Kein östreichischer General stände so bloß als der König; wenn das die Oestreicher wüßten, so könnten sie ihn abholen und ohne alle Umstände gefangen nehmen. Ich antwortete: wer wird das den Oestreichern sagen?! -- Er sagte: ob ich denn glaubte, daß sie nicht Spions hätten? Ich antwortete demselben: wenn sie auch Spions haben, wenn es Gott nicht zugeben will, so werden sie den König nicht bekommen. Ich erhielt von dem Baron zur Antwort: ich sollte doch nicht so einfältig denken, daß sich Gott um den König bekümmern sollte; dieses wäre nur der großen Herren ihre Sache. Ich bat ihn inständig, er möchte doch nicht so laut von der Sache reden. Es könnte Jemand in der Nähe oder Patrouillen, oder Wachten unsere Reden hören, alsdann wären wir unglücklich. Ich erhielt zur Antwort: ich sollte neben ihm reiten, damit er nicht nöthig hätte, so laut zu sprechen, welches ich befolgen mußte. Hierauf sagte mein Herr zu mir: ich will euch überführen. Wie oft sind wir schon aus dem Hauptquartiere in der Nacht geritten, ohne jemals eine Patrouille, oder am Gebirge eine Wacht zu sehen? Es wäre sehr kalt, und sie wären alle in ihren Quartieren, ohne sich zu fürchten, daß Oestreicher kommen sollten, um sie anzugreifen.

Um 2 Uhr nach Mitternacht kamen wir in Schönbrunn an; — mein Herr befahl, ich sollte nur schlafen gehn, ich hätte genug frieren müssen. Da ich in meine Stube trat, sagte mir meine Frau, ich sollte mich nicht zu Bette legen, ich müßte noch einen Brief von dem Curatus Schmidt an den Baron abgeben, den der Herr noch heute haben müßte und wenn es noch so spät wäre. Es war wieder ein Brief ohne Aufschrift, den mir meine Frau gab, und dabei sagte: was denn das zu bedeuten hätte, daß keine Aufschrift auf dem Brief befindlich wäre? Ueberdem wäre der ꝛc. Schmidt den ganzen halben Tag bis auf den späten Abend bei der Baronesse gewesen, und hätte also den Brief an sie abgeben können. Auch hätte der Curatus gesagt, wenn wir spät zu Hause kommen sollten, so möchte meine Frau nur den Brief an mich abgeben, ich würde ihn schon besorgen: es wäre sehr viel daran gelegen.

Ich trug den Brief meinem Herrn in sein Schlafzimmer, ohne zu wissen, daß die Baronesse noch auf wäre, welche ich bei ihm sitzend fand, und gab den Brief dem Baron mit Vermeldung eines Compliments von ꝛc. Schmidt. Die Baronesse wurde darüber sehr aufgebracht, daß der Schmidt den ganzen halben Tag bei ihr gewesen wäre und ihr den Brief nicht gegeben. Der Baron befahl ihr, in ihr Schlafzimmer zu gehen, um auszuschlafen; sie hätte mit seinen Briefen nichts zu thun; und ich sollte auch schlafen gehn. Eine halbe Stunde hernach kam der Baron an meine Thür und rief mich bei ihm zu kommen. Er hatte ein Licht und den Brief in der Hand, welchen er mir gab, mit dem Bedeuten, ich sollte morgen früh um 4 Uhr diesen Brief an Ort und Stelle bringen. Ich fragte sogleich, ob ich auf eine Antwort warten sollte, worauf er erwiederte: es wäre nicht nöthig. Ich bat dann um die Erlaubniß, bei dem ꝛc. Schmidt, wenn ich zurück käme, in die Kirche gehen zu dürfen, weil die Katholiken gerade den Andreastag feierten. Ich erhielt die Erlaubniß." —

Nun läßt uns Kappel über die Motive seiner ferneren Handlungsweise gänzlich in Ungewißheit. War es — wie Einige behaupten — persönliche Rache an Warkotsch für die schonungslose Behandlung, daß er nach einer großen Anstrengung sogleich ohne hinlängliche Nachtruhe wieder einen Marsch machen sollte; — oder war von dem Gespräche mit Warkotsch auf dem Heimritte der Verdacht des Jägers erst durch den Brief des Schmidt zur Gewißheit gesteigert, und sein moralisches Gefühl lebendig genug, ihn beim Widerstreit der Pflichten auf den richtigen Weg zu lenken; — kurz, er erzählt, daß er nach zweistündigem Zaudern, als er seinen Herrn eingeschlafen geglaubt, das Couvert geöffnet und dadurch das boshafte Complot entdeckt habe. Der Brief war überschrieben A Monsieur, Monsieur le Baron de Wallis und lautete actenmäßig also:

„Es ist nichts Veränderlich vorgefallen. Der Wagen, oder die viersitzige Kutsche stehet vor der Thüre, und mag damals wegen dem vielen Regen sein weg gebracht worden. Es ist nirgends ein Picket, auch keine Hauptwache, auch keine Marketender. Es ist das Hauptquartier nicht so pompös, wie bei Ihnen. Ich bin heute darin gewesen. Ich sah bei Tage eine Schildwache auf der Gasse, und bei der Nacht wurde ich keine gewahr, daß also aufs Höchste zwei Schildwachen vorne vorm Zimmer stehen, welches gar sehr klein ist und etwa eine bei der Thüre. Fürchten Sie sich vor nichts. Sie machen das größte Glück, und sollten Sie wider alles Vermuthen nicht reussiren; so kann Ihnen nichts widerfahren, als gefangen zu werden. So viel dient auch zur Nachricht, daß jetzt zu Pogart Jäger zu Fuß, etwa 20 bis 30 Mann, wegen der Desertion sind. Also, da sie Wegweiser haben; so ist gar nicht nöthig, über Pogarz zu gehen, sondern sie lassen solches linker Hand liegen. Morgen geht die Kriegeskasse weg und soll heute die Artillerie weggehen. Also wäre es noch zum Besten Montags in der Nacht. Denn ich kann nicht gut dafür sein, daß nicht Etwa der Vogel Dienstags in der Nacht ausfliegt. Adieu!" —

„Da ich den Brief gelesen hatte, erzählt Kappel weiter, überfiel mich ein heftiger Schauer, und ist mir schwer geworden, mich in der Lage zu laſſen, da ich mich keinem Menſchen, auch nicht meiner Frau anvertrauen durfte.*) Endlich durch eine Führung, die von einer höhern Hand gekommen ſein muß, iſt mirs gelungen, daran zu gedenken, daß ich einen evangeliſchen Prediger, Namens Gerlach, im Dorfe hatte, mit dem ich nicht umgehen durfte, da mein Herr ein abgeſagter Feind von ihm war. Dieſen bat ich, mir einen Gefallen zu erzeigen; — ich wollte ihm eine geheime Sache entdecken, die den König von Preußen anginge; ob ſeine Geſinnung mit meiner überein käme, und er mir dieſen Brief abſchreiben wollte? — Er war bereit; ich mußte ihm nur erklären, was ich damit machen wollte. Ich ſagte die Wahrheit, daß ich des Barons Brief an den König überbringen wollte, und die Abſchrift dem General Wallis überſchicken würde. Der Prediger befolgte meine Bitte mit vielen Wünſchen, daß ich glücklich durchkommen möchte.

Die Abſchrift überſchickte ich durch meinen Lehrburſchen an den General Wallis, nachdem ich ſolchen zuvörderſt mit des Barons Siegel verſiegelt hatte, und verbot meinem Lehrburſchen, wenn er zu Hauſe kommen würde, und der Baron ihn fragen möchte, wo er geweſen wäre, ſich etwas merken zu laſſen, weil ich den Brief ſelbſt hätte überbringen ſollen. Dieß that ich deßhalb, um den Baron auf feine Art in zweifelhafte Gedanken zu bringen. Ich überbrachte alſo das Originalſchreiben den 29ten November früh um 8 Uhr an meinen König nach Strehlen.

Bei meiner Ankunft — ich hatte mir unterwegs ein Pferd geborgt, um geſchwinder fortzukommen — fand ich des Königs Wagen vor der Thür, band mein Pferd an den Wagen, und ging geradezu in des Königs Quartier, wollte auch ſogleich in das Zimmer, wo der König war. Ich wurde aber durch ſeine Leibwache abgewieſen; — „es wäre nicht ſogleich viel, geradezu bei dem Könige hereinzugehen."

---

*) Aus den theilweiſe veröffentlichten Unterſuchungsakten wider Warkotſch ergeben ſich einzelne Unrichtigkeiten dieſer Darſtellung, welche erſt 1791 von Kappel aus dem Gedächtniß abgefaßt iſt. So hat namentlich ſeine Frau die Veranlaſſung gegeben, daß Kappel den Brief eröffnet, deſſen Inhalt ihr mitgetheilt worden; und ebenſo ſcheint ſie ihn angeſpornt zu haben, ſich in dieſer höchſt wichtigen Angelegenheit an den proteſtantiſchen Ortsgeiſtlichen Gerlach zu wenden. Das oben mitgetheilte Schreiben hat gleichfalls nicht können aus der Kappelſchen Darſtellung aufgenommen werden, ſondern iſt aus Preuß entlehnt. Kappel erzählt, wie intereſſant auch, doch offenbar beſchönigend.

Ich sagte der Wacht, ich müßte den Augenblick den König sprechen; ich hätte wichtige Sachen an ihn abzugeben. Ich erhielt zur Antwort: in der andern Stube wäre der wachthabende Offizier, bei dem sollte ich mich melden, vielleicht würde er mich beim Könige melden. Bei demselben erhielt ich eben diese Antwort: er wäre der wachthabende Offizier, aber nicht da, um Leute bei dem Könige zu melden, besonders die so verwirrt aussähen. Er sagte zu mir: ich müßte gerade über die Straße gehen, da wäre der General-Adjutant von Krusemark, der müßte mich melden. Ich sagte, ich hätte einen offenen Brief, den der König gleich haben müßte, und wenn er es nicht glauben wollte, so könnte er solchen lesen, und daraus ersehen, wie viel an der Sache gelegen wäre. Ich erhielt die Antwort: die Briefe, die der König haben müßte, dürfe er nicht lesen; ich mußte fort zum General von Krusemark, und der Offizier schickte mir einen Soldaten nach, um zu sehen, wo ich bliebe.

Der General ließ mich sogleich vor sich kommen, ich übergab demselben den Brief und erzählte ihm den Vorfall, wie es geschehen wäre. Bei diesem Gespräch zog sich der General geschwind an, und verschloß mich in seiner Stube, mit dem Bedeuten: ich mögte mich ans Fenster nicht sehen lassen, da ich in Strehlen sehr bekannt wäre, bis er selbst oder ein anderer mich abholte.

Nach einer Viertelstunde kam ein Offizier, der die Stube aufschloß und verlangte, ich sollte sogleich zum Könige kommen. Er hatte einen blauen Roquelor nebst einem Federhute bei sich; ersteren mußte ich umhängen und den Hut aufsetzen; meinen Tressenhut mußte ich in der Stube des Herrn Generals lassen. Und so wurde ich hinten durch den Garten zum Könige eingeführt. Es war kein Mensch beim Könige, als der General von Krusemark. Der König trat dichte vor mir und fragte mich: „ob ich nicht wüßte, wodurch er dieses an meinem Herrn verdient hätte?" ich antwortete dem Könige, daß ich es nicht anders wüßte, als daß mein Herr sich öfters gegen mich geäußert hätte, wie er mit der Regierung des Königs von Preußen unzufrieden wäre, weil er mit den Unterthanen nicht machen könnte, was er wollte. Der König fragte mich nach allen Umständen, welche ich nur wußte. Ich sagte demselben Alles, wie lange der Briefwechsel gedauert habe, und wie es diese Nacht kommen würde. Der König hörte mich an, ohne ein Wort zu sagen, bis er Alles gehört hatte. Dann fragte mich der König, wie lange ich dem Baron gedient hätte? — ich sagte: acht Jahr. Der König sagte, ich sollte ihm nicht mehr dienen; woher ich wäre? ich antwortete: aus Böhmen; aus was für einer Gegend? aus Mitrowitz unweit Collin unter dem Grafen von Wratislaus. Der König antwortete: mir ist die Gegend bekannt. Dann trat derselbe hart an mich heran und fragte mich: so seid Ihr wohl katholisch? ich antwortete: Ja, Ihre Majestät. Und Euer Herr ist lutherisch? Ja, Ihre Majestät. Nun sagte der König: Seht, Jäger, es giebt unter allen Religionen ehrliche Leute und Schelme. Die Sache kommt nicht von Euch selbst. Ihr seid ein bestimmtes Werkzeug für mich, von einer höhern Hand abgeschickt, und nicht Schuld daran 2c. 2c.

Es ist bekannt, daß der Baron von Warkotsch sowohl, als der Curatus Schmidt sich der Gefangennehmung durch die Flucht zu entziehen gewußt haben. Der zu diesem Auftrage kommandirte Offizier, von Rabenau, unbekannt mit der Veranlassung zu dieser Maßregel, ließ sich von dem gewandten Warkotsch täuschen, als sei dieselbe Folge einer Intrigue des Ministers von Schlabernborff wegen nicht gelieferter Fourage, gestattete dem Arrestanten, sich in seiner Kammer anzukleiden, und merkte dessen Flucht erst, als derselbe bereits ins Gebirge zu den Oestreichern entkommen war. Der Curatus Schmidt, ebenfalls schon in den Händen eines Unteroffiziers, kam auf Bürgschaft eines Abligen, in dessen Hause er verhaftet worden war, auf wenige Augenblicke aus der Aufsicht des pflichteifrigen Soldaten, und während der Unteroffizier vor dem Gemache schulterte, entwischte der schlaue Priester durch die Cloaken und entging ebenfalls der gerechten Strafe. Dem Pranger konnten sie aber nicht entlaufen, und so allgemein war die Entrüstung über die Ehrlosigkeit der Menschen, welche irgend dabei compromittirt waren, daß z. B. die Gräflich Wallis'sche Familie öffentlich bekannt machte, der Obrist gleiches Namens sei nicht mit ihr verwandt. Die Verräther Warkotsch und Schmidt wurden in effigie geviertheilt, welches Urtheil Friedrich lächelnd mit den Worten unterschrieb: „Die Portraits werden hoffentlich so wenig taugen, als die Originale!" — von Warkotsch ist bekannt geworden, daß er, erdrückt von der Verachtung aller Menschen, seine Tage von einem Oestreichischen Gnadensold fristend, in Raab gestorben ist; der Pfaffe ist in irgend einem Schlupfwinkel unsichtbar geblieben. — Kappel erhielt aus dem Warkotschen Vermögen, welches confiscirt und für Erziehungszwecke verwendet wurde, eine kleine Geldunterstützung und übernahm die, seinen Kenntnissen angemessene Forstbedienung eines Königlichen Hegemeisters zu Quaden-Germendorf, Amts Oranienburg, in welchem Posten ihm 1781 Friedrich zum Neubau seines Hauses 3900 Thaler hat auszahlen lassen; — sein Jägerbursche, Böhmelt, erhielt ebenfalls eine Anstellung bei Bromberg; der Prediger Gerlach eine gute Pfarre zu Tschepplowitz und Groß-Neudorf bei Brieg.

Feldzug — 1762.

Als der Verlust von Schweidnitz und Colberg und die treulose Politik Butes das Unglück Friedrichs zu so jäher Höhe hinaufgetrieben hatten, da hofften selbst seine treuesten Verehrer schon nicht mehr auf einen glücklichen Ausgang des ungleichen Kampfes, vielmehr gaben sie allgemein der Furcht Raum, mit den hinschwindenden Geldmitteln werde seine Kraft ausgehen, länger Widerstand zu leisten; — er werde, nun bald von der letzten Scholle seines Erbes vertrieben, endlich — wenn seine Standhaftigkeit ihn nicht verlasse, — als ein löwenkühner, aber trotzköpfiger Partisan auf irgend einem Schlachtfelde fallen, — und der Lohn so riesenhafter Tapferkeit, so genialer Geistesthätigkeit, solchen Heldensinnes und solcher Heldenthaten werde ihm nicht in einem ehrenvollen Frieden, sondern höchstens in der Münze von zweifelhafter Geltung gezahlt werden, mit welcher Zeitgenossen und Epigonen, etwa nach den Anforderungen ihrer Privat-Interessen, leichtfertig hauszuhalten pflegen. Mit dem Erfolge dieses Krieges hätte bei Vielen selbst der Ruhm eines Friedrich nach solchen Heldenthaten auf dem Spiele gestanden, und die Partei derer würde ungleich größer geworden sein, welche schon damals zu rufen nicht aufhörte: „Es ist Wahnsinn, der hundertfachen Uebermacht widerstehen zu wollen!" — —

Auch zehrte die Sorge in dieser Zeit von dem Lebensmarke des Helden, und der sonst sein Inneres so beherrschte, daß von den Stürmen der Leidenschaft nicht der leiseste Wellenschlag auf seinem Antlitze kund wurde, der vergrub sich vor dem Anblicke seiner treuesten Lieben in die Einsamkeit, der entsagte, als die vorzeitigen Spuren des Alters immer greller sich offenbarten, den Kunstgenüssen und allen Freuden, für welche einst sein liebereiches Gemüth empfänglich gewesen war, ja der verzagte am Leben, am Glück, an der Zukunft, an Allem, an Allem, und war bereit, wie Cato, dies Trauerspiel zu endigen.

Solcher Wüstenbrand vertrocknet alle Blumen und verzehrt die Wurzeln aller Gräser! Was Wunder, wenn wir nach so bittern Erfahrungen in Friedrich einen ganz andern Charakter erblicken! Nach so vielen Täuschungen kein Vertrauen zu den Menschen, kein Glaube — keine Liebe — keine Hoffnung! — — Gesetz, Pflicht, Verstand — das werden die Leiter seiner Handlungen, und indem er sich selbst und sein Gemüth diesem Höchsten — der Pflicht — zum Opfer bringt, löset er die Aufgabe eines Monarchen am würdigsten, und erklimmt nun wirklich die Höhe, auf welche ihn die Liebe und Begeisterung der bewundernden Menge schon längst gehoben hatten. —

Aus jener Zeit, da ihn das Englische Volk verließ, stammte auch sein Haß gegen dies Volk und dessen Institutionen; und wie schwankend seitdem der politische Magnet hier und dorthin abwich, nie zog die Faser irgend einer sympathisirenden Kraft die Nadel wieder nach dieser Insel hin, während sie auf lange Zeit unverrückt dahin zu weisen anfing, von wannen ihm in so großer Noth unerwartet Hilfe kam. Also sehen Politiker die Wurzelfäserchen eines Giftbaumes, von dem sich lange nachher zu unendlichem Gewirre die europäischen Diplomaten näschig berauschten, in dem Wasser lustig gedeihen, das die Mauern des Towers bespült, und Polen wäre nie getheilt worden, hätte Bute nicht Friedrichs Hand fahren lassen und obenein den Versuch gemacht, ihn in den Staub zu treten.

Die von Friedrich befehligte Armee war im Winter 178$\frac{3}{4}$ kaum noch 30,000 Mann stark, die Sächsische Armee unter Prinz Heinrich nicht zahlreicher, und aus welchen Truppen nun schon seine Regimenter sich rekrutirt hatten, haben wir bereits mitgetheilt. Die Englischen Subsidien blieben gänzlich aus; die eigenen Länder schienen erschöpft, die fremden besetzten Landestheile waren nicht weniger ausgesogen; — woher sollten nun noch die Mittel, woher die Rekruten kommen, um die Armee nur einigermaßen den gewaltigen Rüstungen seiner Feinde entsprechend, zu vervollständigen.

Ursache genug, um das Vertrauen der Treuesten zu erschüttern, und alle Hoffnung auf den günstigen Ausgang dieses blutigen Krieges zu ertödten, in welchem nicht die Völkerinteressen verfolgt, sondern allein den Parteiungen und den Leidenschaften der Herrscher Spielraum gegeben wurde. — Doch auch hier bewährte sich das Walten der Vorsehung, und die gnädige Obhut des Lenkers der Schicksale führte aus der verzweiflungsvollsten Noth, aus den schrecklichsten Wirren dieses Labyrinths schneller und glücklicher heraus, als irgend Jemand zu hoffen wagte.

Es war am 5ten Januar 1762 als Rußlands Kaiserinn Elisabeth Petrowna, bis zum letzten Athemzuge ihren Todhaß gegen Friedrich bewahrend, den Thron Peters des Großen verließ. Mit ihrem Tode lös'te sich die Fessel eines Bündnisses, dem zu widerstehen Friedrich nicht länger möglich gewesen wäre; ja, mit dem Thronwechsel erstand ein neues politisches System und Friedrich gewann in Peter III. einen ebenso mächtigen und treuen Bundesgenossen, als er in Elisabeth eine heftige Feindinn gehabt hatte. — Schon längst hatte Peter in Friedrich das Ideal eines Herrschers verehrt, dem seine treue Hilfe zu gewähren er längst geschworen hatte. Als ihm nun der Tod seiner Tante den unumschränkt gebietenden Scepter eines unermeßlichen Reiches in die Hände gegeben hatte, beeilte er sich, Friedrich seine dankbare Anhänglichkeit zu bethätigen. Dennoch war ihm Friedrich in Freundschaftsbeweisen schon zuvorgekommen. Schnell war sein Adjutant, der Obrist von Golz, zum Glückwunsch nach Petersburg gesandt, und hatte mit der herzlichsten Versicherung der freundschaftlichen Gesinnung seines Monarchen auch die Botschaft überbracht, daß Friedrich bereits alle Russischen Kriegsgefangene freigegeben habe. Nun werden auch die Preußen aus ihren Gefängnissen erlös't, in Petersburg erst freundlich bewirthet, wohlausgestattet und dann in die Heimath entsendet. — Man schloß in Pommern vorläufig Waffenstillstand und die Vorbereitungen eines dauerhaften Bündnisses machten sich wie von selbst, da Peter nichts behalten, vielmehr seinem Königlichen Freunde mit seiner ganzen Macht zur Wiedererlangung des Verlorenen behilflich sein wollte. Viele tausend Krieger, selbst alte, erprobte Führer, wie Manteuffel, Werner und Knobloch, kehrten zu den vaterländischen Fahnen zurück; Pommern und Preußen waren nun nicht mehr in der Gewalt der Feinde, sondern steuerten wieder in Friedrichs Cassen und sendeten mit frischer Begeisterung ihre Männer in Friedrichs Heere; ja, am 30sten Juni stieß Czernitscheff mit 24,000 Russen bei Lissa zu Friedrich, um nun an seiner Seite den Streit auskämpfen zu helfen, den er ihm gegenüber mit begonnen hatte. Schon vorher hatte Peter bei den übrigen kriegführenden Mächten zur Sühne geredet; doch nur Schweden benutzte die Gelegenheit, den unrühmlichen Kampf abzubrechen, und schloß, wie Rußland zu Petersburg am 5ten Mai, zu Hamburg am 22sten Mai einen Frieden, welcher wenigstens auch von dieser Seite den Preußischen Ländern Ruhe sicherte und es Friedrich gestattete, seine ganze Macht gegen die übrigen Feinde zu concentriren. So plötzliche Umwandlung des politischen Systemes verzögerte diesmal auch den Kampf selbst, verrückte den verbündeten Feinden die Pläne, schlug ihre sanguinischen Hoffnungen zu Boden und erhob und belebte den Muth in den Preußischen Reihen von Neuem, wenn auch Frankreich und Oestreich, ja selbst das deutsche Reich noch nicht ablassen wollten, die Erniedrigung Friedrichs zu erzwingen. Nachdem man so nahe daran gewesen war, das Spiel zu gewinnen, durfte man dasselbe schon noch nicht verloren geben. Freilich war auch die Kraft des Oestreichischen Staates der Erschöpfung nahe; die Heere waren nicht verstärkt, sondern im Vertrauen auf Rußlands energische Hilfe eher vermindert; zudem lag ein großer Theil der Oestreichischen Truppen, durch Seuchen und verheerende Krankheiten ausgemergelt, in den Lazarethen: — also ließ man, im Besitze des halben Schlesiens und der Hälfte von Sachsen, den Sommer kommen, bevor der Feldzug unter der persönlichen Anführung des wiedergenesenen Daun eröffnet wurde. Laudon war mißmuthig und voll gekränkter Eigenliebe, weil eher bestraft, als belohnt, von dem Kampfplatze abgetreten; nun wollte Daun Schweidnitz decken, und Serbelloni sollte in Sachsen Prinz Heinrich aufs Haupt schlagen.

Der Herzog Ferdinand eröffnete den Feldzug gegen die Franzosen früher. Auch bei diesen waren die Rollen aufs Neue gewechselt. Der erfahrene Broglio war verdrängt, Soubise und d'Etrées befehligten am Ober-Rhein, Prinz Condé den zweiten Heerhaufen am Nieder-Rhein. An den Tagen, den 24sten Juni bei Wilhelmsthal, und den 23sten Juli bei Lutterberg, glänzten noch einmal die Waffen des heldenmüthigen Ferdinand gegen Soubise, d'Etrées und Prinz Xaver; auch der Erbprinz von Braunschweig hielt die Gegner siegreich im Schach; ja die Krieger würfelten noch im ernsten Kriegsspiel mit einander um den Gewinn von Cassel und Ziegenhain, als unterdessen schon der Herzog von Nivernois in London und der Herzog von Bedford in Paris den kriegsmüden Fürsten und Cabinetten mit günstigem Erfolge das Nutzlose dieses Kampfes dargethan hatten, und die Präliminarien eines Friedens am 3ten November zu Fontainebleau abgeschlossen waren, durch welche Lord Bute nicht blos alle, mit Blut und Geld erkauften Vortheile des siebenjährigen Krieges, bis auf den Besitz von Canada, für England aufopferte, sondern auch treubrüchig gegen Friedrich diesen seinem Schicksale überließ und auf England die Schmach lud, die heiligsten Verpflichtungen leichtsinnig gebrochen zu haben. Betrachtet man jetzt mit unparteiischen Augen die Stipulationen dieses merkwürdigen Friedens, so weiß man nicht, ob man die Großmuth Englands gegen das gedemüthigte, aufgeopferte Frankreich mehr loben, oder die Thorheit der Englischen Diplomaten mehr tadeln soll, welche alle zahlreichen Eroberungen hingaben, und für die Opfer von 74,571,509 Pfund Sterling, um welche Summe sich die fundirte Schuld Englands im Laufe dieses Krieges vermehrte, nur Canada behielten; — ob man die Anklagen eines Junius unterschreiben darf, welcher die Minister Englands ehrloser Käuflichkeit bezüchtigte, oder im Geiste der Diplomatie jener Zeit die Gewandtheit Choiseuls, wir wollen sagen, seine Kunst zu berücken, laut und öffentlich preisen soll. — Unglückliches Jahrhundert, in welchen die Eidschwüre der Fürsten zu einander eine luftige Hypothek, die Bündnisse der Diplomaten unhaltbare Spinnegewebe, die Kanonen Rechtsgründe und die Soldaten, wie Friedrich selbst klagend ausruft, die Rechenpfennige waren, mit welchen man auf den blutgedüngten Schlachtfeldern zu spielen pflegte! —

Friedrich eröffnet den Feldzug mit den fröhlichsten Hoffnungen. Aller Muth und alle Freudigkeit eines günstigen Erfolges sind zu ihm zurückgekehrt. Er sendet Wernern nach Ober-Schle sien, zieht Prinz Eugen von Würtemberg und den Herzog von Bevern an sich, und letzterer muß in Verbindung mit Werner die Oestreicher unter Beck aus Ober-Schlesien verjagen. — Nun will **Friedrich** Schweidnitz bezwingen, das von 11,000 Oestreichern auf den Wällen vertheidigt, von 80,000 unter Daun in großer Nähe bewacht wird; — er gedenkt diesen aufs Blachfeld zu locken und zu schlagen und jene durch die Geschicklichkeit des Ingenieurs le Febvre in kurzer Zeit zu bewältigen. Aber als ob das Geschick ihn härteren Prüfungen aufbewahren, oder ihm den Ruhm ungeschmälert lassen wollte, daß er ohne die Hilfe eines Andern einzig durch sich selbst den Sieg erzwingen solle; — so traf ihn, ein Blitz aus heiterem Himmel, die Nachricht von dem Sturze, und bald auch von dem Tode seines Retters und Freundes **Peter des Dritten**. — Dieser Enthusiast und Neuerer, welcher in seinem Reiche neue Lappen auf ein altes Kleid zu flicken gedachte, seine Leidenschaften und Neigungen zu Geheimschreibern und Cabinetsräthen erhob, der die Verachtung seiner männlichen und kühnen Gemahlinn verletzend und beleidigend zur Schau trug und diese zwang, seiner Maitreffe öffentlich den Catharinen-Orden umzuhängen, der den angestammten Haß in einem ungerechten Kriege gegen Dänemark und die eingesogene Vorliebe für **Friedrich** in einem unvortheilhaften, den höfischen Parteizwecken widrigen Frieden mit Preußen zu nähren beflissen war, der den Russen die gehaßten Deutschen zu Mustern aufzwang, und in wenig Wochen Neuerungen und Beschränkungen genug einführte, um alle Parteien zu verletzen und den gemeinschaftlichen Haß einander Hassender auf sich zu laden, starb den 17ten Juli im Gefängnisse zu Ropscha, nachdem er schon sechs Tage vorher er Krone entsagt hatte und seine kühne Gemahlinn als **Catharina II.** zur Herrscherinn ausgerufen war, an der Colik Alexander Orloffs des Narbenkopfs und Teploss, der Kaisermörder. — Auf **Friedrich** wälzte dieser unverhoffte Todesfall plötzlich die Furcht, daß ihm die neue Herscherinn den Frieden nicht halten werde, welcher der ganzen Nation als eine Schmach erschienen war, und die Klage desselben; „Was seind in Petersburg vor Sachen geschehen! Ich schweige still, aber ich traure vor aller Welt vor den ehrlichen und lieben Kaiser!" — mögen aufrichtig gewesen sein, wie seine Worte aus späterer Zeit (1779): „Ich werde Peter den Dritten ewig beweinen; er war mein einziger Freund, mein Retter, ohne ihn hätte ich unterliegen müssen."

Ja, in dem ersten Manifeste Catharinas vom 16ten Juli erklärte diese: „Die Gloire von Rußland sei durch den neulich geschlossenen Frieden den Feinden selbst gänzlich aufgeopfert," hob das Bündniß mit Preußen auf und rief das Hilfscorps unter Czernitscheff zurück. Ein Glück, daß der weise Friedrich seinem Freunde Peter Mäßigung empfohlen und daß er der nunmehrigen Beherrscherinn Rußlands, wie sie zu ihrer Verwunderung aus der Privat-Correspondenz ihres Gemahls nun ersehen konnte, nicht selten das Wort geredet hatte; — denn als sie sich davon überzeugt hatte, begnügte sie sich damit, ihre Heere abzurufen und trat nicht wieder in die Reihen seiner Feinde über. Friedrich aber suchte mit Geistesgegenwart die Anwesenheit Czernitschefs im Preußischen Lager zu benutzen, vermogte den wackern Feldherrn, die Befehle zum Aufbruch um 24 Stunden aufzuhalten, und griff, indem die Russen sich wenigstens in Schlachtordnung stellten, und dadurch einen Theil der Oestreicher in Schach hielten, muthig und löwenkühn Daun in seiner unangreiflichen Stellung bei Burkersdorf und Leutmannsdorf den 21sten Juli an, vertrieb ihn daraus, erbeutete 14 Kanonen, machte 1400 nieder und nahm 800 Mann gefangen. Darauf lagerte er sich, nach dem Abzuge Czernitschefs, bei Peterswalde, der Herzog von Bevern, aus Ober-Schlesien zurückgekehrt, bei Reichenbach und beide deckten jetzt die Belagerung Schweidnitz', zu welcher der tapfere Tauentzin aus Breslau seine besten Kräfte vom 7ten August bis zum 11ten October gegen den Oestreichischen General Guasco verwendete.

Noch einmal versuchte Daun am 16ten August das Beobachtungscorps des Herzogs von Bevern zu durchsprengen und also Schweidnitz zu erlösen. Bei Reichenbach läßt er ihn von Lascy, Beck, Odonell und St. Ignon von allen Seiten angreifen, und mit zehnfacher Uebermacht gedenkt er, daß die Preußen ihr Landshut und Maren hier noch einmal finden sollen, als Prinz Eugen von Würtemberg mit der Reiterei des Königs im entscheidenden Augenblicke zur Stelle kommt, und ohne zu warten, sich auf Odonell wirft, als Graf Anhalt mit der reitenden Artillerie desgleichen die Oestreicher durch seinen wirksamen Beistand zurücktreibt und die Ankunft des Königs Daun bestimmt, sich unverrichteter

Sache in sein altes Lager zurückzulegen. Ihr Angriff hat ihnen 1200 Todte und Verwundete, 1500 Gefangene und 7 Standarten gekostet; — der Widerstand den Preußen 1010 Mann, welche blessirt oder getödtet waren.

Nach diesem letzten Lebenszeichen Daun's blieb auch den Oestreichern in Schweidnitz keine Hoffnung des Entsatzes mehr; aber die Unterhandlungen verzögerten sich, bis endlich das Glück den Preußen günstiger war, eine Haubitzgranate durch Anzündung eines Pulvermagazins eine Bastion des Forts Jauernick mit zwei Compagnien Oestreichischer Grenadiere in die Luft sprengte, und der Sturm der Festung unvermeidlich schien; — da ergab sich Guasco nach 64tägiger ebenso geschickter, als tapferer Vertheidigung mit 2 Generalen, 218 Offizieren und 8784 gesunden Gemeinen kriegsgefangen, und mit diesem Erfolge endigt das Trauerspiel eines langjährigen Krieges auf demselben Boden, um welchen er entbrannt war.

Friedrich ließ nämlich Schlesien unter Bevern's Obhut und eilte, Neuwied vorausfendend, seinem Bruder Heinrich nach Sachsen zu Hilfe, der derselben nun besonders bedürftig schien. Den ganzen Sommer hindurch hatte dieser sich, verstärkt durch Belling, mit Seydlitz und Kleist gegen große Uebermacht der Oestreicher, Reichstruppen und Sachsen behauptet, hatte besonders Seydlitz die alte Tapferkeit und Kühnheit in zahlreichen glücklichen Coups behauptet, und Maria Theresia hatte nun sogar im Unmuth über das Unglück oder Ungeschick ihres Feldherrn denselben durch Haddik ersetzen lassen. Dieser wollte den Ruhm einer gewonnenen Schlacht davon tragen und indem er ein ansehnliches Corps unter Campitelli dem Prinzen bei Freiberg in den Rücken sendet, nöthigt er ihn am 29sten October zum Entscheidungskampfe.

Es war die letzte Schlacht dieses Krieges, in welchem der tapfere, kriegserfahrene und mit verdienten Lorbeeren gekrönte Prinz Heinrich hier gegen Oestreicher und Reichstruppen einen entscheidenden Sieg binnen zwei Stunden erfocht. Seydlitz und Kleist hatten den größten Antheil daran, indem sie mit Muth und Einsicht, dieser die Avantgarde, jener den rechten Flügel führten; das Reichsheer wurde aus seinen Verschanzungen heraus- und über die Mulde gejagt, und so den Feinden ein Verlust von

3000 Todten und Verwundeten, von 28 Kanonen und 9 Fahnen oder Standarten zugefügt. Ueber 4000 Mann fielen in Preußische Gefangenschaft; dagegen hatten diese nur 1400 Mann eingebüßt.

Dem aus Schlesien herbeieilenden Friedrich kam die Kunde von dem erfochtenen Siege bereits entgegen, und die ferneren Operationen seines Bruders waren wohl geeignet, seine persönliche Hilfe überflüssig erscheinen zu lassen. Bis nach Böhmen hinein hatte er das Reichsheer getrieben, und Kleist streifte bis an die Thore Prags und zerstörte im feindlichen Lande große Magazine. Als nun die Oestreicher, wie üblich, bei herannahendem Winter einen Separatwaffenstillstand geschlossen hatten, (Wilsdruf, 24. November) glaubte Friedrich, welcher in Meissen und Leipzig sein Winterquartier nahm, den deutschen Fürsten ihre Kriegslust etwas empfindlicher verleiden zu müssen, damit durch deren Abfall von der Oestreichischen Sache der allgemeine Friede beschleunigt werde. Also brach der kühne Husarenführer Kleist mitten im Winter mit 6000 Mann nach Franken auf, und bedrohte die Länder der deutschen Fürsten, welche nun nicht einmal mehr nach der Versprengung der Reichsarmee den Schatten einer Sicherheit genossen.

Da ward der Name der Preußen durch diese Parteigänger gefürchteter als je, und die mit Hohn und Schadenfreude die Flammen der Zwietracht im deutschen Vaterlande aus persönlicher Feindschaft gegen Preußens König, oder aus Neid gegen das Aufblühen dieses lebenskräftigen Staates geschürt hatten, zitterten nun in banger Furcht vor dem Racheschwerte des Preußischen Generals. — Dieser merkwürdige Winterfeldzug brachte aber den günstigen Erfolg wirklich hervor, welchen Friedrich damit beabsichtigte. Die Oestreicher hielten sich vermöge des abgeschlossenen Waffenstillstandes anfangs nicht für berechtigt, den Waffen Friedrichs Hindernisse in den Weg zu legen, und so sahen sie erst ruhig zu, wie Kleist alle Länder ihrer Verbündeten brandschatzte, aus Bamberg, Würzburg, Windsheim, Erlangen, Fürth, Eichstädt, Nürnberg und vielen anderen Städten bedeutende Contributionen — aus Nürnberg $1\frac{1}{2}$ Millionen Thaler! — erhob und nun selbst die Reichstag-Gesandten zu Regensburg in Furcht und Schrecken setzte, welche den Tag der Rache für die, an Friedrich genommene Unbill fürchten mußten. Als die Preußischen Husaren eine Stunde vor Regensburg gesehen wurden, kam Angst und Zittern über sie, und

dieselben, die einst den Gesandten von Plotho mit der größten
Erbitterung chicanirt und verfolgt hatten, kamen jetzt zu ihm und
suchten bei ihm Schutz und Sicherheit. —

Aber obgleich die Oestreicher mit den Reichsvölkern, die in Böhmen hockten, sich aufmachten, dem verwegenen Kleist das Handwerk zu legen und ihm die Beute wieder abzujagen: so war doch
dieser geschickte Führer, dessen Name nun durch ganz Deutschland,
wie Lützows in neuerer Zeit, hellen Klang bekam, mit Geißeln,
Waffen und Kriegssteuern belastet, wieder in Sachsen angelangt,
und den meisten deutschen Fürsten die Lust vergangen, noch wei-
teren Gefahren eines schutzlosen Zustandes sich auszusetzen. Und
da überdem von Plotho, mit den ausgedehntesten Vollmachten
versehen, die Friedensanträge der Gesandten bereits erwartete,
so gelang die etwas strenge Kur ganz vortrefflich, und die Churfürsten von Mainz und Baiern, so wie die Bischöfe von Bamberg und Würzburg, waren die Ersten, welche durch einen Separatfrieden von der Sache des deutschen Reiches, für Oestreichs
Interesse zu kämpfen, sich lossagten, und ebenso wie Mecklenburg es den übrigen überließen, noch länger ihre verrosteten Waffen dem Gelächter Europas Preis zu geben. Ehe aber der
Winter verging, waren alle Köpfe der deutschen Reichsversammlung unter den Friedenshut gescheucht und williger als je, die Hand
zur Sühne zu bieten. —

Zu derselben Zeit hatte der Friede zwischen England und Frankreich, wenn auch Friedrich des Englischen, so doch auch
Maria Theresia des Französischen Beistandes beraubt, und
es blieb fast keine Hoffnung übrig, daß Oestreich allein erzwingen werde, was ganz Europa dem Heldenkönige nicht hatte entreißen können. Dazu machte er mehr als je Anstalten, seine
Armee zu rüsten und sich den Oestreichern furchtbar zu zeigen,
und jetzt erst sah man, welche unerschöpfliche Hilfsquellen er in
seinem Geiste hatte, da er, von den Engländern verlassen und
ihrer Geldunterstützung beraubt, doch Mittel genug auffand, den
Krieg fortzusetzen, während alle übrigen Staaten, bis auf Rußland,
der Erschöpfung an Geldmitteln, ja selbst an Mannschaften, sehr
nahe waren. Freilich waren diese Mittel Friedrichs grausam
genug, und noch einmal büßte Sachsen durch furchtbare Erpressungen die politische Unfähigkeit seiner Beherrscher; — Friedrich

wurde, wie ärmer, so karger gegen seine Soldaten, aber auch härter in seinen Forderungen. Die Münzen bekamen einen immer geringeren Werth; die Soldaten, besonders die Offiziere, eine sparsamere Löhnung; die Unterthanen noch immer keine Erleichterung. — Aber, wer gewinnen will, darf den Einsatz nicht sparen, und je näher dem Ziele, desto größer muß die Anstrengung sein, um den Preis zu erlangen.

Als nun Maria Theresia aus dieser ungeschmälerten Waffnung auf die Beharrlichkeit ihres Feindes, wie auf dessen unverringerte Macht schloß; als sie sich nicht verhehlen konnte, daß mit dem Tode Elisabeths und dem Abfalle Frankreichs alle ihre Anschläge auf die Wiedererlangung Schlesiens zu Chimären geworden, daß, je mehr Schlachtfelder, nur desto mehr Niederlagen, Geldopfer und Schmach zu fürchten seien; daß selbst der geweihte Degen eines Daun schartig werde und die 100 Millionen Schulden, mit denen sie ihre Länder belastet hatte, ihr mit keiner Grenzhütte des Preußischen Staates vergütet würden: — da mußte auch sie sich an den Gedanken gewöhnen, den Krieg, ohne Friedrichs Erniedrigung, zu beendigen, und das Jahr 1762 war noch nicht vollendet, als schon die Unterhandlungen wegen eines Friedens unter Vermittelung des Churprinzen von Sachsen, in vollen Gang kamen.

Unter den obwaltenden Umständen war es allen Theilen Ernst mit dem Frieden, zumal Maria Theresia jetzt die Türken zu fürchten hatte, welche die Ungarischen Grenzen bedrohten. Also räumten der Preußische Geheime Legationsrath von Herzberg, der Oestreichische Hofrath von Collenbach, und der Baron von Fritsch, als Sächsischer Abgeordneter, auf dem Jagdschlosse Hubertsburg zwischen Leipzig und Dresden, vom 31sten December 1762 bis zum 15ten Februar 1763 alle Hindernisse aus dem Wege und einigten sich am letztgenannten Tage Namens der betheiligten Mächte über den Frieden in der Hauptsache dahin, daß die frühern Friedensschlüsse von Breslau, Berlin und Dresden bestätigt, allen Theilen ihre Länder und Besitzungen verbürgt, Schlesien mit Glatz an Friedrich zu unbestrittenem Besitz überlassen, und weder Entschädigungen wegen Verlustes und der Kriegsopfer gegeben, noch Rache und Feindschaft an irgend Jemand geübt werden sollten, der etwa während des Krieges sich dieser oder jener Partei zugewendet hätte.

So waren denn endlich die Janusthüren geschlossen und der Weltfriede nach so viel vergossenem Blute, durch die gegenseitig gemessenen Kräfte, aber auch durch die vergeblichen Opfer und durch die gänzliche Erschöpfung der europäischen Länder auf lange Zeit verbürgt. Konnte keine der Parteien sich eines Gewinnes rühmen, ja, waren alle Länder ärmer, alle Häuser leerer, die Landschaften entvölkert, die Fluren verwüstet, unzählige Familien um den zertrümmerten Wohlstand, um die gestörten Gewerbe, ach, Viele auch um Väter und Söhne in Trauer; — war vor Allem unser theures Vaterland vom Belt bis zum Rheinstrom zerfleischt und, wie immer, der Tummelplatz der Heere, das Opfer der Leidenschaften fremder Gewalthaber geworden: — so war doch Preußens Geltung vollwichtig erstritten und für diese Macht im Rathe derer, welche die Waage Europas in Händen hatten, ein gewaltiger Stuhl aufgerichtet; so hatte sich das Preußenvolk und Preußenheer den unvergeßlichen Ruhm der aufopfernden Treue und der glänzendsten Tapferkeit erworben, vor Allem aber hatte Friedrich um seine Heldenstirn unverwelklichen Lorbeer errungen und seinen Namen über den aller Fürsten seiner Zeit, ja über den der Helden aller Jahrhunderte erhöht.

Denn es haben wohl kühne Eroberer mit dem Blute von Millionen die entlegensten Länder geröthet; glückliche und geistesgroße Feldherrn haben viele Völker eine Zeitlang an ihre Triumphwagen gefesselt, und Manche sind, von den Wogen emporgerissen, einige Augenblicke auf größerer Höhe geschaukelt worden: aber noch nie hat ein Anderer in siebenjährigem Kampfe gegen so große Uebermacht das Feld behauptet; ein offenes, rings dem Angriffe bloß gegebenes Land siegreich so lange vertheidigt; ein armes kaum zur Einheit verschmolzenes Volk zu solch' hingebendem Patriotismus entflammt und mit einem geworbenen Heere solche Heldenthaten verrichtet, als Friedrich der Große. Also glänzet sein Sternenbild in unvergänglicher Pracht auch für diejenigen, welche die Größe eines Fürsten nach der Anzahl seiner Siege messen, und Gottlob! die Enkel jener Helden, in dem Glanze solchen Ruhmes sich sonnend, sind froh, daß sie nicht auf den Blutweg eines Eroberers, sondern auf den Siegespfad des glorwürdigsten Vaterlandsvertheidigers zurückblicken.

Fünfter Abschnitt.

Friedrichs Lebensabend.

Vom Hubertsburger Frieden bis zu seinem Tode.

(Vom 15. Februar 1763 bis zum 17. August 1786.)

> Es liegt die Welt so klar vor seinem Blick,
> Als wie der Vortheil seines eignen Staats.
> Wenn man ihn handeln sieht, so lobt man ihn
> Und freut sich, wenn die Zeit entdeckt, was er
> Im Stillen lang bereitet und vollbracht.
> Es ist kein schön'rer Anblick in der Welt,
> Als einen Fürsten sehn, der klug regiert; —
> Das Reich zu sehn, wo jeder stolz gehorcht,
> Wo jeder sich nur selbst zu dienen glaubt,
> Weil ihm das Rechte nur befohlen wird.
>   Göthe — Torquato Tasso I, 4.

Fünfter Abschnitt.

Friedrichs Lebensabend.
Vom Hubertsburger Frieden bis zu seinem Tode.
(Vom 15. Februar 1763 bis zum 17. August 1786.)

Die Befriedigung der Leidenschaften durch einen Krieg, welcher nur unedle Motive gehabt hatte, hatte ganz Europa in finanzieller Hinsicht völlig ruinirt, und die Wunden bluteten in andern Ländern noch viele Jahre, ja, wurden in Frankreich zum unheilbaren Schaden, welcher den Staatsorganismus desselben zerstören half. Friedrich selbst berechnet den Verlust für alle Parteien auf 853,000 Todte, wovon Preußen 180,000, Rußland 120,000, Oestreich 140,000, Frankreich 200,000, die verbündeten Engländer und Deutschen 160,000, Schweden 25,000, die Reichsvölker 28,000 Mann einbüßten. Wie hoch während dieses Krieges die Englische Nationalschuld gewachsen, ist schon oben erzählt, und hierbei sind die Opfer nicht erwähnt, welche Georg II. dieser Sache aus seinem Privatvermögen gebracht hat. Frankreich hatte 2000 Millionen Livres, Oestreich 500 Millionen Gulden Schulden aufgehäuft; Schweden war gänzlich erschöpft. Sachsen hatte eine Schuldenlast von 29 Millionen Thalern und man rechnete, daß die Erpressungen und Contributionen an 70 Millionen Thaler dem Lande entzogen hätten; 90,000 Menschen waren ums Leben gekommen. Nur Rußlands Hilfsquellen waren noch nicht versiegt, — und Friedrich hatte wenigstens keine Schulden gemacht. —

Aber wie sehr war unser theures Vaterland vom Feinde ausgebeutet! Die Spuren der Grausamkeit ließen sich an den Verwüstungen und an der allgemeinen Verheerung nach Jahren noch erkennen, und man rechnet 125 Millionen Thaler Brandschatzung, welche fortgeschleppt worden sind.

Kaum war aber Friedrich aus dem Felde — dem Triumph auslenkend — am 30sten März nach Berlin zurückgekehrt, so traf er auch bereits die sorgfältigsten Anstalten, um dem Lande aus der augenblicklichen Noth aufzuhelfen und den Wohlstand herzustellen, dessen Verlust alle Stände zu beklagen hatten. Ja, von jetzt ab blieb es seine einzige Lebensaufgabe, jene vor dem siebenjährigen Kriege begonnenen Friedens-Segnungen in allmäliger, umsichtiger Verbesserung der Zustände fortzusetzen und seiner Bestimmung, dem Preußenvolke ein Vater zu sein, immer näher zu kommen.

Er reducirt also sogleich seine Armee, giebt fast 62,000 fleißige Hände der arbeitenden Klasse zurück, läßt 35,000 Armeepferde an die Bedürftigen vertheilen, verschenkt die aufgehäuften Vorräthe zu Saatkorn und den Hungrigen zu Brot, setzt in einigen Provinzen die Steuern um die Hälfte herab, in andern erläßt er sie ganz und vertheilt noch über 3 Millionen Thaler in baarem Gelde, zur Aufhilfe der unglücklichsten Opfer des Krieges. Es verdient bemerkt zu werden, daß der Hofstaats-Rentmeister und Tresorier Buchholz beim Friedensschlusse nur noch 800 Thaler schlechten Geldes vorräthig hatte, die ihm der König schenkte, und daß sämmtliche Kostbarkeiten aus der Zeit des prachtliebenden Friedrich I. und des sparsamen Friedrich Wilhelm I. verschwunden waren.

Aber wie um den übrigen Fürsten spottend zu verkündigen, daß seine Mittel nach so kostbaren Opfern noch lange nicht erschöpft seien, begann er jetzt in der Nähe Potsdams ein Palais aufzubauen, dessen Pracht und Schönheit alle übrigen Gebäude, welche er bis dahin hatte aufrichten lassen, weit übertraf.

Doch bevor wir den übrigen, sparsam zugemessenen Raum mit der Erzählung dessen ausfüllen, was in politischer und staatswissenschaftlicher, selbst in intellectueller und moralischer Hinsicht Merkwürdiges während Friedrichs Lebensabend sich zugetragen, und wodurch er seine Lebensaufgabe würdig und erhaben gelös't hat, möge, wie wir bisher bei den Lebensepochen immer gethan haben, der Versuch einer Portraitirung hier Platz finden, deren wesentlich

veränderte Züge aus der Geschichte des 7jährigen Krieges unsern
Lesern hinlänglich erklärbar sein werden.

Nach so vielen körperlichen Strapazen und solcher geistigen Aufreibung brachte Friedrich nur einen hinfälligen Körper aus den
Feldlagern zurück. Im 51sten Lebensjahre hat ihm die Sorge, die
Anstrengung, die unermüdete Geistesthätigkeit das Gepräge des rei-
feren Alters aufgedrückt; — das Antlitz ist gefurcht; die Züge sind
schärfer markirt; die Gestalt sinkt schon zusammen; — er scheint ein
Greis zu sein. Die zahlreichen Täuschungen, noch mehr die Widerwärtigkeiten und Leiden haben sein Herz zwar nicht erkältet, so daß
der Ausbruch seiner Empfindungen, z. B. in den Briefen, noch gleich
lebendig und feurig ist, haben aber ihn in seiner persönlichen Stellung isolirt, und den Kern in eine härtere Schale verhüllt. Je älter, desto ernster, desto strenger, desto finsterer wurde er, und allmälig vereinsamte er ganz, da er nicht durch den Balsam häuslichen
Familienglücks erquickt und durch weibliches Mitgefühl für die sanfteren Lebensfreuden gewonnen werden konnte. Dazu kam die trü-
bere Färbung der Dinge, welche dem Alter natürlich und eigen zu
sein scheint, die Geistesrichtung und Durchbildung, vermöge derer
er verwandte und gleichgebildete Wesen selten finden, im Herbst des
Lebens schwieriger sich ihnen befreunden konnte; die Verachtung
äußerlichen Prunks, ja die bequeme Gewohnheit, welche ihn selbst
unsauber erscheinen ließ; Alles dieses machte aus Friedrich, dem
übersprudelnden Feuergeiste von 1738, dem witzigen, genialen Mäcen
und dem kühnen Helden von 1745, dem muthigen, geistesgroßen,
lebensfrischen Schöpfer ganz neuer Zustände — einen weisen, vorsichtigen, unermüdlich thätigen, treusorgenden Monarchen, aber zugleich einen in seinen Anforderungen sehr strengen, in seinem Um-
gange finstern, leicht verletzenden, harten Charakter.

So sehr verachtete er das Menschliche, daß er, das Höchste und
Heiligste mit dem Niedrigen und Gemeinen vermengend, Beides von
sich stieß und über Alles mit geflissentlicher Härte und mit beißen-
dem Witze urtheilte. Die Immoralität der damaligen Politik, das
Verschrobene gewisser gesellschaftlichen Zustände und der Widerspruch
zwischen dem Rechtsgefühl und dem geltenden Rechte; noch mehr
die niedrige Gesinnung einzelner, ihm nahe stehender Personen, die
Heuchelei und Augendienerei mancher Stände und die Gemeinheit
ganzer Klassen der menschlichen Gesellschaft ließen ihn auf einem so

erhabenen Standpunkte voll Bitterkeit und lehrten ihn Alle verachten. Seine geistige Reife, die Art, wie er seine Zeit auffaßte, seine Mitherrscher beurtheilte, die niedrigen Beweggründe gepriesener Handlungen erkannte, und bis in die untersten Stände hinab dem Egoismus und schmutziger Begehrlichkeit begegnet zu sein glaubte — kurz, sein Bildungsgang, seine Erfahrung, sein öffentliches und häusliches Leben, Alles prägte ihn zu einem reflectirenden Philosophen aus, der seine Lebensaufgabe mit möglichster Pflichttreue zu erfüllen strebte, dagegen sich berechtigt hielt, die Thorheiten seiner Zeit zu belachen und zu geißeln, und welcher sich Allem entfremdete, wodurch er abhängig, schwach und fremdem Willen unterworfen hätte erscheinen können.

War sein geistiger Standpunkt ein so hoher, war seine politische Stellung eine so isolirte, als sie eine freie Umsicht gewährte; — waren seine Erfahrungen so gereifte und bewährte; ja, war sein Wille ein so edler und reiner: — so müssen wir seine ferneren Bestrebungen für das Wachsthum und Gedeihen des Preußischen Staates und seine Maßnahmen für die Befestigung des Wohlstandes der einzelnen Volksklassen nicht nach dem Erfolge, sondern nach dem Werthe der Motive und nach der Dringlichkeit der Umstände messen, in welche er nach und nach versetzt wurde.

In Hinsicht auf die innern Staats-Einrichtungen, durch welche sämmtlich er das Wohl seiner Unterthanen aufrichtig zu befördern gestrebt hat, können wir ihn als frei und selbstständig handelnd ansehen; — nicht aber so in Absicht der politischen Lebenszeichen, zu welchen er häufig durch die Umstände gedrängt worden.

Wir fühlen uns veranlaßt, die Begebenheiten hier vorweg zusammenzustellen, bei welchen er von jetzt ab öffentlich nach außenhin sich thätig gezeigt hat, damit wir bei Demjenigen ebenso im Zusammenhange verweilen können, wodurch er seine Unterthanen zu beglücken oder die Blüthe des Staates zum Wachsthum zu bringen gestrebt hat. —

Die ersten Monate nach dem Hubertsburger Frieden stand der Held von Leuthen unter den Beherrschern Europas völlig isolirt da. Die er zum Frieden genöthigt hatte, grollten ihm; die ihn verrathen, verachtete er, und der ganze Anhang des Sächsisch-Polnischen Hauses buhlte so offen und auf so schlauen Wegen um Rußlands Gunst, daß es Friedrich anfangs nicht gelang, bei der nordischen Semiramis nur das kleinste Feld des politischen Schachbrettes zu behaupten. Da verwandelte der Tod des Königs August von Polen, und wenige Monate nachher der seines Erben Friedrich Christian noch im 1763sten Jahre den politischen Horizont bedeutend, und der Wind wehete schnell die Stege zu, welche von Dresden nach Warschau schon ziemlich eben getreten waren. Während der Minderjährigkeit des späterhin so unglücklichen Friedrich August hatte dieser keine Hoffnung, sein Haupt mit einer Krone zu belasten, für welche die Auguste so viele Opfer gebracht und ihre Erblande so treu und standhaft gelitten hatten. Dazu kam, daß Catharina, ihren Einfluß auf Polen zu behaupten, ihrem Liebling Stanislaus Augustus aus dem Gräflich Poniatowsky-schen Hause die Herrschaft zu geben trachtete, und nun dem kriegserfahrenen, tapferen Nachbar einen Preis anbot, um welchen er sich aus der einsamen und unsichern Stellung durch ein Schutzbündniß mit Rußland retten konnte. Friedrich blieb keine Wahl. Indem er die Maschen eines Netzes stricken half, welches man späterhin beliebig in Gebrauch nehmen konnte, befreite er sich von der Sorge, über kurz oder lang einer zweiten Coalition zum Opfer Preis gegeben zu sein, und als er im Geheimen sich verbindlich gemacht hatte, Poniatowskys Erhebung mit Catharinen gemeinschaftlich zu fordern, kam im März 1764 ein Schutzbündniß zwischen Rußland und Preußen zu Stande, durch welches beide Theile auf 8 Jahre für die Integrität ihrer Staaten einander Gewähr leisteten und sich gegenseitigen Beistand mit Truppen oder Geld zusagten, aber sich auch gelobten, weder Polens Krone erblich, noch die Gewalt des Polnischen Königs unabhängig werden zu lassen. — An eine Theilung Polens war aber damals um so weniger zu denken, da man die Untheilbarkeit dieses Staates ausdrücklich ausgesprochen und verbrieft hatte, überdem es Catharinen zu genügen schien, einen gewaltigen Einfluß auf Polens innere Verwaltung durch Poniatowsky zu behaupten. Bald aber ließ sich dieser nicht willig genug zügeln, und der Russische Gesandte stiftete nun auf dem Polnischen Reichstage Unfriede und säete geflissentlich Zwist unter die Parteien, damit Rußland Gelegenheit hätte, seine Hand im Spiele zu haben. Jahre lang sah Oestreich mit Neid und Widerstreben die Machinationen der Russen in diesem Lande, und mit noch größerer Besorgniß den Waffenerfolgen Catharinas in der Türsey zu. Friedrich selbst begann das Drückende eines Bündnisses zu fühlen, nach welchem er jährlich 480,000 Thaler Subsidien zahlen mußte, ohne von den Stücken des Türkischen Reiches, das etwa zertrümmern mochte, nur einen kleinen Antheil erwarten zu können. Die Zusammenkünfte Josephs mit Friedrich im August 1769 zu Neiße und im Herbst 1770 im Lustlager bei Neustadt in Mähren gaben Gelegenheit, sich zu sondiren und über die Mittel zu berathen, wie man die ehrgeizigen Absichten Catharinas eindämmen könne. Als nun die schwache und ohnmächtige Pforte die Vorsprache Oestreichs und Preußens geradezu erflehte, um von Rußland günstige Friedensbedingungen zu erlangen, verstand sich Friedrich dazu, den Frieden zu vermitteln, und beauftragte seinen Gesandten in Petersburg, bei der Kaiserinn für die Türken ein günstiges Gehör zu erwirken. Es fand sich aber bald in den ehrgeizigen Forderungen derselben — die Festung Asow, freie Schifffahrt im schwarzen Meere, 25jähriger Besitz der Moldau und Wallachey, Unabhängigkeit der Krimm — so viel Zündstoff zu einem neuen Weltbrande, namentlich schien das Feuer der Zwietracht zwischen Rußland und Oestreich dadurch so sehr dem Ausbruche nahe, daß Friedrich diesen Uebeln durch einen andern Ausweg zuvorzukommen sich verpflichtet hielt.

Die Abhängigkeit Polens von seinen Nachbarn war nämlich in den letzten Monaten dieses Zeitraums sichtbarer, als jemals geworden. Als die Polnischen Parteihäupter an den Grenzen einige Unruhen verursacht hatten, hatte Oestreich und Preußen im fremden Lande vielfache Gewalt geübt und jenes durch Besetzung des Polnischen Theils der Zipser Gespannschaft, dieses durch Erpressung und Bedrückung der Ohnmacht des Landes gehöhnt. Jetzt glaubte Friedrich mit dem offen gelegenen Polen, dessen völliger Untergang wegen der innern Zerrissenheit und Schwäche, und wegen der Obmacht und Begier seiner Nachbarn doch nicht mehr zu verhüten gewesen wäre, sowohl Rußland zu befriedigen, als auch Oestreich zu beschwichtigen, und indem er für sich gleichfalls auf eine Entschädigung seiner gezahlten Subsidien aus dem zu theilenden Nachbarlande hoffte, proponirte er der Russischen, wie der Oestreichischen Kaiserinn die Theilung Polens, die dieses unglückliche Land allein durch seine Schwäche verschuldet haben soll, wegen welcher man aber nur die Ungerechtigkeit der damaligen Politik anklagen müßte. Es ist ungewiß geblieben, welchem Staate zuerst der Gedanke, daß

Polen getheilt werden müsse, zuzuschreiben ist. Wollte Friedrich damit Rußland zur Nachgiebigkeit gegen die Pforte anreizen; so hatte doch Maria Theresia, uneingedenk ihrer bittern Erfahrungen während der Jahre 1740 bis 1748, schon durch Ueberziehung des Polnischen Landes ein übles Beispiel gegeben, und damit nicht allein Gerüchte in ganz Europa erweckt, welche an das Außerordentliche gewöhnen und den staunenden Zeitgenossen den Schrecken der Ueberraschung ersparen sollten, sondern factisch den Gedanken schon zur Ausführung gebracht, für welchen es nachher nur der billigenden Uebereinkunft ihrer Nachbarn bedurfte. Eben um diese Billigung und Affekuranz handelte es sich aber noch.

Vielleicht hatte jedoch Oestreich nur nach Polen übergegriffen, um Rußland zu zeigen, daß es mit gleicher Befugniß ohne Rücksicht auf den Rechtszustand handeln dürfe, wie Catharinas Bevollmächtigte ja lange schon in Polen umzuspringen pflegten. Darauf deutet wenigstens der Umstand, daß Catharina in einer vertraulichen Unterredung mit Prinz Heinrich von Preußen, welcher über Stockholm nach Petersburg gereist war, sich über die unbefugte Einmischung Oestreichs in die Polnischen Angelegenheiten beschwerte. Die Kaiserinn verbarg diese Empfindlichkeit und gekränkte Eigenliebe unter der beschönigenden Ausflucht: „daß das gegebene Beispiel die übrigen Nachbarn Polens wohl zur Nachahmung berechtigen könne;" und erst in Folge dieser bedeutungsvollen Worte schlug Friedrich zur augenblicklichen Herstellung der äußern Ruhe, zur Beschwichtigung jeden Verlangens die Theilung Polens vor.

Es gehört zum Charakteristischen jener Zeit, daß die Drei, welche sich mit gleichem Verlangen in das Kleid des Nachbarn theilen wollten, sich lange nicht über dasselbe vereinigen konnten, nicht, weil die Geltung ihrer Rechtsansichten in Frage gestanden hätte, sondern weil sie einander mißtrauten und eine gegenseitige Berückung fürchteten. Anfangs waren die Absichten Friedrichs dahin gegangen, zwischen Rußland und Oestreich den Einklang zu erhalten, Rußlands Forderungen zu mäßigen und gelegentlich für die Erhebung seines Staates zugleich mit zu sorgen. — Rußland spielte aber zwei Spiele; — wollte, als es Friedrichs Propositionen annahm, von Polen empfangen und von den Forderungen an die Türkei nichts ablassen, und es war nun dem Lenker des Oestreichischen Cabinets, Kaunitz, vorbehalten, den Ehrgeiz Catharinas in die Schranken zurückzuweisen. Leider war er schon lange nicht mehr seit der an Polen verübten Unbill berechtigt, anders als drohend gegen Rußland aufzutreten. Indem er also Friedrich abmahnte, Partei zu ergreifen, gedachte er durch Kriegsrüstung, Drohwort und Vorstellungen die Russische Kaiserinn einzuschüchtern. Bei solcher Nähe eines neuen Krieges konnte Friedrich nur durch Standhaftigkeit, Muth und ungescheute Einrede den allgemeinen Frieden behaupten. Als man in Wien darauf den alten Gegner rüsten sah und seine Worte vernahm, „daß er zwar hoffe, die Russische Kaiserinn zu gelinderen Bedingungen gegen die Pforte zu vermögen, aber im entgegengesetzten Falle und beim Ausbruche eines Krieges genöthigt sei, seinen Verbindlichkeiten gemäß, auf ihrer Seite mitzukämpfen:" — da zögerte selbst Kaunitz die kühnen Kriegspläne zu verfolgen, — man unterhandelte von Neuem, Rußland gab das Versprechen, beim Frieden mit der Türkei von den Ländern zwischen Donau und Dniester vorläufig abzulassen, Oestreich willigte dort darein, daß die Russen in den Besitz Asows, der beiden Cabardeyen, der Schifffahrt im schwarzen Meere und einer Entschädigungssumme gelangten, Preußen mäßigte seine Ansprüche auf Polen vorläufig — und siehe, so gewaltige Dissonanzen, deren Veranlassung weitab von uns zu liegen geschienen hatten, lösten sich ganz heimlich hier in unserer Nähe; diejenigen, welche die Schwächung der Pforte nicht hatten zugeben dürfen, einigten sich über die Theilung eines christlichen Staates, anfangs (den 17. Februar 1772) Rußland und Preußen, später (5. August 1772) die drei Mächte, und im September brachen ihre Heere in die einander zugesprochenen Besitzungen, deducirten sie ihre Ansprüche mit gelehrten Citaten, und erzwangen, trotz Protestation und Hilferuf Einzelner nach England und Frankreich hin, vom Reichstag und dem ohnmächtigen Könige (im September 1773) die feierliche Abtretung vieler Provinzen. Rußland gewann diejenigen Lande, welche die Düna, die Drutsch und der Dnieper von Polen abschnitten, 2212 Quadrat-Meilen, Preußen das ganze Polnisch-Preußen, mit Ausschluß der Städte Thorn und Danzig, sowie den Bezirk Groß-Polens bis zur Netze, 631 Quadrat-Meilen, und Oestreich Lodomirien und Ost-Galizien, 1600 Quadrat-Meilen.

Von dieser Theilung urtheilt Friedrich aber selbst in seinen

Werken: „Wir wollen die Rechte der drei Mächte auf diese Besitzungen hier nicht auseinandersetzen. Es bedurfte dieser ganz absonderlichen Umstände, um die Geister für diese Theilung zu gewinnen, welche nur zum Zwecke hatte, einem allgemeinen Kriege vorzubeugen." —

Wir selbst enthalten uns jedes Urtheils einer Handlungsweise, welche allein die damals geltende, treulose und das gesunde Rechtsgefühl mit Füßen tretende Politik zu verantworten hat. Ein Herrscher, welcher nach allen Seiten hin sich sichern muß, kann — so glaubte man damals — die Mittel nicht auf der Goldwaage des natürlichen Rechts abwägen, durch welche er seinem Staate eine größere Sicherheit verschaffen mag. Preußen gewann wirklich zunächst einen natürlichen Zusammenhang seiner Provinzen, und sah nun den Weg vorgezeichnet, auf dem es sich späterhin abrunden konnte. Aber wie sehr verlor Friedrichs Ansehen unter den Fürsten und bei den Völkern, und welche unheilvolle Frucht wuchs späterhin dem Vaterlande aus dieser Saat empor! — Auch brachten derartige Prinzipien, welche immer allgemeinere Geltung gewannen, noch vielfältige Wirren über unser Vaterland, und Friedrich selbst sah sich genöthigt, zur Verhütung der Anwendung derselben noch einmal im vorgeschrittenen Lebensalter das Schwert zu ziehen. — Die Friedrich am gelindesten beurtheilen, rechtfertigen ihn damit, daß es kein anderes Mittel gegeben habe, den allgemeinen Krieg, welcher dem Ausbruche nahe gewesen sei, zu verhüten. Um anzudeuten, für was schon die Zeitgenossen Friedrichs diese Handlungsweise gehalten haben, erwähnen wir eines Wortes Maria Theresias gegen den Baron von Breteuil: „Ich weiß, daß ich durch Alles, was in Polen geschehen ist, einen großen Flecken auf meine Regierung gebracht habe; aber ich versichere Sie, man würde mir verzeihen, wenn man wüßte, wie sehr ich widerstrebte und wie viele Umstände sich vereinigten, um meine Grundsätze sowohl, als meine Entschlüsse gegen die unbegrenzten Entwürfe eines ungerechten Ehrgeizes zu erschüttern."*)

---

*) Ein Brief Maria Theresias an Kaunitz in Hormaiers Taschenbuch 1831, S. 66 abgedruckt, finde hier noch seine Stelle: „Als alle meine länder angefochten wurden und gar nit mehr wußte, wo ruhig niederkommen sollte, striffete ich mich auf mein gutes Recht und den Beistand Gottes. Aber in

Deutet Maria Theresia nach Rußland und Preußen hin, so war ihr Sohn und Mitregent, der Kaiser Joseph II., seitdem nicht minder bemüht gewesen, aus Ehrgeiz oder im Interesse seiner Dynastie gewisse Pläne auszuführen, durch welche sich die bestehende Ordnung im deutschen Reiche umkehren und die Sicherheit des Besitzes für die schwächeren Regenten immer problematischer werden mußte.

Am vorletzten Tage des 1777sten Jahres war der Churfürst von Baiern Maximilian Joseph III. kinderlos gestorben, worauf seine Länder allen bestehenden Verträgen gemäß in den unbestreitbaren Besitz seines Stammvetters, Carl Theodors, Churfürsten von der Pfalz, hätten übergehen müssen. Dieser selbst hatte keine legitimen Erben und es stand zu erwarten, daß bei seinem Tode dann sämmtliche Länder an den nächsten Agnaten, Carl August Christian, Herzog von Zweibrücken, übergehen würden. Was Niemand im deutschen Reiche bezweifelte, daß Carl Theodor von seiner Erbschaft Besitz ergreifen werde, das geschah aber nicht. Vielmehr schloß sein Bevollmächtigter zu Wien, der Freiherr von Ritter, schon am 3ten Januar 1778 in merkwürdiger Hast einen Vertrag, welchen der Erbe mit gleich auffallender Gleichgültigkeit am 14ten Januar, ohne die Urkunden zu durchlesen, durch seine Unterschrift sanctionirte, wonach sich der Wohlberechtigte der Verlassenschaft Maximilian Josephs in ihrer ganzen Ausdehnung begab und angebliche Ansprüche Oestreichs, sowie dessen Recht, die eröffneten Lehen einzuziehen, ausdrücklich anerkannte. Was ihn dazu bewogen, ist schwer zu sagen. Allerdings waren seinen natürli-

---

dieser Sach, wo nit allein das offenbare Recht himmelschreyent wider Uns, sondern auch alle Billigkeit und die gesunde Vernunft wider uns ist, muß bekhennen, daß zeitlebens nit so beängstigt mich befunten und mich sehen zu lassen schäme. Bedenkh der Fürst, was wir aller Welt für ein Exempel geben, wenn wir um ein ellendes Stuk von Pohlen oder von der Moldau und Wallachey unnser ehr und reputation in die schanz schlagen. Ich merkh woll, daß ich allein bin und nit mehr en vigueur, darum lasse ich die sachen, jedoch nit ohne meinen größten Gram, ihren Weg gehen." — Auf den Entwurf des Theilungsprojects schrieb die bekümmerte Fürstinn: „Placet, weil so viele große und gelehrte Männer es wollen; wenn ich aber schon längst todt bin, wird man erfahren, was aus dieser Verletzung von Allem, was bisher heilig und gerecht war, hervorgehen wird." Zeitgenossen. XL. 29.

chen Leibeserben von Joseph große Vortheile bewilligt; es war auch von diesem nichts unterlassen, um die Umgebungen des Churfürsten für die Pläne Oestreichs zu gewinnen und die Vorspiegelungen der Höflinge konnten den schwachen Fürsten leicht irre leiten; — der Umstand, daß seine Erblande ohnehin auf einen Fremden gelangen würden, mochte ihn gleichgültig lassen, wo Andere wenigstens sich gesträubt und nach Hilfe sich umgesehen hätten; — hauptsächlich aber ist die Ursache dieses auffallenden Benehmens in der Schwäche und dem Kleinmuth seines Charakters zu suchen, der sich Schmachvolles gefallen ließ und lieber die härteste Unbill erdulden, als sich zu ernstem Widerstande gegen die Zumuthungen ermannen wollte. — Wären nicht durch diese Handlungsweise die Gerechtsame aller deutschen Fürsten gleich gefährdet gewesen, ja, hätte nicht ein Friedrich damals mit Energie und Kraft dem Verlangen Oestreichs widerstrebt, so würde ein reiches Land den Oestreichischen Hausbesitzungen ohne Widerspruch und Widerstand einverleibt worden sein, und den ferneren Uebergriffen der Gewalt würde nach und nach nichts haben widerstehen können. Zu solchen Folgerungen führten die Vordersätze, welche bei Polens Theilung als politisch haltbare Maximen aufgestellt waren, und lange bevor die Französischen Gesandten beim Rastadter Frieden ihre Rechtsansprüche an Deutschlands Länder mit der Theilung Polens motivirten, versuchte Joseph die guten Lehren seiner politischen Meister in Ausführung zu bringen.

Wie gewöhnlich, fehlte es nicht an einer gelehrten Deduction der Oestreichischen Ansprüche: „Nieder- und Ober-Baiern seien schon 1353 auf ewige Zeiten getrennt; — keine der Theilungen und kein Erbvertrag habe Kaiserliche Bestätigung erhalten; schon anno domini 1426 sei Nieder-Baiern vom Kaiser Sigismund als ein verfallenes Lehn an den Herzog Albrecht von Oestreich geschenkt, und wenn gleich damals derselbe von dem Lande nicht Besitz genommen habe und es durch eine Gnadenschenkung desselben Kaisers zu derselben Zeit den Herzögen von Baiern überlassen geblieben sei: so wären doch Oestreichs Ansprüche niemals erloschen. Auf die Herrschaft Mindelheim sei Oestreich vom Kaiser Mathias 1614 Anwartschaft gegeben, und ein großer Theil der Oberpfalz sei widerrechtlich von Böhmen abgekommenes Lehn. Viele nahmhafte Herrschaften aber, Leuchtenberg, Wolfstein, Haag, Schwabeck, Hals ꝛc.

seien jetzt für eröffnete Reichslehen anzusehen und würden mit allem Fug und Recht vom Kaiser in Anspruch genommen."

Man vergaß, daß die Hausverträge der Fürsten desselben Stammes, welche ausdrücklich im Westphälischen Frieden vollgiltig anerkannt waren, noch kürzlich Erneuerung und feierliche Bestätigung empfangen hatten, und man fürchtete bei der Käuflichkeit mehrer, bei der Schwäche der meisten, und bei der Uneinigkeit aller deutschen Fürsten in der Ausführung der schnell betriebenen Pläne keinen Widerstand zu finden, zumal ein gütliches Uebereinkommen mit dem zunächst Betheiligten allen Einspruch hemmen mußte. Ueberdem eilte man sich, Herr des Landes zu werden, überschwemmte das günstig gelegene Nachbarland mit Truppen und nahm feierlich in Gemäßheit des Abkommens mit Carl Theodor von dem Lande Besitz. —

In solchem Zustande der Hilflosigkeit, da der Löwe Theiler war, wo sollte sich der Herzog von Zweibrücken hinwenden, und was sollte er beginnen, um sein gutes Recht zu behaupten? — In dieser Bedrängniß war Friedrich mit Rath und That ellend zu Hand. Hätte auch nicht ein solches Einreißen aller Rechtsschranken ganz Deutschland mit Wirren und Unheil bedroht, wie konnte er müßig zusehen, daß sein Feind also sich auf Kosten Wehrloser verstärke und ihm selbst gefährlicher werde? — Hier galt es schnell und heimlich Schlimmeres verhüten und entweder Carl Theodor zum Widerruf seiner Uebereinkunft durch die Zusage seines Beistandes, oder wenigstens dessen Agnaten, den Herzog von Zweibrücken, für eine kräftige Protestation zu gewinnen, damit, wo ein Kläger sei, auch Richter sich fänden, und er Jemand habe, auf dessen Seite er sich stellen und dessen Rechte er mit dem Degen vertheidigen könne: — denn allerdings zweifelhafter würde die Rechtsfrage, problematischer der Beistand Europas geworden sein, hätte man auch den zu berücken und ihn zum Aufgeben seines guten Rechtes im Voraus zu bewegen schon Mittel angewendet, und wäre dann Friedrich, allein aus Besorgniß für sich, ins Feld gerückt.

Noch bevor Jemand ahnte, daß er die Hand im Spiele habe, hatte denn auch der gewaltige Lenker der Cabinette, der staatskluge Herrscher seinen Mann gefunden, den er ohne Verdacht als geheimen Unterhändler seiner weisen Absichten nach Regensburg, München und Zweibrücken senden konnte. Der Graf Johann Eustachius von Görtz, bis 1775 Erzieher der Weimarischen Prinzen, ein gewandter Mann von richtigem Takt und schnellem Blick, dessen frühere Verbindung und nachher isolirte Stellung jeden Verdacht des Einverständnisses mit Preußen entfernte, begab sich nach den genannten Orten auf die Reise. Bei Carl Theodor, welcher die Vorstellungen treuer Diener, die Bitten seines Volkes mit Gleichgültigkeit und sogar mit verletzender Härte zurückwies, war keine Hoffnung zu günstiger Verständigung; — also eilte er nach Zweibrücken, nachdem er sich in München dem Zweibrückischen Rathe von Hofenfels entdeckt und diesen gewonnen hatte, seinen Herrn von Friedrichs Ansichten in Kenntniß zu setzen. Unterdessen war der Herzog selbst von Zweibrücken schon nach München aufgebrochen und schwankte rathlos, was zu thun sei, als ihm unerwartet Friedrichs Beistand wurde. Hier in heimlicher Zusammenkunft verabredete Görtz mit dem bedrohten Fürsten die nöthigen Schritte, und als bald darauf jener in Zweibrücken als öffentlicher Gesandter des Preußischen Monarchen auftrat, reichte Carl August auch bei den deutschen Reichsständen eine feierliche Verwahrung seiner Rechte, bei der Kaiserinn Mutter und dem Kaiser Joseph eine ehrerbietige Vorstellung gegen die Zumuthungen derselben ein, und verband sich öffentlich mit Friedrich. Dieser sagte dem Herzog jeden Beistand der Waffen zu, damit ihm seine Rechte ungeschmälert blieben, und indem er eilig rüstete, suchte er sich des Beistandes, wenigstens der Billigung der Großmächte Europas zu versehen.

Noch kämpfte man einen unblutigen Federkrieg. Die gelehrten Staatsmänner ermüdeten nicht, pro et contra zu schreiben und zu schreien, und alle Bierbänke Deutschlands nahmen Partei. Noch andere Interessen waren gleichfalls ins Spiel gekommen. Mecklenburgs Herzog wollte von wegen Kaiser Max des Ersten Zusage aus dem Jahre 1502 Landgraf von Leuchtenberg werden; die leibliche Schwester des verstorbenen Churfürsten von Baiern, Marie Antonie, verwittwete Churfürstinn von Sachsen, sprach das Allodium und die beweglichen Güter ihres Bruders — in runder Summe 47 Millionen Gulden — mit lauter Stimme an; — alle diese Widerreden und Protestationen gegen Wien fanden ihren eigentlichen Haltpunkt und ihre Bedeutung erst, seitdem Friedrich die Hand ans Schwert gelegt hatte. Die Deductionen der gefährdeten Partei sprachen nun wohl klar genug, daß Kaiser Sigismund 1429 für sich und seinen Schwiegersohn Albrecht von Oestreich feierlich zu Preßburg den Ansprüchen an Baiern entsagt habe und daß das regierende Oestreichische Haus nicht einmal mehr von diesem Albrecht abstamme, fußten auf den Westphälischen Frieden, auf die Heiligkeit der Verträge, auf das gute deutsche Recht und der Fürsten Gerechtsame, leugneten die Willensfreiheit Carl Theodors und die Rechtsverbindlichkeit seiner einseitigen Beschlüsse und des Uebereinkommens mit Oestreich und meinten schließlich, daß eine so wichtige, Aller Interessen gefährdende Angelegenheit nicht ohne des Reiches Entscheidung abgethan werden könne. Aber am Ende mußten doch wohl die letzten Beweggründe der Fürsten entscheiden, und so starres Eis schien nur durch die Gewalt der Kanonen in Bewegung gesetzt werden zu können.

Zum ersten Male überließen auch die europäischen Großmächte Deutschland, seine Streitigkeiten auszufechten, nicht weil es an Willen fehlte, dabei zu gewinnen, sondern weil die Kraft mangelte, sich damit zu befassen. Rußland war wohl Preußen befreundet genug, um für dasselbe zu stimmen und zu seinen Gunsten zu rathen; aber selbst von den Türken bedroht, konnte es keine Heere ins Feld stellen. Frankreichs Herrscher, obwohl durch die Bande der Blutsfreundschaft mit dem Oestreichischen Kaiserhause verbunden, besaß sein Land von so entsetzlicher Schuldenlast bedrückt, daß, hätte ihm die Politik nicht verboten, bei Oestreichs Vergrößerung zu helfen, die Ohnmacht ihm alle Hilfe ohnehin verwehrt haben würde. So standen bei des Reiches bekannter Ohnmacht und dem Widerstreite der Interessen in demselben, Oestreich und Preußen sich allein gegenüber, und zum vierten Male sollten die Waffen die Rechtsfragen entscheiden, für welche die aufeinander eifersüchtigen Mächte kein anderes Tribunal auffinden konnten.

Gleich beim Beginn des Feldzugs im April 1778 sah der ehrgeizige, ruhmsüchtige Joseph, daß sein Gegner, wie älter und erfahrener, so vorsorglicher in seinen Veranstaltungen gewesen war. Friedrichs Heer, im zehnjährigen Frieden, wie im Kriege, geübt und verbessert, stand schlagfertig an der Böhmischen Grenze, während die Oestreicher, trotz der früh begonnenen Rüstung, mit keiner Waffnung zu Stande gekommen waren. Hier galts schlaue Unterhandlung, um den Ausbruch der Feindseligkeiten hinzuhalten, und vielleicht gewann man mit lockerndem Vorhalt, was ein Erfolg der

Waffen wenigstens in Zweifel stellte. — Also schrieb Joseph aus Olmütz vom 13ten April an Friedrich nach Schönwalde, „wenn er in den Vertrag Carl Theodors mit seiner Mutter willige und überhaupt den Oestreichischen Besitznehmungen nicht entgegen sein wolle, was man übrigens nach Bequemlichkeit umtauschen könne: so solle ihm dafür der Besitz von Anspach und Baireuth, im Falle des Aussterbens dieser Fürsten, unbestritten sein und jeder beliebige Tausch dieser Länder solle von Oestreich gebilligt werden." — Friedrich, bedächtig im Alter und der mit Blut erkauften Lorbeern müde, lehnte zwar solche Anträge, welche seine Absichten verdächtigten und seiner Bereitwilligkeit, den Schwächern zu beschützen, einen Preis unterstellten, streng ab, um „wohl begründetes Recht nicht mit schlecht begründetem zu vermischen;" — allein man setzte doch den Briefwechsel fort und unterhandelte den ganzen Mai hindurch. Joseph war weit entfernt, seine vermeintlichen Ansprüche an Baiern aufgeben zu wollen, sondern hielt Friedrich, mit dem er Polen getheilt hatte, wirklich für käuflich, bis endlich auf das ernste Anbringen der Preußischen Bevollmächtigten eine letzte Entscheidung aus Wien eintraf, nach der man es auf den Waffenerfolg ankommen lassen wollte. Da, im Juli als Oestreich seine Rüstungen vollendet hatte, zog man das Schwert zu ernstem Kampfe aus der Scheide, und Friedrich brach mit dem einen Heere am 5ten Juli über Nachod in Böhmen ein, woselbst er am 8ten bei Welsdorf, Lascy und Joseph gegenüber, ein festes Lager bezog. Prinz Heinrich vereinigte sich mit den verbündeten Sachsen und drang, durch Befehl und Gegenbefehl seines Königlichen Bruders hingehalten, erst nach Mitte Juli über die, für unersteiglich gehaltenen Berge Böhmens, bei Gabel hinabsteigend und zu Nimes sein Hauptquartier nehmend. Laudon, welcher von Leutmeritz bis Töplitz Wacht gehalten hatte, zog darauf ihm nach und postirte sich zwischen Jung-Bunzlau und Trautenau an der Iser, wo er mit dem Kaiser sich schnell vereinigen und leicht Widerstand leisten konnte. Ein drittes Heer unter Werner bei Reiße, zur Deckung Ober-Schlesiens, gegenüber dem General von Botta aufgestellt, konnte erst nach hinlänglicher Verstärkung durch Stutterheim Ende Juli bei Neustadt seinen Zweck erfüllen.

Auf so ernste Demonstrationen war man in Wien nicht gefaßt gewesen, und als die ersten Boten dorthin gelangten, daß die

Preußen in Böhmen eingebrochen seien, herrschte überall Bestürzung. Vielleicht war es auch dem Kaiser Joseph nicht unwillkommen, daß seine Kaiserliche Mutter in Erinnerung der früheren Kriege und aus der, dem Alter natürlichen Besorgniß die Unterhandlungen mit Friedrich erneuerte, zumal das sogenannt deducirte Recht Oestreichs auf Baiern neuerdings durch die Entdeckung und Bekanntmachung einer merkwürdigen Urkunde den letzten Stoß erhalten hatte.

Wie schon oben erzählt ist, gründete Oestreich seine Ansprüche meist auf den Umstand, daß Kaiser Sigismund seinen Schwiegersohn Albrecht von Oestreich anno 1426 mit diesem Lande belehnt, und die Gegner behaupteten, daß Sigismund diese Belehnung 1429 feierlich widerrufen habe. Daß auch Albrecht in diesen Widerruf gewilligt, hatten sie nicht beweisen können; denn wiewohl eine Urkunde solchen Inhalts noch ums Jahr 1736 erweislich in den Archiven zu München vorhanden gewesen war, auf welche das Verzeichniß der Urkunden in dem betreffenden Actenstücke verwies, der geheime Registrator Schmid auch öffentlich aussagte, daß er dieselbe mehrmals eigenhändig copirt habe: so fand sich doch an der bezeichneten Stelle der Acten ein Defect, die wichtige Urkunde war entfernt und somit die Behauptung unerwiesen. Da trat am 24sten Juni der Freiherr Renat Leopold von Senkenberg in Darmstadt, ein Mann, schlicht und recht, der dafür später in Wien Unbill erfuhr und über die Grenze gewiesen wurde, mit einer Abschrift dieser Urkunde hervor und wies selbst diejenige hinlänglich beglaubigte Schrift nach, von welcher er Copie für seinen Vater genommen hatte, danach Herzog Albrecht am Andreastage 1429 zu Regensburg allen seinen mütterlichen und auch den, von Kaiser Sigismund ihm übertragenen Ansprüchen feierlich entsagte.

Als der Pfälzer Hof dieses wichtige Dokument besaß und nun Friedrich durch dessen öffentliche Bekanntmachung seine Behauptung unterstützen, die der Oestreicher entkräften konnte: da hätte man eine eiserne Stirn haben müssen, um noch länger bei Ansprüchen zu beharren, die für sich nicht einmal die Beweiskraft bestaubter Pergamente, gegen sich diese und die historische Gestaltung dreier Jahrhunderte hatten. Unzweifelhaft bewegten die Seele der rechtschaffenen Kaiserinn peinliche Gedanken über die Rechtmäßigkeit ihrer Ansprüche, und die Erinnerung an die trüben Erfahrungen des siebenjährigen Krieges wurde wach, als sie jetzt schon im Juli durch den Freiherrn von Thugut die Unterhandlungen erneuerte. — Unter den Händen ihrer Räthe gestalteten sich freilich ihre Absichten zu zögernden, Schritt für Schritt die Position vertheidigenden Windungen und Krümmungen, aber Friedrichs offene Erklärung drängte wenigstens immer weiter und über die Frage wurde doch nicht mit der Schärfe des Schwertes abgeurtheilt. Anfangs die alte Proposition: „Laß uns Baiern; so empfängst du Anspach und Baireuth;" — darauf Friedrich: Man müsse Baiern ganz räumen und wollte man zur bequemen Verbindung mit Tyrol einen schmalen Strich behalten, so solle man Churpfalz, Chursachsen und Mecklenburg mit Geld und Rechten hinlänglich entschädigen. Brandenburgs Ansprüche an Anspach und Baireuth seien hinlänglich verwahrt, doch müsse man diese Rechte darauf von Seiten Oestreichs ausdrücklich zugestehen. — Hierauf, in Weise der Reichs-Kammergerichts-Advokaten ausflüchtend, Oestreich: Man wolle Alles aufgeben und ganz Baiern räumen, — wenn Preußen seinen Ansprüchen auf Anspach und Baireuth gleichfalls entsage. Durch diesen schlauen Kniff verrückte Kaunitz den Standpunkt und wußte auch fremde Mächte zu überreden, daß Preußen gleichfalls eigennützig verfahre, wenn er demselben auch nicht beweisen konnte, widerrechtlich zu handeln. — Wie weit ab eine solche Proposition nun auch wirklich von der Einigung der streitenden Mächte führte, so lehnte doch Friedrich es nicht ab, fernerhin zu unterhandeln. Als aber mit eigennützigen Vorschlägen auch der halbe Augustmonat verflossen war, wurde Friedrich ungeduldig und regte sich in seinem Lager bei Burkersdorf, den Feind bei Hohenelbe zu umgehen und in Verbindung mit Prinz Heinrich die vortheilhaften Positionen der Oestreicher, welche hinter ersteiglichen Verschanzungen hockten, unnütz zu machen. Augenzeugen versichern, daß in dieser Zeit das Preußische Heer und besonders die Umgebung Friedrichs einen harten Stand gehabt habe. Friedrich war finster und mürrisch, das Alter hatte ihn kricklich und unbeständig gemacht; dazu fehlte ihm die kühne Zuversicht des jugendlichen Muthes. Also waren seine Anstalten von jener Unentschlossenheit dictirt, welche eben wegen ihrer Halbheit ihr Mißlingen voraus bestimmten. Niemand konnte ihm leicht Etwas recht machen und was er heute befahl, das widerrief er schnell. So blieb es bei einer einfachen Drohung, und Friedrich gesteht selbst zu, daß die Ruhe der Kaiserlichen ihm imponirt, und das Bedenken des Wetters und unwirthlichen Weges, sowie der Verstärkung Laudons ihn bewogen habe, das bereits eingeleitete Unternehmen wieder aufzugeben. — Die Preußen zehrten aber die Böhmischen Grenzmarken, nach Kriegsgebrauch verwüstend, völlig aus, und als sie nun selbst nichts mehr zu leben hatten, als Hunger und Krankheit immer nothwendiger daran mahnten, beeilte sich der vorsichtige Heinrich am 10ten September nach Sachsen und der Lausitz zu kommen, sicher, daß die Oestreicher in dem ausgehungerten Landstrich sich nicht würden behaupten können.

Nicht so Friedrich. Seine Hartnäckigkeit, den letzten Halm in Feindes Land zu verzehren, ließ ihn die Nachtheile nicht bedenken, welche ihn selbst darauf treffen mußten. Die Leuterwasser Höhen verließ er zwar schon um die Zeit, als Heinrich nach Sachsen ging; — aber noch zweimal setzte er sich fest, und als er bis zum 15ten October bei Schatzlar gerastet hatte, zog er sich endlich über Landshut nach Schlesien. Die grundlosen Wege, angeschwollene Gebirgsbäche, unwirthliche Witterung, Hunger und Krankheit machten dann auch den Rückzug bei der vorgerückten Jahreszeit so beschwerlich und mühsam, als verderblich für Friedrichs Heer, das ohnehin durch die Desertion gelangweilter oder gepeinigter Söldlinge während des Feldzugs Einbuße genug gehabt hatte. Auch der Winter brachte einem Theile dieses Heeres keine Ruhe; denn der kleine Krieg wurde im Oestreichischen Schlesien, in Ober-Schlesien, der Graffschaft Glatz ꝛc. fortgesetzt, wo sich die Preußen unter Wunsch, die Oestreicher unter Kinsky und Wurmser auszeichneten; drüben aus Heinrichs Heere pflückte noch Möllendorf durch kühnen Einfall in's Böhmer Land sich verdienten Lorbeer — bis endlich neue Unterhandlungen zur vorläufigen Winterrast führten. Der Unmuth Friedrichs, durch Alter und Hinfälligkeit gesteigert, machte sich an vielen Personen seiner Umgebung, sobann durch die Bestrafung der Säumigen und Lässigen Luft, welches besonders die mit der Verpflegung der Armee Beauftragten traf. Nur der Graf Schulenburg-Kehnert erlangte wegen weiser Veranstaltung bei Heinrichs Heere des Königs ausgezeichnete Gnade. Also hatte der Feldzug ohne Schlachtfeld dem Könige 20,000 Soldaten gekostet, von denen viele in den schlechten Feldspitälern zu Grunde gingen, ein Uebelstand, welchen der geistreiche Dr. Fritze in Halberstadt nach den eigenen Erfahrungen, durch freimüthige Schrift, bald nach dem Kriege zur Sprache brachte, und wogegen Friedrich noch auf dem Todbette durch Berufung dieses Arztes nach Sanssouci und durch dessen Anstellung beim Heerwesen Veranstaltungen traf.

Jetzt im Januar 1779 machte eine ernste Erklärung der Russischen Kaiserinn, daß sie Friedrich bei seinen gerechten Maßnahmen unterstützen werde, und die Note des Französischen Hofes, daß er die Anforderungen Preußens der Billigkeit gemäß finde, das Wiener Cabinett schon geneigter, seinen ehrgeizigen Plänen zu entsagen. Bei der Erschöpfung der Finanzen und der Schwierigkeit der Geldnegoziationen bedachte Maria Theresia noch, daß sie dem Grabe nahe stehe und daß sie vielleicht dem Erben ihr Reich in Verwirrung hinterlassen werde; — ihr selbst war Rußlands und Frankreichs Vermittlung deßhalb willkommen, wenn gleich Joseph und Kaunitz noch widerstreben wollten. Dennoch hätte sich der Friedensschluß, nachdem Oestreich in Friedrichs Vorschläge schon früh gewilligt hatte, nicht so lange verzögert, wenn nun nicht die betheiligten Fürsten über Zurücksetzung, Unbilligkeit und Härte Klage geführt und sich nicht lange geweigert hätten, die Bedingungen des Friedens einzugehen. Vom 10ten März bis zum 13ten Mai redeten und gegenredeten die Diplomaten in Teschen, bis endlich die Nachricht, daß Rußland mit der Türkei versöhnt sei, dem Gezänk ein Ende machte und die Friedensurkunde an dem genannten Tage zu Teschen durch Unterschrift der sämmtlichen Betheiligten vollzogen wurde.

Darin stipulirte man, daß Preußen gegründete Rechte auf Anspach und Baireuth habe, daß Carl Theodor seines Wortes ledig und rechtmäßiger Erbe Baierns sei, daß nur der Landstrich zwischen Inn, Donau und Salza mit Bewilligung des Herzogs von Zweibrücken an Oestreich falle; daß Sachsen binnen zwölf Jahren sechs Millionen Conventions-Gulden fälliges Allode aus der Tasche des Churfürsten von der Pfalz und Anrechte an einige Herrschaften bekomme und endlich Mecklenburg von der Verpflichtung befreit sei, seine Gerichte unter die des deutschen Reiches unterzuordnen. (privilegium de non appellando.)

Das Alles zu erwirken und somit Oestreichs übergreifende Gewalt in die Schranken einzudämmen, aber auch dem Schwachen

Schutz zu gewähren und die den Einsturz drohenden Säulen der deutschen Reichsherrlichkeit zu stützen, kostete Friedrich 29 Millionen Thaler. Oestreichischer Volkswitz taufte den einjährigen Krieg „Zwetschkenrummel;" — Preußischer nannte ihn „Kartoffelkrieg;" die da beklagten, daß er so schnell und ohne Schlachtfeld zu Ende gegangen sei, hießen ihn „den Baierschen Prozeß." —

Wenn dieser Beweis hochherzigen Beistandes Friedrich Ehre, Ruhm und Vertrauen bei den deutschen Fürsten brachte, so soll man im Baierlande nächst Preußens auch des wackern Hofenfels für immer eingedenk sein, welcher durch seine Standhaftigkeit dem Lande die Einheit, dem Fürsten den Thron sicherte, und um so ehrenvoller ist diese Felsentreue, da er, nach Görtz, obschon arm und ohne Hoffnung des Erwerbes, einen Preis von 400,000 Gulden ausgeschlagen hat, den er durch simple Ausführung eines Befehls seines Herzogs, die Wiener Convention zu unterzeichnen, wohl wenn nicht ohne Vorwurf, doch sonder Gefährde hätte gewinnen mögen.

Nur zwei Jahre nach Beendigung dieses Krieges sah Friedrich seine geistesgroße Gegnerinn Maria Theresia, den 29sten November 1780 in's Grab steigen, ein Ereigniß, welches keineswegs seinem Lebensabend eine größere Ruhe verbürgte. Denn hatte sie gleich seit den frühesten politischen Erfahrungen und Erlebnissen die feindseligsten Gefühle gegen Friedrich niemals aus ihrem Gemüthe verbannen können: so zeigten doch ihre letzten Staatsentschließungen Erfahrung, Besonnenheit, Mäßigung, Vorsorge und Rücksicht auf ihren großen Gegner, während ihr ehrgeiziger Sohn Manches fürchten ließ, wenn die bedächtige Mutter nicht mehr zügelte.

Rußland und Oestreich hatten sich auch wieder einander genähert, und indem Beide einem Ziele zuzustreben schienen, verdankte man es wieder nur der umsichtigsten Vorsorge Friedrichs, daß nicht neues Unheil aus der Freundschaft Beider entstand. — Das Bündniß Friedrichs mit Rußland war nach seinem Ablauf nicht wieder erneuert; jedoch war daraus gerade kein Unheil erwachsen, und nur ängstliche Politiker fürchteten schon die größere Lauheit beider Cabinette zu einander. — Nicht einmal die Danziger Streitigkeiten, Wirren, zu deren Abhilfe das in seinen Rechten schwer gekränkte Danzig Schutz verlangend die Arme nach Petersburg ausstreckte, und aus welchen bei einigem aufgehäuften Brennstoff leicht ein neuer Brand hätte auflodern können, gaben zu Mißhelligkeiten

Anlaß, da Catharina die Härte Friedrichs zu tadeln weder Neigung hegte, noch die Noth der Danziger zu lindern große Umstände machte. Kaum eine Fürbitte wurde eingelegt, und was diese erwirkte, verwickelte den Knoten so entgegengesetzter Interessen nur noch dichter, bis er in einer spätern Zeit durch die Besitznahme der Stadt gewaltsam zerhauen wurde.

Dagegen bewährte Rußland seine Annäherung an Oestreich in einer andern Angelegenheit, als es nämlich durch heimliche Anträge an Churpfalz und Zweibrücken diese für die Abtretung ihrer gesammten Lande an Oestreich diesmal gegen Vertauschung zu gewinnen suchte. Das war ein neues politisches Auskunftsmittel, welches die angestammten Völker und Fürstensitze zur käuflichen Waare herabwürdigte, und dadurch sowohl die philosophirenden Neuerer, als die gemüthlichen, treuen Anhänger der historischen Gestaltung gleich schwer verletzte. Es war dies die höchste Spitze, auf welche Gewalt, Anmaßung und serviler, käuflicher Sinn die Staatsklügelei des vorigen Jahrhunderts getrieben hatte, welche sich bald als Thorheit ausweisen sollte; denn indem man das echte lautere Gold irgend eines Rechts also klopfte und dehnte, zerarbeitete man alles Metall bald zu eitel Rausch- und Flittergold. Damals war es, als deutsche Fürsten ihre Unterthanen, nicht blos ihre zusammengekauften Bataillone, an England nach Amerika hin verhandelten, damit sie die Colonien der Engländer zügelten; — damals schiffte man den kühnen Seume über das Weltmeer, die Muskete in den Urwäldern Amerikas zu tragen, und Claudius stimmte seine Wehklage an, daß Fürsten ihre Landeskinder so gewissenlos opferten; — damals war's, wo Friedrich selbst an Voltaire schrieb: (Potsdam, den 18. Juni 1776) „Sie erweisen mir zu viel Ehre, wenn Sie mir die Erziehung des Landgrafen von Hessen zuschreiben. Wäre er aus meiner Schule hervorgegangen, so wäre er nicht katholisch geworden und hätte nicht seine Unterthanen wie Schlachtvieh an die Engländer verkauft. Ein solcher Zug paßt nicht zu dem Charakter eines Fürsten, der sich zum Lehrer der Regenten aufwirft. Nur schmutziger Eigennutz ist die Ursache eines solchen Verfahrens. Ich bedaure die armen Hessen, welche so unglücklich und unnütz ihr Leben in Amerika beschließen rc." —

Freilich dachte man in Oestreich noch nicht daran, als das Anerbieten des Ländertausches von dort ausging, daß die Sicherheit der Throne selbst durch nichts mehr erschüttert werde, als indem man dieselben hin- und herschiebe und die Bande ablöse, durch welche sie mit den Ländern je länger, desto fester verknüpft zu sein pflegen; — und vielen Fürsten wäre es als ein großer Gewinn erschienen, das zu bekommen, was der standhafte Herzog von Zweibrücken aus den edelsten Motiven ablehnte, nämlich für die Stammlande ein fremdes Reich und den Königstitel. — In dem hochherzigen, freisinnigen Kaiser Joseph rächte sich aber der Conflict jener Zeit; denn hatte er auch alle philosophischen Ideen derselben in sich aufgenommen, schmückten ihn gleich die edelsten Vorzüge einer wohlwollenden Gesinnung und redlichen Strebens — in einem stand er Friedrich nach, er besaß weder dessen Ehrfurcht vor dem Bestehenden und historisch Ueberkommenen, noch im Allgemeinen wenigstens das Rechtsgefühl desselben, wenn er fremde Interessen gegen die eigenen auf der politischen Waage abzumessen hatte. Jene war durch die Idee der Philosophen und Weltverbesserer bei ihm in Verachtung umgewandelt, dieses konnte bei einem Fürsten jener käuflichen, blasirten Zeit nie eigentliches Leben gewinnen, wo die abenteuernden Glücksritter und Casanovas an den Höfen Intriguen spannen und eine Fuchsmoral die Lehren des Staatsrechts interpolirte.

Wie Kaiser Joseph nun in seinen Erblanden durch den Umsturz des Bestehenden, die Beschränkung der Geistlichkeit, die Aufzwingung kosmopolitisch-philosophischer Ideen, unwillkommene Preßfreiheit und mißdeutete Toleranz, voreiliges Einreißen liebgewordenen Besitzes und vorzeitiges Pflücken ungereifter Früchte, gewaltsame Vereinigung des lange Getrennten und Trennung des lange Vereinigten die Liebe der Völker verscherzt, die alte Ordnung in eitel Unordnung verkehrt und durch seine wohlgemeinte Regentensorgsamkeit alle Interessen verletzt hatte, wollte er nach außen in gleich dictatorisch die Zustände reformiren und gerieth darüber mit den vereinigten Niederlanden in offenen Zwist. — Er forderte freie Schifffahrt auf der Schelde bis ins Meer, und der Streit war schon zu Thätlichkeiten übergegangen, bei welchen die Niederländer nicht die schlechteste Rolle spielten, als Frankreichs achtunggebietende Stimme, welche sich für die Niederlande erklärte, dem offenen Ausbruche des Kampfes zuvorkam. Unter solchen Umständen schien es nicht räthlich, einen Kampf zum Vortheil einer Provinz fortzusetzen, welche

jetzt vorzugsweise wegen des Starrsinns ihrer Bewohner und der
Abhängigkeit derselben von einem herrschsüchtigen Clerus eine unangenehme
Bürde war, zumal im Falle eines Krieges die Entlegenheit
der Burgundischen Erbschaft deren Schutz schwierig genug
machte. War es unter den obwaltenden Umständen nicht den Oestreichischen
Interessen angemessener, dies aufrührerische Belgien um
guten Preis zu vertauschen und damit den Zwist wegen der Scheldefrage
einen Andern ausstreiten zu lassen? — Freilich, indem man
sich Baierns erinnerte, gedachte man wohl auch an Friedrich.
Allein einmal war jetzt nicht die Rede von einer Besitznahme aus
Erbansprüchen, sondern von einem Tausch, für welchen man Vortheile
genug bieten wollte, sodann waren Frankreich und besonders
Rußland jetzt Oestreichs Freunde; — kurz die Umstände waren verändert
und günstig genug, um noch einmal den Versuch zu wagen,
den Teschener Frieden ungeschehen zu machen. Man vereinigte sich
auch bald mit dem Churfürsten von Baiern, daß er das Herzogthum
Baiern, die Oberpfalz, die Fürstenthümer Neuburg und Sulzbach
und die Landgrafschaft Leuchtenberg — zusammen 780 Quadrat-Meilen
mit 1,000,000 Seelen und sechs Millionen Gulden Einkünften
— gegen die Oestreichischen Niederlande — 340 Quadrat-Meilen
mit 1,200,000 Menschen und drei Millionen Gulden Einkünften
— vertausche, und damit der Churfürst für die Negoziation
gewonnen werde, gab man ihm drei Millionen Gulden baar zu,
verhieß ihm den Titel eines Königs von Burgund und malte die
Vortheile hell aus, welche ihm aus der Streitigkeit mit den freien
Niederlanden erwachsen würden. Das Gerücht sagte, man habe
Frankreich für diese Idee mit dem Preis von Luxemburg und Namur
schon gewonnen.

Nachdem die Zustimmung des Churfürsten in München leicht gewonnen
war, suchte man auch die des Zweibrücker Herzogs nach,
und der Russische Gesandte war's, welcher in vertraulicher Mittheilung
diese Idee als eine dem Weltfrieden und den Vortheilen der
Baierschen Dynastie höchst ersprießliche aussprach. — Nicht so dachte
der Agnat des Baierschen Churfürsten. Er hielt ein deutsches
Stammland, dessen Fürst den Churhut trug, und wäre es selbst
nicht größer, bevölkerter und reicher, wie in diesem Falle, sondern
kleiner, menschenleerer und ärmer als das Tauschquantum gewesen,
für unendlich höher, als die Königskrone über ein unruhiges Volk,

dessen Nachbarschaft überdem den Besitzstand nicht sicherte. Wie sehr man ihn also drängte und ihm kaum eine Frist von 8 Tagen bis zur Entscheidung gönnte: so war er doch entschlossen und Friedrich zum Beistand auffordernd, lehnte er den Tausch gänzlich ab.

Friedrich selbst frönte durch die Veranstaltungen, welche er in Folge dieser immer wiederholten Uebergriffe Josephs traf, das Werk seiner politischen Thätigkeit, und beschloß die Aufgabe seines Lebens somit auf eine für ihn ehrenvolle, für ganz Deutschland segensreiche und ersprießliche Weise. — Nicht der erste Act eigensüchtiger und rechtswidriger Willkür Josephs gegen die deutschen Fürsten stellte sich in diesem Ansinnen an Baiern zur Entrüstung Aller ihnen vor die Augen. Was hatte er nicht jüngst alles für Wege betreten, um wohlerworbene und immer behauptete Rechte zu kränken und mit immer neuen Anmaßungen hervorzutreten. So bei der Wahl seines Bruders Maximilian zum Coadjutor des Erzstifts zu Cöln, bei der Einziehung geistlicher Stifter, bei den Heerdurchzügen und Einlagerungen Oestreichischer Truppen in deutsche Länder, durch Bedrückung der kleineren Reichsstände und Beschränkung der Rechte Einzelner, durch widerrechtliche Austheilung von Panisbriefen, mit denen er die Klöster der entferntesten Länder zu Gunsten seiner Invaliden besteuerte, und durch eigenmächtige Erhebung des Reichshofraths über das Reichskammergericht u. s. w. — Friedrich ergriff diese Gelegenheit, eine Idee des gewandten Graf Görtz, welche dieser bereits in einem Schreiben an Prinz Heinrich bei den Verhandlungen über die Baiersche Erbfolge in Anregung gebracht hatte, zur Ausführung zu bringen, nämlich, sämmtliche Fürsten Deutschlands zum Schutz ihrer herkömmlichen Rechte und der Reichsverfassung zu vereinigen.

Die Winke und Gerüchte, welche diesem Tauschantrage vorausliefen, hatten Alles dieses vorbereitet und so konnte Friedrich mit diesen von Hertzberg schon seit dem November 1784 ausgearbeiteten Plänen hervortreten, als er im Januar 1785 vom Herzog von Zweibrücken die offizielle Nachricht erhielt, daß er aufgefordert sei, seine Zustimmung zu dem Tausche zu geben. Die Absicht Oestreichs scheiterte nun zwar schon an der Standhaftigkeit dieses Fürsten, und daran, daß Rußland und Frankreich erklären mußten, daß sie zu dem Tausche nicht zwingen könnten; — ja Joseph lehnte jede Unterstellung böswilliger Absicht ab; — allein da er eben so schlau

nicht verneinte, daß er künftig davon abstehen werde und keine
Bürgschaft vorhanden war, daß etwa nach des greisen Friedrich
Tode, der, nun schon im 73sten Lebensjahre, dem Grabe sichtbar
zuwankte, Gewalt für Recht noch mehr gelten werde: so forderte
Friedrich im März 1785 Hannover und Chur-Sachsen zum Heile
deutscher Verfassung zu folgender Vereinigung auf: — „Der deutsche
Reichskörper müsse vor fremdem Einflusse bewahrt, wie jede Kränkung wohlerworbener und althergebrachter Rechte verhütet werden.
Dazu wollten sie gemeinschaftlich sich verbinden und alle gesetzlich
zuständigen Mittel ergreifen, Mißbrauch, Kränkung und Nachtheil
Einzelner für die Zukunft zu verhüten. Alle Reichsstände sollten
zum Beitritt in diesen Bund eingeladen werden." So entstand der
deutsche Fürstenbund, an welchem sich trotz der Verdächtigung
der Absichten Friedrichs und der Nachahmung derselben Idee in
Wien, die keinen Anklang fand, die Herzöge von Zweibrücken, Mecklenburg, Braunschweig, Gotha und Weimar, die Markgrafen von
Anspach und Baden, der Landgraf von Hessen-Cassel, der Bischof
von Osnabrück und die Fürsten von Anhalt, endlich auch der Churfürst von Mainz anschlossen. Diese Alle hatten den Denkspruch noch
nicht vergessen: „Res parvae concordia crescunt!" — und da
mit dieser einfachen, aber inhaltschweren Wahrheit — der letzten,
welche Friedrich den Fürsten predigt — zugleich das einzige Mittel
angedeutet und gewählt wurde, durch welches Deutschland gegen
innere und äußere Feinde sich schützen konnte: so glich der sterbende
Friedrich, welcher seinem Vaterlande dies Vermächtniß hinterließ,
in Wahrheit jenem Vater, welcher seinen Kindern eine Anzahl Stäbe
gab, die verbunden unzerbrechlich waren, einzeln aber mit leichter
Mühe zerknickt werden konnten.

Wenden wir uns nun der Erzählung Desjenigen zu, was er
während der letzten 23 Jahre zum wahren Segen seines Volkes
wenigstens erstrebt, meistentheils auch mit diesem Erfolge gekrönt
gesehen hat. Wir finden uns hierbei genöthigt, auf unsere ausführliche Darstellung im ersten Theile dieser Lebensgeschichte zu verweisen, in welcher wir die Beweggründe seiner Handlungen ausführlich entwickelt und den Nachweis geliefert zu haben glauben, daß
er mit weiser Umsicht nach allen Richtungen hin gleich thätig gewesen ist, aller Stände Interessen gefördert, die Intelligenz des
Volkes erhöht, die herkömmlichen Rechte und Pflichten der Unter-

thanen geordnet und befestigt, die kirchlichen Angelegenheiten durch
Schutz gegen hierarchische Bestrebung bewahrt und die Rechtsinstitutionen volksthümlicher gestaltet hat. — Unsere Erzählung wird sich
jetzt darauf beschränken, solche vorzüglich wichtige Regierungs-
Maßregeln hier ausführlich zu erwähnen, durch deren Anordnung er
in einer neuen Bahn die Landesinteressen zu fördern sich angelegen sein ließ, und welche wegen ihrer Ungewöhnlichkeit oder
ihrer Folgen halber merkwürdig gewesen sind. Indem wir der
chronologisch geordneten Darstellung hierbei diesmal den Vorzug
geben, werden wir Gelegenheit haben, dem Leben Friedrichs —
denn Arbeit hieß ihm Leben! — schrittweis zu folgen und so den
geneigten Leser allmälig mit der Denkweise und den Lebensansichten
Friedrichs, wie diese sich nach und nach umgewandelt haben, bekannt zu machen, und man wird am Schlusse dieses Werks sich auf
einem Standpunkt sehen, von dem aus der mühevolle Werkeltag
eines rastlos thätigen Arbeiters günstiger überschaut werden mag. —

Dabei dürfen wir aber im Voraus nicht verschweigen, daß viele
der neu getroffenen Einrichtungen, welche durch ihre Neuheit, oder
Eigenthümlichkeit den Widerwillen des Volkes erregten, welche alte
Rechte oder Vorurtheile kränkten oder neue erweckten, ja wohl durch
die Härte ihrer Anwendung verletzten, ihm einen großen Theil seiner Popularität raubten, daß z. B. die gewerbtreibende Klasse erst
in späterer Zeit sein Bild wieder mit dem Glorienschein schmückte,
und wenige Zeitgenossen den Gesichtspunkt festzuhalten verstanden,
von dem aus sie diesen Maßregeln ihren Beifall oder ihre Billigung
geschenkt hätten: — selbst ein Friedrich machte, trotz seiner redlichen Bemühungen, die Erfahrung, daß er in gewissen Ständen
unpopulär sei und durch manche Staatseinrichtung zu mannigfache
Interessen verletzt habe. —

Es war wohl natürlich, daß bei den unzähligen Opfern, welche
der siebenjährige Krieg gekostet hatte, die Heilung der tiefen Wunden, welche dem Lande geschlagen waren, nur langsam und durch
außerordentliche Mittel gelingen konnte. Die Finanzmaßregel, durch
leichtes Geld das Publikum zu berücken und augenblicklich die Bedürfnisse der Heere damit zu befriedigen, hatte zuerst zu eitel Verwirrung geführt. Fremde Staaten hatten sich derselben Operation
bedient, um gleichen Gewinn zu haben oder sich vor Verlust zu hüten, und selbst Spekulanten versuchten, sich dadurch zu bereichern

und überschwemmten das Land mit ihrer schlechten Münze. Die harten Reductionen dieses Geldes, für welches Friedrich in einem neuen Fuße anderes ausprägen und bald darauf dieses wieder nach einer anderen Währung umprägen ließ, brachten viele reiche Kaufleute plötzlich um ihren Erwerb und verwandelte andere in Bettler. — Die bei dieser, dem Kriege zunächst folgenden Catastrophe nicht gerade zuviel Einbuße hatten, — denn jeder verlor Etwas! — spotteten jetzt wohl des Verlustes, zumal wenn jüdischer Wucher sich dabei mit bestrafte.

Hatte aber diese Maßregel in sich die beste Entschuldigung, so war man im Volke doch nicht so geneigt, eine zweite mit gleicher Nachsicht aufzunehmen, daß er nämlich die Zollgefälle und Accise erhöhte. Und zwar verband er mit einer sorgfältigen Revision der besteuerten Gegenstände die Einführung einer ganz neuen, dem Volke unbekannten und darum verhaßten Verwaltung. — Die Erzählung des Generals von Krockow von der in Frankreich üblichen Steuer-Controle, deren Wahrheit der ehemalige Finanzpächter Helvetius bestätigte, bestimmte den sorgsamen Haushalter, als welchen sich Friedrich nach dem Kriege doppelt zu bewähren suchte, den Versuch mit Französischen Institutionen zu machen, und er berief eine Anzahl Französischer Finanzkünstler ins Land, mit deren Hilfe er das Plus des Staates erhöhen, die Kosten der Verwaltung vermindern und zugleich den Geschäftsgang vereinfachen wollte.

Die bisherige Verwaltung der Steuern, das General-Directorium, hatte nämlich, durch Unordnung und Unwissenheit, Friedrichs Unzufriedenheit auf sich gezogen. Niemand konnte dem sorgfältigen Rechner über den jährlichen Bedarf einzelner bedeutender Consumtions-Artikel genau Rechenschaft ablegen, und im Unmuth darüber, lös'te er diese Behörde ganz auf. — Für dieselbe gewann er leider nichts Besseres; denn die neuen Beamten waren wohl im Stande, die Königlichen Einkünfte um eine Kleinigkeit zu erhöhen, — und doch ist es nach den darüber bekanntgemachten Verhandlungen problematisch geblieben, ob das meiste plus nicht mehr ein fingirtes gewesen! — aber die nachtheiligen Folgen des Französischen Instituts waren so hervorstechend, daß man sich wundern muß, warum diese sogenannte Regie so lange Jahre hat bestehen, und daß sie erst mit dem Tode Friedrichs hat abgeschafft werden können. In der That beleidigte jeden Preußen die Härte, mit der die Fremdlinge die verletzenden Dienstobliegenheiten erfüllten. Dazu war ihre Sprache fremd, ihre Sitte frech und liederlich, ihr Benehmen brutal und selbstisch und schon ihre Herkunft den Deutschen verdächtig und Vorurtheile erweckend. Anfangs waren es nur die Finanzkünstler **Le Grand de Cressy, de Candy, la Haye de Launay, Briere, de Pernetty und de Lattre**, welche das neue Gebäude der Plusmacherei aufrichten sollten. Allein da sie mit deutschen Arbeitern vorgeblich wegen deren Unfähigkeit oder ihrer Gesinnung, selbst der Sprache halber nicht arbeiten zu können behaupteten, erlebten wir die Schmach, abenteuernde Fremdlinge in großer Zahl herbeigerufen zu sehen, welche die undeutsche Sitte dem Volke freilich noch gehässiger zu machen sich beeilten. **La Haye de Launay** wurde bald ihr Anführer, da **de Cressy** starb und **de Candy** verdarb, und dieser, redlicher und verständiger, als andere, wehrte dem Umwesen, Fremdlinge ins Land zu ziehen. Immer aber waren mindestens 200 bis 300 Franzmänner berufen, welche nicht den Boden fruchtbarer, nicht die Gewerbe blühender, nicht die Capitalisten reicher, nicht den Handel belebter machen, sondern auf ähnliche Weise wie in ihrem Vaterlande allein die Kunst ausüben sollten, die Staats-Einnahmen zu erhöhen. Das hieß nichts anderes, als die Merinos dichter auf der Haut scheeren, um einige Pfund Wolle mehr zu Markte zu bringen, aber von dem Nutzen, den eine bessere Fütterung gewährt, wußten diese braven Wirthe noch nichts. —

Freilich galt es, in einer Zeit der Erschöpfung, wo Friedrich noch an vielen Orten durch Erlasse und baare Zubuße helfen mußte, den Ausfall mancher Staatseinnahme durch Finanzkünste zu decken; — es galt, die Besteuerung auf Luxus-Gegenstände zu legen und Ausländer, die sich zufällig im Lande aufhielten, gleichfalls mit zu den Steuern heranzuziehen; — es galt, die ärmere Klasse zu verschonen und die Reichen zu belasten: allein das Volk war nur zu geneigt, diese ganze Einrichtung mit Widerwillen aufzunehmen und mißtrauisch oder gehässig darüber zu urtheilen. Auch hat zuletzt nach dem 21jährigen Bestehen der Regie eine genaue Berechnung ergeben, daß dieselbe wegen des Beamtenheers, das zu unterhalten war, einen erklecklichen Gewinn gar nicht abgeworfen, und daß die Rücksicht auf die vermehrten Plackereien des Publikums, auf den laut und deutlich ausgesprochenen Widerwillen des Volks Friedrich wohl hätte bewegen sollen, eine solche Maßregel, die ihm größtentheils beim Volke verargt wurde, aufzugeben. — Ueber die Franzosen selbst urtheilte Friedrich am Ende seines Lebens schon sehr ungünstig, und am 1sten December 1784 schrieb er an den Minister von Werder: „— — das ist lauter solch Schurken=Zeug, die Franzosen, das kann man wegjagen, wenn man will, und wenn man das thut, so verliert man nichts an sie: Was diesen Pagan anbetrifft, so kann der nur gleich abgeschafft werden, wobei Ich Euch noch sage, daß ich überhaupt darauf denke, und suchen werde, Mir nach und nach alle Franzosen vom Halse zu schaffen und sie los zu werden ꝛc." — Mit den deutschen Unterbeamten standen diese Directeurs, Inspecteurs, Verificateurs, Controlleurs, Visitateurs, Commis, Plombeurs, Controlleurs ambulants, Jaugeurs, Commis rats de cave und Anticontrebandiers auf gleich gespanntem Fuße, als mit dem Publikum, und Hamann sprach es öffentlich aus „daß der Staat den Beutel seiner Unterthanen einer Bande unwissender Spitzbuben anvertraut und durch diese Maßregel alle Preußen für unfähig erklärt habe, dem Finanzwesen vorzustehen." Beispielshalber stehe denn auch hier, daß jeder der fünf obengenannten geheimen Finanzräthe jährlich außer den bedeutenden Prämien 12,000 Thaler Gehalt bezog. De Launay's Remisen betrugen jährlich circa 5 bis 13,000 Thaler. Als er den Staat verließ, hatte er 400,000 Thaler erworben.

Eng verbunden mit der Idee der Französischen Steuererhebung war gleichfalls die, den Debit des Tabacks und später auch des Caffees zum Regal zu erheben. In andern Ländern, in Oestreich seit 1723, in Frankreich seit 1730, in Spanien und Portugall seit 1753 hatte man durch eine Verpachtung die Königlichen Einnahmen auf Kosten der Genußsüchtigen zu erhöhen gesucht. Jetzt, 1764, bot ein Marseiller Kaufmann, François Lazare Roubaud sich zum Pächter des Tabackshandels in Preußen an, und erhielt auch von dem Könige um die Pachtsumme von 1,100,000 Thaler den Zuschlag. Bei schwerer Strafe durfte im Lande Niemand, als dieser Fremdling, Taback fabriciren, oder andern, als den von ihm eingeführten oder von ihm fabricirten zum Verkauf ausbieten. — Allein noch vor Antritt der Pachtung cedirte Roubaud mit des Königs Genehmigung seine Rechte gegen 20,000 Thaler Abstandsgeld an Isaak Salingre aus Stettin, Samuel Schock aus Potsdam und an die Berliner Kaufleute Balthasar Targa, Jean Buisson, Paul

Lecoy, Johann Haubenstrücker, Johann Heinrich Ulrici, Jean Laqueur, Louis Gautier und Christian Ernst Jordan. Viele dem Publikum lästige Vortheile sollten das Unternehmen dieser gewinnsüchtigen Inländer fördern; — auch schien es, daß sie gar hohe Zinsen von ihrem Betriebs-Capital beziehen würden; denn sie stellten die Verkaufspreise der feineren Sorten und die Einkaufspreise des Laudtabacks sich günstig genug. Der König aber hoffte den größten Theil eines neu geschaffenen Einkommens sonder Mühe für den Staat der wohlhabenden Volksklasse auferlegt zu haben, und rechtfertigte diese Maßregel mit seiner auf anderm Wege nicht erreichbaren Absicht, den Gewerbfleiß und Tabacksbau im Allgemeinen zu heben. Allein des Volkes Mißtrauen, der Mangel an Capitalien und die bedeutenden Unkosten der ersten Anlage, ebenso wie der Mangel an Geschäftskenntniß, Uneinigkeit und Mißgriffe ließen diese erste großartige Actienunternehmung in unserm Staate, trotz der günstigsten Bedingungen, bald ins Stocken und in Verfall gerathen, und nach mehrfachen Veränderungen und neubewilligten Concessionen übernahm der Staat die Verwaltung derselben, mit einem Deficit der Unternehmer von 564,457 Thaler. Sie brachte demselben in 21 Jahren an 21 Millionen Thaler Gewinn ein, förderte wirklich den Anbau des Tabacks im Lande und hob die Fabrikation, was man Alles vorzüglich der aufrichtigen Thätigkeit des Königs zu verdanken hatte, welcher unermüdet diesem Zweige der Staatsökonomie seine Aufmerksamkeit zuwendete: — allein an der Zuneigung seiner Unterthanen gewann Friedrich auch durch diese Maßregel nicht, und mit den Steuerbefrauden mehrten sich die Processe, beides geeignete Mittel, die Moralität des Volkes wesentlich zu untergraben. Den Staat um diese Einkünfte zu betrügen, galt bald im Volke nur für ein Zeichen der Klugheit, nicht als Beweis niederer und schlechter Gesinnung.

Noch gehässiger wurde dem Volke eine Maßregel, welche dem Könige der Kupferschmid Jury aus Potsdam vorgeschlagen hatte, den Caffee in seinen Landen, zur Verhütung der schamlos betriebenen Defraude und um den Verbrauch dieses kostspieligen Artikels einzuschränken, unter eigenthümlichen Bedingungen feil bieten zu lassen. Als nämlich nach dem siebenjährigen Kriege dies Getränk bei den unteren Ständen immer beliebter geworden war, so daß durch dasselbe die alten Lebensgewohnheiten immer mehr verdrängt waren, hatte der König vergeblich die Steuer von 4 Groschen auf 6 Groschen für das Pfund Caffee erhöht, — um das Volk abzuhalten, so viel Geld außer Landes zu schicken. Es war vielmehr um so offener an den Landesgrenzen der Schmuggelhandel getrieben worden, so daß z. B. in Berlin der Caffee um einen geringeren Preis öffentlich feil geboten wurde, als er mit Auflegung der Steuer hätte käuflich sein können. Da veröffentlichte Friedrich am 21sten Januar 1781 eine Caffee-Ordnung für seine Staaten, wonach man künftig den Caffee nur aus Königlichen Entrepots, 21 an der Zahl, unter lästigen und harten Bedingungen kaufen konnte. — Das ganze Volk wurde in zwei Theile geschieden, von denen der bevorzugte — Adel, Offiziere, Geistliche, Mitglieder der Landes-Collegien und wenige andere Personen — gegen Einkauf von Brennscheinen, das Stück zu 1 Groschen, wenn jede Person jährlich wenigstens 20 Pfund consumirte, aus den Entrepots ungebrannte Bohnen beziehen und diese sich selbst brennen konnte. Diese bezahlten für das Pfund Caffee 9 Groschen. Alle übrigen Unterthanen mußten, wenn sie sich diesen Genuß verschaffen wollten, gebrannten Caffee in Büchsen von 24 Loth Brutto mit 1 Thaler 4 Groschen bezahlen und aus besonderer Rücksicht wurden die Büchsen zu 4 Groschen wieder angenommen. Die Steuerbeamten waren berechtigt, zur Ermittelung der Defraude, welche natürlich bei der Höhe der Steuer nicht unterblieb, die Häuser der Unterthanen zu durchstöbern, und sie erwarben sich keine geringe Geschicklichkeit, Contrebande zu entdecken. Dafür schimpfte das Volk die Französischen Spürer „Caffeeriecher und Kellerratzen," und rächte sich selbst an Friedrich durch Pasquille und Wißworte. War's doch gerade, wie ein Augenzeuge berichtet, die Abbildung Friedrichs, „wie er eine Caffeemühle zwischen den Beinen hielt," die Friedrich einst in Potsdam niedriger hängen ließ, damit das Volk, das er auf einem Spazierritte davor versammelt fand, „sich die Hälse nicht auszurecken brauche." — Bei alle dem ließ sich die Vorliebe des gemeinen Mannes für das Getränk nicht ertödten und Friedrich sah sich genöthigt, nach Jahresfrist den Preis des gebrannten Caffees auf 16 Groschen für 24 Loth und wieder nach einem Jahre auf 10 Groschen für dieselben herabzusetzen. An die Krämer wurde er auch nur gebrannt, an die Großhändler nur roh abgelassen und vom Debit genossen sie 5 Procent Provision. Natürlich hob dies Verfahren die Fabrikation der

Surrogate und in einzelnen Provinzen fing man an die Cichorien-wurzel zu bauen.

Um des Königs sehr oft verdächtigte Ansichten über diesen Gegenstand in ein helleres Licht zu setzen, mögen denn hier noch zwei Schreiben desselben an die Hinterpommerschen Landstände und an die Kaufleute, welche sich über die getroffenen Maßregeln beklagen, stehen. Das an die ꝛc. Landstände ist vom 27sten August 1779: „Se. Königl. Majestät von Preußen, Unser allergnädigster Herr, lassen Dero Hinterpommerischen Landständen auf ihre Vorstellung wegen der geordneten Versteuerung des Weins und Caffees auf dem platten Lande hierdurch zu erkennen geben, daß sie darüber wohl keine Ursachen sich zu beschweren haben; denn was den Caffee betrifft, so ist dergleichen zu der Zeit, da sie ihre Privilegien gekriegt, nicht da gewesen, sondern erst lange nachher aufgekommen. Ihren Privilegien geschiehet also kein Eingriff, vielmehr haben Höchstdieselben darunter ganz andere Absichten, nämlich die gräuliche Consumtion etwas einzuschränken und auch zu verhindern, daß unter ihren Namen nicht so viel Caffee eingebracht und ein contrebander Handel damit getrieben wird. Es ist abscheulich, wie weit es mit der Consumtion des Caffees geht, ohne was die andern Sachen sind. Das macht, ein jeder Bauer und gemeiner Mensch gewöhnt sich jetzt zum Caffee, weil solcher auf dem Lande so leicht zu haben ist. Wird das ein Bißchen eingeschränkt, so müssen die Leute sich wieder an das Bier gewöhnen, und das ist ja zum Besten ihrer eigenen Brauereien, weil sie alsdann mehr Bier verkaufen. Das ist also mit der Absicht, daß nicht so viel Geld für Caffee aus dem Lande gehen soll, und wenn es auch nur 60,000 Thaler sind; so ist es immer schon genug. Was sie hiernächst von der Visitation anführen, so ist solche um der Ordnung willen nöthig, besonders auch in Ansehung ihrer Domestiken, und sollten sie wie gute Unterthanen darwider nicht mal was sagen. Uebrigens sind Sr. Königl. Majestät Höchstselbst in der Jugend mit Biersuppe erzogen, mithin können die Leute dorten eben so gut mit Biersuppe erzogen werden. Das ist viel gesunder, wie der Caffee. Die Stände können sich also um so mehr bei der Sache beruhigen, zumal denen für beständig auf dem Lande wohnenden vom Adel so viel Wein und Caffee, wie sie zu ihrer und ihrer Familie Consumtion nöthig haben, fernerhin freigelassen wird. Nur soll kein Mißbrauch dabei weiter vorgehen, daß die Sachen unter ihren Namen hereingebracht werden, und denn damit ein contrebander Handel getrieben wird, und der Caffee verkauft wird. Das kann durchaus nicht gestattet werden." —

Die ausführliche Erörterung an die Kaufleute von Berlin lautet: „(Berlin, den 12ten Januar 1781.) Der augenscheinlich überhand nehmende Gebrauch des Caffée, sowie die damit immermehr um sich greifende Contrebande mit demselben sind die einzigen Ursachen, welche Se. Majestät bewogen, die unter Händen seiende Anstalten zu treffen;

Höchstdero einzige Absicht dabei ist diese, daß nicht alle Maurer, Mägde und dergleichen von ihrer Hände Arbeit sich nährende Personen Caffée trinken sollen; Und da solches dem wahren Besten der Unterthanen angemessen ist; so können höchst Dieselben um so weniger davon abgehen, und auf die dagegen unterm 10ten eingereichte Vorstellung der hiesigen Materialhändler Rücksicht nehmen, als eben durch ihren allzugroßen Absatz dieses ausländischen Produkts der Gebrauch desselben sich über die allergeringsten Stände der Menschlichen Gesellschaft verbreitet und zu großen Contrebauden Anlaß gegeben hat." — Und kurz nachher: „Aus der anderweitigen Vorstellung der hiesigen Materialhandlung von gestern gegen die vorstehende Abänderung des Caffeehandels ergiebt sich, daß dieselbe die landesväterliche Absicht, welche Se. Majestät von Preußen, Unser Allergnädigster Herr, haben, hierunter in ihrem ganzen Umfange nicht kennet, und daher wollen Höchstdieselben ihr hiermit solche näher bekannt machen.

Zu dem Ende muß gedachte Materialhandlung wissen, daß theils blos für Caffee jährlich wenigstens eine Summe von 700,000 Thaler aus dem Lande gehet, und dagegen die Bierbrauereien, welche blos eigene Landesprodukte consumiren, zum größten, unwiederbringlichen Verlust des Adels, des Bürgers und des Landmanns abscheulich herunter und ihrem Ruin nahe gekommen sind; andern Theils aber noch überdem mit diesem ausländischen, so viel Geld aus dem Lande ziehenden Produkt eine erstaunliche Menge Contrebande und zwar so weit getrieben worden, daß sie mit geladenem Gewehre sich auf den Grenzen eingefunden, und zu deren Begünstigung Feuer auf die

Acciseoffizianten und Aufseher gegeben haben; beide aus einem uneingeschränkten Caffeehandel entstandene, und täglich mehr überhandnehmende Uebel sind also die einzigen Ursachen, welche Höchstgedachte Se. Königliche Majestät zu den gedachten Aenderungen veranlaßt haben, und Höchstdieselben werden auch davon um so weniger abgehen, als die Materialhandlung, statt sich mit dergleichen schelmischen Handel weiter abzugeben, noch viele andere Waaren, als Hammel, Kälber und ander Schlachtvieh, so wie außer den Gewürzen ꝛc. auch noch Butter und Eier übrig bleiben, welche sie aus den übrigen Königlichen Provinzen anhero schaffen und dadurch den vielen Abgang von Caffee ihrem Handel auf eine dem Vaterlande weit vortheilhaftere Art ersetzen kann." — —

Hatte Friedrich durch derartige Finanzmaßregeln den Ertrag des Landes auf Kosten seiner Popularität und doch nur allein zum Segen des Landes gefördert; so fehlte es natürlich um so weniger an andern Einrichtungen und zweckmäßigen Veranstaltungen, mit deren Hilfe er dem Wohlstande seiner Unterthanen aufzuhelfen wußte, ohne daß irgend Jemand über die Härte derselben zu klagen Ursach hatte. In diese Zeit fallen seine Bemühungen durch Dismembration den Werth der Güter und der bäuerlichen Grundstücke zu erhöhen, überhaupt das Landvolk durch zweckmäßige Instructionen zu bilden, und er ließ selbst Anweisungen für den Landmann drucken, damit dieser schädliche Vorurtheile aufgebe und sich den neuen Ansichten über Bewirthschaftung des Grund und Bodens zuwende; — in diese Zeit auch fallen jene großartigen Unternehmungen, ganze Landstriche an der Warthe und Netze urbar zu machen, und es begann die außerordentliche Thätigkeit eines Mannes dem Vaterlande Segen zu schaffen, welchen Friedrich mit richtigem Tacte während des Krieges sich aus Dessauischem Dienste gewonnen hatte.

Dieser Mann war der geheime Ober-Finanzrath Franz Balthasar Schönberg von Brenkenhoff, geboren 1723 zu Reideburg bei Halle, bis 1760 Verweser und Ordner des Anhalt-Dessauischen Landes und dann von Friedrich wegen der dort herrschenden musterhaften Ordnung und seiner umsichtigen Verwaltung halber in Preußische Dienste gerufen. Um so ehrenvoller müssen wir seiner hier gedenken, da er bei seinen Arbeiten für den Staat sein Vermögen zugesetzt hat und arm gestorben ist. Friedrich ließ, um die Kassen Brenkenhoffs, welche in Unordnung sich fanden, zu decken, seine sämmtlichen Güter verkaufen.

Auch bei der innern Verwaltung ordnete er vielerlei Zustände besser. Die Ober-Rechenkammer trat ins Leben; die Prüfungen für Civilbeamte im Verwaltungsfach wurden eingesetzt; — die längst bestehenden Fabriken fanden neuen Schutz und zweckmäßige Hilfe, wo sie deren bedurften. Am segensreichsten wirkte Das, was er damals für Schlesiens Rittergutsbesitzer anordnete, um den gesunkenen Credit zu beleben und ihren Wohlstand dauernd herzustellen. (Band I, 340.)

*Ueberhaupt fuhr Friedrich fort, in dem längst bewährten Geiste der Vertretung und Förderung aller Interessen zu wirken und entweder alte Institute, die vor dem Kriege ins Leben gerufen waren, wieder zu heben, oder ganz neue zu ersinnen. Um diese Zeit genoß er den Triumph, daß seine Militair-Magazine sich ausgezeichnet bewährten, als durch Mißwachs und Handelszufälle die furchtbare Theuerung 1771 und 1772 in ganz Deutschland schreckenerregend gefühlt wurde. Die in wohlfeiler Zeit gefüllten Magazine standen nun, während der Wucher mit Härte den Verkauf zurückhielt, um mäßigen Preis nicht blos den Inländern, sondern selbst den Fremden offen, und mehr als 40,000 Nothleidende pilgerten für immer in das glückliche Preußenland, wo für die Armuth mit weiser Voraussicht gesorgt und von dem Ueberfluß der sieben fetten Kühe der Hunger der magern gestillt wurde.

Die Handelsinteressen förderte er auf mancherlei Weise; zuerst durch die Gründung einer öffentlichen Bank. Nachdem dieselbe schon einige Jahre durch mehre Privatleute zu krankhaftem Dasein gegründet war, übernahm Friedrich, wie so Mancherlei in jener Zeit, wozu vielleicht die erste Idee und Aufmunterung von ihm ausgegangen war, die Garantie derselben, ließ acht Millionen Thaler baar hin, ließ Bankothaler prägen und Banknoten zu 4, 8, 10, 20, 50, 100, 500 und 1000 Bankthalern ausgeben, gründete in den Provinzialstädten Magdeburg (22sten Juli 1768), Stettin, Frankfurt, Colberg, Emden, Cleve, Elbing, Königsberg, Breslau und Minden Comtoire der wohlthätigen Anstalt, traf Veranstaltung, daß gerichtlich deponirte Gelder, Capitalien der Pupillen ꝛc. und überhaupt aller Unterthanen dort gegen mäßigen, aber sichern Zins deponirt werden konnten und verschaffte zugleich dem ganzen Handels-

22*

stande des Vaterlandes ein Erleichterungsmittel des Verkehrs, durch welches die Geschäfte außerordentlich gefördert und vermehrt wurden. Hierbei, wie bei den übrigen Maßregeln zu Gunsten der Handels- und Steuerinteressen, z. B. bei der Tabacks-Administration, bediente sich Friedrich der Kenntnisse und der Gewandtheit des bekannten Quintus Icilius (Guichard) aus Magdeburg; doch erst unter dem Minister von Hagen und unter Schulenburg blühte sie empor. In 40 Jahren hatte die Anstalt bis 1807 über 9¼ Millionen Thaler — bei einem jährlichen Umsatz einer gleich starken Summe — gewonnen, als der Kaiser Napoleon das ganze Vermögen, obgleich dasselbe kein Staatsgut war, in Beschlag nahm, und mit den Südpreußischen Besitzungen auch die Capitalien verloren gingen, welche man dorthin auf Güter hypothekarisch verliehen hatte.

Zu gleichem Zwecke förderte er die Stiftung gewisser Handels-Compagnien, indem er die Vortheile nicht verkannte, welche durch gemeinschaftliche Operationen dem Verkehre erwachsen mußten, bei welchem von Allen ein Interesse verfolgt und eine gesteigerte Kraft in Anwendung gebracht werden konnte. Dahin gehören die Levantische Handels-Gesellschaft zum Vertriebe der Baumwolle, des Türkischen Garns und der Südfrüchte (1765) bevorrechtet; die See-Assekuranz-Gesellschaft (1765), eine Actien-Unternehmung, deren Privilegium auf 30 Jahre ausgedehnt wurde; die Emdener Herings-Compagnie (1769), welche ihren Handel in Ostfriesland, Magdeburg, Halberstadt, Ukermark und Altmark zu großem Gedeihen betrieb, und endlich die See-Handlungs-Compagnie (1772), eine Stiftung, bei welcher Friedrich den Staat mit 2100 Actien von 2400 Stück betheiligte und welche er durch große Vortheile zu heben bemüht war. Zwanzig Jahre lang war ihr der alleinige Aufkauf des Seesalzes in allen Preußischen Häfen, sowie das Stapelrecht des Polnischen Wachses und des Preußischen 10 Meilen rechts und links von der Weichsel, eine Steuerermäßigung von 50 pro Cent bei Einführung des fremden Schiffbauholzes und ein Erlaß jeder, damals üblichen Zwangsfuhre zugesichert. Dagegen verkaufte diese Gesellschaft ihr Seesalz ausschließlich an eine zweite, auf Actien gegründete Seesalz-Handlungs-Compagnie, welche man als Gegengewicht gegen die Oestreichischen Interessen beim Salzhandel aus Wieliczla ins Leben gerufen hatte. Der Franzose **Delattre**, welcher anfangs jener Compagnie vorstand, ging anrüchig nach Frankreich zurück und der Minister Friedrichs, Christoph von Görne, ihr nachheriger Vorstand, büßte 1782 seine eigenmächtige Verwaltung, den Mißbrauch der fremden Capitalien zu selbstischen Zwecken, die Unordnung seiner Finanzen und die mißglückte Spekulation auf liegende Gründe im neuerworbenen Westpreußen durch einen jähen Sturz, Einziehung seines ganzen Vermögens und lebenslängliches Gefängniß in Spandau.

Der Binnenhandel gewann in jener Zeit gleichfalls durch die Verbindung der Weichsel und Netze, welche, gleich nach der Besitznahme Polens projectirt, von Brenkenhoff mit Hilfe der zahlreich eingewanderten, durch die Hungersnoth herbeigetriebenen, fremden Arbeiter in Frist von 16 Monaten vollendet wurde, also daß man nun die Endpunkte der Monarchie auf dem Wasserwege bequem, sicher und wohlfeil erreichen konnte. Mit einem Kostenaufwande von 700,000 Thaler war dieser Canal von 3¼ Meilen Länge gegraben und 10 Schleusen waren gebaut, durch welche Brahe und Netze vereinigt wurden. Zu beklagen war nur, daß bei dem Witterungsungemach und der ungesunden Gegend viele Arbeiter den Strapazen erlagen.

Ueberhaupt wendete Friedrich nach Erwerbung Polens der Organisation dieses Landes seine ganze Kraft zu und schuf erst in diesem zerrissenen Lande Ordnung und Gesetz. Also geschah es zunächst in den bäuerlichen Verhältnissen, wo wenigstens der Grundsatz der Ablösbarkeit der Dienste und die Möglichkeit der Freilassung ausgesprochen wurde; wenn gleich die aufgestellten Bedingungen wegen ihrer Härte viel zu selten dem Bedrückten die Aussicht gewährten, sich zu befreien. Es war doch dadurch in dem neugewonnenen Lande der Polnischen Wirthschaft das Messer an die Kehle gesetzt und jene oligarchische Tyrannei hörte auf, ihren verderblichen Einfluß auf die socialen Verhältnisse auszuüben. Auch wurden die Dienste genau bestimmt, zu denen ein Dienstmann verpflichtet war, so daß endlich ein solcher auch abmessen konnte, was er für sich thun könne und wie viel dem Gutsherrn leisten müsse. Die zahlreichen Feiertage wurden aufgehoben und an diesen neuen Arbeitstagen blieb er, wie bisher, von aller Verbindlichkeit zum Frohndienst befreit. Nun erst spornte ihn die Aussicht auf Gewinn und die

Rücksicht auf die Verbesserung seiner Lage zur Thätigkeit an, und wie Friedrich dessen Ketten zerbrach, welche ihn an den Willen launischer Gewalt fesselten, so rüttelte er ihn aus einer lethargischen Unthätigkeit, durch welche er im Schmutze behalten worden war. Wie natürlich konnte er die bestehenden Rechtsverhältnisse nicht völlig vernichten. Es blieben die abligen und städtischen Gerichte, welche vorhanden gewesen waren; — aber er stellte sie unter strenge Aufsicht der Obergerichte, er überhob die Richter der Abhängigkeit von den Patronen, er brachte Preußische Ordnung, Pünktlichkeit und Schnelle in das Prozeßverfahren und führte das Preußische Recht im Lande ein. Dazu errichtete er in Lobsenz, Conitz, Stargard, Culm und Marienburg neue Untergerichte, veränderte auch die Verfassung des Obergerichts in Marienwerder und der Polnischen Gerichte zu Lauenburg und Butow in Pommern. Das Jahr darauf (1776) änderte er die Zustände hin und wieder von Neuem, je nachdem das Bedürfniß sich kund gab, indem z. B. das Gericht von Lobsenz nach Schneidemühl verlegt, auch in Bromberg ein solches eingesetzt wurde. In diesem Jahre auch huldigten erst die Stände der neu erworbenen Landestheile zu Inowraczlaw, den 22sten März, nicht ohne daß für den Stellvertreter Friedrichs, von Brenkenhoff, daraus einige Gefahr erwuchs, die er durch Geistesgegenwart und schnelle energische Maßregeln in ihren Schatten umwandelte. Aufrührerische Plakate hatten im ganzen Lande die Huldigung verpönt und des Polnischen Landes Beistand zugesagt. Auch zogen die Polen unter Krusczewsky mit den alten Panieren zu Hausen bis zwei Meilen von Inowraczlaw und hofften auf offene Empörung des Volkes. Als aber von Brenkenhoff von Preußischen Truppen entschlossen und schnell Maßregeln treffen, die Wege und Pässe besetzen ließ, und überall die Zügel der Gewalt streng anzog, fügten sich die neuen Preußen und leisteten dem Landesherrn den Schwur der Treue. —

So waren die Jahre 1773, 1774 und 1775 vorzugsweise der Organisation eines Landes gewidmet, welches dem neuen, umsichtigen Landesherrn bald unzählige Segnungen zu verdanken haben sollte; — jedoch führte er natürlich über die übrigen Provinzen seines Staates ein gleich treues, väterliches Regiment. Aus dieser Zeit stammt auch die allgemeine Wittwen- und Waisen-Verpflegungs-anstalt des Staates, deren Statuten, heute noch tausendfachen Segen verbreitend, am 28sten December 1775 vom Könige unterzeichnet sind. Wie alles Neue, fand auch diese wohlthätige Anstalt, ohne deren Bestehen wir jetzt die Summe des menschlichen Elends bedeutend erhöht sehen würden, lauten Widerspruch, und kopfschüttelnde Warner mahnten besonders daran, daß eine solche Anstalt die Liebe der Gattinnen untergraben und die Sparsamkeit der Familien aus der Welt schaffen werde.

Durch Alles, was nun bisher von Friedrich veranstaltet war, um den Wohlstand seiner Unterthanen zu befestigen und zu erhöhen, hatte er wegen der Härte seiner Finanzmaßregeln, wegen der Strenge der Absperrung des Landes, wegen des Drucks, den die unbeliebten Steuerbeamten ausübten ꝛc., dennoch bei Vielen nur Mißtrauen und keinen Liebesdank geerntet. Zwar hatte er seine landesväterliche Gesinnung auf offene unzweideutige Weise offenbart; — denn hatte er nicht die Wunden des langwierigen Krieges mit Königlicher Huld und Milde geheilt? hatte er nicht Brot, Saatkorn, Pferde, Zugvieh, Holz und Geld, Alles was er besaß, an die Nothleidenden geschenkt? nicht dort den Corporationen, hier den Einzelnen unzählige Mal und so oft es Noth that, Summen von großer Bedeutung überwiesen? — nicht in Städten und auf dem platten Lande Steuern erlassen und ermäßigt? — — aber — sprachen die Zweifler und diejenigen, welche Wohlthaten empfangen hatten, — aber wer verbürgt uns, daß das, was Friedrich uns zu geben erlassen, oder was er uns an Geld und Geldeswerth überwiesen hat, unser Eigenthum und nicht etwa ein Darlehn sein soll? — Er ist ein sparsamer Wirth; — schon sein Aeußeres verräth den Geiz, und da er bei den Rechnungen der Beamten und Handwerker, selbst bei denen seines Königlichen Haushalts den Pfennig beachtet und den Thaler zu sparen sucht, — wer steht uns dafür, daß er uns über kurz oder lang nicht das Geschenkte wieder abnimmt und etwa von unsern Kindern verlangt, was er uns solange gestundet hat? —

So und in ähnlicher Weise mißtrauten Viele dem hochherzigen Könige, dessen Herz und Sinn nicht einmal diejenigen begriffen hatten, welche der Strahl seiner Königlichen Huld und Milde persönlich berührt hatte. Freilich muß man dabei auch nicht vergessen, daß Friedrich, der alte Soldat, eine rauhe Außenseite bekommen hatte, und daß der oft betrogene Herrscher vorsichtig geworden war.

Er untersuchte die Wunden, die er heilen sollte, mit etwas scharfer Sonde und faßte ziemlich derb zu; — aber er heilte sie doch. Jetzt im Jahre 1776 (den 11ten September) zerriß der treue Landesvater das seit 1763 voluminös gewordene Schuldbuch seiner sämmtlichen Unterthanen und in einer öffentlichen Erklärung bestätigte er alle Geschenke, die er gemacht, und begab sich und seine Nachfolger aller Ansprüche, die ihm aus Steuererlassen und niedergeschlagenen Defecten ꝛc. bis dahin erwachsen sein konnten. Wie viele Augen wurden da von Freudenthränen naß, und welche Dankesopfer stiegen zum Throne des Königs der Könige empor; — denn es war keine Flur, wo nicht Friedrichs Königshand Samen gestreut, keine Stadt und kein Dorf, wo er nicht Häuser aufgerichtet, Gewerbe verbessert, Grundstücke verschenkt, Steuern erlassen, Noth gelindert und Hilfe geleistet hätte! — — Die Schuldbriefe über so viele Millionen Thaler zerriß Friedrich durch seine einfache Erklärung und vertilgte somit alles Mißtrauen in den Herzen seiner Unterthanen, welches bis dahin hier und da wach gewesen war.

Er fuhr aber auch ferner fort, auf gleiche Weise zu sorgen und zu helfen, und weder die Verwendung der Geldsummen wurde spärlicher, noch die Aufmerksamkeit abgespannter, noch das Interesse für alles Einzelne schwächer. So führte er den ritterschaftlichen Creditverein Schlesiens, welcher mit glänzendem Erfolge das zerfleischte Land von den tiefen Wunden geheilt, das Vertrauen der Capitalisten hergestellt und jene Rittergutsbesitzer aus den Händen des Wuchers gerissen hatte, auch in der Chur- und Neumark ein, und im Magdeburgischen ließ er das Fienerbruch austrocknen, ohne daß die Störung des Friedens (1778) auch solche Segnung desselben unterbrochen hätte.

So viele treue Sorgfalt mußte denn auch in den Herzen seiner bessern Unterthanen Anklang finden, und in der That fühlten sich diese unter dem weisen Scepter Friedrichs hoch beglückt. Wenn er auf seinen jährlichen Reisen zu den Revuen zugleich die öffentlichen Arbeiten inspicirte, strömte Alt und Jung herbei, den „alten Fritz" in der Nähe zu sehen und ihm ehrfurchtsvollen Dank zu zollen. Das Bild eines solchen Reisetages ist uns durch Gleim, dessen Verwandter, ein Oberamtmann Fromm, den König auf einer Inspectionsreise begleitete, aufbewahrt worden, und da die eigenen Worte und kleinen Züge seines Wesens uns Friedrichs

Bild besser veranschaulichen, als jede Charakterschilderung, so stehen wir nicht an, dieses interessante Bruchstück in diese Darstellung mit aufzunehmen, indem wir damit zugleich unsere frühere Charakteristik Friedrichs ergänzen wollen: —

—"Der König fuhr dann weiter nach Fehrbellin, der Förster Brandt ritt ihm vor. Als sie an einen Flecken von Sandschellen kamen, fragte der König: "Förster, warum sind die Sandschellen nicht besät?" — Ew. Majestät, sie gehören nicht zur Königlichen Forst; sie gehören mit zum Acker, die Leute besäen sie zum Theil mit allerlei Getreide. Hier rechts haben sie Kiehnäpfel gesät! — "Wer hat die gesäet?" — Hier der Oberamtmann. — Der König wandte sich jetzt an den Oberamtmann Fromm. "Na! sagt es meinem geheimen Rath Michaelis, daß die Sandschellen besäet werden sollen," dann fragte er den Förster: "Wißt Ihr aber auch, wie Kiehnäpfel gesät werden?" — O ja, Ew. Majestät. — "Wie werden sie denn gesät? von Morgen gegen Abend, oder von Abend gegen Morgen?" — Von Abend gegen Morgen. — "Aber warum?" — Weil am meisten Wind aus dem Abend kommt. — "Das ist recht!" — In Fehrbellin angekommen, sprach der König dort mit dem Lieutenant Probst vom Ziethenschen Husaren-Regiment, und mit dem Postmeister, Hauptmann von Mosch. Nach der Umspannung fuhr er weiter, und da er an die Gräben, die im Fehrbellinschen Luch auf Königliche Kosten gemacht waren, vorbei fuhr, ritt der Oberamtmann an den Wagen und sprach zu dem Könige: Ew. Majestät, das sind schon zwei neue Gräben, die wir durch Ew. Majestät Gnade hier erhalten haben, und die uns das Luch trocken erhalten. — "So, so; das ist mir lieb! Wer seid Ihr?" — Ew. Majestät, ich bin der Beamte hier von Fehrbellin. — "Wie heißt Ihr?" — Fromm. — "Ihr seid ein Sohn von dem Landrath Fromm?" — Ew. Majestät halten zu Gnaden, mein Vater ist Amtsrath im Amte Lehnin gewesen. — "Amtsrath, Amtsrath! Das ist nicht wahr! Euer Vater ist Landrath gewesen. Ich hab' ihn recht gut gekannt. Sagt mir einmal, hat Euch die Abtragung des Luchs hier viel geholfen?" — O ja, Ew. Majestät! — "Haltet Ihr mehr Vieh, als Euer Vorfahr?" — Ja, Ew. Majestät! Auf diesem Vorwerk halt' ich vierzig, auf allen Vorwerken siebzig Kühe mehr. — "Das ist gut. Die Viehseuche ist doch nicht hier in der Gegend?" — Nein, Ew. Majestät! — "Habt Ihr die Viehseuche hier gehabt?" — Ja!

„Braucht nur fleißig Steinsalz, dann werdet Ihr die Viehseuche nicht wieder bekommen." — Ja, Ew. Majestät, das brauch' ich auch; aber Küchensalz thut beinahe die nämlichen Dienste. — „Nein, das glaubt nicht! Ihr müßt das Steinsalz nicht klein stoßen, sondern es dem Vieh so hinhängen, daß es daran lecken kann." — Es soll geschehen. — „Sind hier noch sonst Verbesserungen zu machen?" — O ja, Ew. Majestät. Hier liegt der Kemmensee. Wenn dieser abgegraben würde, bekämen Ew. Majestät an achtzehnhundert Morgen Wiesenwachs, wo Kolonisten könnten angesetzt werden, und die ganze Gegend würde schiffbar, das könnte dem Städtchen Fehrbellin und der Stadt Ruppin ungemein aufhelfen. Auch könnte vieles zu Wasser aus Mecklenburg nach Berlin kommen. — „Das glaub' ich! Euch würde wohl dabei sehr geholfen, aber Viele ruinirt werden, wenigstens die Gutsherrn des Terrains? nicht wahr?" — Ew. Majestät halten zu Gnaden, das Terrain gehört zur Königlichen Forst, und steh'n nur Birken darauf. — „O wenn weiter nichts ist als Birkenholz, so kann's gescheh'n! Ihr müßt aber auch nicht die Rechnung ohne Wirth machen, daß nicht die Kosten den Nutzen übersteigen." — Die Kosten werden den Nutzen gewiß nicht übersteigen! Denn erstlich können Ew. Majestät sicher darauf rechnen, daß achtzehnhundert Morgen gewonnen werden; das wären sechs und dreißig Kolonisten, jeder zu funfzig Morgen. Wird nun ein kleiner leidlicher Zoll auf das Flößholz gelegt, und auf die Schiffe, die den neuen Kanal passiren, so wird das Capital sich gut verzinsen. — „Na! Sagt es meinem geheimen Rath Michaelis! Der Mann versteht's, und ich will Euch rathen, daß Ihr Euch an den Mann wendet in allen Stücken, und wenn Ihr wißt, wo Kolonisten anzusetzen sind. Ich verlange nicht gleich ganze Kolonien; sondern wenn's nur zwei oder drei Familien sind, so könnt Ihr's immer mit dem Manne abmachen." — Es soll geschehen, Ew. Majestät. — „Kann ich hier nicht Wusterau liegen sehen?" — Ja, Ew. Majestät; hier rechts, das ist's. — Der König erinnerte sich, daß dies Gut dem General von Ziethen gehöre und fragte: „Ist der General zu Hause?" — Ja! — „Woher wißt Ihr das?" — Ew. Majestät, der Rittmeister von Lestock liegt in meinem Dorfe auf Grasung, und da schickte der Herr General gestern einen Brief durch den Reitknecht an ihn. Da erfuhr ich's. — „Hat der General auch bei der Abgrabung des Luchs gewonnen?" — O ja! Er hat die Meierei hier rechts gebaut, und eine Kuhmelkerei angelegt, das hätt' er nicht gekonnt, wenn das Luch nicht abgegraben wäre. — „Das ist mir lieb! Wie heißt der Beamte zu Alt-Ruppin?" — Hontg. — „Wie lange ist er da?" — Seit Trinitatis. — „Seit Trinitatis? Was ist er vorher gewesen?" — Kanonikus. — „Kanonikus? Kanonikus? Wie führt der Teufel den Kanonikus zum Beamten?" — Ew. Majestät! er ist ein junger Mensch, der Geld hat, und gern die Ehre haben will, Ew. Majestät Beamter zu sein. — „Warum ist aber der Alte nicht geblieben?" — Der ist gestorben. — „So hätte doch die Wittwe das Amt behalten können?" — Sie ist in Armuth gerathen! — „Durch Frauenwirthschaft?" — Ew. Majestät verzeihen, sie wirthschaftete gut; allein die vielen Unglücksfälle haben sie zu Grunde gerichtet, die können den besten Wirth zurücksetzen. Ich selber habe vor zwei Jahren das Viehsterben gehabt und keine Remission erhalten, ich kann auch nicht wieder vorwärts kommen. — „Mein Sohn, heute hab' ich Schaden am linken Ohr, ich kann nicht gut hören." — Das ist schon eben ein Unglück, daß der geheime Rath Michaelis den Schaden auch hat! — Der Oberamtmann besorgte, daß diese Aeußerung zu dreist gewesen, und blieb daher etwas entfernt vom Wagen. — „Na! Amtmann, vorwärts!" rief ihm der König zu: „bleibt bei dem Wagen, aber nehmt Euch in Acht, daß Ihr nicht unglücklich seid. Sprecht nur laut, ich verstehe recht gut. Sagt mir mal, wie heißt das Dorf da rechts?" — Langen. — „Wem gehört's?" — Ein Drittheil Ew. Majestät, unter dem Amte Alt-Ruppin; ein Drittheil dem Herrn von Hagen; dann hat der Dom zu Berlin auch Unterthanen darin. — „Ihr irrt Euch, der Dom zu Magdeburg." — Ew. Majestät halten zu Gnaden, der Dom zu Berlin. — „Es ist aber nicht wahr! der Dom zu Berlin hat keine Unterthanen!" — Ew. Majestät halten zu Gnaden, der Dom zu Berlin hat in meinem Amtsdorfe Karvesen drei Unterthanen. — „Ihr irrt Euch, das ist der Dom zu Magdeburg." — Ew. Majestät, ich wär' ein schlechter Beamter, wenn ich nicht wüßte, was in meinen Amtsdörfern für Obrigkeiten sind. — „Ja, dann habt Ihr Recht! Sagt mir einmal, hier rechts muß ein Gut liegen, ich kann mich nicht auf den Namen besinnen; nennt mir die Güter, die hier rechts liegen." — Buschow, Rodensleben, Sommerfeld, Beetz, Karbe — „Recht! Karbe. Wem gehört das Gut?" — Dem Herrn von Knejebeck. — „Ist er in Diensten gewesen?" —

Ja, Lieutenant oder Fähnrich unter der Garde. — „Unter der Garde?" an den Fingern zählend: „Ihr habt Recht, er ist Lieutenant unter der Garde gewesen! Das freut mich sehr, daß das Gut noch in Knesebeckschen Händen ist. — Na! sagt mir einmal, der Weg, der hier den Berg hinauf geht, führt nach Ruppin, und hier links ist die große Straße nach Hamburg?" — Ja, Ew. Majestät! „Wißt Ihr, wie lange es her ist, daß ich nicht hier gewesen?" — Nein! — „Das sind drei und vierzig Jahre! — Kann ich Ruppin liegen sehn?" Ja, Ew. Majestät! Der Thurm, der hier rechts über die Tannen herüber sieht, ist Ruppin. — Der König lehnte sich mit dem Glase aus dem Wagen und sprach: „Ja, ja! das ist er, ich kenn' ihn noch. — Kann ich Dramnitz liegen sehen?" — Nein, Ew. Majestät! Dramnitz liegt zu weit links, dicht an Kyritz! — „Werden wir's nicht sehen, wenn wir besser hinkommen?" — Es könnte sein, bei Neustadt; aber ich zweifle. — „Das ist Schade! Kann ich Pechlin liegen sehn?" — Jetzt nicht, Ew. Majestät; es liegt zu sehr im Grunde. Wer weiß, ob es Ew. Majestät gar werden sehen können. „Na! gebt Acht und wenn Ihr es seht, so sagt es! — Wo ist der Beamte von Alt-Ruppin?" — Er wird in Protzen bei'm Vorspann sein! — „Können wir Pechlin noch nicht liegen sehen?" — Nein. — „Wem gehört's jetzo?" — Einem gewissen Schönermark. — „Ist er von Adel?" — Nein! — „Wer hat es vor ihm gehabt?" — Der Feldjäger Ahrens; der hat es von seinem Vater ererbt. Das Gut ist immer in bürgerlichen Familien gewesen. — „Das weiß ich. Wie heißt das Dorf hier vor uns?" — Walchow. — „Wem gehört es?" — Ew. Majestät, unter dem Amte Alt-Ruppin. — „Wie heißt das Dorf hier vor uns?" — Protzen. — „Wem gehört es?" — Dem Herrn von Kleist. — „Was ist das für ein Kleist?" — Ein Sohn vom General Kleist. — „Von was für einen General Kleist?" — Der Bruder von ihm ist Flügeladjutant bei Ew. Majestät gewesen, und steht jetzt bei dem Kalksteinschen Regiment als Obrist-Lieutenant. — „Haha! von dem also? Die Kleiste kenn' ich recht gut. Ist dieser Kleist auch in Diensten gewesen?" — Ja, Ew. Majestät; er war Fähnrich unter dem Prinz Ferdinandschen Regiment. — „Warum hat der Mann seinen Abschied genommen?" — Das weiß ich nicht! — „Ihr könnt es mir sagen; ich suche nichts darunter. Warum hat der Mann seinen Abschied genommen?" — Ew. Majestät, ich kann es wirklich nicht sagen.

Während dieses Gesprächs hatte der König Protzen erreicht. Der General von Ziethen stand vor dem Edelhof. Der Oberamtmann sprach daher: Ew. Majestät, der Herr General von Ziethen sind auch hier. — "Wo? Wo? O reitet vor, und sagt es den Leuten, sie sollen still halten, ich will aussteigen." — Der König stieg nun aus dem Wagen, äußerte seine Freude, den General zu sehen, unterhielt sich geraume Zeit mit ihm und dem Herrn von Kleist, und erkundigte sich genau: ob ihnen die Abgrabung des Luchs geholfen? ob sie die Viehseuche gehabt? und empfahl das Steinsalz gegen dieselbe. Plötzlich entfernte er sich einige Schritte und rief: "Amtmann!" Dieser näherte sich ihm, er fragte ihn leise in's Ohr: "Wer ist der dicke Mann da im weißen Rock?" — Ew. Majestät, es ist der Landrath von Quast vom Ruppinschen Kreise, erwiederte der Amtmann leise. — "Schon gut!" — Der König näherte sich darauf wieder dem General von Ziethen und Herrn von Kleist, und begann das abgebrochene Gespräch. Herr von Kleist überreichte ihm schöne Früchte. Plötzlich wandte er sich um, und sagte: "Serviteur, Herr Landrath!" — Als dieser sich dem Könige nahen wollte, fuhr er fort: "Bleib Er nur da, ich kenn' Ihn. Er ist der Landrath von Quast!" — Da wieder Vorspannpferde vor den Wagen gelegt waren, so setzte der König seine Reise fort. Die dargebotenen Früchte hatte er nicht angenommen, kaum fuhr er aber weiter, so nahm er Butterschnitten aus der Wagentasche, bot davon dem Grafen von Görz eine an, aß selbst dergleichen während des Fahrens und dazwischen Pfirsiche. Da er glaubte, der Oberamtmann würde zurückbleiben, rief er ihm bei'm Abfahren zu: "Amtmann, kommt mit!" und als dieser dem Befehl Folge leistete, fragte er: "Wo ist der Beamte von Alt-Ruppin?" — Er wird vermuthlich krank sein, sonst wär' er in Protzen bei dem Vorspann gewesen. — "Sagt mir einmal, wißt Ihr wirklich nicht, warum der Kleist zu Protzen seinen Abschied genommen hat?" — Nein, Ew. Majestät! ich weiß es wahrhaftig nicht. — "Wie heißt dies Dorf hier vor uns?" — Manker. — "Wem gehört es?" — Ew. Majestät, unter dem Amte Alt-Ruppin. — "Hört einmal, wie seid Ihr mit der Ernte zufrieden?" — Sehr gut Ew. Majestät. — "Sehr gut? und mir haben sie gesagt, sehr schlecht!" — Ew. Majestät, das Wintergetreide ist etwas erfroren; aber das Sommergetreide steht dafür so schön, daß es den Schaden am Wintergetreide reichlich ersetzt. — Der König, der auf den Feldern Mandel an Mandel gewahr wurde, sprach: „Es ist eine gute Ernte, Ihr habt Recht; es steht ja Mandel bei Mandel hier!" — Ja, Ew. Majestät; und hier setzen die Leute noch dazu Stiegen. — „Was ist das Stiegen?" — Zwanzig Garben zusammengesetzt. — „Es ist unstreitig eine gute Ernte. Aber sagt mir doch, warum hat der Kleist aus Protzen seinen Abschied genommen?" — Ew. Majestät, ich weiß es nicht! Mich deucht, er mußte vom Vater die Güter annehmen. Eine andere Ursache weiß ich nicht. — „Wie heißt dies Dorf hier vor uns?" — Garz. — „Wem gehört es?" — Dem Kriegesrath von Quast. — „Wem gehört es?" — Dem Kriegesrath von Quast. — „Ei was! Ich will von keinem Kriegesrath was wissen! Wem gehört das Gut?" — Dem Herrn von Quast. — „Das ist recht geantwortet." — In Garz angekommen, besorgte die Umspannung der erste Deputirte des Ruppinschen Kreises, von Lüderitz aus Nackeln. Er trug einen Hut mit einer weißen Feder. — Nach dem Abfahren fragte der König den Oberamtmann: „Wem gehört das Gut hier links?" — Dem Herrn von Lüderitz; es heißt Nackeln. — „Was ist das für ein Lüderitz?" — Ew. Majestät! er war in Garz bei'm Vorspann. — „Haha! Der Herr mit der weißen Feder! — Sät Ihr auch Weizen?" — Ja, Ew. Majestät. — „Wie viel habt Ihr ausgesät?" — Drei Wispel, zwölf Scheffel. — „Wie viel hat Euer Vorfahr ausgesät?" — Vier Scheffel. — „Wie geht das zu, daß Ihr so viel mehr sät, als Euer Vorfahr?" — Wie ich schon die Gnade gehabt, Ew. Majestät zu sagen, ich halte siebenzig Stück Kühe mehr, wie mein Vorgänger, mithin kann ich meinen Acker durch Dünger besser in Stand halten und Weizen sä'n. — „Aber warum baut Ihr keinen Hanf?" — Er geräth hier nicht. Im kalten Klima geräth er besser. Unsere Seiler können den Russischen Hanf in Lübeck wohlfeiler kaufen, und besser, als ich ihn bauen kann. — „Was sä't Ihr denn dahin, wo Ihr sonst Hanf hinsäet?" — Weizen. — „Baut Ihr aber kein Färbekraut, keinen Krapp?" — Er will nicht fort; der Boden ist nicht gut genug. — „Das sagt Ihr nur so; Ihr hättet die Probe machen sollen." — Das hab' ich gethan; allein sie schlug mir fehl, und als Beamter kann ich nicht viele Proben machen; wenn sie mißlingen, muß doch die Pacht bezahlt werden. — „Was sä't Ihr denn dahin, wo Ihr würdet Färbekraut hinbringen?" — Weizen. — „So bleibt bei dem Weizen! — Eure Unterthanen müssen recht gut im

Stande sein?" — Ja, Ew. Majestät! Ich kann aus dem Hypothekenbuche beweisen, daß sie an funfzigtausend Thaler Capital haben. — „Das ist gut." — Vor drei Jahren starb ein Bauer, der hatte elftausend Thaler in der Bank. — „Wie viel?" — Elftausend Thaler. — „So müßt Ihr sie auch immer erhalten." — Ja, es ist recht gut, Ew. Majestät, daß der Unterthan Geld hat; aber er wird auch übermüthig, wie die hiesigen Unterthanen, welche mich schon siebenmal bei Ew. Majestät verklagt haben, um vom Hofedienste frei zu sein. — „Sie werden auch wohl Ursach gehabt haben?" — Sie werden gnädigst verzeihen, es ist eine Untersuchung gewesen, und man hat gefunden, daß ich die Unterthanen nicht gedrückt, sondern immer Recht gehabt und sie nur zu ihrer Schuldigkeit angehalten habe. Dennoch blieb es bei'm Alten. Die Bauern werden nicht bestraft; Ew. Majestät geben den Unterthanen immer Recht, und der arme Beamte muß Unrecht haben. — „Ja, daß Ihr Recht bekommt, mein Sohn, das glaub' ich wohl! Ihr werdet Eurem Departementsrath brav viel Butter, Kapaunen und Puter schicken." — Nein, Ew. Majestät, das kann man nicht; das Getreide gilt nichts. Wenn man für andere Sachen nicht einen Groschen Geld einnähme, wovon sollte man die Pacht bezahlen? — „Wohin verkauft Ihr Eure Butter, Kapaunen und Puter?" — Nach Berlin. — „Warum nicht nach Ruppin?" — Die mehrsten Bürger halten dort Kühe, so viel als sie brauchen. Der Soldat ißt alte Butter, der kann die frische nicht bezahlen! — „Was bekommt Ihr für die Butter in Berlin?" — Vier Groschen für das Pfund. Der Soldat in Ruppin kauft aber die Butter für zwei das Pfund. — Aber Eure Kapaunen und Puter könnt Ihr doch nach Ruppin bringen?" — Bei dem ganzen Regiment sind nur vier Stabsoffiziere, die gebrauchen nicht viel, und die Bürger leben nicht delikat; die danken Gott, wenn sie Schweinefleisch haben. — „Ja, da habt Ihr Recht! Die Berliner essen gern was Delikates. — Macht mit den Unterthanen, was Ihr wollt; nur drückt sie nicht!" — Ew. Majestät, das wird mir nicht einfallen und keinem rechtschaffenen Beamten. — „Sagt mir einmal, wo liegt hier Stöllen?" — Stöllen können Ew. Majestät nicht sehen. Die großen Berge dort links sind Berge bei Stöllen, auf welchen Ew. Majestät alle Kolonien übersehen können! — „So? das ist gut, dann reitet mit bis dahin." — Der König sah jetzt viele Bauern, die Roggen mäh'ten. Sie stellten sich in zwei Glieder auf beiden Seiten des Weges und strichen die Sensen. Der König fuhr zwischen ihnen durch. — „Was Teufel, die Leute wollen wohl Geld von mir haben?" fragte er. — O nein, Ew. Majestät! sie sind nur voll Freude, daß Sie so gnädig sind, und die hiesige Gegend bereisen. — „Ich werd' Ihnen auch nichts geben! Wie heißt dies Dorf hier vorn?" — Barsekow. — „Wem gehört es?" — Dem Herrn von Mütschefall. — „Was ist das für ein Mütschefall?" — Er war Major unter dem Regimente, das Ew. Majestät als Kronprinz gehabt haben. — „Mein Gott! lebt der noch?" — Nein, er ist todt, die Tochter hat das Gut. — Als der König durch das Dorf Barsekow fuhr, sah er, daß der Edelhof eingefallen war. — „Hört! Ist das der Edelhof?" — Ja! — „Das sieht ja elend aus!" — Eine der Töchter des von Mütschefall, welche einen Mecklenburgischen Edelmann, von Kriegsheim, geheirathet, trat bei dem Umspann an den Wagen. Sie überreichte dem Könige einige Früchte. Er dankte dafür, fragte wer ihr Vater gewesen, wann er gestorben? und dergl. Sie stellte nun ihren Gatten vor, dankte für die zweihundert Morgen*), stieg auf den Tritt des Wagens und wollte die Hand oder den Rockschooß des Königs küssen. Er zog sich in die entgegengesetzte Ecke des Wagens zurück, und rief: „Laß' Sie sein, laß' Sie sein, meine Tochter! Es ist schon gut! — Amtmann! macht daß wir fortkommen!" — Als weiter gefahren wurde, fragte der König: „Hört einmal: den Leuten hier geht's wohl nicht gut?" — Recht schlecht, Ew. Majestät! Es ist die größte Armuth. — „Sagt mir doch; es wohnte hier vor diesem ein Landrath. Er hatte viele Kinder; könnt Ihr Euch nicht auf ihn besinnen?" — Es wird der Landrath von Gorgas zu Ganser gewesen sein. — „Ja, ja! Der ist's gewesen. Ist er schon todt?" —

Ja, Ew. Majestät. Er starb 1771; und es war sonderbar: in vierzehn Tagen starb er, seine Frau, die Fräulein und vier Söhne. Die andern vier lagen an der nämlichen Krankheit darnieder, es war eine Art hitzigen Fiebers, und obwohl sie in Diensten und in verschiedenen Garnisonen standen, und kein Bruder zum andern kam, so ergriff doch alle viere dieselbe Krankheit, sie sind nur noch so

---

*) Der König hatte den Mütschefallschen Kindern eine Kolonie von zweihundert Morgen geschenkt, und der von Kriegsheim hatte sich daher im Preußischen angesiedelt.

eben mit dem Leben davon gekommen. — „Das ist ein verzweifelter Umstand gewesen! Wo sind die noch lebenden vier Söhne?" — Einer unter den Ziethenschen Husaren, Einer unter den Gensd'armes, Einer ist unter dem Prinz Ferdinandschen Regiment gewesen und wohnt auf dem Gute Dersau. Der vierte ist der Schwiegersohn des Generals von Ziethen. Er war Lieutenant bei dessen Regiment; Ew. Majestät haben ihm aber in diesem letzten Kriege wegen seiner Schwächlichkeit den Abschied gegeben; nun wohnt er in Ganser. — „So? das ist also einer von den Gorgassen? Macht Ihr sonst noch Proben mit ausländischem Getreide?" — O ja! Dieses Jahr hab' ich Spanische Gerste gesät. Allein sie will nicht recht einschlagen; ich gehe wieder ab. Den Holsteinschen Staudenroggen finde ich gut! — „Was ist das für ein Roggen?" — Er wächst im Holsteinschen in der Niederung. Unter dem zehnten Korn hab' ich ihn noch nicht gehabt! — „Nu, nu! nicht gleich das zehnte Korn!" — Das ist nicht viel! Belieben Ew. Majestät den Herrn General von Görz zu fragen, der wird Ihnen sagen, daß dies im Holsteinschen nicht viel ist. — Der König sprach eine Weile über diesen Roggen mit seinem Begleiter im Wagen; dann rief er dem Oberamtmann zu: „Na, so bleibt bei dem Holsteinschen Staudenroggen, und gebt den Unterthanen auch welchen." — Ja, Ew. Majestät. — „Aber macht mir einmal eine Idee: wie hat das Luch ausgeseh'n, eh' es gegraben war?" — Es waren lauter hohe Hüllen, dazwischen setzte sich das Wasser. In den trockensten Jahren konnten wir das Heu nicht herausfahren, sondern mußten es in große Miethen setzen. Im Winter nur, wenn's scharf gefroren, konnten wir's herausfahren. Nun aber haben wir die Hüllen herausgehauen, und die Gräben, die Ew. Majestät machen lassen, ziehen das Wasser ab. Jetzt ist das Luch so trocken, wie Ew. Majestät seh'n, und wir können unser Heu herausfahren, wenn wir wollen. — „Das ist gut! Halten Eure Unterthanen auch mehr Vieh als sonst?" — Ja! — „Wie viel wohl?" — Mancher eine Kuh, mancher zwei, nachdem es sein Vermögen gestattet. — „Aber wie viel halten sie wohl sämmtlich mehr? ungefähr nur!" — Bis hundert und zwanzig Stück. — Da sich der Oberamtmann Fromm in Ansehung des Holsteinschen Roggens auf des General von Görz Zeugniß bezogen, fragte er diesen: woher er den Amtmann kenne? Dieser erwiederte: er habe ihn früher im Holsteinschen kennen lernen, wo er Pferde gekauft, und sei er auch demnächst mit solchen zum Verkauf nach Potsdam gekommen. — Der König sprach darauf zu dem Oberamtmann: „Hört, ich weiß, Ihr seid ein Liebhaber von Pferden. Geht aber ab davon, und zieht Euch Kühe dafür; Ihr werdet dabei Eure Rechnung besser finden." — Ew. Majestät, ich hand'le nicht mehr mit Pferden. Ich ziehe mir nur alle Jahre etliche Füllen. — „Zieht Euch Kälber dafür, das ist besser!" — O, Ew. Majestät, wenn man sich Mühe giebt, ist bei der Pferdezucht kein Schaden. Ich kenne Jemand, welcher vor zwei Jahren tausend Thaler für einen Hengst von seinem Zuwachs bekam. — „Der ist ein Narr gewesen, der sie gegeben hat!" — Ew. Majestät, es war ein Mecklenburgischer Edelmann. — „Es ist aber doch ein Narr gewesen!" Auf das Gebiet des Amts Neustadt angekommen, hielt der Pächter desselben, der Amtsrath Klausius, an der Grenze. Er ließ den König vorüberfahren. Dem Oberamtmann Fromm fiel das viele Sprechen beschwerlich, denn der König fragte ihn nach dem Namen jedes Dorfes und jedes Gutsbesitzers, deren Verhältnissen und ob sie Söhne im Militairdienste hätten und bei welchen Regimentern sie ständen, und solche in dieser Gegend sehr zahlreich sind. Er brachte daher den Amtsrath Klausius zu dem Wagen des Königs und sprach: Ew. Majestät, hier ist der Amtsrath Klausius vom Amte Neustadt, unter dessen Jurisdiction die Kolonien stehen. — „So, so! Das ist mir lieb! Laßt ihn herkommen! — Wie heißt Ihr?" — Klausius. — „Klau-si-us? Na, habt Ihr viel Vieh hier auf den Kolonien?" — Achtzehnhundert sieben und achtzig Stück, Ew. Majestät! Es würden weit über dreitausend sein, wenn nicht die Viehseuche gewesen wäre. — „Vermehren sich auch die Menschen gut?" — O ja, Ew. Majestät! Es sind jetzt funfzehnhundert sechs und siebenzig Seelen auf den Kolonien. — „Seid auch Ihr verheirathet?" — Ja, Ew. Majestät! „Habt auch Ihr Kinder?" — Stiefkinder, Ew. Majestät! — „Warum nicht eigene?" — Ich weiß nicht, Ew. Majestät, wie das zugeht. — Der König, sich an den Oberamtmann Fromm wendend, fragte diesen: „Hört: ist die Mecklenburgsche Grenze noch weit von hier?" — Nur eine kleine Meile. Es sind aber nur einige Dörfer, die mitten im Brandenburgschen liegen. Sie heißen Stezebart, Rosso. — „Ja, ja! sie sind mir bekannt. Das hätt' ich aber doch nicht geglaubt, daß wir dem Mecklenburgschen so nahe wären." Jetzt wandte er sich wieder an den Amtsrath Klausius: „Wo seid Ihr geboren?" — Zu Neustadt an der Dosse. — „Was war Euer Vater?" — Prediger. — „Sind die Kolonisten auch gute Leute? Die erste Generation pflegt nicht viel zu taugen!" — Es geht noch an. — „Wirthschaften sie gut?" — O ja, Ew. Majestät! Der Minister von Derschau hat mir auch eine Kolonie von fünf und siebenzig Morgen gegeben, um den andern Kolonisten mit gutem Beispiel voran zu gehen. — „Ha, ha! mit gutem Exempel!" rief der König lächelnd aus! „Aber sagt mir, ich sehe hier kein Holz, wo holen die Kolonisten ihr Holz her?" — Aus dem Rupplnschen. — „Wie weit ist das?" — Drei Meilen. — „Das ist auch sehr weit! Da hätte man sorgen müssen, daß sie es näher hätten. Was ist der da für ein Mensch, rechts?" fragte er darauf den Oberamtmann Fromm. — Der Bauinspector Menzelius, der hier die Bauten in Aufsicht hat. — „Bin ich hier in Rom? es sind ja lauter lateinische Namen! Warum ist das hier so hoch eingezäunt?" — Es ist das Maulthiergestüte. — „Wie heißt die Kolonie?" — Klausiushof. — Ew. Majestät, sie kann auch Klaushof heißen, sprach der Amtsrath Klausius. — „Sie heißt Klausiushof. Wie heißt da die andere Kolonie?" — fragte er darauf den Oberamtmann Fromm. — Brenkenhof. — „So heißt sie nicht." — Ja, Ew. Majestät, ich weiß es nicht anders! — „Sie heißt Brenken-ho-fi-ushof!" — Sind das die stölleschen Berge, die da vor uns liegen?" — Ja, Ew. Majestät. — „Muß ich durch das Dorf fahren?" — Es ist gerade nicht nöthig; aber der Vorspann steht dort. Wenn Ew. Majestät befehlen, so will ich voraufreiten und ihn hinter den Bergen warten lassen. — „O ja, das thut! Nehmt Euch einen von meinen Pagen mit." — Der Oberamtmann that, was er vorgeschlagen, und als der König auf den Bergen war, befand auch er sich dort. Der König sah aus dem Wagen, ließ sich ein Fernrohr geben, besah die umliegende Gegend und sprach dann: „Das ist wahr, das ist wider meine Erwartung! Das ist schön! Ich muß Euch das sagen, Allen, die Ihr daran gearbeitet habt! Ihr seid ehrliche Leute gewesen!" Dann fragte er den Oberamtmann Fromm: „Sagt mir mal: ist die Elbe weit von hier?" — Ew. Majestät, zwei Meilen. Da liegt Würben in der Altmark, dicht an der Elbe. — „Das kann nicht sein! Gebt mir den Tubus noch einmal her. — Ja, ja! es ist doch wahr! Aber was ist das für ein Thurm?" — Ew. Majestät, es ist Havelberg. —

„Na! Kommt Alle her!" — Der Amtsrath Klausius, der Bauinspector Menzelius und der Oberamtmann Fromm kamen näher heran. — „Hört einmal, der Fleck Bruch hier links soll auch noch urbar gemacht werden, und was hier rechts liegt ebenfalls, so weit als der Bruch geht. Was steht für Holz darauf?" — Der Oberamtmann Fromm erwiederte: Elsen und Eichen Ew. Majestät! — „Die Elsen können gerodet werden, die Eichen aber stehen bleiben; die können die Leute verkaufen, oder sonst nutzen! Wenn es urbar ist, dann rechn' ich so dreihundert Familien und fünfhundert Stück Kühe; nicht wahr?" — Jeder der drei Befragten schwieg, endlich sprach der Oberamtmann Fromm: Ja, Ew. Majestät vielleicht! — „Hört mal, Ihr könnt mir dreist antworten. Mehr oder weniger Familien! Das weiß ich wohl, daß man das so ganz genau nicht sagen kann. Ich bin nicht da gewesen; kenne das Terrain nicht; sonst versteh' ich's so gut, wie Ihr, wie viel Familien angesetzt werden können." — Ew. Majestät, das Luch ist aber noch in großer Gemeinschaft, äußerte der Bauinspector Menzelius. — „Das schadet nicht! Man muß eine Vertauschung machen, oder ein Aequivalent dafür geben, wie sich's am besten thun läßt. Umsonst verlang ich's nicht." Dann sich an den Amtsrath Klausius wendend, setzte er hinzu: „Na! hört mal, Ihr könnt es an meine Kammer schreiben, was ich urbar gemacht haben will. Das Geld dazu geb' ich! Und Ihr," sprach er zu dem Oberamtmann Fromm, „geht nach Berlin, und sagt es meinem geheimen Rath Michaelis mündlich, was ich noch urbar gemacht haben will." — Der König stieg nun wieder in den Wagen, und fuhr den Berg hinunter, wo umgespannt wurde. Da er dem Oberamtmann Fromm befohlen, daß er ihn bis an die stöllenschen Berge begleiten sollte, fragte dieser: Befehlen Ew. Majestät, daß ich noch weiter mit soll? „Nein, mein Sohn, reitet in Gottes Namen nach Hause!" Der König fuhr nun unter Begleitung des Amtsraths Klausius nach Rathenow. Dort abgestiegen im Posthause, speisete er daselbst und zog den Oberstlieutenant von Backhof, vom Regimente Karabiniers, zur Tafel. Der König war sehr heiter gestimmt, und sagte zu dem Oberstlieutenant: „Mein lieber Backhof! ist er lange nicht in der Gegend von Fehrbellin gewesen, so reis' Er hin! Die Gegend hat sich ungemein verbessert. Seit langer Zeit bin ich nicht mit solchem Vergnügen gereist. Ich nahm die Reise mir vor, weil ich keine Revue hatte, und es hat mir so sehr gefallen, daß ich gewiß künftig wieder eine solche Reise machen werde." — „Hör Er mal: wie ist es Ihm gegangen, im letzten Kriege? Vermuthlich schlecht. Ihr habt in Sachsen auch nichts ausgerichtet. Das macht, wir haben nicht gegen Menschen, sondern gegen Kanonen gefochten; allein ich hätte mehr als die Hälfte meiner Armee aufgeopfert, und unschuldig Menschenblut vergossen. Dann wär ich werth gewesen, daß man mich vor die Fähndel-Wache gelegt, und mir einen öffentlichen Prodult gegeben hätte! Die Kriege werden fürchterlich zu führen zc."

Am wichtigsten und einflußreichsten für das gedeihliche Staats- und Volksleben war die zweite Reform, welche Friedrich gegen das Ende seiner irdischen Laufbahn in der Justizverwaltung und Gesetzgebung vornehmen ließ, und die Umstände, unter denen dieselbe eingeleitet und durch welche sie veranlaßt wurde, sind zu interessant, als daß wir sie nicht ausführlich hier erzählen sollten. Auch ist gerade diese Begebenheit, durch welche Friedrich seinen Justizeifer documentirte, sehr berühmt geworden und hat Dichtern und Künstlern Stoff zu verherrlichenden Darstellungen unter allen europäischen Völkern gegeben, wenn es auch schon längst unzweifelhaft ist, daß er im Justizeifer einen ungerechten Einspruch in den Gang des Rechts gethan, und mit beispielloser Härte die Richter bestraft hat, welche lediglich ihrem Gewissen gemäß gehandelt hatten.

Seit des verdienstvollen Cocceji Tode hatte von Jariges das wichtige Amt eines Großkanzlers und Justizministers bis 1760 bekleidet. Sodann war nach von Jariges Tode der Freiherr von Fürst und Kupferberg (starb 1790) Chef der Justiz geworden, der jedoch sich der Gnade seines Monarchen nicht so erfreuen konnte, wie seine Vorgänger. Dazu mochte wohl das mit den Jahren zunehmende Mißtrauen Friedrichs gegen alle Personen seiner Umgebung und außerdem der Umstand beitragen, daß er zu häufig von Querulanten überlaufen und in seinem ungegründeten Verdachte bestärkt wurde. Einmal schrieb er (1772) eigenhändig unter den Klagebrief eines solchen: „Ich werde den Herren ihre Administration einmal examiniren lassen, denn mir deucht, die Gevatterschaft gilt in dem Lande vielmehr, als die Justiz. Ich habe den Menschen gesprochen: er ist nicht toll; aber fünf werden nicht mehr vor gerade angenommen werden; wer nicht gerade gehen wird, den werde ich tüchtig auf die Finger klopfen;" — und an dieselbe Behörde in derselben Sache später: „Ich werde künftig Jahr hinkommen; ich spreche alle Leute, und ich werde nicht fünf gerade gehen lassen, und Gnade Gott demjenigen, der nicht redlich und ehrlich in Justizsachen verfähret, quod bene notandum." Als man ein ander Mal statt auf Todes-, auf lebenslängliche Zuchthausstrafe erkannt hatte, vollzog er das Urtheil nicht, sondern schrieb darunter: „Das ist Nichts als ledige und Dumme Bohrwort, Der Kerl hat ein Kind umgebracht, wenn er Soldat So würde er ohne Prister exsecutirt, und weillen diese Canaille ein Bürger ist, so macht man ihn melancholisch, umb ihn zu retten. Schöne Justiz!" Am herrlichsten charakterisirt aber des Königs Absicht hinsichtlich der beim Volke anzuwendenden Justiz seine an den Westpreußischen Regierungs-Präsidenten von Massow 1784 gesprochenen Worte: „Ich habe Ihn zum Präsidenten gemacht, und ich muß ihn also auch wohl kennen lernen. Ich bin eigentlich der oberste Justiz-Commissarius in meinem Lande, der über Recht und Gerechtigkeit halten soll; aber ich kann nicht Alles bestreiten, und muß daher solche Leute halten, wie er ist. Ich habe eine schwere Verantwortung auf mir, denn ich muß nicht allein von allem Bösen, das ich thue, sondern auch von allem Guten, was ich unterlasse, Rechenschaft geben. So auch er; er muß durchaus unparteiisch und ohne Ansehen der Person richten, es sei Prinz, Edelmann oder Bauer. Hört er, das sage Ich ihm, sonst sind wir geschiedene Leute. — Hat er Güter?" — „Nein, Ew. Majestät!" — „Will er welche kaufen?" — „Dazu habe ich kein Geld, Ew. Majestät." — „Gut, so weiß er, was Armuth ist, und so muß er sich um so viel mehr der Bedrängten annehmen!" —

Friedrichs Meinung, daß die Justiz nicht unparteiisch im Lande geübt werde, hatte sich, trotz der unaufhörlichen Verbesserungen, in seinem Alter nicht verändert; vielmehr ließ ihm die Coccejische Justizreform mit den Mißbräuchen, welche durch dieselbe neu entstanden waren, manchen schlimmen Verdacht übrig. Schon längst hatte er daher einen Versuch des Schlesischen Justiz-Ministers von Carmer zur Justizreform einer Prüfung unterworfen, und die Ausführung desselben hatte sich lediglich an dem starren Willen des Großkanzlers von Fürst gebrochen. Endlich wurde dieser würdige und hochverdiente Staatsdiener durch ein Machtwort Friedrichs aus seinem Amte entfernt und die Carmerschen Ideen brachen sich Bahn durch folgende Begebenheit:

Bei Pommerzig in der Neumark, Kreises Krossen, hatten die Arnoldschen Eheleute von dem Grafen von Schmettau in Pommerzig die unterschlächtige Krebsmühle in Erbpacht, waren aber mit ihrem Erbenzins seit 1773 in Rückstand geblieben. Es hatte nach ihrem Vorgeben der benachbarte Gutsbesitzer, der Ritterschafts-Director und Landrath von Gersdorf auf Kay, oberhalb ihrer Mühle an dem Flusse einen Karpfenteich angelegt und angeblich dadurch das der Mühle nöthige Wasser geraubt. Indem nun der Müller von seinem Erbenzinsherrn Schmettau Wiederherstellung des alten Wasservorraths verlangte, weigerte er sich, den Canon zu entrichten, und es entstand ein Prozeß, nicht zwischen Gersdorf und Arnold, sondern zwischen Schmettau und Arnold, welchen die Schmettauschen Gerichte dahin entschieden, „das Vorgeben Arnolds wegen Wassermangels sei ungegründet, und er müsse den rückständigen Canon entrichten." Weil dies Arnold entweder nicht wollte, oder nicht konnte: so wurde die Mühle auf üblichem Wege öffentlich verkauft und am 7ten September 1778 dem Landeinnehmer Kuppisch für 600 Thaler zugeschlagen.

Später kaufte von Gersdorf diese Mühle an sich, und da dieser durch die Anlegung des Teiches ohnehin die schlimme Lage der Arnoldschen Eheleute veranlaßt haben sollte, so richteten sie ihre Klagen und Beschwerden von nun an gegen diesen, und kamen anfangs bei der Küstriner Regierung, sodann unmittelbar bei Friedrich selbst ein, daß von Gersdorf gehalten sein solle, ihnen Schadenersatz zu leisten, die Mühle wieder herauszugeben und den Teich zu verschütten. Arnolds Frau bat Friedrich um eine militairische Commission, dadurch den König in dem Verdachte bestärkend, daß an ihnen groß Unrecht geschehen sei, und sie wiederholte ihre Bittschriften und Klagen, welche anfangs auf dem ordnungsmäßigen Wege mit ihrer Bescheidung Seitens der Justizbehörde erledigt waren, so oft, daß Friedrich endlich am 22sten August 1779 durch Cabinetsbefehl der Küstrinschen Regierung aufgab, in Gemeinschaft mit dem Obrist von Heuking zu Züllichau durch einen Deputirten aus ihrer Mitte die Beschwerden des Müllers untersuchen zu lassen. Der Deputirte, Regierungsrath Neumann, konnte sich jedoch mit dem Soldaten nicht vereinigen, und während dieser seinen Bericht zu Gunsten des Müllers abstattete, blieb jener beim Buchstaben des Gesetzes und Rechts, und erklärte in der Hauptsache, „ob die Mühle Wasser genug zu mahlen habe," sich gegen Arnold.

Kaum aber hatte Friedrich von beiden Seiten der Commission die Berichte empfangen und war durch von Heuking in seinem Vorurtheile gegen die Gerechtigkeit der Justizbehörde bestärkt worden: — als er der Küstrinschen Regierung (den 29sten September 1770) ihr Verfahren hart verwies und sie aufforderte, dem Müller Arnold Gerechtigkeit zu gewähren.

Eine zweite Commission derselben Regierung zog nun Sachverständige hinzu, hörte Zeugen ab und urtheilte, daß von Gersdorf zur Herausgabe der Mühle nicht verpflichtet sei, „weil er sie auf rechtlichem Wege erstanden hätte;" daß er auch keinen Schadenersatz zu leisten brauche, „weil Arnold nicht beweisen könne, daß durch die Anlegung des Teiches ihm ein Schade erwachsen sei; weil von Gersdorf mit gutem Rechte auf seinem Territorio das ihm zugehörige Privatwasser benutzt habe, und weil urkundlich der Gersdorfschen Familie das Recht zur Anlegung eines Teiches von der Schmettauschen schon seit 1566 überlassen gewesen sei."

Von alle Diesem scheint Friedrich keine Kenntniß bekommen zu haben; denn auf die erneuerte Beschwerde der Müllerinn erging am 21sten November ein zweiter Cabinetsbefehl an die Regierung zu Küstrin und ein gleicher an die dortige Kammer: „Diese Angelegenheit nun endlich nach Recht und Billigkeit gemeinschaftlich zu beendigen.

Natürlich berichteten die Behörden, daß bereits ein Erkenntniß in dieser Sache abgefaßt sei, was die ꝛc. Arnold geflissentlich verschwiegen zu haben scheine, und daß dieses nach dem Landesgesetz nur in höherer Instanz — hier beim Kammergerichte in Berlin — abgeändert werden könne. Schon acht Tage nach Ausfertigung des Befehls an die Küstriner Behörden, erging nun ein zweiter an das Kammergericht, „diese Sache ohne viele Weitläufigkeiten abzuthun und mit dem Förderfamsten davon Anzeige zu machen." Ein Erpresser holt die Akten von Küstrin, und der Kammergerichtsrath Ransleben empfängt den Auftrag binnen 24 Stunden über zwei Prozesse „gegen von Gersdorf und von Schmettau" zu referiren. Am 7ten December hat er die Akten empfangen, und am

8ten December hält er über beide Vortrag vor dem Präsidenten und fünf Räthen. — In der Hauptsache pflichtet das Collegium auf Grund der Akten dem Urtheile der Küstriner Regierung bei, und Ransleben s Antrag, dem Müller Arnold wenigstens das Recht zuzuerkennen, den behaupteten Schaden in besonderem Prozesse gegen die Gutsherrschaft zu erweisen, bleibt unberücksichtigt; — der König empfängt nur eine kurze Anzeige, daß der Gegenstand durch Erkenntniß erledigt sei, und damit glaubt man dem Auftrage Friedrichs vollständig genügt zu haben. —

Leider aber war dem Könige nun bis jetzt nirgends das wahre Sachverhältniß bekannt geworden, und bald zeigte sich, daß der Bericht des Obrist von Heuking und die Klage der Arnoldschen Eheleute in ihm eine hartnäckige Vormeinung gegen die Richter erweckt hatten, welche zu vertilgen diese auf keine Weise bestrebt gewesen waren. Ein schreckliches Wetter Königlichen Zornes entlud sich unerwartet über den Häuptern derselben und ertödtete das Lebensglück dieser unschuldigen Männer; — aber wie es schreckenerregend diese Einzelnen traf, so wurde es dem ganzen Lande zum Segen, schürzte die Augenbinde der Themis wieder dicht und fest, wo diese irgend locker geworden war, und gab die Veranlassung, daß in unserm Vaterlande noch einmal eine Reform der Gesetze vorgenommen wurde.

Kaum hatte der König die Anzeige des Kammergerichts empfangen, daß man in dieser Sache ein Erkenntniß abgefaßt habe, als er noch an demselben Tage eine Abschrift desselben verlangte und Tages darauf den Großkanzler von Fürst mit denjenigen drei Räthen auf Nachmittag 2 Uhr zu sich befahl, welche Verfasser des Urtels gewesen seien. Zufällig wurden die Räthe Ransleben, Friedel und Graun von dem Großkanzler als Begleiter ins Schloß ausgewählt, und so traf diese Männer das Wetter zuerst. Friedrich lag in einem Lehnstuhl und schien vom Gichtschmerz sehr leidend zu sein. Er empfing die Richter mit den Worten: „Seid ihr diejenigen, welche die Arnoldsche Sentenz gemacht haben?" und diese bejahten es. Nun bewies er ihnen seine Ungnade in den härtesten Worten, entsetzte den dabei gegenwärtigen Großkanzler von Fürst mit gleicher Strenge seines Dienstes als Chef der Justiz, und ließ jene auf der Stelle in das gemeine Stadtgefängniß abführen, wo sie bis zum 5ten Januar 1780 unter Obhut von vier Soldaten gefangen saßen.

Er selbst dictirte über die Verhandlungen dem Geheimen Cabinetsrath Stelter ein Protokoll, welches Tages darauf in der Berliner Zeitung veröffentlicht wurde und das größte Aufsehen in Europa erregte, und sein Zorn wurde immer wieder aufs Neue während der Verhandlung rege, so oft er, das Urtheil des Kammergerichts beschauend, seinen Namen an der Spitze desselben las. Dann schlug er mit der Hand gegen das Papier, und in Zorn ausbrechend, rief er immer wieder: „Meinen Namen cruel gemißbraucht!" —

Das Protokoll Friedrichs, welches Catharina ihrem Senate als eine „merkwürdige Urkunde Königlicher Justizpflege" übersandte, lautete aber also: „Von Seiner Königlichen Majestät Höchstselbst abgehaltenes Protokoll, den 11ten December 1779 über die drei Kammergerichtsräthe Friedel, Graun und Ransleben." —

Auf die Allerhöchste Frage: Wenn man eine Sentenz gegen einen Bauer sprechen will, dem man seinen Wagen und Pflug und alles genommen hat, wovon er sich nähren und seine Abgaben bezahlen soll. Kann man das thun?

Ist von selbigen mit Nein geantwortet.

Ferner: Kann man einem Müller, der kein Wasser hat, und also nicht mahlen und also auch nichts verdienen kann, die Mühle deshalben nehmen, weil er keine Pacht bezahlet hat. Ist das gerecht?

Wurde auch mit Nein beantwortet.

Hier ist aber nun ein Edelmann, der will einen Teich machen, und um mehr Wasser in dem Teich zu haben, so läßt er einen Graben machen, um das Wasser aus einem kleinen Fluß, der eine Wassermühle treibt, in seinen Teich zu leiten. Der Müller verliert dadurch das Wasser und kann nicht mahlen. Und wenn was noch möglich wäre, so ist es, daß er im Frühjahre 14 Tage und im späten Herbst noch etwa 14 Tage mahlen kann. Dennoch wird prätendirt, der Müller soll seine Zinsen nach wie vor geben, die er sonst entrichtet hat, da er noch das volle Wasser vor seine Mühle gehabt. Er kann aber die Zinsen nicht bezahlen, weil er die Einnahme nicht mehr hat. Was thut die Küstrinsche Justiz? Sie befiehlt, daß die Mühle verkauft werden soll, damit der Edelmann seine Pacht kriegt. Und das hiesige Kammergerichts-Tribunal approbirt solches. Das ist höchst ungerecht, und dieser Ausspruch Seiner Königlichen Majestät Landesväterlicher Intention ganz und gar entgegen. Höchstdieselben wollen vielmehr, daß Jedermann, er sei vornehm oder geringe, reich oder arm, eine prompte Justiz administriret und einem jeglichen Dero Unterthanen, ohne Ansehen der Person und des Standes durchgehends ein unparteiisches Recht wiederfahren soll.

Seine Königliche Majestät werden dahero in Ansehung der wider den Müller Arnold aus der Pommerziger Krebsmühle in der Neumark abgesprochenen und hier approbirten höchst ungerechten Sentenz ein nachdrückliches Exempel statuiren, damit sämmtliche Justiz-Collegia in allen Dero Provinzien sich daran spiegeln, und keine dergleichen grobe Ungerechtigkeiten begehen mögen. Denn sie müssen nur wissen, daß der geringste Bauer, ja, was noch mehr ist, der Bettler ebensowohl ein Mensch ist, wie Seine Majestät sind, und dem alle Justiz muß wiederfahren werden. Indem vor der Justiz alle Leute gleich sind, es mag sein ein Prinz der wider einen Bauer klagt, oder auch umgekehrt, so ist der Prinz vor der Justiz dem Bauer gleich; und bei solchen Gelegenheiten muß pur nach der Gerechtigkeit verfahren werden, ohne Ansehn der Person: Darnach mögen sich die Justiz-Collegia in allen Provinzien nur zu richten haben, und wo sie nicht mit der Justiz ohne alles Ansehen der Person und des Standes gerade durchgehen, sondern die natürliche Billigkeit bei Seite setzen, so sollen sie es mit Seiner Königlichen Majestät zu thun kriegen. Denn ein Justiz-Collegium, das Ungerechtigkeiten ausübt, ist gefährlicher und schlimmer, wie eine Diebesbande, vor die kann man sich schützen; aber vor Schelme, die den Mantel der Justiz gebrauchen, um ihre üble Passiones auszuführen, vor die kann sich kein Mensch hüten. Die sind ärger, wie die größten Spitzbuben, die in der Welt sind, und meritiren eine doppelte Bestrafung.

Uebrigens wird den Justiz-Collegiis zugleich bekannt gemacht, daß Seine Majestät einen neuen Großkanzler ernannt haben. Höchstdieselben werden aber bemohnerachtet in allen Provinzien sehr scharf dahinterher sein, und befehlen auch hiermit auf das nachdrücklichste: Erstlich, daß mit einer egalité gegen alle Leute verfahren wird, die vor die Justiz kommen, es sei ein Prinz oder ein Bauer; denn da muß Alles gleich sein. Wofern aber Seine Königliche Majestät in diesem Stücke einen Fehler finden werden, so können die Justiz-Collegia sich nur im Voraus vorstellen, daß sie nach Rigueur werden gestraft werden, sowohl der Präsident, als die Räthe, die eine so üble mit der offenbaren Gerechtigkeit streitende Sentenz ausgesprochen haben. Wornach sich also sämmtliche Justiz-Collegia in allen Dero Provinzien ganz eigentlich zu richten haben.

Berlin, den 11. December 1779.

(gez.) Friedrich.

Noch an demselben Tage setzte er den Präsidenten von Finckenstein in Küstrin, einen Sohn seines Ministers, ab, ließ den Fiscal und die vier ersten Räthe der Regierung daselbst mit Militair-Escorte in das Berliner Stadtgefängniß, den Kalandshof, schaffen, späterhin gleiches Loos über den Justitiarius der Schmettauschen Gerichte verhängen, so wie den Landrath von Gersdorf absetzen, und befahl dem Minister von Zedlitz, über die ungerechten Richter nach der Schärfe der Gesetze zum Mindesten auf Cassation und Festungsstrafe, auch auf Erstattung des Kaufgeldes und alles Schadens an den Müller Arnold zu erkennen, so daß derselbe von der Kammer in die Krebsmühle wieder eingesetzt, daß auch der von Gersdorf angehalten werde, dem ꝛc. Arnold entweder eine Windmühle zu bauen, oder seine Teiche wieder eingehen zu lassen."

Vergebens sprach sich die Theilnahme des Publikums und der angesehensten Personen zu Gunsten der gekränkten unschuldigen Richter, hauptsächlich auch gegen den „zum Teufel gejagten" Großkanzler von Fürst unverholen aus, also daß vor dem Hause des in Ungnade gefallenen Justizministers so viele Equipagen hielten, als wäre er der gefeierte Nepot eines gegängelten Prinzen; — vergebens entschied selbst der mit der Untersuchung beauftragte Criminal-Senat bis Ende Decembers, daß denen Königl. Geheimen Räthen Ransleben, Friedel und Graun, desgleichen den Neumärkischen Regierungsräthen Neumann, Bandel, Scheibler und Busch in Ansehung der Beurtheilung und Entscheidung des Müller Arnoldschen Prozesses ꝛc. weder ein vorsätzlich pflichtwidriges Verfahren, noch ein aus Nachlässigkeit hervorgegangenes Versehen zur Last gelegt werden könne, daß dieselben daher von aller ferneren Untersuchung und Verantwortung zu entbinden und des Arrestes zu entlaſſen ſeien; — vergebens berichtete ſelbſt von Zedlitz an den König: „Ich habe Ew. Königlichen Majeſtät Gnade jederzeit als das größte Glück meines Lebens vor Augen gehabt, und mich eifrigſt bemüht, ſolche zu verdienen; ich würde mich aber derſelben für unwürdig erkennen, wenn ich eine Handlung gegen meine Ueberzeugung vornehmen könnte. Aus den von mir und auch vom Criminal-Senat angezeigten Gründen werden Ew. Königlichen Majeſtät zu erwägen geruhen, daß ich außer Stande bin, ein condemnatoriſches Urtheil wider die in der Arnoldſchen Sache arretirten Juſtizbeamten abzufaſſen:" — — Friedrich erklärte in einer Cabinets-Ordre vom 1ſten Januar 1780 an Zedlitz: „Wenn ſie alſo nicht ſprechen wollen, ſo thue ich es und ſpreche das Urtheil entſtehendermaßen" — ein Urtheil, das nur aus dem Juſtizeifer und dem tiefwurzelnden Vorurtheil und Mißtrauen Friedrichs erklärbar und nur wegen des allgemeinen Segens, der daraus floß, zu loben iſt, und aus dem wir nicht umhin können, die Antwort auf Zedlitz' freimüthige Vorſtellung hier anzuführen: „Uebrigens will Ich Euch noch ſagen, wie es Mir lieb iſt, daß Ich Euch bei dieſer Gelegenheit ſo kennen lerne, und werde nun ſchon ſehen, was Ich weiter mit Euch mache. Wornach Ihr Euch alſo richten könnt und bin Ich ſonſten Ew. wohlaffectionirter König." Darunter ſtand von des Königs Hand ſein perſönliches Gutachten über die Gründe des Urtheils, welches der Criminal-Senat gefällt hatte: „Chicaquereien bei den Heeren weiter nichts. Friedrich."

Scheibler und Ransleben wurden der Haft entlaſſen und in ihre Aemter wieder eingeſetzt; die übrigen Räthe wurden caſſirt und zu einjährigem Feſtungsarreſt verurtheilt. Die Neumärkiſche Kammer mußte Arnolds Schaden ermitteln, und die verurtheilten Räthe hatten ihn aus ihrem Vermögen mit 984 Thaler 12 Groſchen 10 Pfennig zu erſetzen; — Arnold bekam außerdem ſeine Mühle wieder, obgleich dieſe bereits bei dem vierten Beſitzer war; dieſer letzte Beſitzer mußte von Schmettau und Gersdorf aus den Kaufgeldern befriedigt werden, was natürlich neue Prozeſſe veranlaßte, und nur der Obriſt von Heuking ging mit ſeiner Liquidation von 53 Thalern 6 Groſchen für ſein Gutachten und den abgehaltenen Termin, mit denen er das Unglück ſo vieler Perſonen verſchuldet hatte, leer aus, „weil kein Fond vorhanden war." —

Das Heil, welches dem ganzen Lande daraus erwuchs, beſtand

nicht gerade darin, daß die Richter nun gerechter richteten; denn Gott sei Dank! die allgemeinen Zustände hatten sich seit Friedrichs Herrschaft schon so weit verbessert, daß das Recht nicht mehr offen käuflich war, wiewohl vielleicht hin und wieder feile Gewissen aus Besorgniß vor so harter Ahnung ihre Schändlichkeit verbargen; — aber im Lande selbst und namentlich bei den untern Volksklassen steigerte sich das Vertrauen zu der unbestechlichen Gerechtigkeit Friedrichs, und alle Länder Europas feierten diesen König als den Einzigen, der das Loos aller seiner Unterthanen, des Bettlers, wie des Fürsten, auf gleicher Waage schätze; besonders die, unter dem Drucke parteiischer Interessen erliegenden Franzosen rühmten in Bildern und erhoben in Gedichten „den Richterspruch Friedrichs;" — ein Nettelbeck empfand in Lissabon den Stolz, ein Preuße zu sein, da er das Volk sich enthusiastisch zu der Wachsfigur des richtenden Friedrichs drängen sah; und der Bauersmann im Preußenlande, welcher sich übervortheilt wähnte, wanderte zuversichtlich nach Potsdam, um beim Landesvater sich Gehör und Recht zu verschaffen. Da hat man aber auch erfahren, daß Friedrich dergleichen Leute durch reitende Boten vier Meilen Weges wieder umholen ließ, blos weil dieselben nicht vor ihm erschienen waren, wenn er aus den täglichen Thor-Rapportzetteln bei ihren Namen die Notiz gelesen hatte: „haben Geschäfte bei Seiner Majestät." — —

Wohl aber wurde der Arnoldsche Prozeß die Veranlassung zu einer gründlicheren Justizreform, indem der neuberufene Justizchef, Großkanzler von Carmer, nun ungehindert seine längst in Vorschlag gebrachten Ideen verwirklichen konnte, (Band I, 395) — ein Werk, dessen Segen noch heute dem Vaterlande reichlich zufließt, und durch welches zuerst die Idee eines nationalen Gesetzbuches in Europa verkörpert wurde.

Unter solchen Bestrebungen und Mühen zum Segen seiner Unterthanen war allmälig der Werkeltag eines Friedrich vorübergegangen. Eine sechs und vierzigjährige Regierung, davon mehr als ein Decennium unter den Waffen und in Feldlägern, hatte die Körperkräfte des Helden aufgerieben, und der Schnee von vier und siebzig Wintern hatte seinen Scheitel kahl gemacht und sein Antlitz gefurcht. Jetzt schienen die Krankheiten ihn schnell und gewaltsam seiner Auflösung entgegenführen zu wollen, besonders da er im Jahre 1785, kaum von dem Podagra genesen, den 24sten August am vorletzten

Schlesischen Revuetage sich 6 Stunden lang dem Ungemach eines kalten Regentages ohne irgend einen Schutz zu Pferde ausgesetzt hatte. Das Herbstmanövre bei Potsdam mußte schon der Prinz von Preußen abhalten, da Friedrich vom Podagra gequält wurde, und wenige Tage vor Ausbruch desselben fast an einem Stickflusse seinen Geist aufgegeben hätte. Nun genas er zwar wieder vom Podagra, aber die Wassersucht entwickelte sich immer sichtbarer. Schlaflose Nächte, unwillkürlicher Schlaf am Tage, Beängstigungen, trockner Husten ꝛc. deuteten den hoffnungslosen Zustand an, in welchem sich sein Körper befand, und indem er immer schwächer wurde, konnte er 1786 die üblichen Reisen durch das Land nicht mehr vornehmen, sondern beauftragte seine Adjutanten von Hanstein, von Prittwitz und von Rüchel, „die heiligen drei Könige," damit. Er hoffte dennoch von der besseren Jahreszeit noch Erleichterung der Qualen und ließ sich schon in den schönen Apriltagen zuweilen auf die grüne Treppe des Potsdamer Schlosses tragen, um sich an der milden Frühlingswärme zu erquicken. Am 17ten April übersiedelte er nach Sanssouci, das er nicht wieder verlassen sollte. Aber als hätte die Krankheit und Schwäche des Körpers keinen Einfluß auf den Geist, so arbeitete er unermüdet fort und vernachlässigte nicht den geringfügigsten Gegenstand der gewöhnlichen Regentenwirksamkeit. Sein Cabinet blieb der Mittelpunkt des Kreises, von dem aus er die Politik Preußens und die Wohlfahrt des Landes lenkte.

Die Vorschriften der Aerzte befolgte er leider zum Nachtheil seiner Gesundheit wenig oder gar nicht. Eine krankhafte Reizbarkeit des Appetits ließ ihn vergessen, daß er dem Grabe nahe stehe, und man erschrickt, wenn man die Speisen beschreiben hört, welche er in dieser Zeit in Uebermaß genoß. Im Juni langte der Hannöver'sche Leibarzt Dr. Zimmermann bei ihm an, der ihm den Löwenzahn verordnete, aber bald sich von der Hoffnungslosigkeit seines Zustandes überzeugte. Dieser erzählt: „Der König hatte heute, den 30sten Juni, sehr viel Suppe zu sich genommen, und diese bestand, wie gewöhnlich, in der allerstärksten und aus den hitzigsten Sachen gepreßten Bouillon. Zu der Portion Suppe nahm er einen großen Eßlöffel voll von gestoßenen Muskatenblüthen und gestoßenem Ingwer. Er aß sodann ein gutes Stück Boeuf á la Russienne — Rindfleisch, das mit einem halben Quartier Branntwein gedämpft war. Hierauf setzte er eine Menge von einem Italienischen Gerichte, das zur Hälfte aus Türkischem Weizen besteht und zur Hälfte aus Parmesankäse: dazu gießt man den Saft von ausgepreßtem Knoblauch und dieses wird in Butter so lange gebacken, bis eine harte, eines Fingers dicke Rinde umher entsteht. Und diese Lieblingsschüssel hieß Polenta. Endlich beschloß der König, indem er den herrlichen Appetit lobte, den ihm der Löwenzahn mache, die Scene mit einem ganzen Teller voll aus einer Aalpastete, die so hitzig und so würzhaft war, daß es schien, sie sei in der Hölle gebacken. Noch an der Tafel schlief er ein und bekam Convulsionen."

Bei solcher Diät war die Kunst der Aerzte ganz vergeblich; und doch, obgleich sein Zustand sich außerordentlich verschlimmerte, blieb er harmlos, ruhig und gelassen. Die ärgsten Schmerzen, welche ihn namenlos foltern mochten, preßten ihm keinen Laut ab; seine Gesellschafter bezeugen, daß er auch in dieser Periode gescherzt habe und daß die gewöhnlichen Unterhaltungen über Politik, Literatur ꝛc. nicht unterbrochen seien. Dem Herzoge von Kurland empfahl er sich zum Nachtwächterposten; — von dem Arzte verlangte er einmal statt des deutschen Namens „Seifenpflaster" den lateinischen, dessen Worte wiederholend: „So, das ist recht: em-plast-rum-Sa-po-na-tum Barbetti; anders thue ich es nicht." — — Gegen die Bedienung ist er mild und schonend; seine Cabinetsräthe müssen nach wie vor thätig sein, und jede Minute des noch übrigen Lebens wird zu edlen Zwecken, ja zu weitaussehenden Entwürfen verwendet. —

Inzwischen verschlimmert sich sein Zustand; an den Füßen sickert schon nach rosenartiger Entzündung das Wasser ab, und ein heftiges wiederkehrendes Fieber droht seine Kräfte völlig aufzureiben.

Zwei Tage vor seinem Tode dictirt er noch die Dispositionen eines Manövers und reiflich erwogene Pläne, unterzeichnet die ausgefertigten Cabinetsbefehle und Briefe; dann fällt er in betäubenden Schlummer. Früh am 16ten August fürchtet seine Umgebung die Todesstunde nahe, da er lange und heftig röchelt; jedoch erholt er sich um Etwas. Zum ersten Male kann er die täglichen Regierungsgeschäfte nicht mehr vornehmen und die Arbeit, welche er niemals verabsäumt hat, muß ruhen. Zwar befiehlt er, als ihm die Anwesenheit der Cabinetsräthe gemeldet wird, daß diese warten sollen;

doch hört bald Sprache und Bewußtsein wieder auf. Rührend ist es, den alten General Rohbich vor seinen leidenden Gebieter treten zu sehen, um dessen Parole-Befehl einzuholen. Der sterbende König scheint den treuen Diener zu erkennen, eine anstrengende Bewegung des Hauptes, einige unverständliche Worte und ein Aufflackern des Blickes machen es merklich, wie gern er die gewohnte Arbeit vorgenommen hätte; — doch alle Anstrengung ist vergeblich und sein klagender Blick erschüttert den greisen Diener so, daß er verhüllten Hauptes das Zimmer verläßt.

Abends endlich schlummert er sanfter, bis er fröstelnd erwacht. Schon sind ihm die Füße ziemlich erkaltet und man bedeckt ihn mit Kissen. Er zeigt mit dem Finger nach dem Munde und seine zitternden Hände führen das Glas selbst zu den Lippen. Darauf hustet und röchelt er viel; — um 11 Uhr frägt er nach der Stunde und äußert: „Um vier Uhr will ich aufstehen;" — sein Kammerlakei Strützky kniet vor ihm nieder und hält den sterbenden Greis, um ihm einige Erleichterung beim Athemholen zu verschaffen, drei Stunden lang in seinen Armen. Noch einmal um Mitternacht frägt er nach seinem Lieblingshunde und befiehlt, daß dieser wieder vor ihm auf den Stuhl gelegt und mit Kissen bedeckt werde. — Sein Arzt findet um 1 Uhr Morgens am 17. August den Puls zitternd und zurückweichend; schon nimmt sein Antlitz die Farbe und Gestalt des Todes an; allmälig hört das Röcheln auf, der Athem schwindet immer mehr und um 2 Uhr 20 Minuten bemerkt der treue Strützky, daß die Seele fast unmerklich entflohen ist; — kaum, daß sich der Mund beim letzten Athemzuge etwas verdrehet hat. Nun erst läßt er den Entschlafenen aus seinen Armen und drückt ihm die gebrochenen Augen zu.

So vollendete Friedrich der Große, hochbetagt, bis wenige Augenblicke vor seinem Tode mit Bewußtsein, bis zum letzten Tage seiner Regierung thätig, nach eilfmonatlichen Leiden seine glorreiche irdische Laufbahn, nach welcher das Jahrhundert zu benennen, Zeitgenossen und Enkel keinen Anstand genommen haben. — Seine irdischen Ueberreste, welche prunklos in die Garde-Uniform gekleidet wurden, waren am Todestage in Sanssouci den getreuen Offizieren seiner Garde, Tages darauf im Potsdamer Schlosse allen seinen Kindern sichtbar gewesen; dann wurden sie am 18ten August Abends 8 Uhr nicht in der Gruft zu Sanssouci, die sich Friedrich in seinen Jugendtagen selbst erbaut hatte, sondern unter der Kanzel der Garnisonkirche zu Potsdam beigesetzt. —

Obgleich ohne Leibeserben — die Krone hinterließ er seinem Neffen, dem Sohne August Wilhelms, — betrauerte ihn seine Familie mit aufrichtigem Schmerze, und das ganze Volk beklagte seinen Verlust, als einen unersetzlichen; in den Hütten und Palläsen des Landes, ja weit jenseit der Grenzen desselben rief man sich nicht seinen Namen, sondern das Wort zu: „Er ist todt," als sei von keinem Andern zu reden, und die seit Monaten um dies theuere Leben gebangt hatten, empfingen doch die Nachricht wie eine unglaubliche. Man gedachte, daß der Stuhl des Gewaltigsten seiner Zeit erledigt sei, und fürchtete, daß der Hüter fehle, wenn der Wolf in die Heerde brechen wolle.

„Was baust du die Halle, du Sohn der beflügelten Tage? Heute schaust du aus deinen Thürmen; — noch wenige Jahre, — und der Hauch des Todes kommt, und heult durch deine verlassenen Höfe." —

„Und laß ihn kommen, diesen Hauch. Mein Name wird leben im Munde der Völker, meine Thaten werden wie Sterne hinter mir leuchten. Wenn du, o Sonne des Himmels, schwinden, wenn du zerstäuben wirst, mächtiges Licht, wenn dein Glanz für eine Weile nur ist, wie Fingal; — so wird mein Ruhm deine Strahlen überleben."   Ossian.

So war denn Friedrichs Lebensuhr abgelaufen,

„Die mit dem Finger des Titus
„Dem thatenstrebenden Manne
„Nie eine verlorne Stunde wies,"

und wie sein ganzes Leben Königen ein erhabenes Beispiel wird, Völkern reichen Segen bereitet, den Enkeln seiner Zeit aber ein strahlendes Bild abspiegelt: so lehrte sein Tod die größte Lebensweisheit — die Kunst zu sterben. Bis zur letzten Stunde geizend die Zeit auskaufen, um zu verbessern, zu läutern, zu bauen und zu beglücken, des Lebens ernsten Zweck niemals der lachenden Lust hintansetzen, — das heißt wie ein Weiser leben und wie ein Weiser sterben. Und was hinterließ er seinem Erben? Ein beglücktes Land, arbeitsame, kenntnißreiche, treue Unterthanen, einen gefüllten Schatz, ein gefürchtetes Heer, einen gefeierten Namen und im deutschen Vaterlande den Ruhm, der Landesverfassung Schutz und Schirm zu heißen. Er hatte an 1300 Quadratmeilen Land in Kriegen und Verträgen gewonnen, die Einkünfte von 12 auf 28 Millionen Thaler erhöht, und trotz der unzähligen Opfer zum Besten des Landes einen Schatz von 72 Millionen Thaler hinterlassen. Die Verwaltung seines Landes war so musterhaft geordnet, so frei von Mißbräuchen, so kräftig in einandergreifend, so pünktlich und so schnell; — getreue, intelligente Diener, immer aber bei der Verwaltung abhängig von des Königs Willen, standen den Geschäften vor; — das Recht allein erfreute sich der nöthigen Unabhängigkeit, und des Königs Bestrebung war nur darauf gerichtet gewesen, Unparteilichkeit bei den Richtern und einen schnelleren Gang der Prozesse zu erzwingen. — Die Reliquien seines persönlichen Nachlasses sind des Contrastes halber hier der Erwähnung werth. Büsching zählt sie (Charakter Friedrichs, Seite 16) also auf: Vier Matratzen; sechs alte, mit Eiderdaunen ausgestopfte Bettdecken; zwölf Kissen mit rothem Taffent überzogen; zwei mit Schwanenfedern gestopfte und mit rothem Taffent überzogene Würste; ein Unterbett von Schwanenfedern mit Parchent überzogen und ein ähnliches Kissen; eine neue Bettstelle mit drei kleinen Matratzen, zwei Würsten, und fünf großen Betttüchern; ein Feldbette mit grünen Gardinen; vier Ueberzüge über Kopfkissen; ein Zobelpelz mit silbernen Tressen besetzt; ein Wolfspelz mit Taffent gefüttert und mit Berkan überzogen; ein Luchspelz mit ähnlichem Ueberzug und Unterfutter; ein blauer Mantel mit Taffent gefüttert und inwendig mit Wachsleinwand; — ein neuer Mantel von violetfarbigem Gros de Tour, mit Atlas gefüttert; — eine blaue Enveloppe — nach Frauenzimmerart — von Atlas, mit Kaninchenfell gefüttert, deren er sich beim Podagra bedient hatte; ein gestickter Uniformrock von Tuch; ein neuer Rock von Spanischer Wolle; ein Rock von Tuch; zwei Winterröcke von Spanischer Wolle; drei neue und drei alte Westen; ein altes Cassaquin von rothem Sammet; ein neues Cassaquin von violetfarbigem Atlas; zwei schwarze Westen; ein Paar Beinkleider von Sarge de Berry; eine alte Schärpe; dreizehn alte Hemden mit Manchetten nebst Collerets; drei alte Hemden mit Manchetten ohne Collerets; ein Dutzend neue Schnupftücher; vier alte Servietten; zehn Paar weiße Strümpfe von Zwirn;

fünf Paar schwarze seidene Strümpfe; ein Muff; sechs Paar Stiefeln; ein Präsentirteller von vergoldetem Silber; eine silberne Hosenschnalle; eilf silberne Theelöffel und ein Spiegel. Büsching setzt hinzu: „Weil unter den Hemden des verstorbenen Königs keine gute, sondern alle zerrissen waren, so konnte keines derselben seinem Leichname angezogen werden. Man konnte sich aber nicht die Zeit nehmen, ein neues machen zu' lassen, und also gab der jetzige geheime Kriegsrath Schöning eins von den seinen und noch nicht gebrauchten Hemden her, mit denen ihn seine Braut beschenkt hatte, und in diesem ist der Leichnam begraben worden. Ich habe diesen mir glaubwürdig erzählten Umstand für wahr befunden, als ich ihn scharf untersuchte." — —

Schon am 8ten Januar 1769 hatte Friedrich seinen letzten Willen schriftlich selbst aufgesetzt, und dessen Vollstrecker, der regierende Herzog Carl Wilhelm Ferdinand von Braunschweig, übersendete ihn nach Friedrichs Tode dem neuen Könige durch seinen damaligen Minister, den nachherigen Preußischen Staatskanzler Fürsten von Hardenberg. In Gegenwart Friedrich Wilhelm des Zweiten, der Prinzen Heinrich und Ferdinand, sowie mehrer Minister wurde derselbe geöffnet. Er lautete in treuer Uebersetzung also:

„Unser Leben ist ein flüchtiger Uebergang von dem Augenblicke der Geburt zu dem des Todes. Die Bestimmung des Menschen während dieses kurzen Zeitraums ist, für das Wohl der Gesellschaft, deren Mitglied er ist, zu arbeiten. Seitdem ich zur Handhabung der öffentlichen Geschäfte gelangt bin, habe ich mich mit allen Kräften, welche die Natur mir verliehen hat, und nach Maßgabe meiner geringen Einsichten bestrebt, den Staat, welchen ich die Ehre gehabt habe zu regieren, glücklich und blühend zu machen. Ich habe Gesetze und Gerechtigkeit herrschend sein lassen, ich habe Ordnung und Pünktlichkeit in die Finanzen gebracht; ich habe in die Armee jene Mannszucht eingeführt, wodurch sie vor allen übrigen Truppen Europens den Vorrang erhalten hat. Nachdem ich so meine Pflichten gegen den Staat erfüllt habe; würde ich mir unablässig einen Vorwurf machen müssen, wenn ich meine Familienangelegenheiten vernach-

373

lässigte. Um also allen Streitigkeiten, die unter meinen nächsten Verwandten über meinen Nachlaß sich erheben könnten, vorzubeugen, erkläre ich durch diese feierliche Urkunde meinen letzten Willen:

1) Ich gebe gern und ohne Bedauern diesen Lebenshauch, der mich beseelt, der wohlthätigen Natur, die mir ihn geliehen hat, meinen Körper aber den Elementen, aus welchen er zusammengesetzt ist, zurück. Ich habe als Philosoph gelebt, und will auch als solcher begraben werden, ohne Prunk, ohne Pracht, ohne Pomp. Ich mag weder geöffnet, noch einbalsamirt werden. Man setze mich in Sans Souci oben auf den Terrassen in eine Gruft, die ich mir habe bereiten lassen. Sollte ich im Kriege, oder auf der Reise sterben; so begrabe man mich an dem ersten, dem besten Orte, und lasse mich hernach zur Winterszeit nach Sans Souci an den bezeichneten Ort bringen.

2) Ich überlasse meinem lieben Neffen, Friedrich Wilhelm, als erstem Thronfolger, das Königreich Preußen, die Provinzen, Städte, Schlösser, Forts, Festungen, alle Munition, Arsenäle, die von mir eroberten oder ererbten Länder, alle Edelgesteine der Krone, die Gold- und Silberservice, die in Berlin sind, meine Landhäuser, Bibliothek, Münzkabinet, Bildergallerie, Gärten ꝛc. Auch überlasse ich ihm außerdem den Schatz in dem Zustande, in welchem er sich an meinem Sterbetage befinden wird, als ein dem Staate zugehöriges Gut, das nur zur Vertheidigung oder zur Unterstützung des Volkes angewendet werden darf.*)

3) Sollte sichs nach meinem Tode zeigen, daß ich einige kleine Schulden hinterlasse, an deren Zahlung mich der Tod gehindert, so soll mein Neffe sie entrichten. Das ist mein Wille.

4) Der Königinn meiner Gemahlinn vermache ich zu den Einkünften, die sie schon bezieht, noch jährlich 10,000 Thaler als Zu-

---

*) Der Fürst ist der erste Diener und die erste obrigkeitliche Person des Staats; er muß von dem Gebrauche der Einkünfte Rechnung ablegen; er erhebt die Steuern, um den Staat durch seine unterhaltenen Heere zu vertheidigen, um die Würde zu behaupten, mit der er bekleidet ist, um Dienste zu vergelten und Verdienst zu belohnen, um das Gleichgewicht zwischen Armuth und Reichthum herzustellen, um Unglücklichen jeder Art zu helfen und auch selbst Pracht zu zeigen, wo es das Interesse des Staats erheischt. Hat der Monarch einen aufgeklärten Geist und besitzt er ein rechtschaffenes Herz, so wird er Alles für das öffentliche Wohl und zum Vortheil seiner Unterthanen thun. Friedrich des II. Werke.

lage, zwei Faß Wein jährlich, freies Holz und Wildpret für ihre Tafel. So hat die Königinn versprochen, meinen Neffen zu ihrem Erben einzusetzen. Da sich übrigens kein schicklicher Ort findet, ihr denselben zur Residenz anzuweisen; so mag es Stettin dem Namen nach sein. Doch fordere ich zugleich von meinem Neffen, ihr eine standesmäßige Wohnung im Berliner Schlosse frei zu lassen; auch wird er ihr jene Hochachtung beweisen, die ihr als der Wittwe seines Oheims, und als einer Fürstinn, die nie vom Tugendpfade abgewichen, gebühret.

5), Nun zur Alodialverlassenschaft. Ich bin nie, weder geizig, noch reich gewesen, und habe folglich auch nicht viel eigenes Vermögen, worüber ich disponiren kann. Ich habe die Einkünfte des Staats immer als die Bundeslade betrachtet, welche keine unheilige Hand berühren durfte. Ich habe die öffentlichen Einkünfte nie zu meinem besonderen Nutzen verwendet. Meine Ausgaben haben nie in einem Jahre 220,000 Thaler überstiegen. Auch läßt mir meine Staatsverwaltung ein ruhiges Gewissen, und ich scheue mich nicht, öffentlich davon Rechenschaft abzulegen.

6) Mein Neffe Friedrich Wilhelm soll Universalerbe meines Vermögens sein, unter der Bedingung, daß er folgende Legate zahle:

7) Meiner Schwester von Anspach eine Dose, 10,000 Thaler werth, die sich in meiner Schatulle befindet, und ein Porzellanservice aus der Berliner Fabrik.

8) Meiner Schwester zu Braunschweig 50,000 Thaler und mein silbernes, auf Weinstockart gearbeitetes Service, nebst einem schönen Wagen.

9) Meinem Bruder Heinrich 200,000 Thaler, 50 Anthal Tokaier und den schönen Lüstre von Bergkrystall zu Potsdam, den Ring mit dem grünen Diamanten, den ich trage, zwei Handpferde sammt ihren Schabracken und einen Zug Preußischer Pferde.

10) Der Princeß Wilhelmine von Hessen, seiner Gemalinn, 6000 Thaler Einkünfte, die ich von einem in der Tabackspachtung angelegten Capital beziehe.

11) Meiner Schwester, der Königinn von Schweden, eine goldene Dose, 10,000 Thaler werth, 20 Anthal Tokaier und ein Gemälde von Pesne, das im Schlosse von Sans-Souci hängt und ich von Algarotti bekommen habe.

12) Meiner Schwester Amalie 10,000 Thaler Einkünfte von dem Capital, so auf den Taback angelegt ist, eine Dose aus meiner Schatulle, 10,000 Thaler werth, 20 Anthal Tokaier und das silberne Geschirr, worauf meine Adjutanten speisen.

13) Meinem Bruder Ferdinand 50,000 Thaler, 50 Anthal Tokaier, einen Galawagen mit Zug und Allem, was dazu gehört.

14) Seiner Gemalinn, meiner Nichte, 10,000 Thaler Einkünfte von dem Gelde, welches in die Tabackspachtung geliehen ist, und eine Dose mit Brillanten besetzt.

15) Meiner Nichte, der Prinzeß von Oranien, ein Berliner Porcellanservice, eine Dose 10,000 Thaler werth, 40 Anthal Tokaier und einen Galawagen sammt einem Zuge Preußischer Pferde.

16) Meiner Nichte, der Herzoginn von Würtemberg, eine Tabatière, 6000 Thaler werth, 20 Anthal Tokaier, einen offenen Wagen sammt einem Zuge Preußischer Pferde.

17) Meinem Neffen, dem Markgrafen von Anspach, vermache ich einen gelben Diamanten, zwei meiner besten Handpferde sammt Sattel und Zeug und 30 Anthal Tokaier.

18) Meinem Neffen, dem Erbprinzen von Braunschweig, zwei Engländer sammt Sattel und Zeug und 10 Anthal Tokaier.

19) Meinem Neffen, dem Prinzen Friedrich von Braunschweig, 10,000 Thaler.

20) Meinem Neffen, dem Prinzen Wilhelm von Braunschweig, 10,000 Thaler.

21) Meiner Nichte von Schwedt, Gemahlinn des Prinzen von Würtemberg, 20,000 Thaler und eine mit Brillanten besetzte Dose

22) Und ihrem Gemahl zwei meiner Handpferde sammt Sattel und Zeug und 20 Anthal Tokaier.

23) Meiner Nichte, der Prinzeß Philippine von Schwedt, 10,000 Thaler.

24) Dem Prinzen Ferdinand von Braunschweig, meinem Schwager, den ich jederzeit hochschätzte, eine mit Brillanten besetzte Dose und 20 Anthal Tokaier.

25) Ich empfehle meinem Thronerben mit aller Wärme der Zuneigung, deren ich fähig bin, jene braven Offiziere, welche unter meiner Anführung den Krieg mitgemacht haben. Ich bitte ihn auch besonders für diejenigen Offiziere Sorge zu tragen, die in meinem Gefolge ge-

wesen sind; daß er keinen derselben verabschiede, daß keiner derselben, mit Krankheit beladen, im Elende umkomme. Er wird geschickte Kriegesmänner und überhaupt Leute an ihnen finden, welche Beweise von ihren Einsichten, von ihrer Tapferkeit, Ergebenheit und Treue abgelegt haben.

26) Ich empfehle demselben auch meine Geheimen Sekretaire, sowie alle Diejenigen, welche in meinem Cabinette gearbeitet haben. Sie besitzen Gewandtheit in den Geschäften und können ihm bei seinem Regierungsantritte über viele Dinge Aufschluß geben, wovon nur sie Kenntniß haben, und wovon selbst die Minister nichts wissen.

27) Auf gleiche Weise empfehle ich ihm Alle, die mich bedient haben, sowie meine Kammerdiener. Ich vermache für Zeysing, in Rücksicht seiner ausgezeichneten Treue, 2000 Thaler; und 500 Thaler für meine Garderobediener; und ich schmeichle mir, man werde ihnen ihre Pensionen so lange lassen, bis man sie anders schicklich versorgt hat.

28) Einem jeden Stabsoffizier von meinem Regiment und von Lestwitz, wie auch von der Garde du Corps vermache ich eine goldene Denkmünze, die bei Gelegenheit unserer glücklichen Waffen und der Vortheile, die unsere Truppen unter meiner Anführung erhalten haben, geprägt worden sind. Jedem Soldaten von diesen vier Bataillons vermache ich zwei Thaler, und eben soviel einem jeden von der Garde du Corps.

29) Sollte ich vor meinem Tode noch ein von mir eigenhändig geschriebenes und unterzeichnetes Kodizill beifügen; so soll es mit diesem Testamente gleiche Kraft und gleiche Giltigkeit haben.

30) Stirbt einer meiner Legatarien vor mir: so ist das Legat vernichtet.*)

31) Sterbe ich auf einem Feldzuge: so ist mein Universalerbe nicht gehalten, die Vermächtnisse auszuzahlen, bis nach hergestellter Ruhe. Während des Krieges hat Niemand das Recht, etwas zu fordern.

32) Ich empfehle meinem Nachfolger ferner, sein Geblüt auch in den Personen seiner Oheime, Tanten und übrigen Anverwandten zu

---

*) Bei der Testamentseröffnung waren die in den §§. 7, 11, 16 und 20 genannten Legatarien bereits gestorben. —

ehren. Das Ohngefähr, welches bei der Bestimmung der Menschen obwaltet, bestimmt auch die Erstgeburt: und darum, daß man König ist, ist man nicht mehr werth, als die übrigen. Ich empfehle allen meinen Verwandten, in gutem Einverständnisse zu leben und nicht zu vergessen, im Nothfalle ihr persönliches Interesse dem Wohl des Vaterlandes und dem Vortheile des Staates aufzuopfern.

Meine letzten Wünsche in dem Augenblicke, wo ich den letzten Hauch von mir geben werde, werden für die Glückseligkeit meines Reiches sein. Möchte es doch stets mit Gerechtigkeit, Weisheit und Nachdruck regiert werden, möchte es durch die Milde seiner Gesetze der glücklichste, möchte es in Rücksicht auf die Finanzen der am besten verwaltete, möchte es durch ein Heer, das nur nach Ehre und edlem Ruhme strebt, der am tapfersten vertheidigte Staat sein; o, möchte es doch in höchster Blüthe bis an das Ende der Zeit fortdauern!" —

33) Den regierenden Herzog Carl von Braunschweig ernenne ich zum Vollstrecker dieses meines letzten Willens. Von seiner Freundschaft, Aufrichtigkeit und Redlichkeit erwarte ich die Vollstreckung desselben."

Geschehen zu Berlin, den 8ten Januar 1769.

(L. S.) Friedrich.

Das ist das Vermächtniß eines Fürsten, welcher stets die Bewunderung aller Zeiten ernten wird. Neben den Beweisen seiner Verwandtenliebe giebt es zugleich Zeugniß von seiner Lebensphilosophie, welche den gesundesten Ideen das Wort redet, und von dem Motive seiner Regierungskunst, das allein in der aufopferndsten Vaterlandsliebe gesucht werden muß. Sein letztes Gebet ist dem steigenden Wohle des Vaterlandes gewidmet, dem er eine Lebensdauer bis an das Ende der Zeiten wünscht. —

Wie aber auch seine Widersacher über ihn urtheilen, — ob diese gleich die Schwächen seines Charakters, Spottsucht, witzelnde Herbe, Mißtrauen und Verachtung des Menschengeschlechts in den grellsten Farben der Welt zur Schau gestellt, und selbst seine Tugenden in ihr Gegentheil umzukehren gewagt haben, — seine Liebe für Wissen-

schaft und Kunst in Eitelkeit und Prunksucht, seinen Heldensinn und Patriotismus in Ruhmsucht und Eroberungsgier, seine Sparsamkeit in Geiz, seine Vatertreue und Regentenweisheit in grausame Despotie und selbstsüchtige Tyrannei, seine Keuschheit sogar in entehrende Wollust, — ob sie jede seiner Absichten verdächtigt, seine Worte verdreht, seine Handlungsweise bekrittelt und entstellt, ja ihn für alle Schäden und Gebrechen seiner Zeit verantwortlich gemacht haben: —
— — längst schon steht Friedrichs hehres Bild im Pantheon der ganzen Menschheit; — die richtende Nachwelt, unparteiisch und gerecht, seiner Ideen mächtig, seiner Beweggründe bewußt, mißt ihn nach dem Maßstabe ihrer und seiner Zeit und sieht in ihm den geistesgroßen Helden, den todesmuthigen Streiter für Vaterland und Recht, den treusorgenden Vater eines durch ihn beglückten Volkes, den obsiegenden Vorkämpfer einer neuen Zeit. Welche das Jahr nicht mit dem fruchtbringenden Herbst, sondern mit der Zeit des Frühlings beginnen, datiren die heutige Aera von Friedrich dem Großen.

Darum erscholl auch der Jubel am 31sten Mai 1840, an welchem Tage seit seiner Thronbesteigung ein Jahrhundert vollendet war, weit über die Grenzmarken des Preußenlandes hinaus! — Sein würdiger Enkel mauerte an diesem Tage den Grundstein eines Denkmals, mit dem das Vaterland Friedrich und sich selbst ehren will; — alle Stände, alle Kreise, alle Familien Preußens feierten das vaterländische Fest der denkwürdigen Epoche mit ungeheucheltem Patriotismus; die Kirchen füllten sich mit dankbaren Enkelkindern jener Zeit und frische Kränze schmückten und weihten auf jedem Hausaltar das ererbte Bild des großen Königs. Die Alten erzählten den Jungen mit frischem Herzklopfen die Thaten ihres Helden, und wo man noch einen hundertjährigen Greis fand, der etwa, auch als der Geringsten Einer, mit ihm in den Heldenkampf gezogen war, der wurde von Allen hochgeehrt und gefeiert. Die Geschichtschreiber beschrieben von Neuem sein glorwürdiges Leben, das sie nicht auserzählen können, und die Dichter sangen sein Lob, ob es ihn auch noch lange nicht erreichte. Es sibrirte aber im ganzen Preußenlande, als der eine Ton angeschlagen wurde, jeder verwandte Klang mit, und bei seinem Namen, bei dem eines Königs im edelsten Sinne des Wortes, schwur man dem Vaterlande und dem Könige von Neuem Treue und Liebe, also daß Friedrichs Todesseufzer, sein

letzter Wunsch vom ganzen Volke nachempfunden wurde und neue Bürgschaft empfing, — der Wunsch:
> daß unser Preußenland in höchster Blüthe bis an das Ende der Zeit fortdauere! —

Schildern wir nun noch die Zeitumstände unsers Vaterlandes bei **Friedrichs** Tode in gedrängter Uebersicht, so bieten wir dem geneigten Leser, welcher die Einleitung dieser Darstellung nicht unbeachtet gelassen hat, einen Maßstab, **Friedrichs** Bedeutung für das Jahrhundert zu messen. —

Zum ersten Male hatte ein König nicht blos es öffentlich ausgesprochen, sondern diese Wahrheit auch durch sein ganzes Leben bekräftigt, daß er des Volkes, nicht das Volk seinetwegen da sei; und seitdem gediehen alle Zustände wieder zu einem frischen Leben. Nicht daß er das Bestehende umgeändert hätte, oder der historischen Gestaltung in den Weg getreten wäre. Es blieben also die Stände in ihrer herkömmlichen Sonderung, mit ihren alten, erworbenen Rechten und ihren vorgeschriebenen Pflichten; — es blieb der Zwang, in welchem sich seit längerer Zeit Alles bewegte, — Sprache, Kleidung, Umgang, Lebensgewohnheit, Bildungsgang und Sitte; — es blieb das ganze Gebäude mittelalterlicher Verfassung im deutschen Vaterlande, — viel widerstreitende Interessen, gegenseitige Befehdung und mißtrauische Ueberwachung —: — aber es schwanden von **Friedrichs** Hofe die Sinecuren, Talente drängten sich hervor, jede Kraft fand die geeignete Stätte der Wirksamkeit und gewisse Ideen, welche vorher auszusprechen gefährlich gewesen wäre, gewannen Boden, sich im Leben zu verwirklichen. **Friedrich** beförderte die Wissenschaft und mit der Herrschaft des Geistes fiel eine Kette nach der andern, mit der bis dahin die Menschen gefesselt worden waren; **Friedrich** gab die Presse frei, und viele zurückgehaltene Ideen circulirten nun ungehindert in allen Ständen; **Friedrich** riß die Scheiterhaufen ein, welche die Glaubenswuth bis dahin zu errichten und anzuzünden sich berufen hielt; — **Friedrich** ordnete und befestigte, zügelte und spornte, belohnte und strafte, vereinigte und begeisterte Alle, Alle: — Er war die Triebfeder der ganzen Staatsmaschine, welche mit ihrer außerordentlichen Spannkraft die alten Räder in schnellere Bewegung setzte. Und welches waren die Zustände, die sich nun unter **Friedrich** gebildet hatten? —

Der Adel, im Bewußtsein seiner Thaten und zu allen Aemtern

und Ehren berufen, bekam, trotz der größeren Verarmung, im Lande eine erhöhte Geltung. Hatte er sonst in Hofstellen sein Glück gesucht: so wählte er jetzt vorzugsweise das Heer aus, um in den Offizierstellen sich Ruhm und Unterhalt zu verschaffen. Allein der träge Garnisondienst und die spärliche Löhnung konnten weder jenen verschaffen, noch diesen verbürgen, und die Verirrungen, zu welcher Unthätigkeit und Standesvorurtheile führten, wurden jetzt schon merklich, besonders als Kenntnisse und wissenschaftliche Bildung von den Trägen als Federfuchserei, sittliche Reinheit und einfaches Leben für Engherzigkeit und niedrige Gesinnung verschrieen wurden. — Wenn auch gegen die Rohheit des Söldlings der Bürger und Bauer Schutz fand, gegen die Anmaßung, den Dünkel und die Ueberhebung beburfte es häufig geschärfter Befehle der Oberen, und niemals konnten diese ganz in die Schranken zurückgewiesen werden. —

Diejenigen aber, welche der Ideen fähig waren und des geistigen Lebens Bedürfniß kennen gelernt hatten, sahen sich bald in eine Bahn mit fortgerissen, auf der sie selbst nicht stehen bleiben oder Stillstand gebieten konnten. Friedrichs Gunst und Beifall hatten zuerst die wissenschaftlichen Bestrebungen geweckt; seine weisen Anordnungen und Gesetze hatten der Intelligenz bis in die untersten Stände einen Wirkungskreis eröffnet; seine Heldenthaten hatten alle strebenden Geister befeuert und entzündet: — da war's, als wenn im Frühling der Saft in alle Bäume dringt und die Blüthenknospen an allen Zweigen hervorschwellen. Auf den Universitäten, dann an deutschen Höfen, nun in den Gymnasien, endlich in allen Städten, wo gleichgestimmte Geister sich zusammenfanden, galt es, das Tüchtigste zu leisten und die Wissenschaft, Sprache, Dichtkunst, Bühne ꝛc. zu fördern. Ein Sturm und Drang ward in allen Lebenskreisen sichtbar, wodurch lange Zeit sogar nachtheilig eingewirkt, Gutes vernichtet, Schlechtes befördert wurde. Da kamen die Irrlehrer, die Freigeister, die Spötter und jäteten aus dem einfältigfrommen Sinne den kindlichen Glauben und die patriarchalische Sittenreinheit aus; — da erschienen die Indifferenten und Moralisten und die Anhänger der Nützlichkeitstheorie und predigten, jene, daß man die Kirchen verschließen, diese, daß man auf den Kanzeln die Vorzüge der Stallfütterung und den Segen des Kartoffelbaues veranschaulichen müsse, oder wenns hoch kam, galt es der Apotheose des Sokrates. In den Schulen beschäftigte man sich lange Zeit weniger mit den Kindern, als mit den Methoden. Sprachreiniger zwängten dem Volke ihre Uebersetzungen „vermißquemt genug," ihre curiose Schreibweise, ihre absonderliche Manier auf, und hielten das Heil der Welt von ihren Reformen abhängig. — Aber das Gute brach sich doch bald allein Bahn, während das Unbrauchbare verscholl. Da begann die glänzende Periode unserer classischen Literatur in der Dichtkunst, als jene Heroen nach dem Lorbeer zu ringen anfingen, deren Namen nicht untergehen werden, so lange deutsche Lieder erklingen; — da begann jener wissenschaftliche Ernst auf dem Gebiete philosophischer Forschung, begann jene treue, unermüdete Arbeit, das Feld der Literatur immer weiterhin anzubauen, und den gesunden Ideen der Humanität und des Christenthums einen sichereren Boden zu gewinnen, da machten sich jene treuen Jugendbildner und Erzieher einen Namen, welche nicht mit Kunststücken und Absonderlichkeiten, sondern durch Wissenschaftlichkeit und auf der Grundlage eines tüchtigen gesunden Verstandes das Menschengeschlecht zu erziehen trachteten.

In die socialen Verhältnisse stahlen sich die Ideen der neuernden Philosophen durch Bücher, Zeitungen, und selbst durch die Verbrüderung der Freimaurerei ein, und als man der Presse erlaubt hatte, Alles zu sagen, was nur der bestehenden Staatsordnung und der Sittlichkeit direct nicht entgegen sei, glich unser Vaterland einem Hause, in welches der Lichtstrahl zwar fällt, aber nicht durch Thür und Fenster, sondern durch den Dachstuhl, welchen Neuerungssüchtige abzudecken versuchen und wodurch sie die Bewohner dem Witterungsungemach aussetzen. —

Friedrichs Tod mußte jene Zeit und unser Vaterland in unsägliche Wirren stürzen. Er wohl mit seinen freisinnigen Ideen, mit seinem starken Geiste, mit der überlegenen Kraft hatte die Maschine in Gang erhalten, hatte die trägen Kräfte befeuert, die feurigen gezügelt; hatte die widerstrebenden Meinungen vereinigt, die zerrissenen Fäden aneinandergeschürzt. Als aber die Hand, die so lange gearbeitet hatte, niedersank, und sein Auge zum Tode brach: — da waren die todten Formen ohne jenen belebenden Hauch, und die neuen existirten nur erst als kühne, gefährliche Ideen. — Es war ein Widerstreit in Friedrich, daß er Philosoph und König sein, Gedankenfreiheit und Korporalstock nebeneinander bestehen lassen wollte; und denselben Zwiespalt der äußern Anhänglichkeit an alter Form und innerlicher Zuneigung zu neuer

Gestaltung prägt die Zeit aus, welche in Friedrichs Lebensabend fällt.

Die Zeit ist längst zu Grabe getragen, der Zunder ausgebrannt, der damals sich zum furchtbarsten Weltbrande aufhäufte. Was Friedrich aus seiner Zeit an sich und in sich trug — Witzlinge deuten auf den Zopf und Klügler auf seine Vorliebe für mittelalterliche Gestaltungen! — das ist es nicht gewesen, was ihm den Ehrennamen des Großen, des Einzigen verschafft hat; — es ist auch längst begraben und wird nur noch als Seltenheit vorgewiesen. Groß machte ihn sein Königswerth als beglückender Vater seines Volkes; — groß machte ihn sein Heldensinn als muthiger Vertheidiger seines Thrones; groß machte ihn sein Riesengeist als Träger seiner ganzen Zeit; groß machte ihn sein Menschenantlitz da, wo And're Masken zeigten, und so lange die Wahrheit in der Welt Gewalt behalten wird über die Lüge, wird der Vater seinen Sohn, wenn er ihm eine Anschauung menschlicher Größe verschaffen will, vor Friedrichs Bild führen, mit dem Dichter sprechend:

„Hochheilig, kindlich Beben, das deine Brust erfüllt,
„Du Preußensohn, verweile, du stehst vor Friedrichs Bild! —
„Das ist das Sonnenauge, das uns den Tag gemacht,
„Das ist das Vaterantlitz, das schirmend uns bewacht; —
„Das ist die Heldenstirne, vom Lorbeer frisch umkränzt,
„Das ist der Krone Leuchten, die in den Sternen glänzt." — —

www.ingramcontent.com/pod-product-compliance
Lightning Source LLC
Chambersburg PA
CBHW032137010526
44111CB00035B/600